# Wellen mit tausend Klängen

# Wellen mit tausend Klängen

**Geschichten rund um den Erdball in Sendungen des Auslandsrundfunks der DDR Radio Berlin International**

von

**Heinz Odermann**

**Bibliografische Information Der Deutschen Bibliothek**
Die Deutsche Bibliothek verzeichnet diese Publikation in der Deutschen Nationalbibliografie; detaillierte bibliografische Daten sind im Internet über http://dnb.ddb.de abrufbar.


VISTAS Verlag GmbH
Goltzstraße 11
D-10781 Berlin
Tel.: 030/32 70 74 46
Fax: 030/32 70 74 55
E-Mail: medienverlag@vistas.de
Internet: www.vistas.de


ISBN 3-89158-372-9

Bildnachweis:
Titelmotiv: Harri Noack, Berlin.
Seite(n) 10, 26, 144, 173, 197, 201, 227: RBI-Archiv;
15, 166: Renate Drescher;
18, 56, 66, 196: Autor;
168: aus Jahreskalender 1970, Aufbau Verlag, Berlin;
169: in Afrika-Post 1/200, Mourad Kusserow;
192: aus Uraltes Afrika, Union Verlag, o.J.;
208: Reproduktion einer Grafik von Ruth Schloss, Israel;
229: Reuters.

Umschlaggestaltung: kontur, Berlin
Satz: TYPOLINE-Karsten Lange, Berlin
Druck: Digital Druck, Birkach
Produktion: VISTAS media production, Berlin

# Inhalt

# Vorwort

Fünfunddreißig Jahre gingen Radiowellen mit tausend Klängen um den Erdball. Es sind, auf den Sender Radio Berlin International bezogen, 31 Jahre, vier Monate und 12 Tage, in denen die Stimme der Deutschen Demokratischen Republik im Äther auf fünf Kontinenten vom 20. Mai 1959 bis zur Funkstille am 2. Oktober 1990 zu hören war. Wer die Zeit von der Bildung des Auslandsdienstes bei Radio DDR am 15. April 1955 hinzu nimmt, wird mehr als 35 Jahre Auslandssendungen in seinem Geschichtskalender vermerken. Diese Zeit ist erfüllt vom Lärm der Propaganda des Kalten Krieges in Europa und Nordamerika, von Kriegen und Bürgerkriegen in Asien, im Nahen Osten, in Nordafrika, in Afrika und Lateinamerika. In diese Zeit hineingewachsen sind die Mitarbeiterinnen und Mitarbeiter des Auslandsrundfunks der DDR, erfüllt von dem Bestreben, ihre auf den Universitäten studierten Fremdsprachen täglich anzuwenden, etwas gesellschaftlich Nützliches für den Frieden und die Verständigung der Völker zu leisten, solidarisch zu sein und mit ihrem Wort und ihrem Handeln an der Seite derer zu stehen, die Zuspruch und Hilfe brauchten, auch wenn die Hilfe, die der Sender geben konnte, meistens nur moralischer Natur sein konnte. Der Erfolg ihres Bemühens war das vielstimmige Echo von Hörerinnen und Hörern aus fünf Kontinenten.

Das Buch kommt der Idee dieser großen Hörergemeinde nach, die ein Bild der Programme ihres Senders wünschten. Es wurde aus dem Denken und dem Fühlen und den Meinungen der Hörerinnen und Hörer geschrieben. Es versucht, eine Antwort zu finden auf die vielen Fragen zum Werden und Wachsen einer Deutschen Demokratischen Republik, ihrer Innen- und Außenpolitik und ihrer Geschichtspolitik. Das Buch vermittelt einen Einblick in die Methoden und Formen der Sendungen und ist bemüht, eine theoretische Verallgemeinerung aus der Erfahrung des Auslandsrundfunks der DDR für den Charakter von Auslandssendungen zu geben. Aus den drei Jahrzehnten RBI kann nur ein Bruchteil dessen wiedergegeben werden, was der Sender aus der Welt der Arbeit und dem Alltag berichtet hat, was er damals für die nationale Befreiungsbewegung in Afrika und Asien, für die sozialen Freiheitsbestrebungen in Lateinamerika und für den Kampf gegen die Gefahr eines atomaren Weltkrieges geleistet hat.

Erlebtes bewahren und Erinnerung wach halten, eine Leistung vor der Vergänglichkeit schützen, ehe ihre letzten Spuren verweht sind, das ist der Sinn dieses Versuches, einen Streifzug durch die Geschichte von Radio Berlin International zu beginnen. Es ist die Geschichte eines Senders und ein Beitrag zur Geschichte des Staates, dem er diente, von seinem humanistischen Auftrag hergesehen, von seinem Anfang mit einem offenen Ende.

Die Programme werden so wiedergegeben, wie sie gesendet wurden, von Kürzungen abgesehen, die den Inhalt nicht veränderten. Das bedeutet, die Bezüge und Zusammenhänge von einst blieben in ihrem ursprünglichen Sinn erhalten. Dadurch wurde die Wirklichkeit einer anderen Zeit mit ihren Kämpfen und Erwartungen offen gelegt und authentisch wiedergegeben.

Das Buch drückt Dankbarkeit den Millionen Hörerinnen und Hörern aus, die Radio Berlin International bis zuletzt mit großer Zuwendung gehört und ab Mitte

*Funkhaus Berlin (DDR) mit den Sendern Radio Berlin International, Deutschlandsender, Radio DDR, Berliner Rundfunk, DT 64, Berliner Rundfunk-Sinfonie-Orchester und weiteren Klangkörpern und Abteilungen*

der achtziger Jahre mit jährlich fast zweihunderttausend Zuschriften geachtet haben. Es drückt auch Dankbarkeit für die reichen Lebenserfahrungen aus, die der Verfasser ab 1959 in einer zwei Jahrzehnte währenden Mitarbeit im Kreise vieler Freunde aus 29 Nationen und der Lektüre vieler Briefe und Dokumente gewinnen konnte. Dank sagt der Verfasser den Mitarbeiterinnen und Mitarbeitern des Senders, die zum Gelingen dieses Berichtes beitrugen und wertvolle Dienste leisteten, Texte aus Briefen und Eintragungen in das Gästebuch zu übersetzen. Ebenso dankt der Verfasser Herrn Julius Waldschmidt, seit 1961 am Sender, für die kenntnisreiche Beratung und Herrn Dr. Klaus Jaschinski für die unverzichtbaren und wertvollen technischen Hinweise. Nicht nur aus der Erinnerung des Erlebten konnte diese Arbeit entstehen. Das „Gewusst-Wo" verlangte über die eigenen Aufzeichnungen hinaus ein Archiv, das den Weg zum Ziel erleichtert – das Deutsche Rundfunk-Archiv, Potsdam, die Mitarbeiterinnen und Mitarbeiter, die aufmerksam Wichtiges zum Auslandsradio der Deutschen Demokratischen Republik erfasst und leicht und schnell zugänglich geordnet haben. Ihnen sei herzlich gedankt.

Berlin im August 2003 Heinz Odermann

# Brückenschlag der Hörerklubs

## Aufbruch in das Atlasgebirge

Eine ungewöhnliche Karawane zieht im Frühjahr 1971 durch die Berge und Niederungen des nördlichen Algeriens. Es ist ein Aufbruch in weite Teile des Atlasgebirges. Die Reise führte durch viele Städte und kleine Ortschaften – Béchar, Saida, Tiarét, Djelfa, Laghouat, Biskra und andere. Die Gruppe pilgert zu Fuß und im Fahrzeug. Nicht der Drang in die Weite des Landes führt diese Algerier zusammen. Sie berichten von ihrer Mission:

> *„Wir haben eine Reise durch 11 Städte Algeriens unternommen. Wir wirkten wie Pfadfinder. Überall auf unseren Zelten, Rücksäcken und Wimpeln stand „RBI-Hörerklub Frieden". Wir sprachen über die Deutsche Demokratische Republik und fanden viele aufmerksame Zuhörer und noch mehr Fragen. Wir warben für die Auslandssendungen des Rundfunks der DDR, verteilten Bücher und andere Veröffentlichungen über die DDR …" Club la Paix, Radio Berlin International, Kenadsa, Algerien.*

Kenadsa liegt im Gebiet Béchar in Westalgerien in unmittelbarer Nähe der Grenze zu Marokko. 1971 gründeten 10 Studenten diesen Klub. Einige dieser Studenten wollen nach Abschluss ihres Studiums als Lehrer in den ärmsten Gebieten der Sahara arbeiten. Sie wollen das Analphabetentum, ein Erbe des französischen Kolonialismus, bekämpfen. Es sind begeisterte junge Menschen, die am Aufbau des Landes tatkräftig mitarbeiten, das erst 1962 nach 132 Jahren Kolonialherrschaft seine Freiheit erkämpft hat. Sie bezeichnen es als ihre Aufgabe, jüngere und ältere Menschen ihres Landes mit dem anderen deutschen Staat, mit der Deutschen Demokratischen Republik, vertraut zu machen.

Es gibt viele Unternehmungen dieser Art, die zeigen, wie groß und manchmal auch unbekannt der Kreis der Freunde der DDR und ihres Auslandsradios ist.

Mitglieder der RBI-Hörerklubs[1] sind Schülerinnen und Schüler, Studentinnen und Studenten, Hochschullehrer, Staatsangestellte, Journalisten, Lehrer, Arbeiter und Bauern sowie Gewerbetreibende. In dieser Zusammensetzung einer Vielzahl dieser Klubs, oft nahmen auch Minister und Abgeordnete an Versammlungen teil, widerspiegeln sich die Möglichkeiten der Wirkung und der Einfluss derartiger Radioklubs. Die junge Intelligenz, die aus dem nationalen Befreiungskampf hervorgegangen ist, spielte in allen diesen Klubs in Afrika und Asien eine hervorragende Rolle. Schon die Studenten genossen in der breiten Öffentlichkeit die Achtung, die bereits tätigen Lehrern, Ärzten, Rechtsanwälten und Journalisten entgegen gebracht wurde. Dabei war für die Zusammenarbeit des Senders mit den Klubs zu beachten, dass sich in den Klubdiskussionen, früher einst vor allem in Kaffeestuben und in den engen Behausungen der Studenten, die Vorformen der Organisationen der nationalen Befreiung bildeten. Aus diesen Kreisen kamen Kwame Nkruma, der Präsident Ghanas nach der Befreiung seines Landes aus britischer Kolonialherrschaft und aus Indien Krishna Menon, hervorgetreten als Botschafter seines Landes in den Vereinten Nationen, ein leidenschaftlicher Ankläger der Rassendiskriminierung, um nur zwei namhafte Persönlichkeiten zu nennen. In Marokko sammelte sich die geistige Elite der Jugend um das Redaktionskollegium der Zeitung „Action du Peuple"; von ihr ging die Gründung der ersten politischen Partei Marokkos aus. In Burma waren es die Studenten der Universität von Rangun, die zu den ersten Gründern einer politischen Organisation gehörten, die gegen das britische Kolonialregime kämpfte. Aus dieser Bewegung gingen so hervorragende Führer wie Ne Win hervor, 1974 bis 1984 Vorsitzender des Staatsrates und Staatspräsident von Burma. In Ägypten wurde der Befreiungskampf seit dem ersten Weltkrieg durch die außerordentlich mobilisierende Rolle der Studenten gekennzeichnet; Gamal Abdel Nasser, Staatspräsident bis zu seinem Tode im Jahre 1970 und Führer des Volkes in eine Zukunft, die eine Wiedergeburt großer Traditionen der ägyptischen Geschichte und Kultur bedeutet, erhielt seine erste Feuertaufe in der Politik, als er an einer Demonstration der Kairoer Studenten im Jahre 1934 teilnahm.

## Auf den Ölfeldern von Ibene

In Nigeria gehen Mitglieder eines Hörerklubs des Senders tagelang durch die dichtbesiedelten Gebiete des Südost-Staates. Viele Menschen arbeiten dort auf den Ölfeldern von Ibene im Bezirk von Eket, dem drittgrößten Ölfundort der Welt zu dieser Zeit; viele andere leben vom Fischhandel. Die Mitglieder des Hörerklubs wandern durch die Siedlungen der Arbeiter und durch die Flussgebiete der Fischer. Sie berichten über ihren freiwilligen Einsatz, der durch keinerlei andere Mittel von Radio Berlin International als durch seine Sendungen unterstützt wurde:

> *„In der Zentralschule von Ibene trafen wir Menschen aus allen Schichten des Volkes und hier führten wir eine Drei-Tage-Kampagne durch. Wir sprachen*

*RBI-Hörerklub in Guinea-Bissau*

*mit Arbeitern und Händlern über die Arbeit unseres Klubs. Wir gingen von Ort zu Ort. Wir informierten über die Sendezeiten von RBI und zeigten den Leuten auf der Skala ihrer Radiogeräte die Wellenlänge des Senders aus der Deutschen Demokratischen Republik. Eine weitere Veranstaltung fand am Rande der Ölfelder statt. Als Thema hatten wir die diplomatische Anerkennung der DDR durch die Bundesregierung von Nigeria gewählt." U. S. Umoren, RBI-Hörerklub in Edebom Town/Ekete.*

Ein anderer Klub in Nigeria sammelte von sich aus in wenigen Wochen des Jahres 1971 genau 12.342 Unterschriften für eine an die nigerianische Regierung gerichtete Erklärung, nach der Bundesrepublik Deutschland auch die Deutsche Demokratische Republik diplomatisch anzuerkennen. Das war zu dieser Zeit ein vernünftiges Verlangen der Regierung der DDR, über normale internationale Beziehungen zu einem besseren Verstehen in allen Bereichen der Außenpolitik, der Wirtschaft und der Kultur zu kommen. Aus Ilkom berichtet ein Klub, dass er inzwischen 85 Mitglieder hat, Schüler, Studenten, Lehrer, Händler und Arbeiter. Ein weiterer Klub, der mehr als 100 Mitgliedern zählt, hat sich in mehrere Gruppen aufgeteilt. – in eine Sportgruppe, eine Gruppe für die Arbeit gegen das Analphabetentum, eine Hinterlassenschaft der britischen Herrschaft; in dieser Gruppe werden unter dem Zeichen von RBI dreimal wöchentlich für Kinder und Jugendliche Lektionen in Lesen und Schreiben gegeben. Eine dritte Gruppe gab sich den Namen „Hörerklub der jungen Bauern". Diese Gruppe geht in die Dörfer und debattiert mit den Bauern über ihre Probleme und packt mit an, wo Hilfe Not tut. In Nigeria, zu Beginn der siebziger Jahre mit etwa 65 Millionen

Menschen das volkreichste Land Afrikas, hat RBI im Jahre 1972 bereits 43 Hörerklubs und sehr viele Einzelhörer, die lebhaft mit dem Sender korrespondieren. Der Lehrer Columbus Olekanmas gründete einen RBI-Hörerklub in Umuhia. Er schreibt dem Sender über die Gründungsversammlung:

*„Die 79 Zuhörer wurden von mir über einige soziale, politische und kulturelle Aufgaben unterrichtet, die ich Ihren Sendungen entnahm. Es sind vor allem Probleme der Bildung und Erziehung aus der Übergangsperiode in Ostdeutschland. Die Zuhörer haben alles mit großem Interesse aufgenommen."*

Ein anderer Klub in Nigeria meldet:

*„Wir treffen uns entsprechend Ihren Anregungen mit anderen Klubs der Stadt und verbringen nutzbringende Stunden im Hören Ihrer Sendungen und im Gespräch darüber, was uns Ihre Sendungen sagen."*

Es ist das Bedürfnis nach sachlichen und objektiven Informationen. Diese Klubs werben für ein besseres Kennenlernen der Deutschen Demokratischen Republik. Aus Mbujimayi, in Zaire, erhielt der Sender folgenden Brief:

*„Wir haben schon oft Ihre Sendungen gehört. Unserer Meinung ist, die Beziehungen zur DDR sollten entwickelt und die europäische Sicherheit gefestigt werden. Wir sagen Ihnen das, weil Sie diese beiden Aufgaben in Ihren Sendungen ständig betonen und wir Ihre Auffassung teilen. Die europäische Sicherheit sollte gefestigt werden, weil von Europa in diesem Jahrhundert die großen Kriege ausgingen. Denken Sie aber auch daran, dass heute in Europa Friede herrscht, vielleicht deshalb, weil sich zwei riesige Militärblöcke mitten in Deutschland gegenüber stehen, die sich gegenseitig leicht vernichten können, aber Afrika von kriegerischen Unruhen und diktatorischen Regimes beherrscht wird. Wir haben in unserem RBI-Klub mit unseren Freunden eine Konferenz organisiert, in der wir die Probleme diskutierten ... Ich bin Lehrer für Geschichte und zur Zeit der Vorsitzende unseres Klubs, der aus 30 Lehrern und Studenten besteht."*

## Am Ort der kostbaren Mauritius

Der Ritt auf den Wellen von Radio Berlin International führt von Nigeria weiter nach Mauritius. Die Insel ist mit 750.000 Einwohnern in den siebziger Jahren eines der kleinsten und abgelegensten Empfangsgebiete der Sendungen aus der Deutschen Demokratischen Republik. Manche nehmen von dieser Insel im westlichen Indischen Ozean vielleicht nur Notiz, wenn sie als Sammler die kostbaren ersten zwei roten und blauen Briefmarken der Insel Mauritius aus dem Jahre

1847 kennen. Auf dieser Insel wirken bereits seit der Mitte der sechziger Jahre bis in die erste Hälfte der achtziger Jahre mehrere Hörerklubs von RBI sehr erfolgreich. Einer der besten in Rose Hill arbeitet mit dem Jugendministerium in Port Louis, der Hauptstadt, zusammen. Der Klub berichtet:

> *„Kürzlich erhielt ich ein Schreiben des Jugendministeriums. Darin wird mir der Termin für die in meinem jüngsten Schreiben an Sie erwähnte Ausstellung mitgeteilt. Sie wird von der Regierung vom 24. Dezember 1971 bis zum 15. Januar 1972 in der Kunstgalerie von Port Louis zugelassen. Für die Ausstellung benötige ich von Ihnen ein Bestätigungsschreiben, dass ich die von mir erbetenen und von Ihnen zugesagten Ausstellungsstücke (Fotos, Publikationen usw.) zeitgerecht erhalte ... Ich möchte Ihnen außerdem mitteilen, dass unser Klub jetzt über ein Telefon und einen Fernseher verfügt; beides wurde uns von der Regierung übergeben. Der Oberbürgermeister schenkte uns ein Stereoempfangsgerät."*

Dieser Klub, im März 1971 gebildet, hat schon ein Jahr später 300 Mitglieder, von denen die meisten aufmerksam die Sendungen auf der Kurzwelle aus Berlin hören.

## Begegnungen in Bombay-Santacruz und Cotchin

Die Ausstellung auf Mauritius findet ihr Gegenstück in der Ausstellung des RBI-Hörerklubs in Bombay, im Stadtteil Santacruz. Sie wurde vom früheren Oberbürgermeister dieser indischen Millionenstadt, S. H. Kadar, gefördert. Der Klub mietete einen Saal und zeigt die in Zusammenarbeit mit RBI geschaffene Ausstellung mehr als zwölftausend Einwohnern dieser Stadt. Der Klub, der aus etwa 30 Mitgliedern besteht, hauptsächlich Studenten zwischen 22 und 28 Jahren, hat viele materielle Opfer gebracht, Geld gesammelt, viel Zeit und Energie aufgewendet, um einen guten Dienst für die Deutsche Demokratische Republik und ihren Sender zu leisten. An jedem zweiten Sonntag trifft sich dieser Klub zu einer planmäßigen Versammlung.

In der Zwischenzeit sind jeweils sieben Mitglieder verantwortlich, die Sendungen von RBI in Hindi und Englisch zu verfolgen und Informationen aus dem RBI-Programm aufzuschreiben. Mehr als 10.000 Kilometer sind zwei Mitarbeiter von Radio Berlin International gereist, um Freunde des Senders zu besuchen. In Unionsstaat Kerala im Süden Indiens trafen sie mit 75 Mitgliedern eines Hörerklubs im Hause eines angesehenen Bürgers in Cotschin, der Hauptstadt Keralas, zusammen. Ihre Gespräche hatten immer nur ein Thema: Wie können wir die Arbeit von RBI unterstützen? Sie beschlossen, in einem Zeitraum von 12 Monaten soll jeder der 20 aktivsten Klubmitglieder in jedem Monat mit 20 seiner Landsleute über die Deutsche Demokratische Republik sprechen. Sie hörten die Kurzwellenprogramme von RBI ab und trugen Informationen weiter an ihre Landsleute. So wurde 4.800 indischen Bürgerinnen und Bürgern in persönlicher Form die DDR nahegebracht. Das Beispiel übernahm ein anderer Klub in Chachedl. Aus Khairabad kam folgende Nachricht:

> *„Wir haben eine Klubversammlung zum Thema ‚Der Nahostkrieg und die Welt' durchgeführt und dabei festgestellt, dass die USA und viele westliche Staaten, auch die westdeutsche Republik, Israel immer noch Mittel zur Zerstörung und Gewaltanwendung gegen das palästinensische Volk liefern. Die UNO veröffentlicht seit Jahrzehnten Resolutionen, in dem Frieden für den Nahen Osten und der Abzug der israelischen Besatzungstruppen verlangt wird und den palästinensischen Flüchtlingen das Recht zuerkannt wird, in ihr Land zurückzukehren. Auch die Türkei wurde aufgefordert, sich aus dem eroberten Teil von Zypern zurückzuziehen. Auch in diesem Fall geschieht nichts. Hier wird mit zweierlei Maß gemessen, Freunde der USA, wie Israel und NATO-Mitglieder, wie die Türkei, werden schonend behandelt, andere Staaten bedroht, die nicht zu diesem Kreis gehören, und die Resolutionen der UNO verletzen. Die DDR unterstützt die Gerechtigkeit. Das haben wir festgestellt und in unserer Versammlung begrüßt."*

Andere Hörerklubs baten um den Roman von Bruno Apitz „Nackt unter Wölfen", die Geschichte vom Überleben in einem Nazi-Konzentrationslager, für ihre Bibliothek. Der Sender hilft, Klubbibliotheken und Diskotheken einzurichten und bemüht sich um Informationen aus der DDR, die der unterschiedlichen sozialen

*Akteure des RBI-Hörerklubs in Bombay-Santacruz, November 1970*

Struktur der Klubs gerecht werden. Das unsichtbare Freundesband, über Ätherwellen geknüpft, war in vielen Begegnungen zu spüren. Die indischen Freunde wiesen auf ihre Probleme beim Aufbau einer neuen Gesellschaft hin: Was bedeutet nationale Integration des indischen Volkes bei etwa 750 Millionen Menschen, die – in viele Völker aufgesplittert – rund 180 Sprachen mit mehr als 500 Dialekten sprechen, bei ausgeprägter Abhängigkeit von vielen Religionen: Hindus, Moslems, Buddhisten, Christen, Juden und anderen.

Was erfordert in dieser Lage eine nationale Kommunikation bei einer Flächenausdehnung von drei Millionen Quadratkilometern, einem territorialen Umfang dreißig Mal so groß wie die DDR, in einem Bund von 16 Staaten und mehreren zentral verwalteten Gebieten? Die Leistungen der DDR finden Anerkennung und vielfach Zustimmung in Indien, besonders in der Außenpolitik und in der Erziehung und Bildung sowie bei der Entwicklung einer modernen Landwirtschaft. Es war den Besuchern aus der Hörerkorrespondenz im Allgemeinen schon bekannt, dass viele Auffassungen und Initiativen auf die gemeinsamen Interessen beider Völker gerichtet sind, aber mit welchem Schwung und mit welcher Tatkraft lokal und regional organisierte Hörerklubs ans Werk gehen können, zeigen die Aktionen in Bombay und Kerala. Der Sender erhielt den Rat seiner Freunde, welche Aufgaben in der Politik der DDR für Indien zu vermitteln sind, wie ein auf die Zukunft gerichtetes Indienbild in den Sendungen gezeichnet sein sollte. Das Wissen über Indien in der DDR und das Wissen über die DDR in Indien – das waren die festen Grundlagen einer guten Zusammenarbeit zwischen dem Sender und seinen Hörern.

Die Beispiele und die Geschichten der Klubs ließen sich in einer langen Reihe fortsetzen. Sehr aktiv, weit über Nigeria hinaus, waren die RBI-Hörerklubs in Afrika und in den arabischen Ländern. Professoren und Studenten diskutierten in Tunesien in einem RBI-Klub, der sich den Namen „Klub der arabischen Freunde der DDR" gegeben hat. Aus Ghana berichtet ein Hörerklub, dass seine Mitglieder die Prüfungen mit Erlaubnis des Rektors eine Woche vor dem Termin ablegen durften, damit sie an einem freiwilligen Arbeitseinsatz geschlossen als RBI-Hörerklub teilnehmen konnten. Die jungen Leuten verbrachten eine Woche in einem 15 Meilen entfernten Dorf und arbeiteten am Aufbau eines Zentrums für das Gesundheitswesen mit. Aus Dahomey (heute Benin) berichtet der Vorsitzende eines neugegründeten Klubs, Herr Gbetschedji Gilbert:

> *„Wir haben unserem Klub den Namen „Kluge Köpfe" gegeben. Wir sind 21 Mitglieder, sämtlich ehemalige Schüler eines Dorfes in der Gegend von Allada. Wir werden ihre Sendungen gemeinsam hören und diskutieren." Aus Accra, der Hauptstadt Ghanas, schreibt Herr Harold Adabuna: „Ich meine, man sollte ihre Sendungen weiterverbreiten. Deshalb habe ich, wie Sie wissen, mit 12 Freunden schon einen Hörerklub gegründet. Jetzt möchte ich*

*einen weiteren in meiner Heimatstadt Keta, in der Voltaregion, schaffen, wo ich Schulfreunde habe."*

Aus Guinea, Kongo, aus Marokko, Dahomey, Tschad, Mali, Tansania, Ägypten und dem Irak hat der Sender anschauliche Beispiele von Hörerklubs, die seine Botschaft und hören und weitertragen.

Gut arbeitende Klubs bestanden auch in Uruguay, auf Kuba, in Argentinien, Kolumbien, in Peru, Ekuador und, bis zum Sturz der freigewählten Regierung und ihres sozialistischen Präsidenten Salvador Allende am 11. September 1973, in Chile. Sie berichten dem Sender interessante Aspekte ihrer Arbeit, über Erlebnisse in ihrer Stadt oder in ihrem Land. Die Berichte fließen in die Sendungen der Lateinamerika-Redaktion ein oder werden wörtlich verwendet. Die RBI-Hörerklubs hören dann „ihre" Sendungen ab und erhalten dazu noch die Kopien ihrer journalistischen Mitarbeit. Diese Arbeitsmethode hatte eine große psychologische Wirkung, wenn die Mitglieder des Klubs zusammen sind und ihre Berichte von einem weit entfernten Sender aus Mitteleuropa hören. Ein Klub aus Bogota, Kolumbien, schreibt:

*„Wir kämpfen weiter für die Solidarität mit Chile. Chile, du bist nicht allein! Das ist unser Leitwort".*

Auch in Italien, Frankreich und England hatten sich einige RBI-Hörerklubs gebildet. Diese westeuropäischen Gemeinden von RBI-Sendungen waren nicht typisch für das Profil der Hörer von Radio Berlin International. Zu Hälfte bestanden diese Klubs aus Hörern, die speziell Kurzwellensender hören, so genannte DX-Hörer, auf die später noch eingegangen wird. Die politisch inhaltlich orientierten Klubs arbeiteten wie die Hörergemeinden in Afrika, Asien und Lateinamerika. Ein RBI-Klub aus Livorna, Italien, schreibt:

*„Dank für die Solidarität Ihres Senders mit dem arabischen Volk von Palästina. Uns gefallen die Programme Hörerpost und alle die Programme gut, die uns die Gelegenheit geben, etwas über die Jugend, über Gesetze, Gesundheit und über das Alltagsleben der Arbeiter, überhaupt über das gesellschaftliche Leben in der DDR zu erfahren."*

In Agliana, Italien, baute der RBI-Hörerklub eine Ausstellung auf, die Bilder aus dem Alltag der DDR vermittelte. Andere Klubs wie in Grosseto, Udine und Neapel/Castellammare di Stabia hören Programme gemeinsam ab. In Lyon, Frankreich, stellte sich ein Klub aus 16 Mitgliedern die Aufgabe, für die Sendungen unter Freunden zu werben und auf Versammlungen über die DDR zu sprechen. Aus Nordfrankreich, in Charleville im Raum der Ardennen, schreibt ein RBI-Klub, gute Beziehungen zwischen den Staaten entstehen auf diplomatischem

Wege, in größerem Umfange jedoch durch ein besseres Verstehen der Menschen und durch bessere Verbindungen untereinander. Mr. Jonathan Marks, der den RBI-Klub in Norwich, England, vertritt, meinte zu einigen Kommentaren von RBI, die sie gemeinsam abhörten, die internationale Auseinandersetzung über den Staatsstreich in Chile und die danach einsetzende Gewaltherrschaft sei nicht nur einfach eine antifaschistische, sondern mehr noch eine humanistische Aufgabe. Und der List-Hörerklub in Leamington in England will in Versammlungen alle bisherigen Vorschläge Moskaus zur vollständigen Abrüstung diskutieren.

Die Redaktionen fördern das Wirken ihrer Hörerklubs, in dem sie regelmäßig besondere Programme mit einer vielseitigen Themenwahl ausstrahlen, im allgemeinen mindestens einmal im Monat. Themen, die meistens aus der Korrespondenz mit den Klubs gewonnen werden, sind:

Das Schulsystem in der DDR verbürgt gleiches Recht auf Bildung für alle; unentgeltliche Schulbildung für alle Schülerinnen und Schüler; Sicherung einer Lehrstelle oder eines Studienplatzes nach Abschluss der Schule. Der Platz für Antworten auf diese Thematik sind Sendereihen wie „Sie fragen – wir antworten", einmal monatlich direkt für Klubs im Zeitumfang von 15 Minuten oder andere Sendungen in einer Länge von 30 Minuten, in denen in Form von Dialogen Erfolge der Klubs in der Öffentlichkeitsarbeit bekannt gemacht und als Beispiele empfohlen werden. In einigen Klubsendungen wird der Aufbau einer Antenne für den Empfang von Kurzwellensendungen genau erläutert, in anderen eine Diskussion über gesellschaftliche Probleme in den Elendsvierteln lateinamerikanischer Städte geführt oder, wie für Klubs in Algerien, über die Zusammenarbeit der RBI-Hörerklubs mit Arbeitsgruppen der Freien Deutschen Jugend berichtet. Mitglieder dieser Klubs werben und wirken gesellschaftlich nützlich – im Gesundheitswesen, im schulischen Unterricht, im Straßen- und Brückenbau.

Die Untersuchungen des Profils der Hörerkreise von RBI ergaben immer wieder, dass zwei Drittel der Hörer, die sich an den Umfragen beteiligten, im kleinen oder im größeren Kreise die Auslandssendungen empfangen. Unter den Redaktionen schwanken die Ergebnisse zwischen 41 und 93 Prozent, aber in jeder Redaktion ist es wesentlich mehr als ein Drittel der Hörerinnen und Hörer, die durch die Korrespondenz dem Sender bekannt ist. In Frankreich sind es 72 Prozent und in Dänemark 49 Prozent der Hörerinnen und Hörer; in den Altersgruppen von 19 bis 29 Jahren sind es 40 Prozent und zwischen 41 und 60 Jahren etwa ein Drittel der Gesamthörerschaft, die Sendungen des Auslandsradios der DDR gruppenweise empfangen, besonders stark in bestimmten politischen Situationen. In der Italienischen und Englischen Redaktion ist die Lage mit Abstand ähnlich. In der Schwedischen Redaktion handelt es sich vornehmlich um jugendliche Funkamateure. In der Deutschen Redaktion (Sendegebiet: Österreich, Schweiz, Liechtenstein und Luxemburg sowie deutsche Auswanderungszentren in den USA und Kanada, Lateinamerika, Südafrika, Australien und Neuseeland) sind es in erster Linie die Deutschamerikaner, die sich als kleine Hörergruppe dem Sender RBI vorstellt. Im Sendegebiet Afrika, Asien und Lateinamerika ist dagegen ein gruppenweißer Empfang sehr stark zu verzeichnen. In Afrika und Lateinamerika sind es 90 bis 93 Prozent, in den arabischen Ländern 86 Prozent und im Bereich der Südostasien-Redaktion 59 Prozent der Hörer, die Radio Berlin International in Gruppen ständig hören.

## Wert der Hörerklubs

Die Hörerklubs von Radio Berlin International sind spontan entstanden. Ihre Entstehung hatte einen materiellen und einen gesellschaftlichen Grund.

Wer hatte schon in Südostasien, Afrika und Lateinamerika ein leistungsstarkes Radiogerät mit einem Kurzwellenteil? Die Zahl von Empfangsgeräten für einen technisch guten Empfang von Auslandsendungen war unzureichend. Erst mit der Markteinführung von Transistorgeräten in diesen Erdregionen Ende der fünfziger, Anfang der sechziger Jahre wurde es möglich, Kurzwellensendungen in einem größeren Umfang zu empfangen. Der Preis für diese Geräte war für den einzelnen oft zu hoch, wenn er nicht einer begüterten Schicht angehörte. Daraus entwickelte sich das Hören von Sendungen in Gruppen. Das war wie in Deutschland in den zwanziger Jahren, als das Radio entstand. Familien und Freundeskreise fanden sich zusammen, um gemeinsam die Sendungen aus dem Berliner Vox-Haus mit Alfred Braun zu hören. Hinzu kam in Afrika und den anderen Regionen der hohe Anteil von Analphabeten in vielen Ländern dieser Erdteile, 80 bis 90 Prozent der Völker konnten nicht lesen und schreiben. Die Zeitung war also keine Quelle der Information, es sei denn ein Vorleser kommt in ein Dorf und liest den Versammelten vor, was in der Zeitung, die er auswählte, steht. Fernsehen war ein unerschwinglicher Luxus, wenn es überhaupt existierte. Das war der entscheidende Grund, sich dem Radio zuzuwenden.

Der gesellschaftliche Grund für die Hörerklubs lag in erster Linie an dem allgemeinen Interesse dieser Völker, aus der kulturellen und wirtschaftlichen Enge ihrer als Folge des Kolonialismus zurückgebliebenen Gesellschaft herauszukommen, hinaus zu blicken in die Welt, wie es dort gemacht wird. Das war ein Interesse, das durch den antikolonialen Befreiungskampf stark gefördert wurde und sich in der Zeit des nationalen und sozialen Aufbruchs in diesen Regionen im hohen Maße auf die sozialistische Welt orientierte, auf ihre Erfahrungen beim Aufbau einer neuen Gesellschaft, auch auf die sozialistischen Ideen als Fundament der Weltanschauung. Viele dieser Hörerklubs zeigten großes Interesse für die Entwicklung in einem sozialistischen deutschen Staat.

Der Wert der Klubs für die Öffentlichkeitsarbeit im Wirkungsgebiet, für die Aufnahme und Weiterverbreitung seiner Botschaft ist im Sender nicht gleich erkannt worden. Bei der Prüfung der Möglichkeiten, ob Radioklubs mit gesellschaftlich gleichgesinnten Menschen in fremden Ländern einen Sinn für die Auslandssendungen ergeben, erwiesen sich für RBI die Erfahrungen der in Deutschland im Jahre 1924 gegründeten Arbeiter-Radioklubs als wertvoll. Ursprünglich aus technischem Interesse entstanden, gewannen diese Klubs einen Einfluss in der Auseinandersetzung mit der herrschenden politischen Klasse, das Mitbestimmungsrecht der Arbeiter am Programm des Rundfunks der Weimarer Republik durchzusetzen. Besonders Reichskanzler Franz von Papen schloss 1932 alle Linken vom Rundfunk aus und öffnete die Mikrofone für alle rechten Gruppierungen in Deutschland, in erster Linie für die Partei Adolf Hitlers, die NSDAP.

Aus einer komplizierten Entwicklung ging 1929 der „Freie Radio-Bund" hervor. Die von ihm veranstalteten Abhörabende des Moskauer Rundfunks, die mit Beginn der deutschsprachigen Sendungen am 7. November 1929 immer größere Zuhörerkreise fanden, entwickelten sich zu einem Mittel gegen die sich verstärkende antirussische und antisowjetische Propaganda. Im Statut des „Freien Radio-Bundes" galt als Programmziel, Gruppen von Hörern für die Sendungen des Moskauer Rundfunks zu interessieren. Dieser Sender richtete seine deutschsprachigen Programme auch für spezielle Abhörgemeinschaften ein. In Sowjetrussland bildeten sich in der ersten Hälfte der zwanziger Jahre Hörerklubs heraus. Die elektromagnetischen Wellen überwanden große Räume und drangen bis in die entlegensten Winkel Russlands ein. So lösten Hörerklubs in den ersten Jahren nach der Geburt des Radios jene Probleme, mit denen das Riesenreich der Sowjetunion zu kämpfen hatte: unterentwickelte Informations- und Kommunikationsmittel und Mangel an Empfangsgeräten. Dank des Radios konnten über Ätherwellen Informationen in weit entfernte Gebiete gesendet und von Hörerklubs diskutiert werden. „Rundfunksäle" und „Rundfunktheater" entstanden, die den Hörerklubs die geeigneten Räume gaben.

Erst Ende der sechziger, Anfang der siebziger Jahre begann die Chefredaktion von RBI, zielgerichtet die Zusammenarbeit mit den Klubs zu gestalten, die sich dann sehr erfolgreich entwickelte. Im Jahre 1970 hatte RBI 47 Klubs in 16 Ländern; 1972 zählten die Redaktionen 371 Klubs in 46 Ländern. 1978 waren es bereits 770 in 54 Ländern, von denen zwei Drittel sehr rege tätig waren. Ihr Wirken entsprach den Interessen des Senders – für seine Programme zu werben, Frequenzen und Sendezeiten im Kreis von Freunden bekannt zu machen, Programme gemeinsam abzuhören und einzuschätzen, Fragen an die Redaktionen zur Politik und zum Leben in der DDR zu stellen sowie über das eigene Land zu berichten. Dadurch gelang es dem Sender besser, zielgruppenorientierte, differenzierte Programme zu erarbeiten. Es war eines der Ziele von RBI, sie auch allgemein für die Interessen der Deutschen Demokratischen Republik zu nutzen. In den Jahren vor der weltweiten diplomatischen Anerkennung der DDR, also in der Zeit vor 1972/73, sollten sie mit ihren Möglichkeiten, öffentlich aufzutreten, daraufhin wirken, dass ihre Regierung die DDR diplomatisch anerkennt, zumindest sollten sie eine öffentliche Aufmerksamkeit für diese Forderung schaffen, ohne dass der Sender sie als Propagandisten gegen ihre Regierung verwendet. Die Nichteinmischung in innere Angelegenheiten war ein Gebot der Zusammenarbeit mit den Hörerklubs. Sie sollten lediglich im Rahmen der Möglichkeiten, die ihnen die Verfassung ihres Landes und die allgemeinen politischen Bedingungen gaben, aktiv sein, beispielsweise Unterschriften für die Anerkennung der DDR sammeln. Das haben viele auch getan.

Aus fünfjähriger Beobachtung der Hörerpost, aus Gesprächen mit Gästen und des zu unterschiedlichen Zeiten erfolgten Aufenthaltes von Mitarbeiterinnen und Mitarbeitern des Senders in Algerien, Marokko, Tunesien, Ägypten, Syrien, Irak, Indien, Guinea, Mali, Ghana, Äthiopien, Somalia, Tansania und Mosambik, in Frankreich, England, Italien, Kuba, Chile und Uruguay ergibt sich folgendes Bild zu den Umrissen eines Hörerklubs von Radio Berlin International:

Hörerklubs wirken dort besonders erfolgreich, wo in einem öffentliches Klima eine allgemeine Übereinstimmung mit der Politik der DDR festzustellen ist und die politischen Verhältnisse im Sendegebiet die besten Wirkungsmöglichkeiten bieten. Das sind die national befreiten Staaten, deren Freiheitsbewegung zu einer sozial-revolutionären Bewegung geworden ist (z. B. Guinea-Bissau/Kapverden, Algerien, Mosambik, Angola, Simbabwe, Kuba) und Gruppen von jungen Hörern mit gleichen gesellschaftlichen Grundauffassungen. Sie empfangen aus Interesse am Sozialismus Radiosendungen aus der DDR (Indien, verschiedene Länder Afrikas, arabische Staaten, Lateinamerika, Süd- und Westeuropa). In der Gruppe der älteren Hörer handelt es sich um Antifaschisten, die den zweiten Weltkrieg miterlebt und zum großen Teil in der Widerstandsbewegung gekämpft haben und mit besonderer Aufmerksamkeit die Entwicklung in der DDR und der Bundesrepublik Deutschland verfolgen und deshalb mehr oder weniger regelmäßig, aber immer in besonderen Situationen zusammen kommen und die Programme von Radio Berlin International hören (England, die USA, Kanada, Frankreich, Dänemark, Italien).

Ein weiteres Motiv, aus den vielen Auslandssendungen in der Welt Radio Berlin International zu wählen, liegt in einer Tatsache von nicht untergeordneter Bedeutung: in einer Deutschfreundlichkeit vieler Völker in den früheren Kolonien der Engländer und der Franzosen in Afrika und Asien, die auf Leistungen deutscher Wissenschaftler vor allem im 19. Jahrhundert zurückgeht (Ägypten, Indien, Kuba), aber auch vor dem Hintergrund bestimmter Konkurrenzkämpfe zwischen Deutschland, England und Frankreich gesehen werden sollte. Deutschland kämpfte um Erhalt und Ausdehnung seiner Einflussgebiete und Rohstoffquellen gegen die Kolonialmächte England und Frankreich und wurde so ohne eigenen Willen zum Freund der kolonial Unterdrückten („Der Feind meiner Feinde ist mein Freund"). Die Aufgabe des Auslandsradios der DDR musste darin bestehen, die gefühlsmäßige traditionelle Sympathie für die Deutschen und Deutschland auf die Deutsche Demokratische Republik zu übertragen, um die Wirksamkeit der Sendungen zu erhöhen. In diesem Bemühen kam es dem Auslandsender der Deutschen

Demokratischen Republik zu Gute, dass seine Stimme aus Berlin zu hören war, denn die deutsche Hauptstadt war für alle ein Synonym für Deutschland.

Diese Tatsachen stellten gute Voraussetzungen dar, Hörerklubs zu bilden und zu festigen und diese Klubs unter den besonderen Bedingungen der Kurzwellensendungen als einen zweckmäßigen und kurzen Weg anzusehen, größere Gruppen von Hörern in der Welt zu Informationsträgern des deutschen sozialistischen Auslandsradios zu machen. Die Bildung dieser Radioklubs ist somit nicht einheitlich, nicht gleichermaßen gesellschaftlich motiviert und nicht für alle Länder zu verallgemeinern. Das schließt nicht aus, dass kollektives Hören immer dann festzustellen ist, wenn schlaglichtartig die Aufmerksamkeit und das Interesse auf ein Land aus weltweiter Anteilnahme gelenkt wird. Aus kollektiven Hören wird aber erst dann eine mehr oder weniger organisierte Gemeinschaft in Form eines Hörerklubs, wenn die Interessen der Gruppe in einer konkreten gesellschaftlichen Situation solche Informationen vom Radio des Auslandes verlangen, die als nützlich für die eigene gesellschaftliche Praxis angesehen werden.

Für das Radio und seine Wirksamkeit ist es von zusätzlicher Bedeutung, wenn mehrere Hörer örtlich und zeitlich zusammen eine Sendung hören. Jeder weiß aus persönlicher Erfahrung, dass sich die Wirkung einer Botschaft unter dem Einfluss einer Gruppe verstärkt. Der einzelne Hörer handelt in einer Gruppe oft so wie die gesamte Gruppe. Er nimmt in der Regel die Meinung einer Mehrheit in der Gruppe an. Die Beeinflussung erfolgt im Gespräch, im Austausch der Gedanken zur Botschaft des Senders. In diesem Gespräch bringt jedes Mitglied eines Kollektivs, seiner Eigenart entsprechend, gesellschaftlich bedingte Erfahrungen, Wertmaßstäbe, auch Vorurteile in die Gruppe ein. Die Kommunikation erfolgt unmittelbar von Angesicht zu Angesicht. Es entstehen, mit Einschränkungen, übereinstimmende Einschätzungen und Meinungen. Auf diese Weise entwickelt sich eine neue Qualität der Verarbeitung von Informationen im Vergleich zum individuellen Hören, zum individuellen Verstehen einer Aussage. Das Gehörte wird im Gespräch vertieft und es wirkt über den lokal begrenzten Radioklub hinaus, wenn der Klub über seine Arbeit öffentlich berichtet und zum Werber für den Sender wird.

Der Radiojournalist im Allgemeinen, der Journalist des Auslandsrundfunks im Besonderen, wendet sich an ein nicht sichtbares Auditorium. Er spricht mit seinen Hörern im Monolog. Die Reaktion der Hörer erfährt er nur, wenn er ein öffentliches Forum zu seinen Sendungen einberuft oder wenn die Hörer sich brieflich an ihn wenden. Der dem Sender bekannte Hörer löst für den Journalisten des Auslandsradios zum großen Teil die Unsichtbarkeit des Auditoriums auf – der Journalist lernt durch die Reaktion des Klubs das Profil der Hörer in fremden Ländern besser kennen, sozial und kulturell, seine Interessen und Wünsche. Der beste Klub jedoch ist nicht das Modell der Gesamthörerschaft. Erstens wirken nicht überall derartige Klubs, zweitens sind die Bedingungen der Existenz dieser Klubs unterschiedlich und drittens kann man es nicht als bewiesen ansehen, ob und inwieweit das Kleingruppenmodell in Form der Radioklubs ein Verständnis der Großgruppen in der Gesellschaft in Gestalt der Hörerschaft im Ganzen ermöglicht. Hörerklubs sind so schillernd wie die Nationaltrachten in den afrikanischen, asiatischen und lateinamerikanischen Ländern. Dennoch kann der Querschnitt eines Klubs durchaus eine Hilfe sein, einen Querschnitt der Gesamthörerschaft in einem bestimmten Raum des Sendegebietes unter ähnlichen gesellschaftlichen Verhältnissen einzuschätzen. Die Arbeit der Redaktionen mit den unterschiedlichen Klubs in einer Vielzahl von Ländern lohnte sich. Das bewies das Wirken der RBI-Hörerklubs in 54 Ländern.

Eine andere Kategorie von Klubs, mit denen RBI zusammenarbeitete, waren die Gemeinschaften der Funkamateure, DX-Klubs genannt. D – steht für Distanz und X – für Unendlichkeit, eine international gebräuchliche Abkürzung für Funkamateure. Der Sender erhielt von diesen Klubs und einzelnen Amateuren wertvolle Hinweise zum technischen Empfang seiner Programme mit genauer Angabe der Frequenz und der Zeit. Als Antwort auf jede Angabe eines Funkamateurs schickte RBI so genannte QSL-Karten (Empfangsbestätigung) und kleine Aufmerksamkeiten, wünschte dem Funkamateur viel Glück in der Jagd nach immer neuen Stationen und sprach die Hoffnung aus, sich bald wieder im Äther zu treffen.

Die Definition des nicht technisch ausgerichteten Hörerklubs erwies sich als notwendig, damit in jeder Redaktion nach gleichen Maßstäben Hörerklubs geschaffen und bestehende weiterentwickelt werden. Die materielle Unterstützung, die für das Auslandsradio der DDR bescheiden war, konnte nur Klubs gewährt werden, die nachweisbar gut als eine Einheit im organisatorischen Sinne wirkten. Das wiesen die Klubs den Redaktionen durch Fotos und Zeitungsberichte über ihre Arbeit nach. Die besten Klubs im Sinne der Definition bestanden in Indien und

*Plakat des RBI-DX-Klubs*

Afrika. Von den 770 Klubs Ende der siebziger, Anfang der achtziger Jahre wirkten in Indien 283, in Ghana 94, in Algerien 54, in Tansania (früher Tanganjika) 53 und in Nigeria 40 Hörerklubs von Radio Berlin International; in anderen Ländern weniger als 20, in Süd- und Westeuropa im Durchschnitt 5 bis 10.

Nach den Jahren des politischen Aufschwungs 1970 bis 1980 änderten sich in Afrika, Asien und Lateinamerika politische Verhältnisse, Interessen und Bedürfnisse. In den Redaktionen von RBI ließ nach 1980 die systematische Arbeit mit den Radioklubs nach. Von den 770 Hörerklubs, die bis 1978 erfasst wurden, blieben etwa 300 bis 1988 aktiv. Das Interesse der Hörerinnen und Hörer an der Stimme der Deutschen Demokratischen Republik indes ebbte nicht ab. Wenn der Sender zu einer Weltumfrage aus 98 Ländern zehntausende von Zuschriften erhält, dann ist das nicht zuletzt auf das Wirken der Radioklubs zurückzuführen. Solche Tatsachen sind für einen Auslandssender ein Zeugnis der Verbundenheit, wie es besser nicht sein kann.

# Von Diomedon zum Weltrundfunk

## Das neue Wunder

Das neue technische Wunder kam lautlos und unsichtbar. Ein bisher nicht entdecktes Ding – elektromagnetische Wellen – übermitteln Informationen ohne Drahtverbindungen. Meldereiter und Nachrichtenläufer nach dem Vorbild des berühmten Griechen Diomedon, der 490 v. d. Z. von Marathon/Attika an der Ostküste nach Athen lief, um die Nachricht vom Sieg der Griechen über die Perser zu melden, waren bald in den Industriestaaten nur noch Zeichnungen in den Geschichtsbüchern; auch die Rauch- und Lichtsignale wurden bald zu Bildern und Beschreibungen in der Literatur. Der Schlag der flachen Hand auf getrocknete und gespannte Haut eines erlegten Wildtieres nach einem verabredeten Zeichen wurde ausgetauscht durch den rhythmischen Druck des Handballens auf die Tastatur eines elektrischen Gerätes, mit dem kurze und lange elektrische Impulse, Punkte und Striche, nach einem Zeichensystem gesendet werden, benannt nach seinem Erfinder Morse-Apparat und Morse-Alphabet.[2]

Man nannte das neue Wunder vor etwas mehr als 100 Jahren „funken". Das Wort überdauerte die Zeit. Aus ihm wurde die Bezeichnung eines Berufes – der Funker, der elektrische Signale sendet und den Postillion ablöst.

Im Jahre 1920 prägten Postbeamte der deutschen Hauptfunkstelle in Königs Wusterhausen bei Berlin für den neuen Übertragungsweg von öffentlichen Informationen und Klängen mit Hilfe der elektromagnetischen Wellen den Begriff „Rundfunk". Er wird seit dieser Zeit für das Radio gewählt, gilt aber auch für das Fernsehen.

Der Ursprung des technischen Wunders geht auf eine Entdeckung des schottischen Physikers James Maxwell (1831–1879) zurück, der 1865 auf eine von ihm theoretisch berechnete Strahlung hinwies, die sich mit der Geschwindigkeit des Lichts, 300.000 km in der Sekunde, fortbewegt. 23 Jahre später wies der deutsche Physiker Heinrich Hertz (1857–1894)[3] die von Maxwell vorausgesagten elektromagnetischen Wellen nach. Mit dieser Vorgeschichte der drahtlosen Nachrichtenübertragung im 19. Jahrhundert beginnt die technische Geschichte des deutschen Rundfunks. Sie wurde in Königs Wusterhausen bei Berlin geschrieben.

Die erste Rundfunksendung ging am 22. Dezember 1920 von der Hauptfunkstelle in den Äther. Es war ein Weihnachtskonzert der Postbeamten dieser Funkstelle. Am 29. Oktober 1923 eröffnete Staatssekretär Dr.-Ingenieur Hans Bredow, der als Vater des deutschen Rundfunks geachtet wird, die erste Sendung des Unterhaltungsrundfunks im Vox-Haus am Potsdamer Platz in Berlin. Dieser Tag gilt als Gründungsdatum des deutschen Rundfunks.

Politisch gesehen, hatten die Sendungen für das Ausland ihren Ursprung in dem Bestreben der Kolonialstaaten, die Verbindungen zu ihren Kolonien zu festigen. Die ersten Kurzwellensendungen[4] des Auslands wurden deshalb in der Landessprache der Kolonialisten ausgestrahlt. Die ersten Staaten waren die Niederlande, die seit 1927 aus Eindhoven und Kootwijk für die Verwaltungen in den Kolonien, für Missionare und Siedler im früheren ostindischen Kolonialreich sendeten, sowie England, das ebenfalls 1927 begann, zunächst aus Chelmsford, ab 1932 aus Daventry Kurzwellensendungen auszustrahlen – als tägliche Brücken zu allen Teilen des Imperiums. Im Jahre 1931 folgte Frankreich mit Sendungen in Französisch und in Landessprachen der Kolonialvölker. 1938 begann die British Broadcasting Corporation (BBC) ihre Sendungen in Fremdsprachen, direkt adressiert an Deutschland und Italien. In deutscher Sprache begann die BBC am 27. September 1938 auf dem Höhepunkt der zweiten Sudetenkrise. Als Folge der Krise unterzeichneten Ende September England, Frankreich, Italien und Deutschland das Münchener Abkommen. Darin werden Teile des Gebietes der Tschechoslowakei, die überwiegend deutschsprachig sind und 1919 gegen den Willen von dreieinhalb Millionen Sudetendeutschen dem tschechischen Staat zugeordnet wurden, an Deutschland zurückgegeben. 1939 sendete die BBC in 16 Sprachen für Europa, das Empire, die arabischen Länder und Lateinamerika. Ende der dreißiger Jahre strahlten lateinamerikanische Stationen Sendungen nach Europa aus. Brasilien sendete Nachrichten nach Deutschland, die stark wirtschaftlich ausgerichtet waren und für deutsche Kapitalinvestitionen in Lateinamerika warben. 1939 begannen die USA mit englischsprachigen Diensten für das Ausland. Deutschland trat dem Chor der Stimmen auf den Kurzwellen Ende der zwanziger Jahre bei.

## Der Feldprediger stand Pate

War es Zufall oder sinnreicher Vorsatz, den deutschen transnationalen Rundfunk mit Millöckers Operette „Der Feldprediger" zu beginnen? Nach dem Feldprediger folgten erste Nachrichten für Deutsche überall in der Welt. Danach spielte das Orchester Egon Kaiser Tanzmusik bis tief in die Nacht. Das war am 26. August 1929, mit dem Gongschlag 20 Uhr, als der „Weltrundfunksender Zeesen" bei Berlin im 31-m-Band mit einer Leistung von 8 Kilowatt (kW) seine Wellen mit tausend Klängen um den Erdball schickte. Der Kurzwellensender hat Pionierarbeit für alle nachfolgenden deutschsprachigen Sendungen geleistet. Abgesehen von den inhaltlichen Seiten seines Auftrages, hat der Sender das Grundmodell des deutschen Auslandsrundfunks geschaffen – zur Analyse der Wellenbereiche und der Antennensysteme, zum Programmschema, zum Einsatz der Kulturprogramme und der Musik und zur Wahl der Sprecher und Sprecherinnen.

Für eine Weltreise längst des Äquators brauchen die elektromagnetischen Wellen des Radios eine siebentel Sekunde. Das zeigt ihre Macht, die Räume überwindet, und die Stärke ihrer politischen und journalistischen Einsatzfähigkeit. Über Zehntausende von Kilometern vom Ort des Ereignisses entfernt, kann der Hörer im kleinsten privaten Bereich Teilnehmer des Geschehens werden; dank der Kurzwellen, die neue Dimensionen der journalistischen Vermittlung von Wort und Musik erschlossen haben. Diese Unabhängigkeit der Funk- und im Besonderen der Kurzwellen von territorialen Grenzen und politischen Verhältnissen in ihr Ausbreitungsgebiet (im Unterschied zu möglichen Beschränkungen oder Verboten von gedruckten Publikationen, Filmen und Ausstellungen usw.) gibt ihnen eine bedeutende Überlegenheit gegenüber allen anderen Medien, die für das Ausland wirken, wenn der Empfang für die Hörer technisch klar, lautstark genug und zeitlich günstig ist.

Die Sendungen bieten den ausländischen Hörerinnen und Hörern darüber hinaus eine weitere Informationsquelle ohne zusätzliche Aufwendungen, wenn er ein Empfangsgerät besitzt. Dadurch wird das Kurzwellenradio zu einer kostengünstigen Quelle aktueller Informationen, um so mehr, wenn es in Gruppen empfangen werden kann. Hier gewinnt der Kurzwellenrundfunk besonders in ärmeren Schichten an Bedeutung, die zwar ein Gerät besitzen, sich aber nicht regelmäßig eine ausländische Zeitung kaufen können. Hinzu kommt noch ein deutlicher Vorzug. Das gesprochene Wort ist allgegenwärtig. Jeder kann es verstehen, der ein Empfangsgerät besitzt oder in einer Gruppe mithört. Deshalb haben Rundfunksendungen eine große Bedeutung für Länder, in denen Analphabeten auf keine andere Weise mit Informationen erreicht werden können. Unter diesem Gesichtspunkt geht die allgemeine gesellschaftliche Wirkung der Sendungen des Rundfunks für das Ausland grundsätzlich über die Wirkung von Druckerzeugnissen hinaus.

Die Sendeanlagen und die Studiotechnik sind, gemessen am Druck und Vertrieb anderer Informationen, verhältnismäßig preiswert. Mit einem kleinen Stab von Redakteuren und Sprechern können große Hörerkreise in vielen Ländern der Erde erreicht werden. Das ermöglicht dem Kurzwellenrundfunk, täglich Hörer in allen Teilen der Welt anzusprechen. Seine operative Wirksamkeit beruht vor allem auf der allen anderen Medien überlegenden Schnelligkeit, der, sofern erforderlich, Gleichzeitigkeit von Ereignis und Mitteilung, der Weite des Aktionsradius, der Größe des Empfängerkreises, der Informationsmenge und den Möglichkeiten des Empfangs.

Die Empfangsbedingungen hängen von einigen physikalischen Umständen ab, die eine Reihe von Nachteilen des Kurzwellenradios bestimmen. Zunächst tritt auf Kurzwelle Schwund (Fading) durch das gleichzeitige Vorhandensein von Boden- und Raumwellen (Interferenz) und Absorption in Erscheinung.[5] Diese hemmenden Faktoren sind durch leistungsstarke Sender, Richtstrahlantennen und Relaisstationen zum größten Teil zu neutralisieren.

Darüber hinaus kann eine Zusammenarbeit, die auf gegenseitigem Verständnis beruht, negative Einflüsse beschränken. Wer auf derselben Frequenz nach Möglichkeit gleichbleibend den Empfang seiner Sendungen in einem Sendegebiet innerhalb der Sendeperioden (Übergangsperioden, Sommer und Winter) gewährleistet, kann mit einem Hörerkreis rechnen, dem es leicht fällt, den Sender zu empfangen, weil er ihn immer an der selben Stelle auf der Skala seines Empfangsgerätes findet. Das ist allerdings ein schwieriges Problem nicht nur wegen des Schwunds und der Interferenz, sondern auf Grund der oft gegebenen Überlagerung durch andere Sender. Die Weltrundfunk-Konferenzen haben sich von Anfang an wiederholt bemüht, Überlagerungen auszuschalten. Während die Konferenz 1927 in Washington einen Abstand von 30 bis 50 kHz zwischen den Sendern verlangte, wurde 1932 auf der Konferenz in Madrid ein Abstand von 10 kHz festgelegt. Auf der Internationalen Funkausstellung in Berlin am 30. August 1929 wird die beschleunigte Entwicklung des Kurzwellenempfängers deutlich.

## Weltweiter Aufschwung des Kurzwellenradios

Der Aufschwung des Kurzwellenrundfunks, der Zutritt neuer Staaten wie China und vieler Länder in Asien, Afrika und Lateinamerika machte die Einschaltung eines gewünschten Senders oft zu einer schweren Prüfung. Viele Sender überlagerten sich. Auch die spätere Festlegung eines Abstandes von 5 kHz von Sender zu Sender änderte nichts an der manchmal undurchdringlich erscheinenden Dichte auf dem Kurzwellenband, wenn leistungsstarke Sender mit 250 und 500 Kilowatt „nebenan" senden.

Zu den Olympischen Spielen in Berlin im Jahre 1936 wirkten bereits acht deutsche Kurzwellensender zu je 20 kW. Kurz danach noch während der Olympischen Spiele wird die Sendeleistung aller Kurzwellensender auf je 50 kW mit einem leistungsstarken Antennensystem erhöht. Die NS-Machthaber hatten großzügig investiert, um die Olympischen Spiele zu nutzen, weltweit ein positives Bild des III. Reiches zu zeichnen. 1936 ging es jedoch nicht vordergründig um direkte politische Propaganda, sondern in erster Linie um eine indirekte Einwirkung auf die internationale Öffentlichkeit und die Sportwelt – durch eine meisterhafte Organisation der Rundfunkberichterstattung aller ausländischen Journalisten.

Von 1940 bis 1944 wurde der Zeesener Kurzwellen-Rundfunksender technisch verstärkt. Der Sender erreichte mit seinen deutschen und fremdsprachigen Programmen alle Punkte der Welt. Im April 1945 waren in Zeesen acht Kurzwellenstationen von je 50 kW mit einer entsprechenden Antennenanlage in

Betrieb, weitere acht standen in Oebisfelde, und mit den im Westen Deutschlands errichteten Stationen hatte Deutschland 1945 einen Kurzwellenrundfunk mit der stärksten Senderleistung und dem größten Antennensystem – bis April 1945.

In den Vormittagsstunden des 23. April 1945 fuhren auf einem Motorrad mit Beiwagen zwei Männer der SS in der Funkstelle Königs Wusterhausen vor. Sie waren beauftragt, wichtige Senderteile abzuholen, die für den Funkbetrieb notwendig waren. Ein Techniker, der mit dem Sender verwachsen war und ihn schützen wollte, Heinrich Mattner, übergab den SS-Leuten kaltblütig eine defekte Endröhre und ein Messgerät. Dann rückte die Rote Armee in Königs Wusterhausen ein, ein Regiment, das an der Wolga formiert worden war, und am 26. April 1945 stellte die Sendestelle Zeesen ihren Rundfunkbetrieb nach 25 Jahren ein. Alle Sender waren funktionstüchtig. Sie wurden demontiert, nach Russland transportiert und dort wieder aufgebaut. Das war die erste deutsche Reparationsleistung für die fast unermesslichen Zerstörungen im Zweiten Weltkrieg. Die Anlagen im Westen, in München/Ismaning, übernahm die US-Militärverwaltung; die in Elmshorn wurden von den Briten für die eigene Nutzung beschlagnahmt. Demontage und die Sprengung der Masten und Türme in Königs Wusterhausen haben die Stimme des deutschen Rundfunks für die Heimatversorgung auf Mittelwelle nur für Tage verstummen lassen. Am 13. Mai 1945 meldete sich mit sowjetischer Lizenz aus Berlin-Tegel der Berliner Rundfunk mit der ersten Sendung nach der Befreiung Deutschlands.

Der Neuanfang im Kurzwellenbereich führte nach mehreren technischen Zwischenstationen am 3. Mai 1953 zur offiziellen Wiederaufnahme des Kurzwellenrundfunks im Westen Deutschlands in der Nähe von Jülich mit einer Senderausgangsleistung von 20 kW. Der erste 100 kW-Sender nahm 1956 seinen Programmdienst auf. Erweitert mit der späteren Anlage im Wertachtal auf 10 Sender mit einer Leistung von je 500 kW und modernen Antennen, verbunden mit Relaisstationen in Afrika, im Mittelmeerraum, in der Karibik, in Portugal und in Südostasien, erhielt der westdeutsche Auslandsrundfunk eine starke materielltechnische Basis, die eine publizistische Wirksamkeit in 33 Sprachen nach Osteuropa, in den Nahen Osten, nach Afrika, Nord-, Mittel- und Südamerika sowie nach Asien sicherte. Nicht mit gleicher Energie konnte der Wiederaufbau eines Dienstes für Kurzwellen in der DDR begonnen werden. Trotz großer technischer Vorleistungen in Königs Wusterhausen wurde erst 1959 mit dem Aufbau von drei 100 kW-Sendern für die Programme von Radio Berlin International begonnen. Verwertbare Empfangshinweise erhielt RBI zuerst von den Funkamateuren, einzelnen Hörern, von Schiffsbesatzungen der Handels- und der Fischfangflotte sowie von Auslandsvertretungen der DDR, später von den Hörerklubs. Besonders bewährt hat sich die Zusammenarbeit zwischen den sozialistischen Staaten, um gleichzeitige Sendungen auf der selben Frequenz in die selben Sendegebiete zu verhindern. Vertreter von RBI und der Studiotechnik Rundfunk der Post der

DDR trafen zweimal im Jahr in jeweils einer anderen Stadt der sozialistischen Staaten zusammen, um Frequenzen abzustimmen. Die Gesamtanalyse für jede Sendeperiode brachte RBI Ergebnisse, die sich vorteilhaft auf die Beziehungen zu den Hörern auswirkten. Auch diese Arbeit der Techniker hat wesentlich dazu beigetragen, dass der Sender Hörer und Hörerklubs an sein Programm binden konnte.

## Auslandsrundfunk in der DDR

„Alle Menschen werden Brüder" – die Hoffnung verheißenden Worte Friedrich Schillers mit den sinfonischen Klängen aus dem Schlusssatz der 9. Sinfonie von Ludwig van Beethoven sollten nicht nur Erkennungs- und Pausenzeichen sein. Sie sollten eine Programmatik verkünden, aus Berlin, dem Ausgangspunkt des zweiten Weltkrieges und der Shoa. Am 15. April 1955, 18.00 Uhr MEZ, trugen die Kurzwellen im 41- und im 49-Meter-Band zum erstenmal die Meldung einer neuen Station in den Äther: „Ici Berlin, la voix de la Républic Démocratic Allemande", Hier ist Berlin, die Stimme der Deutschen Demokratischen Republik. Mit einem Programm für Frankreich, noch eingegliedert bei Radio DDR, eröffnete die DDR ihre fremdsprachigen Sendungen für das Ausland. Das Thema galt dem 10. Jahrestag der Befreiung des Konzentrationslagers Buchenwald bei Weimar.

Im Jahre 1955 vollzogen sich in Europa tiefgreifende Veränderungen. Österreich erhielt einen Staatsvertrag mit verbürgter Neutralität, die Bundesrepublik Deutschland trat der NATO bei, die Einbindung der DDR in einen militärpolitischen Ostblock (den späteren Warschauer Vertrag) war jetzt nur noch eine Frage der Zeit. Die Zementierung der Spaltung Deutschlands schien unabwendbar zu sein. Mitte der fünfziger Jahre war es das Anliegen der DDR (und der UdSSR), die Einheit Deutschlands als militärisch neutralen Staat wiederherzustellen. Die DDR wollte für diesen Gedanken in Westeuropa Verbündete werben. Das war der Grund, warum sie mit Sendungen für Frankreich und ab 16. Juni desselben Jahres auch für England begann. Das Leitwort gab der erste Staatspräsident der Deutschen Demokratischen Republik, Wilhelm Pieck:

*„Wie werden alle unsere Kräfte anstrengen, dass vom deutschen Boden nie wieder ein Krieg ausgeht."*

Die politische Entwicklung im Nahen Osten – die Verstaatlichung der Suez-Kanalgesellschaft im Sommer 1956, die Stärkung der nationaldemokratischen Kräfte in anderen arabischen Ländern, förderte die Aufnahme arabischsprachiger Sendungen, um den Völkern der Arabischen Welt die Verbundenheit der Deutschen Demokratischen Republik mit ihrem nationalen Freiheitskampf zu bekunden. So wurden noch während des von Großbritannien, Frankreich und Israel begonnenen Krieges um den Besitz des Suezkanals gegen Ägypten im Oktober/November 1956 Vorbereitungen getroffen, eine Arabische Redaktion zu bilden, die dann am 1. April 1957 ihre erste Sendung ausstrahlte. Da in sehr vielen Ländern das Bedürfnis nach sachlichen Informationen über die Deutsche Demokratische Republik wuchs, wurden schrittweise weitere Fremdsprachenprogramme eingerichtet – in Englisch und Französisch für Afrika, in Italienisch, Spanisch, Portugiesisch, Hindi und Suaheli; über Rund- und Richtstrahlantennen mit einer Leistung von zuerst 50 kW. Das waren Nachbauten von Sendern mit dem technischen Standard von 1936. Mit der Aufnahme des Sendebetriebes von Radio Berlin International und der Eingliederung des Auslandsdienstes von Radio DDR am 20. Mai 1959 sendet RBI die ersten Takte der Nationalhymne der DDR „Auferstanden aus Ruinen ...“ als Erkennungs- und Pausenzeichen.

## Jugendjahre sind Lehrjahre

Die tägliche Arbeit vollzog sich in den ersten Jahren unter denkbar einfachsten Verhältnissen in Baracken. In ihnen standen Eisenöfen aus Bunkeranlagen der Wehrmacht, in den Räumen der Mitarbeiter im Winter Kohlen in Kisten und etwas Holz, daneben einige Tageszeitungen, mit denen morgens ein Redakteur Feuer anzündete, sinnigerweise immer dieselben Zeitungen „Der Morgen“, „Neue Zeit“ und „Neues Deutschland“, ein paar Schutzhandschuhe je Redaktion und eine Kohlenzange für zwei Redaktionen; dazu eine „Ordnung zur Beheizung der Barackenräume und des Umgangs mit Eisenöfen des Typs H. Q. I“ im Umfang von drei Seiten. Wenn eine Redaktion vergaß, Kohlen nachzulegen und plötzlich, wie im strengen Winter 1960/61, kein Feuer mehr Wärme in die Barackenräume abgab, eilte ein Mitarbeiter entgegen der „Ordnung“ mit der Schaufel in die Nachbarabteilung, Glut zu holen. Die Brandspuren auf den Steinfußböden der Baracken künden von der Mühe der Mitarbeiter, mit glühenden Kohleresten aus anderen Zimmern, balanciert auf einer schmalen Kohlenschaufel, den eigenen ausgebrannten Ofen wieder anzuheizen. Später wurden Zentralheizungskörper installiert. Sieben Jahre waren die Baracken der Hauptarbeitsort, zwischen ihnen schmale Wege inmitten von mannshohem Gestrüpp. Die Nachrichten mussten aus Baracke 1 geholt werden, der Baracke mit dem Sitz des Intendanten. Bei schlechtem Wetter war das ein Dienst, vor dem sich jeder Mitarbeiter und jede Mitarbeiterin zu drücken versuchte. Gummistiefel waren nicht ausgegeben worden, um durch den glitschigen Schlamm zu waten. Doch an schönen Sommertagen wurde der Winterdienst entgolten – da lebten die Redaktionen für Afrika, Südostasien, Lateinamerika und die Musikabteilung in der Sommerfrische. Tische mit den Schreibmaschinen und Stühle wurden in die Büsche gesetzt und alle arbeiteten im Freien. Eines Tages rodeten die Mitarbeiter das Gestrüpp und gruben den Boden um und legten schöne Grünflächen an. Sie arbeiteten an ihren Grünflächen sonnabends nach 14.00 Uhr, denn damals wurde noch am Sonnabend bis 14.00 Uhr gearbeitet. Ab 1962/63 wurden dann zwei freie Sonnabende im Monat gewährt, später der Sonnabend als Arbeitstag abgeschafft und für die Nachrichtenredakteure im Schichtwechsel ein Spätdienst eingeführt.

Endlich im Jahre 1966 durften die Redaktionen in die vierte Etage des Funkhauses in Berlin, Oberschöneweide, Nalepastraße 18–50 einziehen. Die Staatliche Plankommission hatte ursprünglich ein neues Rundfunkhaus nur für den Auslandsrundfunk genehmigt und errichten lassen. Als es fertig war, und RBI die Räume aufgeteilt hatte, zogen nach internen Machtkämpfen zwischen den Sendern des Rundfunks der Berliner Rundfunk und Radio DDR ein. RBI erhielt ihre älteren Räume im Funkhaus und war zufrieden. Noch anderthalb Jahrzehnte jedoch blieb dem Sender ein altertümliches Abziehgerät erhalten. Auf einem speziellen, nur für die Vervielfältigung geeigneten Papiers wurden die Manuskripte der Nachrichten- und der Zentralredaktion geschrieben und abgezogen – mit je zwei Exemplaren für die Redaktionen, die Sprachgruppen und die Chefredaktion. Die Arbeit leistete ein festangestellter Mitarbeiter, der im blauen Kittel mit einer Kurbel am Gerät Seite für Seite vervielfältigte, mit lilafarbenen Händen von der giftigen Flüssigkeit, mit der er die Walze des Gerätes tränken musste. Nicht nur er wachte über „sein" Gerät, auch der Intendant achtete darauf, dass nur vervielfältigt wurde, was für die Sendung genehmigt war.

Das alles tat dem Arbeitselan keinen Abbruch. Der junge Sender erfüllte täglich seine Aufgaben, wenn auch zeitweise mit geringen Lähmungserscheinungen. Im Jahre 1960 musste der Journalist einmal im Jahr vier Wochen körperlich arbeiten, meistens in Betrieben, die ihre Pläne nicht erfüllt hatten. Im Protokoll des Kollegiums von RBI am 27. Januar 1960 wurde der „Plan der körperlichen Arbeit" vermerkt. Die grandiose Idee brachte ein führendes Mitglied des Zentralkomitees der SED, Horst Sindermann, zu dieser Zeit Leiter der Abteilung Agitation, von einer Reise in die Volkrepublik China mit. Dort mussten Generäle, Admiräle, Geistesschaffende und Verwaltungsbeamte drei bis sechs Monate einmal in drei Jahren produktive materielle Arbeit leisten, „um den Kontakt zur Arbeiterklasse nicht zu verlieren". 1961 wurde diese kühne Übernahme von einem sozialistischen Brudervolk bei Radio Berlin International aus Einsicht in die Notwendigkeit der fremdsprachigen Sendetätigkeit abgeschafft. Bis dahin hatte eine Reihe von Redakteuren des Senders bereits rudimentäre Fertigkeiten in der holzverarbeitenden Industrie. Die Leitung des Senders konnte sich aber nicht durchringen, auf alle Nebentätigkeiten der fremdsprachigen Redakteurinnen und Redakteure zu verzichten und sich voll auf die Sendungen zu konzentrieren; sie beschloss deshalb in einer Sitzung: Vom 28. Januar bis zum 31. März 1960 werden dienstags und donnerstags von 08.00 bis 09.00 Uhr Luftschutzschulungen durchgeführt.

Der Anfang von 1959/60 hatte auch erfreuliche Ergebnisse: Jugend strömte in den Sender. Das durchschnittliche Alter der Mitarbeiterinnen und Mitarbeiter lag in der Anfangsphase des Auslandsradios bei 26 Jahren. Es waren junge Leute, hochqualifizierte Absolventen der Universitäten in Leipzig, Halle, Berlin und Greifswald, des Lateinamerika-Instituts in Rostock, der Dolmetscherinstitute der DDR und der Fakultät für Journalistik der Leipziger Universität. 89 Prozent aller Absolventen von Hochschulen kamen aus Arbeiter- und Bauernfamilien, von den rund 200 Mitarbeitern des Senders waren 72 % Frauen mit einem Diplom in zwei Fremdsprachen. Sie hatten bei RBI eine großartige Gelegenheit, mit ihren Sprachkenntnissen, ihrem Wissen und Können in der täglichen Arbeit mit ihren ausländischen Kolleginnen und Kollegen ihre Fähigkeiten im Ausdruck einer fremden Sprache zu vervollkommnen. In die redaktionelle Tätigkeit wurden sie von Journalisten eingeführt, die schon einen Teil ihres Weges gegangen sind. Die ersten Jahre waren für viele Mitarbeiter klassische Lehrjahre auf Neuland. Manche Mitarbeiter konnten anfangs die Kurzwelle nicht von der Ultrakurzwelle unterscheiden und forderten zur technischen Verstärkung der Kurzwelle die Ultrakurzwelle. Hinzu kamen hörfunkspezifische Fehlgriffe aus der Praxis von Inlandssendern – unterlegte Musik bei Programmansagen, Geräusche von Fernschreibgeräten bei der Wiedergabe von Nachrichten, Übertragungen von klassischer Musik ohne ausreichende technische Sendekapazität im Konzert hunderter von Auslandssendern im Äther. Unterlegte Musik ließ mit Fading die Ansage in den Weiten des Äthers entschwinden und in einer Sendung Klassische Musik wurde nur die Hayden-Sinfonie mit dem Paukenschlag in Südafrika vernommen, die allerdings deutlich; die Geräusche von Fernschreibgeräten, dem Sprecher von Nachrichten unterlegt, vernahmen die Hörer in Cotchin im südindischen Kerala als Trommelwirbel, ohne eine Nachricht voll zu verstehen. Diese Hörfunkmethoden der dreißiger, vierziger und fünfziger Jahre taugten schon nicht mehr für die Gestaltung von Sendungen in den sechziger Jahren, für den Kurzwellenrundfunk waren sie von Anfang an völlig absurd.

Die Besonderheiten des Auslandsrundfunks stellen spezifische Anforderungen an alle Mitarbeiterinnen und Mitarbeiter. Die Qualifikation in zwei Fremdsprachen wurde in der redaktionellen Arbeit zur Mikrofonreife geführt. Über diese sprachliche Grundvoraussetzung hinaus war die allgemeine journalistische Befähigung auszubilden. Sie erfolgte ebenfalls vorrangig am Arbeitsplatz, dazu gehörte vor allem die Arbeit mit der Nachricht und mit der Hörerpost; zwar nicht von allen Mitarbeiterinnen und Mitarbeitern geliebt, aber notwendig für eine gute journalistische Arbeit. Die Fachschule für Journalistik in Leipzig war dem Sender ein hilfreicher Partner. Die Journalisten müssen die Entwicklung und die Probleme des eigenen Landes kennen; unerlässlich für sie ist die Kenntnis der Geschichte, der Kultur und der Mentalität der Hörerinnen und Hörer des Empfangsgebietes ihrer Sendungen. Einzelne Mitarbeiter mussten sich Kenntnisse auf speziellen Gebieten aneignen. In einer zweijährigen Weiterbildung am Arbeitsplatz wurden gute Grundlagen der weiteren Arbeit am Sender geschaffen.

## Der Redaktionsstab

In den Redaktionen von Radio Berlin International arbeiteten Menschen aus völlig unterschiedlichen Lebenswegen zusammen – Redakteure, die als Kinder jüdischer Eltern kurz vor Kriegsbeginn mit einem Transport nach England gelangten und die nach dem Krieg ihre Eltern nicht wiederfanden; Redakteure, die mit einem anderen Transport in die Konzentrations- und Vernichtungslager deportiert wurden; wieder andere Redakteure, die nach 1933 in die Emigration gingen; junge Deutsche, die als Flüchtlinge in Ostpreußen, Danzig und Kolberg, in Striegau und Breslau und im Sudetenland ihre Heimat verloren und denen in der Deutschen Demokratischen Republik eine Heimat wiedergegeben wurde; junge Menschen, die als Zeugen die Bombenangriffe auf Dresden, Berlin und Hamburg überlebten oder die frei von der Erfahrung der Barbarei des Krieges in der sozial gesicherten Umwelt der DDR aufwuchsen. In diesem Kreis arbeitete der einstige deutsche Jungkommunist aus der Pfalz, der in den dreißiger Jahren nach Frankreich emigrierte, zu Beginn des Krieges den französischen Streitkräften beitrat und nach 1945 als Oberstleutnant und Offizier der Ehrenlegion nach Deutschland zurückkehrte. Er saß in einem Raum mit dem einstigen Jungnazi, der noch 1944 unter dem Eindruck der Kämpfe in der Normandie freiwillig zur Division „Hitlerjugend" ging und als einer von drei Überlebenden seiner Kompanie aus seiner Erfahrung des Krieges begonnen hatte, nach dem richtigen Weg in seinem Leben zu fragen und Jahre später aus dem Westteil in den Ostteil Berlins, in die Deutsche Demokratische Republik, wechselte. Er wurde zum Freund des Widerstandskämpfers in Frankreich. Die Generation der Jungsozialisten und Jungkommunisten vor 1933 mit der Generation der Hitlerjugend und der Wehrmacht nach 1933, – sie zusammen mit deutschen Emigranten aus den USA, Mexiko, England, Brasilien, China und Schweden bildeten den deutschen Redaktionsstab; ihnen zur Seite Sekretärinnen, Kraftfahrer, Technikerinnen und Techniker und viele hilfsbereite Menschen, die besonders in den Anfangsjahren des Senders immer zur Stelle waren, wenn Schwierigkeiten aller Art den redaktionellen Alltag belasteten.

Konflikte mit der Obrigkeit wurden souverän und mit Humor ausgehalten, wenn mit hochgezogenen Brauen ein Intendant in der Redaktionskonferenz auf das „hohe Haus" (ZK) verwies, in dem eine andere Meinung herrsche. Scherzhaft wurde einmal die Idee lanciert, ein Instrukteur des ZK soll sich einmal um das arabische Programm kümmern; man ging davon aus, dass niemand im Parteiapparat Arabisch beherrschte. Eines Tages erschien völlig überraschend ein Instrukteur, der sich als ausgezeichneter Kenner der arabischen Sprache erwies. Ihm wurden die von Arabern handgeschriebenen Manuskripte von gestern und vorgestern übergeben (die Redaktion hatte nur eine Schreibmaschine mit arabischer Tastatur für 18 Mitarbeiter). Enttäuscht lehnte er sich im Sessel zurück und sagte im Deutsch des ausgewiesenen Parteifunktionärs: „Mit dem Schnee von gestern kann ich keinen Bolzen heraushauen." Intendant und Chefredakteure hielten Konflikte fern von den Redakteuren. Das trug dazu bei, dass über Jahre ein gutes Klima des Vertrauens zwischen der Leitung und dem Kollektiv des Senders entstand, das über die Bindekraft der Fremdsprache hinaus kaum zu einem Personalwechsel in 30 Jahren führte.

Deutsche, Araber und Juden arbeiteten harmonisch zusammen in der Gemeinschaft mit Afrikanern, Indern, Indonesiern, Nord- und Südamerikanern, Engländern, Franzosen, Portugiesen, Italienern, Spaniern, Dänen und Schweden. Es war ein internationales Miteinander von Menschen mit den Erfahrungen, Kenntnissen und Sichtweisen aus 29 Ländern der Erde. Der Umgang mit den Mitarbeiterinnen und Mitarbeitern aus anderen Ländern ist anders als in einer deutschen Redaktion, die nur für deutsche Hörer sendet. Die Denk- und Arbeitsweise des ausländischen Redakteurs ist oft von den Eigenheiten seiner Landesgewohnheiten geprägt. Diese Eigenheiten zu beachten und gegen deutsche Kritik zu verteidigen, hat sich in den drei Jahrzehnten der Arbeit des Senders bewährt. Die deutschen Mitarbeiterinnen und Mitarbeiter waren mit der Mentalität ihrer ausländischen Kollegen gut vertraut, wer neu hinzukam, lernte schnell, sich in eine neue Arbeitsatmosphäre einzufügen und auch den Widerspruch zu achten. Der Sender ließ auch keine familiäre Isolation zu; er förderte immer wieder die Gemeinsamkeiten, weckte das Interesse der deutschen Mitarbeiter an den Problemen der ausländischen Freunde. Dazu gehörte in den frühen sechziger Jahren, Afrikanern, Arabern und Indern zu helfen, die deutschen Kachelöfen mit Holz und Kohlen zu heizen.

Im kameradschaftlichen Umgang miteinander wurde Vertrauen gegenseitig durch Hilfe, Dialog und Toleranz erworben. Jeder hat vom anderen gelernt, sich selbst und die Geschichte und die Leistungen seines Volkes nicht über zu bewerten. Wer sich allwissend gab, hatte im Dialog verloren, bevor er seine Behauptungen zu Ende sprach. Alle haben nach und nach verstanden, wie sehr es in einem so großen Kollektiv mit unterschiedlichen Nationen darauf ankommt, das Miteinander täglich zu üben. Dazu beigetragen haben auch die Informationsgespräche in den sechziger und siebziger Jahren, die mit ausländischen Mitarbeiterinnen und Mitarbeitern auf freiwilliger Grundlage im Durchschnitt alle 14 Tage zu allgemeinen und aktuellen politischen Problemen mit einem Mitglied der Chefredaktion stattfanden.

Begleitet von der Freude aller Mitarbeiter und in Anwesenheit ihrer Vertreter, war die Inbetriebnahme von drei 100 kW-Sender im Dezember 1961 und im Mai und Dezember 1962 mit zeitgemäßen Antennensystemen erfolgt. Einer dieser Sender steht heute noch im Museum des Rundfunks in Königs Wusterhausen. Er soll als Denkmal weiter bestehen bleiben.

1972 erhielt RBI einen 500 kW-Sender, zwischen 1978 und 1980 zwei weitere. Damit war der Empfang von Radio Berlin International (ohne Relaisstationen) mit Richtstrahl- und Rundstrahl-Antennen nach Nord-, Mittel- und Südamerika, in den Nahen Osten, nach Afrika und Südostasien auf mittlerem Niveau gewährleistet. Die Ausstrahlung erfolgte aus Königs Wusterhausen, Nauen und Leipzig. Die Ingenieure und Techniker der Deutschen Post der DDR hatten eine hervorragende Arbeit geleistet. Ihr verantwortungsvoller und umsichtiger Einsatz sicherte RBI einen guten bis ausgezeichneten Empfang. Vor allem auch die Funkamateure überall in der Welt, die in großer Zahl ihre technischen Empfangsberichte an den Sender schickten, sowie viele Hörerinnen und Hörer haben beispielhaft geholfen, die Richtstrahl- und Rundantennen für den bestmöglichen Empfang der Radiowellen zu steuern.

## Einer trage des anderen Wunsch

Die technische Kapazität des Kurzwellenrundfunks in beiden deutschen Staaten war ein Thema in mehr als 20 Jahren. Nicht selten nutzten die Akteure auf beiden Seiten eine beliebige Verstärkung der anderen Seite zu augenzwinkernden Übertreibungen, um ihre Rückständigkeit zu beklagen und eine bessere Ausrüstung von der Regierung für den deutsch-deutschen Wettstreit im Äther zu fordern.

Schon 1957 wurde in Bonner politischen Kreisen, die an einer schnellen Stärkung der Deutschen Welle (DW) interessiert waren, die Leistungen des Auslandsdienstes der DDR stark übertrieben. Die DDR hätte mit ihren Fremdsprachensendungen für Entwicklungsländer eine beträchtliche Wirkung, hieß es in Bemerkungen an das Bundeskanzleramt, tatsächlich sendete die DDR zu dieser Zeit nur in arabischer Sprache. Dagegen könnte Franz Amrehn, der Berliner Bürgermeister, teilweise recht haben, der 1959 nach einer Nahost-Reise erklärte, die „Ostberliner Propaganda ist mindestens zehnmal so umfangreich und intensiv wie die Bemühungen der Bundesrepublik".[6] Von zehnmal stärker konnte keine Rede sein, doch waren die fremdsprachigen Sendungen des Rundfunks der DDR zweifellos sehr wirksam, weil sie in zielgerichteten Programmen von Anfang an auf die Probleme und Sorgen der Hörerinnen und Hörer eingegangen sind und eine klare Position der Solidarität zur arabischen nationalen Freiheitsbewegung hatten, was sich die Deutsche Welle auf Grund der Bindung der Bonner Außenpolitik an die Interessen der USA und Israels nicht leisten konnte.

RBI andererseits hatte in den sechziger und siebziger Jahren einige Memoranden ausgearbeitet, in denen die materiell-technische Basis der DW analog der Darstellung des Bonner Auslandsradios übernommen wurde. Ein Erfolg für die technische Leistung von RBI zeigte sich Anfang der siebziger Jahre, als die diplomatische Anerkennung der DDR durch viele Staaten begann und eine stärkere internationale Aufmerksamkeit auf die DDR gerichtet war. 1972 empfahl das Sekretariat des Zentralkomitees des Politbüros dem Ministerrat den intensiven Aufbau von 10 Kurzwellensendern mit einer Leistung von je 500 kW einschließlich der dazu gehörenden Antennen bis 1980.

Das war in den Jahrzehnten der Spaltung Deutschlands die einzige Beziehung gesamtdeutscher Art beider deutscher Auslandssender. Mit der Herstellung der staatlichen Einheit Deutschlands am 3. Oktober 1990, deren Bedingungen von dem größeren und ökonomisch stärkeren deutschen Teilstaat festgelegt wurden, gingen alle Kurzwellensender von Radio Berlin International kostenfrei in den Besitz einer technisch nun noch stärkeren Deutschen Welle über.

Das Hören von Kurzwellenprogrammen in Europa aus Europa ist nicht stark verbreitet. Nur technisch interessierte Funkamateure und ein Kreis politisch stark eingebundener Hörer verfolgt das eine oder andere Programm auf Kurzwelle. RBI hatte Ende der sechziger Jahre noch keine durchgehend leistungsfähige Mittelwellenkapazität für seine Programme nach Nord-, West- und Süd-Europa. Für das Auslandsradio der DDR war deshalb die Mittelwelle[7] von entscheidender Bedeutung. 1972 entschloss sich das Staatliche Komitee für Rundfunk, dem Sekretariat des ZK der SED und dem Ministerrat vorzuschlagen, ein Investitionsprogramm zu beginnen, das die rundfunkpolitische Wirksamkeit der DDR im Bereich der Mittelwelle europaweit sichern sollte.

Die Situation war zu dieser Zeit dadurch gekennzeichnet, dass viele Staaten die technischen Möglichkeiten der Mittelwelle für ihre Europasendungen in den Leistungsstufen von 300 bis 1.200 Kilowatt nutzten. Dagegen hatte die DDR für ihre Inlandversorgung zwei 100 kW- und sieben 250 kW-Mittelwellensender zur Verfügung, die für die Ausstrahlung der Programme des Rundfunks nach innen genutzt wurden. Bis 1976 sollte ein 500 kW-Mittelwellensender für die Versorgung des südwestlichen Raumes aufgebaut werden. Die Leistung des Senders auf Mittelwelle Dresden sollte bis 1977 auf 1.000 kW erhöht und die im Raum Burg stehenden zwei Mittelwellensender von 250 kW auf 500 kW zusammengeschaltet werden. Radio Berlin International hatte aus diesen teilweise verwirklichten Projekten bedingt Vorteile für die Programme nach Dänemark, England, Frankreich, Italien, Portugal, Schweden und Spanien. Die Vorhaben konnten nicht zufriedenstellend erfüllt werden. Das Programm der Sozialpolitik der SED – Wohnungsbau, Renten, Stabilität der Preise und Subventionen – verschlang die meisten Mittel.

Zu dieser Zeit hatten die Rundfunkanstalten der Bundesrepublik Deutschland u. a. sechs Mittelwellensender mit Leistungen zwischen 600 bis 1.200 kW und sieben Mittelwellensender mit einer Kapazität zwischen 200 und 400 kW. Von ihnen waren sieben europaweit zu empfangen. Ab September 1972 setzte die British Broadcasting Corporation vier Mittelwellensender mit einer Leistung von je 500 kW für ihre Europasendungen, vor allem für Osteuropa, ein.

## Was technisch möglich ist, wird politisch genutzt

Das zeigen bereits die ersten Sendungen auf den kurzen Wellen der früheren Kolonialstaaten. Auslandssendungen, zumal in fremden Sprachen, sind ein Mittel der Außenpolitik und Diplomatie. Je nach Zuordnung innerhalb des politischen Systems drücken sie Interessen und gesellschaftspolitische Ziele ihrer Lenker, ihrer journalistischen Gestalter und Besitzer aus.

RBI kam eine besondere außenpolitische Funktion zu, weil die DDR zu der Mehrzahl der Staaten bis Anfang der 70er Jahre keine diplomatischen Beziehungen hatte. Der Sender übernahm zu den allgemeinen journalistischen Aufgaben die Funktion, offizielle Erklärungen der Regierung und inoffizielle Stellungnahmen zu außenpolitischen Belangen zu verbreiten und Verbindungen zu anderen Staaten von beiderseitigem Interesse herzustellen, wobei Regierung und Sender sich darauf stützten, dass die Monitordienste der anderen Staaten wichtige Sendebeiträge ihren Regierungen zuleiteten. Das waren Aufgaben, die im allgemeinen diplomatische Vertreter haben. Mit seinen Sendungen hat der Kurzwellenrundfunk der DDR die Hallstein-Doktrin[8] und die Jahrzehnte währende Blockade von objektiven Informationen über die DDR täglich durchbrochen.

Die neue Bedeutung des fremdsprachigen Auslandsdienstes des Rundfunks wurde bereits mit dem Zerfall der Anti-Hitler-Koalition und dem beginnenden Aufschwung der nationalen Befreiungsbewegung sichtbar. Als Kampfmittel der Propaganda im 2. Weltkrieg bewährt, wurde der Kurzwellendienst nun von mehr als einem Dutzend Staaten zum ausgeprägten Organ der Propaganda in den internationalen Beziehungen. Die UdSSR und die USA starteten ihren Wettlauf um Programmstunden je Woche und Kilowattstärke pro Sender. Die Sowjetunion sendete 1950 rund 530 Stunden, die USA etwa 500 Stunden. 1960 bot die Sowjetunion 1.015 Stunden, die USA 1.495 Stunden auf und 1970 strahlte die Sowjetunion 1.908 und die USA 1.907 Stunden mit leistungsstarken Sendern von je 500 kW aus. Großbritannien schloss sich der Aufrüstung im Äther an. 1950 sendete es etwa 640 Stunden in der Woche in vielen Sprachen, darunter auch in Hindi, in das seit drei Jahren freie Indien, das 1950 erst 116 Stunden aufbieten konnte und auch 20 Jahre später nur auf 270 Stunden pro Woche kam. Frankreich nutzte die Renaissance der Kurzwelle nach 1945 ebenfalls vor allem für Sendungen in seine Kolonialgebiete in Asien und Afrika mit dem Ziel, durch ideologische Einwirkung die Kolonialherrschaft militärisch und ökonomisch solange wie möglich aufrechtzuerhalten. 1950 waren es knapp 200 Stunden, 1960 auf dem Höhepunkt des Kolonialkrieges in Algerien 325 Stunden, nach dem Zerfall des Kolonialimperiums nahm die französische Regierung ihr Sendevolumen nach Asien und Afrika teilweise zurück und weist ab 1970 etwa 200 Stunden pro Woche für Osteuropa und andere Regionen der Welt aus. Portugal indes, ein kleiner Staat mit einem ehemals riesigen Kolonialreich, begann 1950 mit knapp 50 Stunden hauptsächlich für Angola, Mosambik und Brasilien, steigerte sich in 10 Jahre auf fast das dreifache mit ca. 130 Stunden und kam 1970 auf knapp 300 Stunden.

Die national befreiten Staaten errichteten eigene Radiostationen für das Ausland. Dadurch konnten sie die Informationsschranken in einem gewissen Umfang öffnen, die von den kapitalistischen Hauptländern gegen sie errichtet wurden. Ägypten begann bereits 1956 nach der britisch-französisch-israelischen Aggression gegen den Suezkanal verstärkt damit, seine Stimme im Äther hörbar zu machen. 1960 erst 300 Programmstunden[9] pro Woche, steigerte die Regierung die Sendekapazität bis in die erste Hälfte der 80er Jahre auf rund 550 Programmstunden pro Woche. Kuba, Jahrzehnte unter amerikanischem Diktat ohne eigene Stimme, kam 1970 auf mehr als 300 Programmstunden pro Woche und sendete Mitte der 80er Jahre 380 Stunden. Das gesamte Programmvolumen der Sender im Gebiet der NATO-Staaten lag 1985 in einer Zeit langsam nachlassenden Aktivität im Kalten Krieg und vorsichtiger Annäherung zwischen Ost und West bei 5.100 Stunden die Woche. Im Einflussbereich des Warschauer Paktes waren es 3.800 Stunden pro Woche.[10]

Dem Auslandsrundfunk wurde jedoch auch eine andere Funktion gegeben: die psychologische Kriegsführung. In diesem Verständnis wird der Rundfunk als Instrument des internationalen Aufruhrs, als Waffe zum und im Krieg angesehen. Brunnenvergifter haben es auf diesem Gebiet zu einer bestimmten Fertigkeit gebracht, tendenziöse, oft direkt falsche Informationen in ihrer Aussage, Zusammenstellung und Wertung so zu bringen, dass der Schein der Objektivität gewahrt wird. Ein amerikanischer Theoretiker, W. Ph. Davidson, kommt nicht umhin, nüchtern festzustellen: „Man betrachtet die Propaganda in unserer Gesellschaft als einen Versuch, Menschen durch Lüge, durch tendenziöse Darstellung der Tatsachen und durch verschiedene geheime Kniffe der Fertigkeit zu berauben, unabhängig zu denken."[11] Die US-Militärhistoriker W. Daugherty und M. Janowitz sagen in ihrem Handbuch zur psychologischen Kriegsführung, die weit über die Möglichkeiten der Funktion des Kurzwellenrundfunks hinausgeht, die Kunst der Propaganda bestünde darin, keine direkte Lüge zu sagen, aber stets das auszuwählen, was erforderlich ist, ihr diejenige Wahrheit beizumischen, die das Auditorium hören soll." Zum anderen Teil sind es wie bei Sefton Delmer nachträgliche Rechtfertigungsversuche umstrittener Methoden. Nach dem 2. Weltkrieg sind zahlreiche theoretische Arbeiten und Handbücher zur Auslandstätigkeit des Rundfunks erschienen.[12] Teilweise sind es Abhandlungen, die versuchen, die Eigenschaften der in der zweiten Hälfte der 30er Jahre des 20. Jahrhunderts stärker angewachsenen Kurzwellensendungen zu erfassen. Seit den 60er Jahren beschäftigten sich vornehmlich sowjetische Wissenschaftler mit der Analyse der Propaganda in den internationalen Beziehungen unter Einbeziehung des Auslandsrundfunks und seiner Funktionen.[13]

# Skizzen aus dem Politischen Büro

## Das Gespräch um 10.00 Uhr

Es war 10.00 Uhr, als sie sich das erstemal trafen, und sie stellten fest, es sei eine günstige Zeit für die aktuellen Sendungen des Hörfunks, des Fernsehens und für die Zeitungen des nächsten Tages. Der eine legte 10 bis 12 ausgewählte Meldungen des ADN, des Allgemeinen Deutschen Nachrichtendienstes, vor, der andere prüfte sie, stellte zu der einen oder anderen Nachricht eine Frage oder kommentierte sie (zuweilen auch direkt für seine Parteizeitung Neues Deutschland unter dem Pseudonym Hans Konrad) und setzte dann sein Zeichen rechts oben in die Ecke, zwei Buchstaben, die Initialen seines Vor- und Nachnamens. Dann sprachen sie darüber, wer welche dieser Nachrichten wo und wann und in welcher Aufmachung zu bringen hat. Im Anschluss an die Auswahl und die Festlegungen ergingen die Weisungen an die Abteilung Agitation des ZK und an die Redaktionen.

Das war in den letzten Jahren der DDR die fast tägliche Praxis – die Frühbesprechung zu den Nachrichten, Kommentaren und Berichten zwischen dem Generalsekretär des ZK der SED, Erich Honecker, und dem Sekretär des ZK für Agitation, Joachim Hermann. Zwei Personen erhoben den Anspruch zu entscheiden, was 17 Millionen Bürgerinnen und Bürger aus den Massenmedien ihres Staates erfahren durften, täglich hören, sehen und lesen sollten. Ein Mittel im Mechanismus der Macht der Partei war die Agitationskommission beim Politischen Büro. In der Kommission arbeiteten hauptamtliche Mitarbeiter mit Verantwortung für Wirtschaft, Landwirtschaft, Innen- und Außenpolitik, die einen ständigen Kontakt zu den für ihr Fachgebiet zuständigen Mitgliedern des Politischen Büros (PB) hatten. Ehrenamtliche Mitglieder waren die Vorsitzenden der Staatlichen Komitees des Hörfunks und des Fernsehens, der Generaldirektor des ADN, der Leiter des Presseamtes der Regierung, der Sprecher des Auswärtigen Amtes, die Chefredakteure des Neuen Deutschlands, der Berliner Zeitung, der FDJ-Zeitung Junge Welt und der Gewerkschaftszeitung Tribüne sowie die Leiter der ZK-Abteilungen für Agitation und „Befreundete Parteien", das waren die CDU, die LDPD, die NDPD und die Bauernpartei. Die Agitationskommission, von Albert Norden, der sie lange Zeit als Sekretär für Agitation in den fünfziger Jahren leitete, ursprünglich als Diskussionsangebot gedacht, deformierte sich bald zum Mittel, die Beschlüsse des PB für die Tagesagitation umzusetzen. Dementsprechend fanden die Zusammenkünfte der Kommission in der Regel nach jeder PB-Sitzung einmal wöchentlich statt. Hier erfolgten die grundsätzlichen Weisungen, hier wurden die Tabuthemen festgelegt und die Missfallensäußerungen der Mitglieder des PB zu einzelnen journalistischen Veröffentlichungen vorgetragen.

Den Begriff Tabu gibt es in jeder Gesellschaftsordnung. Dem Polynesischem entlehnt, bezeichnet er Nicht-Information und Nicht-Kommunikation über unerwünschte Themen im politischen System. Unerwünschte Themen gab es in der DDR zur Genüge. Innenpolitische Tabuzonen bildeten für RBI insbesondere im wirtschaftlichen Bereich einen weiten Raum, ein geschöntes Bild der inneren Entwicklung und des wissenschaftlich-technischen Fortschritts zu geben. Dazu gehörten: alle Informationen und Meinungsäußerungen, die auf systemtheoretische und systemimmanente Ursachen und Mängel in der Theorie und Praxis der sozialistischen Gesellschaft hinwiesen, wie zum Beispiel Kritik an der totalen Verstaatlichung der Produktionsmittel und der zentralen bürokratischen Leitung und Lenkung der Wirtschaft. In der nationalen Politik waren seit Ende der sechziger Jahre Formulierungen unerwünscht wie: „DDR – BRD zwei deutsche Staaten einer Nation"; als Tabu galt auch: „Zwei Staaten einer Sprache, einer Kultur und einer Geschichte". Außenpolitische Tabuzonen waren die Massenmorde des Pol-Pot-Regimes in Kambodscha, weil das Regime sich sozialistisch nannte und die gesamte sozialistische Welt diskreditierte; der sowjetische Krieg in Afghanistan; alle inneren Vorgänge in der UdSSR, die nicht dem offiziell vermittelten Bild entsprachen; das selbe traf auf alle Länder der sozialistischen Staatengemeinschaft zu. Weitere Tabuthemen waren: bestimmte negative Erscheinungen in einigen sozialistisch orientierten Ländern Afrikas, ökonomische Schwierigkeiten in europäischen Ländern des Rates für Gegenseitige Wirtschafthilfe und in Staaten Afrikas, Asiens und Lateinamerikas, mit denen die DDR besonders verbunden war, wie Kuba. Eines der Tabuthemen war die Hungerkatastrophe im sozialistischen Äthiopien, besonders scharf an RBI vermittelt, als der Generalsekretär zu einem Staatsbesuch bei seinem Freund, dem Präsidenten Mengistu Haile Marian weilte. In der Hauptstadt Addis Abeba weihte Erich Honecker ein Karl-Marx-Denkmal ein, in Bronze gegossen, – statt Nahrungsmittel zu übergeben. In der Rede, die er in Addis Abeba hielt, überging er die Hungerkatastrophe im Lande und verkündet ohne Scheu: Mit Äthiopien und dem Karl-Marx-Denkmal hat der Sozialismus seinen Fuß auf afrikanischen Boden gesetzt. Die Inlandsmedien, vor allem die Nachrichtensendungen „Aktuelle Kamera", hatten einen weit größeren und ins Detail gehenden Tabukatalog.

Für Radio Berlin International gab es prinzipiell keine Sonderregelung, wenn auch Ausnahmen; Ausnahmen deshalb, weil ein starres Korsett täglicher zentraler Hinweise dem Auslandsrundfunk nicht anzupassen war, sollte er nicht seine Wirkungsmöglichkeiten verlieren. Das Grundprinzip seiner Wirkung ist die Differenzierung seiner Botschaft auf Zielgruppen von Hörern in unterschiedlichen Empfangsgebieten. Trotzdem blieb der Sender ein Bestandteil des politischen Systems der DDR. Massenmedien in allen Gesellschaftsordnungen sind ein Bestandteil des politischen und ökonomischen Systems der jeweiligen Gesellschaft, Ideenträger des Staates, die täglich Millionen Menschen beeinflussen und im Streit der Innenpolitik, in der Gestaltung der Gesellschaft und in den internationalen Beziehungen eine wichtige Rolle spielen. In einer von dem Diktat eines autoritären Politbüros und der Totalität des staatlichen Eigentums geprägten Gesellschaft konnte es nur ein Mediensystem geben, das einer zentralen Instruktion uniform unterstand, und das waren Medien in einer Gesellschaft ohne die gesetzliche Bürgschaft des öffentlich geäußerten freien Wortes im Rahmen der Verfassung. RBI war in diese Herrschaftsstruktur eingegliedert, ohne ihr völlig unterworfen zu sein, Teil des Systems mit einer bestimmten Sonderstellung.

In den Seminaren mit den ausländischen Mitarbeiterinnen und Mitarbeitern waren nicht nur die Tabu-Themen und die zentralen Argumentationshinweise Gegenstand von Diskussionen. Sie berührten zuweilen Grundfragen der Theorie und Praxis des sozialistischen Systems. Was heißt „Diktatur des Proletariats", war eine der Fragen. Schwebten Karl Marx und Friedrich Engels eine Diktatur vor, in der alle Macht auf ein Politisches Büro und innerhalb dieses Zirkels auf einen Generalsekretär konzentriert ist? Der Gedankenaustausch zu dieser von Kommunisten und Sozialisten aus Frankreich und Italien aufgeworfenen Frage spitzte sich auf die Aussage zu, dass die Theoretiker des Sozialismus unter ihrem Diktaturbegriff im Sinne ihres Gesamtwerkes nicht die Alleinherrschaft eines Generalsekretärs, eines Diktators, eines Generalissimus verstanden, der in einem Politischen Büro alle Macht auf seine Person konzentriert.

Die Journalisten des Auslandsradios aus diesen und anderen Ländern waren geprägt in den philosophischen Debatten ihrer Parteien und mit den Erfahrungen des Kampfes in ihrer Gesellschaft. Sie verstanden den marxistischen Diktaturbegriff als gesellschaftlichen Vorrang einer Klasse, die in der Phase der Revolution zum Mittel des Diktats greift, um den neuen Staat der Arbeiterklasse, der Bauernschaft und des gesamten arbeitenden Volkes zu errichten. Marx und Engels hätten nicht von einer Regierungsform der Diktatur des Proletariats gesprochen, sondern stets von einem gesellschaftlichen Zustand, der einen politischen Vorrang des arbeitenden Volkes ausdrücken sollte. Ein französischer Kollege meinte, es ginge um die Umkehrung der Herrschaftsform des Kapitalismus. Die Diktatur des Kapitals zeige sich nicht in der Regierungsform und im Parlament des bürgerlichen Staates, sondern im Vorrang der Interessen des Kapitals. Die Diskussionen in den Seminaren arteten nie in Buchstabentreue aus, auch wenn manchmal Autoritätsbeweise aus marxistischen Werken und dem Briefwechsel zwischen Marx und Engels angeführt wurden. Eine britischen Journalistin gab zu bedenken, dass einer der sozialistischen Vorkämpfer, Karl Kautzky, darauf verwies, der Kampf sei das Mittel der Entwicklung, Ausdruck einer demokratischen Streitkultur um die verschiedenen Wege zum Ziel. Ein italienischer Kollege ergänzte, er kenne aus dem Werk von Engels und anderen sozialistischen Philosophen keine Gedanken, der darauf hinausliefe, eine Gesellschaft ruhe statisch in sich. Andere Teilnehmer, vornehmlich aus der nationalen und sozialen Befreiungsbewegung Afrikas, Asiens und Lateinamerikas, äußerten, der Kalte Krieg in Europa und die inszenierten Kriege in anderen Weltregionen verzerrten das originäre sozialistische Programm, weil vielfach nur die Verteidigung gegen den politischen Gegner auf der Tagesordnung stünde.

Die fakultativen Gesprächsrunden mit den ausländischen Journalisten, anfangs alle 14 Tage, später in größeren zeitlichen Abständen, waren von offenen Reden bestimmt. Es wurde kein Protokoll geschrieben, kein Bericht für ein Zentralkomitee und ein Rundfunkkomitee gegeben. Im Kollegium des Senders wurden sie nur gelegentlich ausgewertet im Hinblick auf die Differenzierung und die Wirkungsanalyse der Sendungen. Die Gespräche gehörten zu besten Traditionen des Senders. Die Diskussionen vermittelten vor allem eine Vorstellung, auf welchen Grundsätzen sich der Eurokommunismus entwickelte und mit welchem kritischen Interesse die zentralen Richtlinien für das Programm bei aller Disziplin gegenüber der SED und der Verbundenheit mit der Politik der DDR aufgenommen wurden.

## Richtlinienkompetenz

Radio Berlin International wurde in seinen Programmgrundsätzen vom Politischen Büro des Zentralkomitees der Sozialistischen Einheitspartei Deutschlands gesteuert. Anfangs dem Bereich Außenpolitik und Internationale Verbindungen des Politbüros zugeordnet, den Hermann Axen, ein Überlebender von Auschwitz, mit Blick für die Notwendigkeit eines Auslandsradios umsichtig leitete. Ab 1963 einer neu gebildeten Arbeitsgruppe Auslandsinformation des ZK unterstellt, die Werner Lamberz, Mitglied des ZK, später des Politbüros, übertragen bekommen hatte und ab 1967 dem Bereich der Abteilung Auslandsinformation des Zentralkomitees zugeordnet, den Manfred Feist, Mitglied des ZK, verantwortete. Die Abteilung AI stand nach einem neuen Plan der Verteilung der Aufgaben des Politbüros in enger Arbeitsbeziehung zum Mitglied des Politbüros, Professor Albert Norden. Als Sohn eines Rabbiners in Breslau geboren, von den Nazis als Jude und Sozialist verfolgt, kehrte er in der zweiten Hälfte der vierziger Jahre mit einer reichen Auslandserfahrung aus der Emigration nach Deutschland zurück. Für RBI war er ein Glücksfall, ideenreich und folgerichtig förderte er die weitere Aufwärtsentwicklung von Radio Berlin International. Mit dieser Einordnung war der Sender von politischen Eingriffen staatlicher und anderer Parteigremien im allgemeinen geschützt. Als selbständiger Sender gehörte Radio Berlin International zum Staatlichen Komitee für Rundfunk beim Ministerrat. Die Stellung bezog sich auf die materiell-technische Basis und die finanziellen Mittel, auf die Verwaltung allgemein und auf einige personalpolitische Entscheidungen.

Einen ausgearbeiteter Auftrag, der über Jahre als Grundlage der Programmarbeit hätte dienen können, gab es in dreißig Jahren der Existenz des Senders nicht. Auf Funktionärskonferenzen, die etwa einmal in zwei Jahren von Albert Norden geführt wurden, in den Jahresplänen des Senders und in den Beratungen in der Abteilung Auslandsinformation (AI), die in der Regel einmal wöchentlich stattfanden, wurden die ideologischen und politischen Schwerpunkte für das Programm von Radio Berlin International festgelegt. Eine Zensur der Sendungen fand nicht statt. In den siebziger Jahren setzte sich nach und nach eine Art stichprobenartige Nachzensur ausgewählter zentraler deutschsprachiger Sendungen in der Abteilung AI des ZK durch.

Der allgemeine Programmauftrag an Radio Berlin International hat sich abhängig von politischen Erfordernissen in bestimmten zeitgeschichtlichen Etappen verändert. In der Anfangsphase ab 1959 ging es noch um Probleme eines Friedensvertrages für Deutschland und der Wiedervereinigung, stets begleitet von der Forderung nach Abrüstung. Nach der betonierten Grenze vom 13. August 1961 standen diese Probleme nicht mehr stark im Vordergrund. 13 Jahre war die Grenze zwischen Ost und West offen und beide Weltmächte, die USA und die UdSSR, sowie die deutschen Teilstaaten verharrten in den Dogmen des Kalten Krieges und kamen sich keinen Schritt näher. Jetzt treten, wenn auch zeitlich begrenzt, Aufgaben einer gewissen politischen Klimaverbesserung hervor. Die Evangelische Kirche und die SED verständigten sich, dass Rentnerinnen und Rentner der DDR Erleichterungen für Reisen in den Westen gewährt werden. RBI kommentierte das Ergebnis der Verhandlungen, die auf Initiative der Evangelischen Kirche zustande kamen, zaghaft als einen politischen Versuch mit humanitärem Hintergrund, über die geschlossenen Grenzen hinaus der Entfremdung entgegenzuwirken, die sich aus der Zweiteilung des Landes ergeben.

Mit dem Bau der Mauer in Berlin, das deutlichste Zeichen des Zerfalls der Anti-Hitler-Koalition, entwickelte sich schrittweise eine Theorie zur Abgrenzung von der Bundesrepublik, die zu Beginn der siebziger Jahre zu der widersinnigen Auffassung abglitt, es existierten auf deutschem Boden zwei Nationen, eine sozialistische, die Deutsche Demokratische Republik im Osten, und eine kapitalistische, die westdeutsche Bundesrepublik im Westen. Das war zweifellos ein Defekt im historischen Denken der Mitglieder des Politischen Büros, ein in tausend Jahren gewachsenes Volk von geschichtlicher Größe in zwei Nationen zu spalten. Für den Auslandssender war der theoretische Seitensprung des Politbüros eine Hürde der Argumentation, die der Sender nicht überspringen konnte; abgesehen von einigen Franzosen und Engländern in den Redaktionen, die Deutschland so liebten, dass sie sich zwei davon wünschten. Für alle Sendebereiche, in denen nach der nationalen Befreiung das Werden und Wachsen der Nation ein Spiegelbild der patriotischen Begeisterung war, konnte die Behauptung nicht übernommen werden, was schließlich von der ZK-Abteilung hingenommen wurde; bald verschwand der Spuk aus den Debatten.

Die antikommunistischen Pogrome in Indonesien im Jahre 1965 waren der Grund für ein Programm in indonesischer Sprache bis 1971. Es widmete sich der Verteidigung der Verfolgten in dieser ostasiatischen Inselrepublik. Nach internationalen Angaben sollen in Indonesien Mitte der sechziger Jahre mehr 500.000 Menschen umgebracht worden sein, die verdächtigt worden waren, Kommunisten zu sein oder mit der Volksrepublik China zusammen zu arbeiten. Am 1. Oktober 1975 nahm RBI ein griechischsprachiges Programm auf, das sich für die internationale Zusammenarbeit im Rahmen der friedlichen Koexistenz von Staaten unterschiedlicher Gesellschaftsordnung einsetzte. Die Sendungen wurden im April 1978 eingestellt.

In bestimmten Zeiten politischer Krisen empfahl das Sekretariat des ZK Sondersendungen, die nicht zum regulären Auslandsrundfunk gehörten, für die RBI jedoch Personal und technische Mittel bereitzustellen hatte. Im Zusammenhang mit dem sowjetischen Einmarsch in die ČSSR im August 1968 wurde für die ČSSR der Sender Vltava (Moldau) geschaffen, der die Kreise unterstützte, die gegen die Reformkräfte im Lande standen. Der Sender war eine Ersatzleistung der SED an die UdSSR, die einen deutschen Truppeneinsatz zusammen mit der Sowjetarmee und anderen Verbänden des Warschauer Paktes in der Tschechoslowakei verlangt hatte, wie Albert Norden 1971 dem Verfasser sagte. Eine Mehrheit im Politischen Büro der SED konnte sich im August 1968 gegen den sowjetischen Wunsch, Truppen zu schicken, durchsetzen. Die Nationale Volksarmee war aus historischen Gründen an der Besetzung der ČSSR nicht beteiligt. Statt dessen eröffnete die DDR ein Radioprogramm in tschechischer Sprache, dessen Auftrag lautete:

Unterstützung aller progressiven Kräfte in der Kommunistischen Partei der ČSSR, die zur Zusammenarbeit mit der UdSSR stehen; Aufrechterhaltung der Stabilität des Warschauer Vertrages; Reformen nur in Abstimmung mit der Sowjetunion und anderen sozialistischen Ländern, weil einseitig beschlossene Reformen das Gefüge des Rates für Gegenseitige Wirtschaftshilfe gefährden.

Ein ähnliches Programm mit gleicher Orientierung veranlasste das Sekretariat des ZK 1981, Sendungen unter dem Namen „Solidarność" gegen die Reformbewegung in der Volksrepublik Polen aufzubauen. Wie das Programm Moldau waren auch diese Sendungen formal RBI zugeordnet. Das Kollegium von RBI hat jedoch nie ein Thema dieser Sendungen erörtert, nie eine Sendung abgehört und nie ein Manuskript gesehen.

Auf einem anderen Blatt standen jene Sonderprogramme, die unmittelbar Redaktionen von RBI zugeordnet waren. Eines dieser Programme entstand nach dem Bau der Mauer. Es richtete sich an die amerikanischen und englischen Truppen in Westberlin. Die erste Sendung strahlte am 25. August 1961 in die Kasernen der Besatzungstruppen unter dem Namen „Berlin Island Station", danach „Out Post Station" – Vorposten-Sender (OPS-Berlin) genannt. Es waren Informationen für die Soldaten, eine politische Unterhaltungssendung mit einem hohen Anteil an Musik, unterbrochen durch kurze Wortbeiträge politischen Inhalts mit der Grundtendenz, der Dienst in Westberlin sei ohne Sinn. In einer dieser Sendungen dominierten humoristische Erzählungen aus den Südstaaten der USA, die in der Nordamerika-Redaktion systematisch gesammelt wurden; 1963 waren es zweihundert und drei Erzählungen. Der Titel einer weiteren Sendung lautete: „Thougt of day". In dieser Sendung wurden Gedanken zum Tage aus Reden von Georg Washington, Abraham Lincoln, Franklin Roosevelt, Ernest Hemingway und anderen Amerikanern wie Paul Robeson und Martin Luther King wiedergegeben. Eine Zeitungsschau brachte Kommentare und Berichte aus US-Zeitungen, vornehmlich der Afroamerikaner. Kurzkommentare zu aktuellen Problemen in der DDR, der BRD und den USA ergänzten das Programm. Die Sendung wurde nach Mitteilung von Freunden in der US-Army und von Überläufern stark gehört. Sprecher waren Muttersprachler, u. a. ein Captain, die dem Programm eine hohe Authentizität gaben. Die Sendung hatte im Verlauf der Zeit einen Gesamtumfang von täglich drei Stunden und 30 Minuten und wurde bis Anfang der siebziger Jahre aufrechterhalten.

## Hauptaufgaben für RBI

Erste und immer geltende Aufgabe war, breiteste Kreise im Ausland anzusprechen, diejenigen zu erreichen, die der Deutschen Demokratischen Republik noch fern stehen und diejenigen als Freunde zu gewinnen, die das sozialistische Deutschland noch gar nicht oder nur durch die gebrochene Brille der westlichen Berichterstattung kennen. Das Programm sollte im ganzen gesehen ein international wirkendes Radio repräsentieren, ein Welt-Radio aus der Deutschen Demokratischen Republik, das die außenpolitischen, kulturellen und außenwirtschaftlichen Interessen des Staates immer im Blickfeld hat. Die Hauptaufgaben waren:

- Die Bereiche der Politik und des gesellschaftlichen Lebens allseitig zu beleuchten. Zu Problemen von internationaler Bedeutung ist die Auffassung der Staatsmacht wiederzugeben und zu erläutern. Im Mittelpunkt der Sozialismusdarstellung am Beispiel der DDR sollten grundsätzliche Fragen beantwortet werden. Welche gesellschaftlichen Werte, welche geistig-kulturellen Fortschritte, welche Bilanz hat die Gesellschaft aufzuweisen? Was bedeuteten Bodenreform, Bildungs- und Justizreform nach 1945? Welche Verantwortung trägt der einzelne Staatsbürger? Wie ist es mit der Zusammenarbeit und mit der gegenseitigen Hilfe beschaffen? Von großer Bedeutung für RBI galt die Unterstützung der außenwirtschaftlichen Ziele. Für das Wachstum der Volkswirtschaft erschien die Ausgestaltung der Außenhandelsbeziehungen von großem Gewicht, soweit ein Radiosender für das Ausland darauf Einfluss nehmen kann. Der Sender soll Interesse und Vertrauen gegenüber der DDR als leistungsfähiger und zuverlässiger Handelspartner fördern, handelspolitisch nützliche Verbindungen pflegen und die Exportwerbung unterstützen.

- Die Deutsche Demokratische Republik als die staatgewordene Erfahrung der deutschen Arbeiterbewegung geschichtlich legitimiert vorzustellen. Die DDR ist die Alternative zum alten deutschen Staat der Großbourgeoisie und der nationalen Überheblichkeit, der aus Eroberungsdrang und Rassendünkel das deutsche Volk und die Völker Europas in nationale Katastrophen stürzte. Darum ist es die wichtigste Aufgabe von RBI, Programme auszurichten, die dem Frieden und der Zusammenarbeit der Völker dienen. Diese Aufgabe bedeutet für RBI: starke gesellschaftliche Kräfte zu gewinnen, die unabhängig von politischen und weltanschaulichen Unterschieden und Gegensätzen die Gefahr eines Kernwaffenkrieges beseitigen helfen. Sie bedeutet, alle Vorschläge zur Rüstungsbegrenzung und zur Abrüstung weltweit bekannt zu machen sowie der Propaganda der Gewalt und des Krieges entgegenzuwirken und zu einem geistigen Klima des Vertrauens in den internationalen Beziehungen beizutragen. Es ist die Aufgabe des Senders, eine öffentliche Meinung mitzubilden, die materielle und geistige Kriegsvorbereitung ächtet. Er soll unter dem allgemeinsten Nenner – der Abwendung der Gefahr eines Kernwaffenkrieges – die größtmögliche Breite der Friedensbewegung mitschaffen – bis in breiteste Kreise des Großbürgertums hinein – bei Konzentration auf einen festen Kern, die Arbeiterklasse in den kapitalistischen Ländern und ihre Gewerkschaften. Albert Norden sagte vor Mitarbeitern des Senders 1973:
  „Der Friede ist ein universales Problem. Nur Kurzsichtige können daran glauben, dass auf die Dauer in einer Region der Welt eine sichere Entwicklung gewährleistet ist, wenn anderswo die Fackel des Krieges lodert. Deshalb haben Friedensprogramm und Friedensoffensive der Länder der sozialistischen Gemeinschaft unverrückbar das Ziel, alle Kriegs- und Krisenherde aus der Welt zu verbannen."
- Beide deutsche Staaten sind in der Pflicht, den europäischen Kreislauf seit Beginn des 20. Jahrhunderts – Krieg, Nachkrieg, Wiederaufbau, Krieg – zu durchbrechen. Es muss das höchste Ziele beider Staaten sein, dass vom deutschen Boden nie wieder ein Krieg ausgeht. Mit ihrer Politik des Friedens und der internationalen Verständigung hat die Deutsche Demokratische Republik der deutschen Geschichte die Wende und einen neuen Sinn gegeben Die deutsch-sowjetische Freundschaft, die Verankerung der DDR im Bündnis der sozialistischen Staaten, ist ein Faktor der Stabilität in Europa. Die DDR tritt in die internationale Politik, um den Weg der Verständigung mit allen Völkern zu gehen. Darum strebt sie gute Beziehungen zu Frankreich, England und den USA sowie zu allen anderen Staaten an. Jeden Gedanken an die künstlich politisch geschaffene Erbfeindschaft zu anderen Völkern und Staaten lehnt sie strikt ab und verweist besonders auf die traditionell gute Zusammenarbeit

zwischen der deutschen und französischen Arbeiterbewegung. Ein Deutschland, das seine Verderber überwunden hat, in vertrauensvoller Partnerschaft mit der UdSSR und Frankreich, sichert den Frieden auf den europäischen Kontinent.

- Der Sender hat den Staat, in dessen Auftrag er wirkt, als eine zuverlässige Kraft an der Seite der nationalen Befreiungsbewegung darzustellen. Eine besondere Aufmerksamkeit verdienen die Entwicklungsländer sozialistischer Orientierung. Die Erfahrungsvermittlung muss ein besonderes Feld der Arbeit des Senders sein. Radio Berlin International darf in keinem Fall in seinen Programmen den Eindruck vermitteln, dass der Weg der DDR leicht ist. Leistungen und Errungenschaften dürfen nicht überschätzt, es darf kein „Modell DDR" propagiert und keineswegs die Erfahrungsvermittlung als eine Einmischung in die inneren Angelegenheiten dieser Länder aufgefasst werden. Der Sender muss den Krafteinsatz, die schwierigen Ausgangsbedingungen in der Zeit nach Kriegsende in einem fast total zerstörten Land, die harte Arbeit, die Einsatz- und Opferbereitschaft der Deutschen in der DDR sichtbar machen. Der Sender muss hervorheben, dass der Aufbau des Sozialismus keine kurzzeitige revolutionäre Aktion ist, sondern eine langandauernde Anstrengung um eine hohe Arbeitsproduktivität in der Industrie und Landwirtschaft und eine problemreiche geistige Auseinandersetzung um die besten Lösungswege.
- RBI hat die Initiativen der blockfreien Staaten zu unterstützen. Die Leitworte der 1955 in Bandung gebildeten Staatengruppe Afrikas und Asiens „Unabhängigkeit, Frieden und Gleichheit" sind auch Leitsätze der Außenpolitik der Deutschen Demokratischen Republik. Das Ende des Wettrüstens, die Beseitigung von wirtschaftlicher Rückständigkeit in vielen Regionen, die Überwindung von Kolonialismus und Rassismus ist ein gemeinsames Anliegen der Blockfreien und der DDR sowie aller Staaten der sozialistischen Gemeinschaft.
- Verbrechen und Gebrechen des Imperialismus sind anzuklagen. Die Argumentation und Polemik ist gegen die Macht international tätiger Monopole zu führen, die immer größere Gebiete der Welt umklammern, gegen den räuberischen Kapitalismus, der in Afrika, Asien und Lateinamerika seit den spanischen Eroberungen und der amerikanischen Sklaverei Millionen von Menschen in seine Gewalt brachte, heute von Menschenrechten redet, aber Menschen unterdrückt und tötet, die ihre Rechte verlangen, Sprengstoff anhäuft, den uneingeschränkten Zugang zu den Rohstoffen – zu Erdöl, Erzen und Diamanten – will und sich den Weg dahin freischießt. RBI hat als Sender der DDR besonders die Rolle des westdeutschen Imperialismus im Rahmen der amerikanischen Globalstrategie offen zu legen und weltweit seine revanchistische, neonazistische und neokolonialistische Gesamtkonzeption zu enthüllen.

Das waren für Radio Berlin International wesentliche und je nach dem politischen Klima wandelbare Arbeitsorientierungen. In ihrem Kern waren sie auf eine Politik der internationalen Sicherheit und der Solidarität gerichtet. Sie stellten die Leistungen in der Volksbildung, in der Sozial- und Gesundheitspolitik in den Vordergrund. Hierzu gab es in keiner Redaktion Widerspruch, denn jeder, der an einem journalistischen Auftrag arbeitete, war bereit, sein Bestes zu geben, dass sich die Beziehungen zwischen den beiden deutschen Staaten normalisieren, zumal es in der Natur eines jeden Staates liegt, die Politik des Landes zu unterstützen, aus dem er sendet. Die Probleme begannen mit den Widersprüchen in einzelnen Arbeitsorientierungen. Die richtige Forderung, daran mitzuwirken, dass die Beziehungen zwischen den beiden Staaten zu einem Verhältnis guter Nachbarschaft werden, wurde untersetzt mit dem Auftrag, die „Rolle des westdeutschen Imperialismus im Rahmen der amerikanischen Globalstrategie offen zu legen und weltweit die revanchistische, neonazistische und neokolonialistische Gesamtkonzeption zu enthüllen". Wenn auch einige dieser Wertungen bis in die sechziger Jahre zutreffen, besonders mit Blick auf die Kontinuität der Nazi-Personalpolitik in Bonn und die nicht geringen Lieferungen von Waffen in Konfliktherde wie Israel und Südafrika, sind Hinweise zu dieser Art der Argumentation unbrauchbar für den Aufbau gutnachbarlicher Beziehungen; ganz zu schweigen davon, dass es psychologisch fragwürdig ist, deutsche Querelen ins Ausland zu tragen. Im Sender blieben deshalb – von begründeten, an Tatsachen orientierten Ausnahmen abgesehen – Hinweise mit diesem Inhalt Lesestoff in den Redaktionen. Die Verfasser im Apparat verschlossen ihre Augen vor den kommunikationspolitischen Problemen und verloren sich in untauglicher Agitation. Erschwerend für das Verständnis der Argumentation auch unter den ausländischen Kolleginnen und Kollegen am Sender kam hinzu, dass der Grundsatz von der friedlichen Koexistenz immer stärker mit der Forderung nach „konsequenter Führung des ideologischen Kampfes" verbunden wurde; denn „konsequente Führung" war nicht als Argumentation, sondern als Polemik mit dem politischen Gegner aufzufassen. Wenn auch jeder Mitarbeiter in den Redaktionen die Notwendigkeit einsah, Gegensätze in der Beurteilung politischer Vorgänge öffentlich, in den Sendungen auszutragen, war doch die Dialektik von friedlicher Koexistenz und verschärftem ideologischen Kampf schwer zu verstehen, um so weniger konnten gutwillige Hörerinnen und Hörer in Indien oder Schweden oder irgendwo in einer anderen Region des Sendegebietes diesem Gedanken folgen. Im Kollegenkreis hieß es, man sollte seinem Gegner nicht fortgesetzt in die Kniekehle schlagen und gleichzeitig normale Beziehungen erwarten.

Von beachtlicher Wirkung erwiesen sich alle Programme, die Tatsachen und Meinungen zum nationalen Befreiungskampf in Afrika und Asien und zu den sozialen Kämpfen in Lateinamerika vermittelten. Von ebenso großer Bedeutung zeigten sich im Urteil der Hörer die Informationen und Kommentare zur europäischen Sicherheit. Das war eine vielschichtige Arbeit, die aktuelle Ereignisse und die Aufarbeitung geschichtlicher Zusammenhänge umfasste.

# Große Namen der Zeitgeschichte im Programm

## Partner im Interview und Sprecher und Sänger in den Sendungen

Er stand vor uns in majestätischer Größe; doch es ist nicht seine Körpergröße von zwei Metern, die allein beeindruckt. Es ist seine Größe als überragender Künstler, als Sänger und Schauspieler und als entschlossener, nie ermüdender Kämpfer der amerikanischen Bürgerrechtsbewegung: Paul Robeson. Seine Musik ist aus dem Programm von Radio Berlin International nicht wegzudenken, diese machtvolle Stimme für die Menschenwürde. Er begeisterte arabische und italienische, schwedische und englische Hörer, US-Amerikaner suchten auf der Skala ihres Radiogerätes Radio Berlin International, um Robeson zu hören, und seine Stimme strahlte für die große Gemeinde der Hörer von RBI in Afrika die Zuversicht auf ihren Sieg im Kampf um ihre nationale Freiheit aus. Vom FBI in den USA bespitzelt, von der CIA im Ausland auf Schritt und Tritt überwacht, wurde Paul Robeson Mitbegründer des Weltfriedensrates. Sein Plädoyer für eine Welt des Friedens und der sozialen Gerechtigkeit ohne Rassendiskriminierung war ein Thema vieler Sendungen von Radio Berlin International.

Paul Robeson, 9. April 1898 bis 23. Januar 1976, war der Sohn eines früheren Sklaven. Nach einem schwer erarbeiteten Studium des Rechts wirkte er zeitweilig als Anwalt in Harlem, dem Negerviertel von New York. Mit 27 Jahren gab er ein erstes Konzert in London – und seit dieser Zeit ist er im Kreis weltberühmter Sänger das Ideal eines gesellschaftlich aktiven Künstlers. Er spielte Shakespeares „Othello", eine Rolle wie sie kaum ein anderer nach ihm so überzeugend ausfüllte. Er sang für die Befreiung der Amerikaner schwarzer Hautfarbe aus den Fesseln der Diskriminierung in den weißbeherrschten USA. Das trug ihm den Hass aller Reaktionäre Amerikas ein. In dem großen Konzert in Peekskill nahe New York am 2. September 1949 wurde unter dem Schutzschild der Polizei ein Mordanschlag auf ihn verübt. Freunde retteten ihn. Die Polizei schickte alle Busfahrer zurück nach New York, die Tausende von Zuhörern nach Peekskill gebracht hatten. Konzertteilnehmer übernahmen die Busse. Die Polizei behauptete,

*Paul Robeson nach der Verleihung der Ehrendoktorwürde der Humboldt-Universität zu Berlin 1960, im Gespräch mit einem Redakteur von RBI*

sie wolle die Teilnehmer schützen, und lenkte die Busse auf abseitige Wald- und Feldwege. In Wahrheit mussten die Busse durch ein Spalier von amerikanischen Jungnazis fahren, die mit Knüppeln und Steinen die Scheiben der Busse zertrümmerten. Weit davon entfernt, die Täter zu fassen und zu verurteilen, entzog die US-Regierung Paul Robeson den Reisepass und im vorauseilenden Gehorsam verdrängten ihn Intendanten aus den Studios der Funkhäuser und den Sälen der Theater und Konzerthäuser. Bis 1958 hielt die Regierung des Landes der unbegrenzten Möglichkeiten den schwarzen Anwalt der Menschenrechte und der Freiheit in Wohnhaft. Erst eine weltweite Solidarität kämpfte Paul Robeson frei.

Im Oktober 1960 sprach er über Radio Berlin International. Die Humboldt-Universität hatte Robeson am 5. Oktober die Ehrendoktorwürde (Dr. phil. h. c.) verliehen. Er war ein Freund der Deutschen Demokratischen Republik. „Hier", sagte er, „fühle ich mich frei und gleichberechtigt." Im selben Jahr kam er zweites Mal zum 11. Jahrestag der DDR am 7. Oktober und ein drittes Mal 1964. Schulen und Straßen wurden in Berlin und anderen Bezirken der DDR nach ihm benannt. Paul Robeson war die Verkörperung des besseren Amerikas. Er war Mitstreiter und persönlicher Freund großer Freiheitskämpfer dieser Zeit – Jawarhal Nehru in Indien, Kwame Nkruma in Ghana und Amilcar Cabral in Guinea-Bissau.

Einer aus der Phalanx der Großen unter den Interviewpartnern des Auslandsradios war Amilcar Cabral – ein mittelgroßer Mann mit freundlichem Blick auf seine Gastgeber, die Mitarbeiterinnen und Mitarbeiter der Afrika-Redaktion. Sie empfangen ihn an einem Sommertag des Jahres 1962 am Tor des Funkhauses in Berlin-Oberschöneweide, den Kämpfer für die Freiheit Afrikas, den Theoretiker der afrikanischen Bewegung für die nationale Befreiung. Elf Jahre nach dem Treffen in der Afrika-Redaktion und mit weiteren Mitarbeitern des Senders stirbt Amilcar unter den Kugeln portugiesischer Terroristen unter dem Befehl eines NATO-Generals.

Mit Cabral und Robeson stehen andere historisch bedeutende Interviewpartner von Radio Berlin International direkt vor dem Mikrofon in Berlin oder sprechen im Programm nach Aufnahmen außerhalb des Senders:

*Salvador Allende,* seine letzten Worte aus der belagerten Moneda in Santiago de Chile verbreitet RBI weltweit in vielen Sprachen; 1970 freigewählter Präsident Chiles, 1973 von den Feinden der Demokratie und des Sozialismus ermordet;

*Hortensia Bussi de Allende,* Ehefrau des ermordeten Präsidenten;

*Oswaldo Puccio,* persönlicher Sekretär Allendes;

*Clodomiro Almeyda,* Generalsekretär der Sozialistischen Partei Chiles, der Partei von Salvador Allende nach dem Militärputsch, Vertreter der Unitad Popular in der DDR;

*Luis Corvalan,* Vorsitzender der Kommunistischen Partei, der nach seiner Freilassung aus dem Internierungslager der Militärjunta über RBI zum chilenischen Volk sprach, wie Gladys Marin, Vorsitzende des Jugendverbandes in Chile;

*Hector Hugo Cuevas,* chilenischer Gewerkschaftsführer;

*Orlando Letelier,* Außenminister der Regierung Allende, ermordet in Washington nach dem Staatsstreich der Militärs in Chile;

*Isabel Margarita de Letelier,* Ehefrau des Ministers;

*S. Poblete,* General der chilenischen Streitkräfte in der Regierungszeit Allendes;

*Anselm Sule,* Vorsitzender der Radikalen (demokratischen) Partei Chiles, Vizepräsident der Sozialistischen Internationale unter der Präsidentschaft von Willy Brandt;

*Ernesto Serna („Che") Guevara,* Arzt, Politiker, neben Fidel Castro Führer der kubanischen Revolution, seine Reden und Aufsätze waren Programmbestandteil von RBI;

*Indira Gandhi,* die über das Werk ihres Vaters Jahawarlal Nehru sprach, dessen Arbeit sie fortsetzt, Ministerpräsidentin Indiens, 1976 besuchte sie die DDR und ihr Gespräch mit Redakteuren der Südostasien-Redaktion ist von allen Redaktionen ausgestrahlt worden;

*Yasuhiro Nakasone,* Ministerpräsident Japans, erinnerte an Professor Friedrich Hermann Rössler von der Universität Rostock, der seit 1878 für 15 Jahre ein Berater der japanischen Regierung war, das japanische Handelsrecht verfasste, die nicht-gleichberechtigten Verträge mit den Großmächten überarbeitete und beim Entwurf der Verfassung beratend mitwirkte. Der japanische Ministerpräsident setzte sich im Gespräch mit RBI in Berlin für eine Wende vom Wettrüsten zur Rüstungsbegrenzung und Abrüstung ein;

*Yassir Arafat,* Vorsitzender der Palästinensischen Befreiungsorganisation (PLO), der das Selbstbestimmungsrecht des arabischen Volkes von Palästina begründete;

*Achmed Ben Bella,* erster Staatspräsident des freien Algeriens von 62 bis 65; von 1954 bis 1962 in der Haft der französischen Regierung;

*Houari Boumedienne,* Befehlshaber der algerischen Westfront während des Befreiungskrieges gegen Frankreich, bedankte sich für die Sendungen zur Unterstützung des algerischen Befreiungskampfes, nach Ben Bella war er bis 1978 Staatpräsident Algeriens;

*Ismail Schammout,* der palästinensische Dichterfürst, der über die Geschichte des Volkes von Palästina und über Besonderheiten der arabischen Sprache mit den RBI-Redakteuren spricht;

*Michal Aflak,* Führer der arabischen Baath-Partei, ein Informationsgespräch mit ihm 1966 in Damaskus zum Programm der Partei, die nach Aflak eine Partei der arabischen sozialistischen Wiedergeburt sei;

*Wasfi Taher,* Oberst, Chef der Leibgarde des irakischen Staatspräsidenten Kerim Kassem;

*Mohammad Dib,* der algerische Dichter, der sich in das Gästebuch mit guten Wünschen für die weitere Arbeit des Senders eintrug;

*Saber Falhout,* Chefredakteur von „Al Baath", Damaskus, Berater von Staatspräsident Assad;

*Mohammad Machdi al-Djawahiri* und *Abd al-Wahhab al-Bayati,* die irakischen Dichter, die Grüße an die Hörerinnen und Hörer in der arabischen Welt übermittelten;

*Fath Mohammad,* Generalsekretär der Union der Arabischen Arbeiter, der den Aufbau und die Arbeit der Gewerkschaften in der DDR studierte;

*Faisal Hassun,* Chefredakteur der irakischen Zeitung „Al Djumhuriya", der auf die Erdölinteressen der kapitalistischen Industriestaaten im Nahen Osten, besonders im Irak, verwies;

*Zuhair ar-Rahli,* Chefredakteur der palästinensischen Zeitung „Akhbar Filastin", der sich über den Sender und besonders über die Arabische Redaktion informierte und später in seiner Zeitung die Programmthemen und die -zeiten veröffentlichte;

*Schafir ar-Ruschaidat,* früherer Ministerpräsident von Jordanien, Generalsekretär der Arabischen Juristenvereinigung; der sich für Struktur und Arbeitsweise der Kollegien der Rechtsanwälte in der DDR interessierte;

*Leon Maka,* Präsident der Nationalversammlung Guineas, der früheren französischen Kolonie, der für die hilfreiche Verbundenheit dankte, die auch RBI dem Volk Guineas in seinem Kampf gegen den Kolonialismus gab;

*Marcolino dos Santos,* Führer des angolesischen Freiheitskampfes gegen die portugiesische Fremdherrschaft;

*Oliver Tambo,* Präsident des Afrikanischen Nationalkongresses (ANC), der über Nelson Mandela spricht, der zu lebenslanger Haft verurteilt auf einer Insel von Weißen in Isolationshaft gehalten wird;

*Sam Nujoma,* Präsident der Südwestafrikanischen Volksorganisation (SWAPO), Staatspräsident von Namibia, dem früheren Deutsch-Südwestafrika bis 1918;

*Juan Antonio Samaransch,* Präsident des Internationalen Olympischen Komitees, der in dem Interview sagte: „Seit 1948, seit den Olympischen Spielen in London, verfolge ich die großen Sportereignisse in der gesamten Welt. So etwas wie die große Sportschau im Stadion von Leipzig habe ich noch nie erlebt. Außerdem habe ich die Wettkämpfe der Kinder- und Jugendspartakiade und des Volkssport besucht. Mit dieser Ausweitung des Sports auf das gesamte Volk verwirklicht die Deutsche Demokratische Republik eine wichtige olympische Forderung."

Das erste Interview, das „Satchmo" *Louis Armstrong* auf deutschem Boden gab, war ein Gespräch mit Radio Berlin International über seinen St. Louis Blues und den Jazz in der DDR;

*Harri Belafonte,* der große Sänger der USA und Angela Davies, Sprecherin der Kommunistischen Partei der USA waren ebenso geschätzte Interviewpartner;

Es ergäbe viele Seiten, wenn wir sie alle nennen wollten – schwedische Gewerkschafter, britische Labourpolitiker, französische und italienische Sozialisten und amerikanische Publizisten. Sie sind Zeitzeugen, sympathische Gesprächspartner am Mikrofon, aufgeschlossen gegenüber dem anderen Deutschland, der DDR, deren Entwicklung sie aufmerksam und kritisch verfolgten.

# Aus dem Tagebuch der DDR

## Abenteuer im Kupfer- und Silberbergbau

Eine der besonderen Reportageleistungen sind die Sendungen aus dem Mansfelder Revier von Februar bis Mai 1975. Es sind Sendungen zum 30. Jahrestag des Sieges über den Faschismus und der Befreiung des deutschen Volkes. Etwa 80 Mitarbeiterinnen und Mitarbeiter des Senders beteiligten sich im Wechsel an den Programmen, die in sieben Fremdsprachen etwa 28 Stunden zu je 15 Minuten Länge produziert wurden.

Die Stadt Mansfeld und das Umland sind historischer Boden besonderer Art. Hier werden nicht nur Kupfer und Silber gewonnen. Hier ist der Ort revolutionärer Tradition deutscher und ukrainischer Bergarbeiter. In Eisleben, einer Stadt des Mansfelder Gebietes, stand bis 1933, bis zum Machtantritt der Nazis im Januar 1933, ein Lenin-Denkmal. Ein Arbeiter versteckte es 12 Jahre im Schuppen seines Gartens. Hier im Mansfelder Land wehte die Fahne von Kriwoj Rog, die Bergarbeiter aus der Ukraine vor 1933 den deutschen Bergleuten überbrachten. Sie wurde 1933 vergraben, um sie vor den Nazis zu schützen, und am Tag der Befreiung im April 1945 wieder ausgegraben und auf der höchsten Turmspitze von Mansfeld gehisst, dem Schloss, das die Stadt überragt. Deutsche und sowjetische Bergleute gedachten am 30. Jahrestag des Sieges über die Hitler-Diktatur der sowjetischen und der deutschen Soldaten, die im zweiten Weltkrieg auf dem Schlachtfeld von Kriwoj Rog 1941 und 1944 gefallen sind. Mansfeld gedachte an diesem Tag noch weitere Gefallener – im Februar 1921 fanden hier ein Generalstreik mit 15.000 Bergarbeitern und verlustreiche bewaffnete Kämpfe gegen die Truppen statt, die den Generalstreik brechen sollten.

Die Sendungen galten immer einem Thema an einem Ort oder Objekt in fortlaufender Serie mit in sich abgeschlossenen Beiträgen. Das Prinzip war, am Einzelbeispiel das Ganze sichtbar zu machen, die Beispiele so zu wählen, dass die Hörerinnen und Hörer ihre eigenen Schlussfolgerungen ziehen können. Dokumentation über die geschichtlichen Gedenktage, verbunden mit Interviews junger Bergarbeiter, die in der DDR geboren wurden; Gespräch mit Robert Büchner, der das Lenin-Denkmal rettete; Interviews zum Thema Mitbestimmung am Arbeitsplatz, zu Konflikten auf dem Weg zum Ziel, zu den Auswirkungen guter Arbeitsergebnisse auf bessere Bedingungen des Lebens. Der Leitgedanke dieser Sendungen war, die sozialistische Demokratie hat ihren Aufbruch dort, wo der Arbeiter beginnt, die Macht auszuüben.

Die Reporter fuhren ein in den Thomas-Müntzer-Schacht, in die Schächte Bernhard-Koenen und Otto-Brosowski. Sie sprachen mit Arbeitern, Ingenieuren und Betriebsleitern in Eisleben, Hettstedt und Sangerhausen. Sie interviewten den Generaldirektor des Mansfelder Reviers, Professor Dr.-Ing. Jentsch, Mitglied der Liberaldemokratischen Partei der DDR. Sie trafen auf chilenische Bergleute, Flüchtlinge des Pinochet-Regimes, die voll in die Gesellschaft der Deutschen Demokratischen Republik integriert waren. Dieser Großbetrieb war der soziale und kulturelle Mittelpunkt aller Beschäftigten. Die Leitungen der einzelnen Betriebe und die Gewerkschaften hatten eine gesetzliche Pflicht zur Fürsorge gegenüber den Arbeitern und Angestellten. Die Pflicht umfasste die Garantie des Arbeitsplatzes, die medizinische Versorgung, die Beschaffung von Wohnraum, von Kinderkrippen und Kindergärten, die berufliche Förderung der Frau, den Bau und die Instandhaltung von Schwimmhallen und Sportplätzen und die Errichtung mindestens eines großen Kulturhauses für Theater und Konzert. In den Sendungen ist deutlich geworden, dass die DDR kein Ort ist, wo Grubenbesitzer Profit machen, sondern dass die Betriebe für viele Menschen der Lebensmittelpunkt ist, der Ort der Erwerbsarbeit, die Stätte für die Aufsicht und Versorgung der Kleinkinder, eine Stätte des Sports und auch mancher Feste. Der Betrieb und sein menschliches Umfeld waren wie eine zweite Familie. Für Hörer in Afrika in Lateinamerika und Asien mit einer Arbeitslosigkeit von 60 Prozent aller Erwerbsfähigen war diese Schilderung aus einem Industrierevier der DDR sehr informativ. Auch teilweise für Hörer in einigen westeuropäischen Ländern und in den USA, wie die Hörerzuschriften zeigten.

Artern war ein nächstes Ziel. Hier nahmen die RBI-Reporter mit dem Mikrofon an dem großen Umzug teil, der im Mai 1975 zum 450. Jahrestag des Großen Deutschen Bauernkrieges und des 30. Jahrestages der Bodenreform stattfand. Den Leitgedanken, der den Umzug und die Sendung beherrschte, hatten die Teilnehmer geprägt: Bauernträume wurden Wirklichkeit.

Auf diese Programmfolge erhielt der Sender erstaunlich viele Hörerzuschriften aus Lateinamerika und Afrika. Stellvertretend für andere sei ein Brief eines Journalisten aus Medellin in Kolumbien zitiert. Der Hörer erzählt, wie oft auch andere Briefschreiber, eine Geschichte aus seinen Erlebnissen. Es heißt in dem Brief:

> *„Abgesehen davon, dass mich Ihre Sendung aus dem Mansfelder Land angesprochen hat, möchte ich Ihnen mitteilen, dass ich im Dezember vorigen Jahres von einigen Freunden auf dem Lande zu einer Familienfeier eingeladen war. Es war schon gegen 10.00 Uhr abends, als ein Bauer zu mir kam und mich fragte, ob ich etwas über einen Arbeiter- und Bauernstaat wüsste. Ich ver-*

*stand seine Frage nicht. Er erklärte es mir, mehr oder weniger, mit folgenden Worten: ,Da kam ein Herr aus der Stadt zu mir auf meinen Hof und sprach sehr schön über Grund und Boden, den man bearbeiten könnte, wenn man keine fremden Herren über sich hätte, wenn sich die Menschen nicht um Grund und Boden stritten und Kredite die einzelnen Bauernwirtschaften nicht zu Grunde richteten. Das sei ein Arbeiter- und Bauernstaat, sagte der Herr.' Solche Beispiele, schreibt der Hörer, könnte ich ungefähr fünfzehn nennen, aber es ist so, dass diese Menschen weder lesen noch schreiben können. Jetzt bin ich dabei, mir zu überlegen, wie ich eine gewisse Zahl dieser Bauern sammeln und ihnen regelmäßig Informationen Ihres Senders über die DDR vermitteln kann."*

Für eine Reihe von Sendebereichen sind solche Hauptaufgaben zu beachten wie die Darstellung der Landwirtschaft, der Genossenschaft, der Ausbildung von Fachkräften, der Formen gegenseitiger Hilfe, der mittelständischen Wirtschaft und des Handwerks. Interessant waren diese Sendungen, weil in einigen Ländern Afrikas eine gewisse Industrialisierung begonnen hatte. Das Interesse an Sendungen zu diesen Problemen hat sich nach den Erfahrungen von RBI als sehr groß erwiesen. Auch wenn die Aufmerksamkeit groß war, es durfte in der täglichen Programmarbeit für Afrika, Asien und Lateinamerika nicht übersehen werden, welche Probleme hinter jeder Frage stehen könnten. Hunderte von Millionen in diesen Regionen der Welt leiden unter Hunger, Krankheiten und Wassermangel, während der Redakteur im Studio am Wochenende sein Auto mit Trinkwasser wäscht. Hunderte von Millionen Menschen in diesen Regionen der Welt haben kein sauberes Wasser zum Trinken.

Hörer aus Guinea-Bissau und Tansania fragten nach dem bäuerlichen Familienbetrieb und der Herausbildung der Agrargenossenschaft; vor allem die Genossenschaft auf dem Lande war das Thema vieler Leserbriefe aus Afrika, Südostasien und Lateinamerika. Dazu die Hörerpost-Sendung aus dem Monat Oktober 1972 „Sie fragen – wir antworten". Auf eine Frage eines Hörers aus Tansania antwortet die Afrika-Redaktion:

*„Was ist das Besondere an der Agrargenossenschaft in der DDR? Große Flächen und Einsatz moderner Maschinen zur Bodenbearbeitung und zur Ernte. Das ist der produktive Sinn neuer Landwirtschaftspolitik. Wichtig für die Bauern in der Genossenschaft ist aber mehr: der Verdienst des Bauern, das Einkommen der Familie. Es ist gut, der Bauer und die Bäuerin kennen keinen 40-Stunden-Tag mehr, sondern arbeiten in geregelter Zeit nach einem gemeinsamen Plan der Genossenschaft."*[14]

Die Redaktion weist darauf hin, dass jedes Mitglied der Genossenschaft das Recht zur Mitbestimmung habe, und dieses Recht in der Regel in der wöchentlichen

Arbeitsbesprechung auch nutzen kann. Im Jahr einmal finde eine Vollversammlung aller Mitglieder der Genossenschaft statt. Hier werden die verbuchten Erfolge zusammengefasst und die Mängel offen ausgesprochen, so wie das bei Landleuten der Fall sei. Zum erstenmal in ihrem Leben könnten die Bauern mit ihren Familien in den Urlaub fahren. Dazu gäbe es Ferienheime. Alle Dörfer haben Stromanschluss. Jedes Haus hat elektrisches Licht. Und die Sendung fährt fort:

> *„Die Kinder gehen nicht mehr in eine Dorfschule mit eingegrenzten Schulfächern. Zentralschulen wurden geschaffen, und die Kinder fahren mit dem Bus zur Schule. Das ist ein gutes Bild der Entwicklung. Bis 1960 herrschte in der DDR der einzelne Bauernhof vor, der Familienbetrieb, wie in vielen Ländern der Welt. Zwar hatten sich seit 1952 landwirtschaftliche Produktionsgenossenschaften gebildet, sie bestimmten aber noch nicht das Bild der Landwirtschaft. Seit Beginn der sechziger Jahre setzte die Staatsmacht verstärkt auf die Bildung von Agrargenossenschaften. Das erscheint uns als eine fortschrittliche Lösung für die Landwirte in einer Welt, in der die landwirtschaftliche Produktion von immer mehr Technik und Maschinen beherrscht wird. Fehler in der Frühzeit der DDR, etwa 1952 und einige Jahre danach, als Bauern mit einem Besitz zwischen 10 und 20 Hektar enteignet und auf diese Weise zur Flucht in den Westen über die offenen Grenzen gedrängt wurden, sind nicht vergessen. Sie sind Signale gegen Unduldsamkeit und Härte in einer komplizierten Situation. Die Wege in die Agrargenossenschaft waren nicht problemlos. Vom heutigen Gesamtbild her gesehen, sind sie ein Weg in die Zukunft nicht nur für die Landwirtschaft in der Deutschen Demokratischen Republik."*

## Indira Gandhi zu Besuch

Ein großes Ereignis für Radio Berlin International und die DDR ist der 1. Juli 1976. Um 12.45 Uhr trifft in Berlin-Schönefeld die Ministerpräsidentin Indiens, Indira Gandhi, in der DDR ein. Nicht nur für die Reporter, die ihren Bericht in Hindi aufnahmen, sondern für viele Fremdsprachenredakteure war das ein Tag guter journalistischer Bewährung. Alle Redaktionen brachten mindestens einen Originalbeitrag, die Reden Indira Gandhis in Hindi und Englisch wurden von der Südostasien-Redaktion übersetzt und allen Redaktionen zur Verfügung gestellt. Die Begegnung abends mit Frau Gandhi im Schloss Niederschönhausen nahm die Südostasien-Redaktion wahr. Sie begleitet die Ministerpräsidentin Indiens auch zur Porzellan-Manufaktur nach Meißen und zu den Sehenswürdigkeiten des wieder aufgebauten Dresden. Der langjährige Botschafter der DDR in Indien, Herbert Fischer, seit 1936 Mitkämpfer an der Seite Mahatma Gandhis im gewaltlosen Widerstand gegen die britische Kolonialherrschaft, war dem Auslandsradio der DDR besonders zugetan und hat RBI-Vertretern und Korrespondenten des

Rundfunks und der Presse der DDR Wege durch das Land geebnet. In einem Interview hob er das besonders gute Verhältnis zwischen beiden Staaten hervor, und er sah in dem Staatsbesuch von Frau Gandhi einen Ausdruck der Verständigung und der Freundschaft zwischen beiden Völkern und ein Muster für die friedliche Koexistenz von Staaten mit unterschiedlicher sozialer Natur.

Indien gab für viele Anlässe einer differenzierten Selbstdarstellung eine Art Vorlage, zwar nicht immer für den einzelnen Fall, aber doch allgemein auf Grund der vorherrschenden sozialen Struktur, der Sprachprobleme und des Ringens um die nationale Identität. Es gibt viele Aussagen von Karl Marx zu Indien, besonders zur britischen Kolonialpolitik, die zu einer allgemeinen Quelle des Kenntniserwerbs zu konkreten Problemen einiger Programmthemen nach Südostasien wie nach Afrika und Lateinamerika wurden. Indien mit einer Nord-Süd-Ausdehnung von mehr als 3.200 Kilometern und einer Ost-West-Ausdehnung von etwa 3.000 km mit 750 Millionen Einwohnern in den siebziger Jahren, war in keinem politischen und historischen Zusammenhang mit der DDR zu vergleichen. Die Ansatzpunkte der Information und Argumentation im Rahmen der Selbstdarstellung der DDR lagen im Widerspruch zwischen Arm und Reich, der in diesem Riesenreich stark ausgeprägt ist, und in den feudalen Strukturen der Herrschaft in einzelnen Bundesstaaten.

Der größere Teil der Hörerinnen und Hörer in Indien entstammte armen und kleinbürgerlichen Verhältnissen. Der Sender konnte an ihre materiellen Grundbedürfnisse mit der Frage anknüpfen:

Wie wird durch Arbeit in der sozialistischen Gesellschaft der unmittelbare Nutzen für den einzelnen Bürger und seine Familie sichtbar? Die Beispiele wurden in der persönliche Sphäre, also in der Familie, in der Bildung und Erziehung, in der Beschreibung des Arbeitsplatzes, im Gesundheitswesen und in der Sozialpolitik angesiedelt, um eine größtmögliche Vergleichbarkeit für den Hörerkreis zu gewährleisten. Dagegen können Sachverhalte und Verhaltensweisen in der europäischen Gesellschaft, auch in der DDR, bei der Übertragung auf die eigene Situation der Hörer Ablehnung hervorrufen, auch wenn sie für den Redakteur einen uneingeschränkten Fortschritt in seiner Gesellschaft bedeuten. Zum Beispiel könnten Altersheime als Ausdruck der Sprengung traditioneller Familienbande aufgefasst werden und die Redaktion war gut beraten, keine Reportagen aus Altersheimen in Programme nach Indien (wie auch nach Afrika) aufzunehmen. Das trifft ebenso auf Industrieberichte zu, die vom Fortschritt der Rationalisierung sprechen, ohne zu erklären, wo die freigesetzten Arbeitskräfte ihren Lohn beziehen. Auch die ökonomische Integration der DDR im Rat für gegenseitige Wirtschaftshilfe der osteuropäischen Länder konnte zu Missverständnissen beim Hörer führen in einer Zeit, in dem das Land, das Empfangsgebiet der Information, nach ökonomischer Unabhängigkeit strebt. Wenn solche Sachverhalte überhaupt Eingang in ein differenziertes Programm für andere Länder und Kontinente fanden, musste Sachkenntnis gewährleistet sein, damit nicht gegenteilige Wirkungen

*Indischer Landwirt an der Straße nach Agra*

erzielt werden. Der sozialökonomische Hintergrund und der Nutzen für den Einzelnen muss in indirekter Abgrenzung von der für den Hörer übertragbaren Situation verständlich werden.

Die Schulbildung kennt im allgemeinen derartige Einschränkungen nicht. Indien hat Regionen mit hoher Bildung neben Gebieten mit viel Analphabeten. Das südliche Kerala ist der Bundesstaat mit der höchsten Bildung. In diesem indischen Staat wurde das Schulwesen reformiert, die Landreform auf den Weg gebracht, ausländischer Konzernbesitz eingeschränkt, die Industrialisierung vorangetrieben – und dennoch wurde die sozialistische Regierung der Arbeitslosigkeit nicht Herr auf Grund der starken Volksvermehrung.

Die neue Landwirtschaftspolitik der indischen Zentralregierung unter der Ministerpräsidentin Frau Gandhi bot Merkmale zum indirekten Vergleich mit der DDR, wie die Mechanisierung der Produktion, die begrenzte chemische Düngung, Anlage und Ausbau der Bewässerungsanlagen sowie die systematische Schädlingsbekämpfung. So wie in der DDR die landlosen Bauern Boden erhielten und später in der Genossenschaft neben dem einstigen selbständigen Bauern tätig sind, so könnte, indirekt ausgesprochen, auch in Indien eine denkbare Zukunft des Bauern aussehen, vorausgesetzt es gelingt, dem Einfall kapitalistischer Produktionsverhältnisse auf dem Lande entgegen zu treten, was nur teilweise und regional vorstellbar ist, da der Kapitalismus in Indien mit monopolartigen Strukturen tiefe Wurzeln geschlagen hat.

Eine günstige Möglichkeit für RBI, dem indischen Hörerkreis Standpunkte der DDR verständlich zu vermitteln, lag in der Abschaffung der Fürstenabfindung durch den zentralen Parlamentsbeschluss im März 1971. Es war ein Sieg der Demokratie und ein Sieg für Frau Gandhi persönlich, die sehr für diesen Entscheid gekämpft hatte. Für RBI war die Entscheidung ein historisches Beispiel für das Monstrum Weimarer Republik und für das demokratische Recht der Bodenreform im Osten Deutschlands gegen die Großgrundbesitzer. Das Vermögen der Fürstenhäuser in Deutschland war nach der Novemberrevolution 1918/19 beschlagnahmt worden, mit Ausnahme des privaten Vermögens des Kaisers Wilhelm II., der durch Entscheid der sozialdemokratischen Regierung seinen Besitz ins holländische Exil mitnehmen durfte und dort mit vielen Angestellten einen Hofstaat unterhielt. Die Fürsten wollten nun in der Mitte der zwanziger Jahren ihr Vermögen zurück, nachdem ihr Patron, Feldmarschall von Hindenburg, deutscher Reichspräsident geworden war.

RBI kommentierte den Vorgang im März 1973 in einer Dokumentation unter anderem mit der Aussage:

*„Im Juni 1926 scheiterte in Deutschland ein Volksentscheid gegen die Enteignung der deutschen Fürstengüter. Von 15,6 Millionen Wähler stimmten 14,5 Millionen für die Enteignung, das waren nach damaligem deutschen Recht 5,5 Millionen Stimmen zu wenig, um die entschädigungslose Enteignung der Fürsten zum Gesetz zu erheben. Welch ein Gegensatz zu der Entscheidung des indischen Parlaments ... Die ehemaligen Generäle, die Deutschland in die Katastrophe des ersten Weltkrieges mit hinein führten, erhielten schon kurz nach Kriegsende fürstliche Pensionen aus der Steuerkasse des deutschen Volkes, das eine hohe Zahl an Opfer in diesem Krieg zu beklagen hatte. Die höchste monatliche Pension bezog Erich Ludendorff, einer der Oberbefehlshaber der deutschen Streitkräfte, der bald ein Parteigänger Adolf Hitlers wird. Er erhält 17.000 Mark, und spendet von dieser damals sehr hohen Summe einige Tausend Mark sofort der Partei Hitlers ...“*

## Weizenernte in Pandschab

Was hat RBI mit der Weizenernte in Pandschab im Norden des indischen Subkontinents zu tun? Neben den Themen der Selbstdarstellung waren auch historische Ereignisse in Indien ein Bestandteil von Programmen, die der indische Hörerkreis als Dokumente der moralischen Verbundenheit mit Indiens Bestrebungen zur Unabhängigkeit aufnahm. Als Beispiel sei eine Sendung vom 13. April 1969 angeführt, die auch nach England und weltweit in deutscher Sprache ausgestrahlt wurde. Der 13. April war der 50. Jahrestag des britischen Massakers im Pandschab. Es heißt in der Sendung:

> *„Am 13. April 1919, vielen unserer Hörerinnen und Hörer ist dies ein bekanntes Datum in ihrer Geschichte, war der Tag des Beginns der Weizenernte. An diesem Tag trafen sich die Bauern des Pandschab-Gebietes. Die Bauern sahen in der britischen kolonialen Knechtschaft einen Grund für ihr Elend. Ein Redner sagte den Bauern und Bäuerinnen auf einer Kundgebung am 13. April, was sie von der britischen Herrschaft zu halten haben. Es war eine friedliche Kundgebung, niemand von den Teilnehmern trug Waffen. Der britische General Dyer ließ die Kundgebungsteilnehmer zusammenschießen. Mehr als 1.500 Tote, das war die blutige Ernte des britischen Terrors, nicht die erste in der von Gewalt und Willkür gekennzeichneten britischen Kolonialherrschaft …"*

Der 13. April war der Tag des Aufbruchs in Indien. Die indische Kongresspartei lehnte jede Zusammenarbeit mit den Briten ab. Es begann ein Aufbruch, in dem ein junger Rechtsanwalt, Gandhi, zum Führer eines gewaltlosen Kampfes um die Freiheit wurde. Der General Dyer, ein Mann ohne das geringste Unrechtsbewusstsein, wurde Mitte der zwanziger Jahre in London geadelt. RBI erinnerte an den 13. April 1919 – ein tragischer Tag, der dennoch zu einem hoffnungsvollen Aufstieg der indischen Unabhängigkeitsbewegung wurde. Gewaltakte, wie die des geadelten Generals Dyer, vergleichbare Massenmorde gehören in der Geschichte aller Kolonialstaaten zum Prinzip ihrer Herrschaft. Einst ein glänzender Brillant in der Krone der britischen Könige und Königinnen, deren Regimenter den Kaufleuten folgten, mehrte Indien den Reichtum Englands. Andere Themen mit geschichtlichem Hintergrund war der Aufstand gegen England im Jahre 1946 mit dem Ruf: „Sieg für Indien" und die schließlich erkämpfte Unabhängigkeit ein Jahr später.

Bis 1965 war Englisch die Hauptsprache in Indien. RBI begann seine Sendungen in Englisch und fügte erst später Hindi hinzu. Tagore (1861–1941), der Dichter, und Gandhi (1869–1948, ermordet), der Politiker, beide Führer des Volkes und Vordenker einer in Gewaltlosigkeit und Freiheit lebenden Völkerfamilie, waren, symbolisch gesehen, durch all diese Jahre in vielen Sendungen stets

Begleiter des Programms von RBI. Tagore war ein Freund Deutschlands. RBI widmete ihm viel Sendungen. 1961, in seinem 20. Todesjahr und in den Jahren danach wies der Sender aus aktuellen Anlässen auf sein Werk hin.

In der Nähe von Kalkutta hatte er eine Universität gegründet, die er Shantiniketan nannte: Stätte des Friedens.

Wenn Bescheidenheit immer der Grundton des Auslandsrundfunks sein sollte, gegenüber Indien war sie für Radio Berlin International mehrfach geboten – gegenüber den großen geistigen Leistungen, seinen Physikern und Mathematikern, die Indien zu einer führenden Stellung in der Atomforschung brachten, gegenüber seinen Dichtern, Schriftstellern und Künstlern, gegenüber allen guten Kräften des Volkes, das Beispielhaftes für die Weltkultur geschaffen hat.

## Volkes Stimme in Sachsen und die Situation im Sendegebiet

Ein geschichtliches Thema erhielt im Juni 1976 einen besonderen Rang in allen Redaktionen. Dieses Thema war der 30. Jahrestag des Volksentscheids in Sachsen, in der Ostzone Deutschlands, am 30. Juni 1946. Mit großer Mehrheit sprachen sich die Wahlberechtigten dafür aus, die Grundstoffindustrie in Gemeineigentum zu überführen. Das war in erster Linie die Industrie im Besitz großer Monopole, die durch den Hitlerkrieg noch größer und mächtiger geworden waren, die Industrie der Kriegsgewinnler. Der Volksentscheid war der Grundstein, der im Juni 1946 in der damaligen sowjetischen Besatzungszone gesetzt wurde für die spätere Wirtschaft der Deutschen Demokratischen Republik. In einem Tageskommentar wird gesagt:

> *„Am Ufer des Nils in Kairo, an Hochhäusern in Buenos Aires, Bombay und London finden wir in großen leuchtenden Buchstaben die Namen bedeutender deutscher Konzerne: Krupp, Siemens, Daimler Benz, um nur drei zu nennen. Es sind Namen, die stellvertretend für die große Industrie und die Banken stehen, die Hitler in den Sattel gehoben, seine Aufrüstung finanziert und organisiert, die systematische Ausplünderung der besetzten Gebiete Europas betrieben und die kolonialen Eroberungen in Afrika, Asien und Lateinamerika fertig ausgearbeitet in den Panzerschränken deponiert hatten. Sie waren die ökonomischen Stützen des Hitlerregimes.*
>
> *Mit diesen Namen ist aber auch eines der bedeutendsten Kapitel der gesellschaftlichen Umwälzung auf dem Boden der heutigen Deutschen Demokratischen Republik verbunden: der Volksentscheid zur entschädigungslosen „Enteignung der“, wie es hieß, „Kriegs- und Naziverbrecher“ am 30. Juni 1946 im Lande Sachsen. In geheimer Abstimmung hatten sich vor 30 Jahren 77,7 % der Bürger, die stimmberechtigt waren, für die Überführung der Großindustrie und der Banken in Gemeineigentum ausgesprochen. Der Kampf gegen Hunger und Obdachlosigkeit als Folge des Krieges, der unser Leben in*

*dieser Zeit beherrschte, wurde verbunden mit dem Kampf gegen bedeutende Mitverantwortliche des Krieges. Ihre Entmachtung war nicht nur ein nationales Gebot, es war auch eine internationale Verpflichtung, die Chance für eine grundlegende Wende zu nutzen und die Erwartungen der Völker zu rechtfertigen, die gegen den Hitlerstaat und seine Kriege gekämpft hatten. Den Mitverantwortlichen wurde der ökonomische Boden ihrer Existenz in einem Teil Deutschlands entzogen. Das überzeugende Ergebnis des Volksentscheides zeigte der Welt, wer sich von der Vergangenheit abwandte und gewillt war, einen neuen Weg zu gehen, den Weg der Völkerverständigung und des Friedens.*
*Zusammen mit der Bodenreform und der Schaffung demokratischer Selbstverwaltungsorgane war der Volksentscheid ein wichtiger Schritt zur Herausbildung einer demokratischen Ordnung. Die neue Ordnung erhielt eine stabile ökonomische Grundlage. Das Volk trat als Gesetzgeber auf und schuf sich sein Eigentum.*
*Das sind einige Tatsachen, meine Hörerinnen und Hörer, 30 Jahre nach dem Volksentscheid in Sachsen, Gedanken auch zum Hintergrund buntschillernder Neonleuchtreklamen großer deutscher Konzerne und Banken."*

Ein Jahr nach dem verheerenden Weltkrieg, nach dem Tod von mehr als 50 Millionen Menschen und der Vernichtung bedeutender Werte der Zivilisation, war der Resonanzboden im Volk gut für die Forderung nach Enteignung und Verstaatlichung der Grundstoffindustrie und der Großbanken. Das gesellschaftliche Klima, die wirtschaftlich Mächtigen als Mitverantwortliche am Elend zur Rechenschaft zu ziehen, nutzte die zwei Monate zuvor gegründete Sozialistische Einheitspartei Deutschlands (SED), den ersten Schritt zu gehen, ihr politisches Programm zu verwirklichen.

Die Lage im Empfangsgebiet der Information in West-, Nord- und Südeuropa, in den USA und Kanada wies viele Besonderheiten auf, doch alle westlichen Länder standen den gleichen grundsätzlichen Problemen gegenüber, die dem Auslandsradio geeignete Anknüpfungspunkte gaben:

- Die Forderung der Gewerkschaften nach gesicherten Arbeitsplätzen bei etwa 25 Millionen Erwerbslosen.
- Das Ringen um Menschenrechte und Menschenwürde gegen die sozialen Auswirkungen eines Wirtschaftssystems, das vielen jungen Menschen keinen Ausbildungsplatz anbietet und erfahrene Mitarbeiter – Facharbeiter, Meister, Ingenieure, Physiker, Chemiker und andere Berufe – nach dem 50. Lebensjahr selten noch beschäftigt.
- Der Schutz und die Förderung der Jugend.
- Die juristische und gesellschaftliche Gleichberechtigung der Frau.

In vielen der Fragen der Hörerinnen und Hörer aus allen Ländern des Sendegebietes spiegeln sich eigene Probleme der Hörer wider. Aus den USA werden Fragen nach den sozialen Leistungen der DDR gestellt. Viele Amerikaner fürchten sich nicht ohne Grund vor den sozialen Folgen der Krankheit und fragen: Wer bezahlt in der DDR die Rechnungen für Arzneimittel und Krankenhausaufenthalt? Den meisten Hörern in den USA war nicht bekannt, dass alle Kosten eines Krankenhausaufenthaltes und der Arzneimittel durch die staatliche Krankenversicherung, für die jeder Beschäftigte monatlich einen geringen Beitrag zahlt, beglichen wird. Der Kampf gegen das Analphabetentum in Afrika, Asien und Lateinamerika und in den USA, der Aufbau der neuen Schulordnung in der früheren Ostzone Deutschlands nach 1945 kommt in den Fragen an den Sender zum Ausdruck, die das Bildungswesen der DDR betreffen. Das Volksbildungssystem, hieß es allgemein in den Sendungen, ist durch die grundlegende Bildungsreform des Jahres 1946 geprägt. Ihr Prinzip ist die Brechung des Bildungsmonopols der zuvor herrschenden Klasse in Deutschland, Zugang für alle Kinder zu allen Bildungseinrichtungen der Gesellschaft ohne soziale Trennung. Gesetzliche Grundlage dieser revolutionären Wende war das Gesetz zur Demokratisierung der deutschen Schule. In einer Hörerpostsendung heißt es dazu:

*„Viele sozial benachteiligte Kinder und Jugendliche hatten früher in Deutschland nicht die Möglichkeit, eine Oberschule zu besuchen und die Hochschulreife zu erlangen. Für sie wurden 1946 Vorstudienanstalten geschaffen, die nach der Bildung der DDR im Jahre 1949 zu Fakultäten an den Universitäten ausgebaut und als „Arbeiter- und Bauern-Fakultät" den Universitäten angeschlossen waren. Etwa zwanzig Jahre dienten sie dazu, Kindern von Arbeitern und Bauern den Weg in die Universität zu ebnen. Bis 1966 hatte das Schulsystem der DDR junge Menschen mit einer soliden Allgemeinbildung ausgestattet, so dass die Arbeiter- und Bauern-Fakultäten nicht mehr notwendig waren. 1949 im Gründungsjahr der DDR waren etwa 50 % aller Studierenden Kinder aus Arbeiter- und Bauernfamilien. Wenn Sie weitere Fragen zum Bildungssystem der DDR haben, schreiben Sie uns. Sie erhalten auf jede Frage eine Antwort."*

Informationsprogramme dieser Art fanden guten Zuspruch in großen Hörerkreisen. Eine andere Sendung zu gleichen Thematik fragte:

*„In einer Zeit, in der sich das menschliche Wissen etwa alle 10 Jahre verdoppelt, in der wir die Entwicklung unserer Gesellschaft bis in das nächste Jahrzehnt planen, gilt es vorausschauend zu denken. Mit welchem Wissen müssen Werkleiter, Ärzte und Lehrer von morgen ausgerüstet sein? Welche neuen Wissenschaftsdisziplinen werden sich herausbilden? Wie ist das allgemeine Bildungssystem so zu verbessern, dass es für die wichtigsten Auf-*

*gaben auch jenen Menschen das notwendige Rüstzeug vermittelt, die noch nicht die 10-Klassen-Oberschule besuchen oder das Abitur erreichen konnten? Diese und andere Probleme werden heute diskutiert, nicht nur auf der Konferenz der Hochschulen in Berlin am vergangenen Wochenende, sondern in den politischen Parteien, in der Schule und in den Gewerkschaften sowie in vielen Familien. Aus den Leistungen dieses Systems der Bildung leitet die Schule der Deutschen Demokratischen Republik das Recht ab, zu sagen, dass sie sich die besten humanistischen Traditionen zu eigen gemacht hat."*

Vielen in den Zuschriften aufgeworfenen Problemen stellte der Sender die sozialen Leistungen des Staates gegenüber – die Sicherheit des Arbeitsplatzes; das in der Verfassung der DDR verankerte Recht auf Arbeit; die gewerkschaftliche Vertretung der Rechte aller Beschäftigten; die zunehmenden Möglichkeiten, sich mit betrieblicher Hilfe weiter zu qualifizieren; die Gewissheit junger Menschen, nach Abschluss der Schule eine Lehrstelle zu erhalten; das Recht der Frau, freien Zugang zu allen Berufen bei gleichem Lohn für gleiche Arbeit zu erhalten; ihre juristische und gesellschaftliche Gleichberechtigung, die Förderung am Arbeitsplatz, wo notwendig, mit gesetzlich gegebenen Förderungsmaßnahmen in den Betrieben; Menschenrecht und Menschenwürde als Ziel sozialistischer Staats- und Sozialpolitik.

Die Sendungen beantworteten Fragen, besonders in den Hörerpostprogrammen: Wie stellte der Staat die Berufsausbildung für die Jugend sicher? Wie erreichte das Schulsystem einen so hohen Abschluss der 10-Klassen-Oberschule? Wie sieht die gegenseitige Hilfe am Arbeitsplatz, in der Schule und im täglichen Leben aus? Wie garantiert die Regierung niedrige Preise für Waren des Grundbedarfs? Wie wirkt der sozialistische Staat gegen gesellschaftliche Ursachen, die zur Entfremdung zwischen den Menschen und in der Gesellschaft führen? Welchen Weg weist er, der Entsolidarisierung in der Gesellschaft, wie sie für den kapitalistischen Industriestaat kennzeichnend ist, entgegenzuwirken?

Es entsprach dem gegebenen Auftrag an RBI, in seinen Programmen die sozialistische Demokratie nicht mit dem Maß der bürgerlichen Demokratie zu messen. Gewiss waren die sozialen Leistungen ein Gemeinschaftswerk aller Beschäftigten und vom Demokratiebegriff nicht zu trennen, ein Werk aller – der Gewerkschaften, der SED, der CDU, der Partei der Liberaldemokraten, der Bauernpartei, der Nationaldemokratischen Partei in der DDR, des Kulturbundes und anderer gesellschaftlicher Organisationen. In diesem Verständnis hatte die sozialistische Demokratie ihre eigenen Züge. Nur das System mit seiner Einheitsliste der in der Nationalen Front vereinigten Parteien und Organisationen war den Hörern in den Ländern der bürgerlich-parlamentarischen Demokratie wie England, Schweden oder Dänemark schwer zu vermitteln.

Größeres Verständnis für das politische System der DDR fand RBI in den national befreiten Staaten Afrikas und in der arabischen Welt mit vorwiegend einer führenden Partei. Zwei Argumente in Sendungen von RBI für die Verteidigung des politischen Systems der DDR gegenüber der Hörerkritik aus den Ländern der bürgerlich-parlamentarischen Demokratie sind:

Erstens – es gibt keinen historischen Beweis, dass nur ein parlamentarisches System, wie es in den westlichen Ländern besteht, Demokratie verbürgt; vielmehr könnte eine starke und redliche Partei im Bunde mit anderen Parteien und weiteren gesellschaftlich bedeutenden Kräften sehr wohl Demokratie im Interesse des Volkes verwirklichen. Als Modell nennte RBI den 1960 gebildeten Staatsrat der DDR, in der alle Parteivorsitzenden aus ihrer Mitte den Vorsitzenden wählen und die Parteivorsitzenden zu Stellvertretern des Vorsitzenden werden und alle Entscheidungen von gesamtgesellschaftlicher Bedeutung nach der Debatte im Parlament einvernehmlich treffen. Die Grundidee war die Überwindung der fruchtlosen parlamentarischen Debatten mit gegenseitigen, zum Teil auch unsauberen Angriffen.

Zweitens – eine Demokratie, die sich nur aus dem gesellschaftlichen Überbau, aus der Art und Weise der Staatsverwaltung und aus dem Wirken von Gremien erklärt und die Wirklichkeit des Lebens außerhalb der politischen Parteien ausklammert, verdeckt die Diktatur des Kapitals in wesentlichen Bereichen des Lebens, vor allem in der Arbeit und in der Sozialpolitik. Eine Tendenz in dieser Zeit, die Parteien in der DDR zu summieren und den Staat DDR in der so genannten Selbstdarstellung als Mehr-Parteien-System hervorzuheben, konnte sich in der Argumentation gegenüber dem Ausland nicht behaupten. Mit dieser Tendenz stellte der Sender alle sozialistischen Länder mit nur einer Partei, voran die Sowjetunion, indirekt als undemokratisch dar, dagegen erschien die DDR mit ihren mehreren Parteien demokratisch als einzigen Staat der sozialistischen Staatengemeinschaft. Zum anderen wiedersprach das Gleichnis zur bürgerlich-parlamentarischen Demokratie dem Auftrag, die sozialistische Staatsverfassung als eine Demokratie mit eigenen Zügen zu kennzeichnen. Außerdem war das Mehr-Parteien-System der DDR im Vergleich zur UdSSR und anderen Staaten eine ostdeutsche Besonderheit, die sich aus der deutschen Entwicklung der Nachkriegszeit ergab und ursprünglich dem auch von der Sowjetunion gestützten Grundsatz der Wiedervereinigung Deutschlands entsprach. Ein Kommentar vom Oktober 1969 erläutert den Demokratiebegriff auf eine Frage zur Bildungspolitik:

> *„Es gehört zu den humanistischen Leistungen der Deutschen Demokratischen Republik, allen Bürgerinnen und Bürgern die gleichen Bildungschancen zu bieten. Ist es kein Ausdruck demokratischer Gesellschaftsgestaltung, jeden Menschen den Weg zur Bildung offen zu halten? Was ein Mensch erstrebt, was er erreichen will, wie er sich zu einem gebenden Mitglied der Gesellschaft entwickelt, das wird zu einem entscheidenden Maße davon bestimmt, welche Möglichkeiten ihm die Gesellschaftsverfassung für seine Bildung gibt. Die DDR fördert die Bildung und eine Geisteshaltung, ein Leben lang bis ins*

*Alter hinein, immer wieder sich weiter zu bilden, niemanden zurück zu lassen und die Erfahrungen der Alten zu nutzen.*
*Wer Demokratie nicht formal als parlamentarischen Betrieb öffentlicher Rededuelle von Berufspolitikern versteht, die nach der Wahl vergessen haben, was sie vor der Wahl dem Volk gesagt haben, wer unter Demokratie nicht die Komödie parlamentarischer Untersuchungsausschüsse versteht, die mehr verdecken als aufklären, nicht den bedenkenlosen Kauf und Verkauf politischer Entscheidungen, wer unter Demokratie nicht das ganze korruptive Beziehungsgeflecht innerhalb des Parteienkartells des bürgerlichen Parlamentarismus versteht, der wird im demokratischen Deutschland diese Art einer entstellten Demokratie nicht verwirklicht sehen, ohne dass die staatliche und die gesellschaftliche Führung dieses Landes übersieht, dass die bürgerliche Demokratie eine revolutionäre Errungenschaft gegen eine überkommende Ordnung ist und in einer Reihe von Ländern viel hervorgebracht hat, wie die Freiheit der Medien und die Freiheit der Versammlung. Die DDR meint allerdings, Demokratie darf sich nicht in der Arbeit parlamentarischer Gremien erschöpfen, auch nicht in der Medienfreiheit und der Versammlungsfreiheit, so wichtig sie sind, einen Ausgleich verschiedener Interessen und Meinungen in der Gesellschaft zu befördern. Demokratie hat einen weitergehenden Inhalt – die Verwirklichung sozialer Grundrechte, und das heißt: das Recht auf Frieden, auf Arbeit, auf Wohnraum, auf Bildung und Gesundheit."*

## Feldsteine für Rostock und Wasser für Aue

Von einer ungewöhnlichen Leistung berichtete am 1. Mai 1960 eine Sendung der Zentralredaktion:

*„Können Sie, meine Hörerinnen und Hörer, sich vorstellen, dass auf einem Gebiet von etwa 107.000 Quadratkilometern viele Menschen freiwillig aufbrechen und Feldsteinen sammeln, Feldsteine für den Bau eines Hafens der Hochseeflotte?*
*Das ist heute aus der Deutschen Demokratischen Republik zu berichten. Vor zwei Jahren begann im wörtlichen Sinne der steinerne Weg, einen Hafen für Hochseeschiffe der Handelsflotte der DDR zu bauen. Bedeutende deutsche Häfen an der Ostsee wie Stettin und Danzig waren 1945 bei Kriegsende durch Beschluss der Sowjetunion, der USA und Englands in polnischen Besitz gegeben worden. Die Spaltung Deutschlands blockierte für die DDR den freien Zugang zu den westdeutschen Häfen Hamburg und Lübeck. Deshalb war es für die DDR wirtschaftlich zwingend notwendig, einen eigenen Hafen zu besitzen.*
*So begannen viele gutwillige Menschen in einem Volk von 17 Millionen im Frühjahr 1958 nach einem Aufruf der Regierung und der Stadt Rostock, Feld-*

*steine zu sammeln. Das Ergebnis waren etwa 70.000 Tonnen große und mittelgroße Steine, die auf Feldern, an Straßenrändern, in Wäldern und auf Wiesen aufgelesen wurden. In langen Güterzügen rollten sie nach Norden, an die Küste der Ostsee, nach Rostock. Sie wurden zu einer starken Mole aufgeschüttet und dienten als Schutz der Hafeneinfahrt. In mehreren Schichten arbeiteten Tausende von Arbeitern. Mehr als eine halbe Million Arbeitsstunden wurden freiwillig geleistet. Die Regierung gab 200 Millionen Mark dazu – und in der sagenhaften Zeit von neun Monaten wurde aus einem kleinen Hafen der Vorkriegszeit ein großer Hochseehafen.*
*Bis zum Ende dieses Jahres müssen noch einige Kilometer Seekanal fertig gebaut, noch weitere Hunderte von Metern Kailänge betoniert und das Hafenbecken noch tiefer ausgebaggert werden. Gestern war nun schon ein großer Tag – der erste Ozeanriese wurde im Rostocker Hafen entladen, das Frachtschiff „Schwerin" mit einer Wasserverdrängung von 10.000 Tonnen."*

Ein anderes, wenn auch kleines Wunder, dennoch von großer Bedeutung für eine Region, entstand im Süden der DDR – die Talsperre in Sosa. RBI hob besonders hervor, dass diese Talsperre ein Werk der Jugend sei, die in vielen Tausend Arbeitsstunden freiwillig nach einem Aufruf ihrer Organisation, der Freien Deutschen Jugend, einen bedeutenden Beitrag zum wirtschaftlichen Fortschritt leistete. Die Talsperre fasst sechs Millionen Kubikmeter Wasser. Sie ist die lang erwartete sichere Quelle der Trinkwasserversorgung für die Stadt Aue und kleinere Ortschaften.

## Schrecken und Zerstörung – über zwei Katastrophen war zu berichten

Ende Juli 1976 herrscht in weiten Gebieten West- und Mitteleuropas eine erdrückende Hitze. In der DDR bricht fast vollständig für einige Zeit die Wasserversorgung zusammen. Wasser muss stundenlang abgestellt werden, um die Reserven nicht zu verbrauchen. Der Brandschutz fällt nahezu aus, obwohl die Feuerwehr überall im Land das Erforderliche leistet. Die Schifffahrt auf den Flüssen wird wegen ungenügender Wassertiefe eingestellt. Die Güter werden auf die Eisenbahn und die Lastwagen umgeleitet. Über Schnelleinkäufe in Kanada muss die Versorgung mit Futtermitteln gesichert werden, da die traditionellen Handelspartner der DDR in der gleichen Situation sind. Die Hitze erstickt das Leben fast vier Wochen.

Eine neue Situation in weiten Gebieten Europas – für Hörer in Afrika keine Nachricht mit besonderem Informationswert. Wasser ist in Afrika immer knapp. In vielen Regionen des subsaharischen Teils wird es aus entfernten Flüssen von Frauen mit Krügen auf dem Kopf kilometerweit herangebracht. Dennoch ist die neue Situation, vor der ein mitteleuropäisches Land wie die DDR steht, eine besondere Nachricht mit einer neuen Erfahrung: Eine ähnliche Situation schafft Neugier, wie ein kleiner Industriestaat, ein im Verhältnis zum afrikanischem Kontinent reiches Land, die Probleme bewältigt. RBI berichtete im einzelnen, wie die vier Wochen überstanden wurden und seine Nachrichten, Berichte und Reportagen fanden großes Interesse, das sich in vielen Hörerzuschriften ausdrückte.

13 Jahre später wurde ein Gebiet der DDR von einer anderen Katastrophe heimgesucht. Am 13. März 1989, 14.02 Uhr, beginnt in großen Teilen des Kreises Bad Salzungen im Südwesten des Landes die Erde zu beben. Ein so genannter Gebirgsschlag, hervorgerufen durch den plötzlichen Bruch eines Gebirges, bringt Schrecken und Zerstörung. Im Zentrum der Erschütterung steht die kleine Gemeinde mit dem malerischen Namen Völkershausen, etwa 1.300 Einwohner zählt die Gemeinde. Wie durch ein Wunder waren hier, wie in den anderen betroffenen Gemeinden, keine Menschenleben zu beklagen. Die schmerzliche Bilanz jedoch – 58 total zerstörte Häuser, zahlreiche andere mehr oder weniger stark beschädigt. Acht Monate nach der Katastrophe ziehen Berichterstatter von RBI Bilanz der Aufbauarbeit. Was sie im Alltag von Völkershauen entdeckten, berichteten sie am 16. November 1989:

*Sprecher:* „Noch im Einsatz sind hier zahllose Baufahrzeuge, mehr als 400 Bauleute aus neun Bezirken des Landes und 200 Soldaten der Nationalen Volksarmee. In dem scheinbaren Durcheinander von Fremden und Einheimischen entstand in knapp einem Dreivierteljahr Großes. Eine dem Ort vorgelagerte Hügelkette, der Hämig, ist inzwischen eine neue und gute Adresse in Völkershausen. 24 Familien wohnen hier in komfortablen 2-, 3-, und 4-Raum-Wohnungen. Unter ihnen sechs Familien aus dem ehemaligen Lehrerhaus in der Dorfmitte. In einem der beiden neuen Wohnblocks wohnt die Familie Schneider. Richard Schneider ist 68 Jahre alt und Rentner. Er sagt über den Neubeginn:"
*R. Schneider:* „Na ja, es ist eben so, wenn man Jahrzehnte in einer Wohnung gelebt hat und die Umgebung vertraut fand, und man wird dann mit einem Schlag herausgerissen, dann tut das doch sehr weh. Der Abschied von da unten ist uns allen doch sehr schwer gefallen. Und das Eingewöhnen ist auch nicht vollzogen."
*Sprecher:* „Irgendwie war jede Familie, jedes Haus mehr oder weniger betroffen. Vom Staat wurde versprochen, jeder erhält das zurück, was er verloren hat. Die Entschädigung und die Finanzierung der Baumaßnahmen wurden unterschiedlich geregelt. Einmal durch die Staatliche Versicherung, zum anderen durch den Bergbaufonds der DDR und durch günstige Baukredite. Der Gesamtwert aller Maßnahmen allein in Völkershauen beträgt rund 25 Millionen Mark. Das Eigenheim von Walter Sauer stammte aus den dreißiger Jahren. Nach dem Gebirgsschlag waren die Wände geborsten und der Giebel total weggebrochen. Heute wohnt seine Familie und die seines Sohnes in ihrem

neuen Haus, gebaut von einem volkseigenen Betrieb in Cottbus. Walter Sauer spricht über seine heutige Situation:"

*W. Sauer:* „Die örtliche Verwaltung hat uns das angeboten, und wir haben alles wieder ersetzt bekommen. Na ja, bis auf das, was eben wegbleibt – die Gartenmauer und die Bäume. Wir hatten zehn Obstbäume, die wachsen nicht so schnell wieder nach. Das Haus ist komplett ausgebaut für zwei Familien. Mit Sanitäranlagen für jede Familie, Waschküche für jede Familie, Kelleräume. Alles ist komplett ausgebaut."

*Sprecher:* „Inzwischen haben alle 22 Besitzer von Eigenheimen ihr neues Zuhause. Innerhalb von nur vier Monaten; eine Zeitspanne, gesetzt vom Leiter des Projektes, der mit seiner Planung im Ort viel Skepsis hervorgerufen hat. Aber die Bauleute und Helfer aus allen Teilen der Republik haben Wort gehalten. Natürlich war Skepsis durchaus angebracht angesichts der Tatsache, dass in unserem Land überall gebaut wird und Material knapp ist. Der Projektleiter sagt, dass manche Entscheidung schwer gefallen ist:"

*Projektleiter:* „Wir haben lange überlegt, welche Bauvorhaben wir zurückstellen. Und da ist manche unpopuläre Entscheidung gefallen, die uns sehr weh tat. Ich denke an die Schwimmhalle in Bad Salzungen. Man darf auch nicht vergessen, dass bestimmte Dinge zuerst für Völkershausen und andere Orte bereitgestellt werden mussten. Demzufolge konnte es beim Bau anderer Eigenheime und der Modernisierung von Altbauten nicht weitergehen. Aber ich glaube, die Bürger haben Verständnis dafür, dass wir uns zuerst um diejenigen kümmern mussten, die kein Dach über dem Kopf mehr hatten."

*Sprecher:* „Nach Eigenheimen und den beiden Wohnblocks am Hämig sind nun auch mehrere öffentliche Gebäude fertiggestellt worden. Links neben der Dorflinde auf dem Marktplatz entstand das neue Dienstleistungszentrum mit Post, Sparkasse, Friseur und Arztpraxen. Gegenüber wurde die neue Kaufhalle mit 300 Quadratmetern Verkaufsfläche errichtet. Das Bautempo war gut, die Eile entsprach den besonderen Umständen und der Notwendigkeit, das Leben noch vor dem Wintereinbruch wieder zu normalisieren. Auch an die Jüngsten im Ort wurde gedacht. Kinderkrippen und Kindergarten wurden nach nur drei Monaten Bauzeit bezugsfertig übergeben. Finanziert wurde dieses Aufbauwerk aus dem Solidaritätsfonds der Gewerkschaften der DDR. Mittlerweile sind auch die beiden tonnenschweren Glocken der Dorfkirche in die Gemeinde zurückgekehrt. Unter spektakulären Umständen wurden sie während der Katastrophe mit Hubschraubern der Armee aus der völlig zerstörten Kirche gerettet. Heute rufen sie wieder wie eh und je die Gläubigen zum sonntäglichen Gottesdienst. Wir fragten den Pfarrer der Gemeinde, was das für ihn und die Leute bedeutet:"

*Pfarrer:* „Die Glocken haben, wie soll ich sagen, einen Symbolgehalt für Heimat. Und sie haben den Leuten wirklich gefehlt. Sie waren sehr froh, als die Glocken wieder ins Dorf kamen. Und ich muss sagen, nicht nur für die

Leute, die zur Kirche gehören, sondern auch für die, die nicht der Kirche angehören."
*Sprecher:* „Vorerst ist die Aufstellung der Glocken im Freien nur ein Provisorium, ebenso wie die Gottesdienste, die in einem Aufenthaltsraum für Bauleute stattfinden müssen. Aber eine neue Kirche ist bereist projektiert, und mit dem Bau soll im Frühjahr nächsten Jahres begonnen werden. In den kommenden Wintermonaten werden die immer noch vorhandenen steinernen Zeugen der Katastrophe vom März dieses Jahres beseitigt. Fest steht schon heute, jeder betroffene Bürger in Völkershausen hat in den letzten acht Monaten ein neues oder ein ausgebessertes Dach über dem Kopf. Die Versorgung der Einwohner ist gesichert. Der Bürgermeister des Ortes sagt:"
*Bürgermeister:* „Ich glaube, die ganze Sache beweist, wenn man zusammensteht und nach Wegen sucht, dringende Aufgaben zu erfüllen, dann ergeben sich auch Möglichkeiten. Keiner musste den Ort verlassen, keiner ist weggezogen, weder in die nähere noch in die weitere Umgebung ..."

Soweit der Bericht aus einem Ort der DDR, der vor acht Monaten durch ein Erdbeben erschüttert und zum Teil schwer beschädigt wurde. Verglichen mit Katastrophen in anderen Regionen des Erdballs ist das Unglück im Südwesten der DDR sehr klein. Am 29. Februar und 1. März 1960 starben in dem Erdbeben in Agadir in Marokko etwa 25.000 Menschen. Es ging RBI nicht um den Vergleich der Größe einer Katastrophe, sondern um die gemeinschaftliche Aktion der Regierung und der Gesellschaft, den geschädigten Opfern sofort nachhaltig zu helfen. Die Hörerinnen und Hörer konnten aus den vermittelten Tatsachen ihre Vergleiche ziehen und sich ihre Meinung bilden.

## Berlin mit wieder belebtem Gesicht und der kritische Diskurs

Viele Sendungen griffen ein gesellschaftliches Grundproblem dieser Jahre auf: Die Wohnungsnot. Das Nationale Aufbauwerk in der DDR begann 1952. In Berlin war es zunächst symbolisch, die im Krieg völlig zerstörte Frankfurter Allee wieder aufzubauen. Danach wuchsen aus den Trümmern Stadtbezirke und Straßenzüge hervor, wie in Treptow, Köpenick und Weißensee; später am Rande der Stadt Marzahn, Hellersdorf und Hohenschönhausen; in Rostock Lütten-Klein, in Leipzig Grünau, auch in anderen Städten wie Magdeburg, Karl-Marx-Stadt (heute wieder Chemnitz) und Dresden ging es von Jahr zu Jahr aufwärts; Potsdam war noch am Ende des Krieges im April 1945 von amerikanischen Bombern stark zerstört worden. Der Osten hatte an den Kriegsfolgen schwerer zu tragen als der Westen Deutschlands, weil im Osten in den schweren Bodenkämpfen, die den Bombenkrieg begleiteten, selbst kleine Ortschaften untergingen. Berlin war 1945 eine Ruinenlandschaft, hieß es in einer der Sendungen. 75 Millionen Kubikmeter Schutt, ein Siebentel aller Trümmermassen in Deutschland, lagen in

Berlin. Es gab keinen Strom, kein Gas, kein Wasser, keine Post, kein Telefon. Mitte Mai erschien die erste Zeitung, und das erste Programm des Berliner Rundfunks. Die Bevölkerung Berlins bestand zu dieser Zeit zu 65 % aus Frauen, von denen viele sogenannte Trümmerfrauen waren, Frauen, die mit dem Hammer die Steine von altem Mörtel befreiten, damit sie zum Neuaufbau wieder verwendet werden konnten. Wie viele Millionen Tonnen Steine werden für den Neubau einer drei Kilometer langen Allee benötigt? Zunächst wurde nach 1945 vieles notdürftig instandgesetzt, aber dann begann der Aufbau der Frankfurter Allee, die einige Jahre Stalin-Allee hieß.

Wer waren die Architekten, wer die Bauarbeiter? Wer zog in die Wohnungen mit welcher Miethöhe im Vergleich zu den allgemeinen Lebenskosten ein? Solche Fragen der Hörer wurden in Interviews beantwortet, zum Beispiel mit den Architekten der Allee, den Professoren Henselmann, Paulick und Hopp. Sie schufen zusammen mit Ingenieuren, Meistern und Facharbeitern ein geschlossenes architektonisches Bild. Die Interviews wurden ergänzt durch Dokumentationen und Reportagen, Nachrichten und Berichte aus anderen Städten und Ortschaften der DDR. So hieß es in einer der Sendungen:

> *„Wiederaufgebaut im Osten Berlins wurde nicht nur die etwa drei Kilometer lange Frankfurter Allee mit Tausenden von Wohnungen, wiederaufgebaut wurden in Berlin die Staatsoper Unter den Linden, das Alte Museum, ein Palais aus der Monarchie, das eine öffentliche Bibliothek wurde, der Platz der Akademie, der früher Gendarmenmarkt hieß, mit dem Großen Schauspielhaus und dem Französischen und Deutschen Dom, schließlich viele Stadtbezirke und neue Bezirke am Rande der Stadt, Neubauten mit Zehntausenden von Wohnungen."*

Die kritische Bilanz dieser Sendungen in den Redaktionen und in den Konferenzen der Chefredaktion zeigte das eine oder andere Mal, dass die Darstellung des Aufbaus zwar konkret und lebensnah war, aber die oft fehlende Sanierung der Altbausubstanz in Berlin und in den anderen Bezirken der DDR ausgeklammert war. Am Beispiel der Altbauten entzündeten sich schwierige Debatten, denn sie waren nicht die einzigen Ausklammerungen. Deshalb ergaben sich dazu in einer Reihe von Anlässen in den Redaktionen prinzipielle Diskussionen zur journalistischen Widerspiegelung gesellschaftlicher Prozesse und aktueller Gegebenheiten in den Sendungen. Die oft gestellte Grundfrage gegenüber unzureichenden Fortschritten in solchen Debatten war immer wieder: Was sollte der kleinere deutsche Staat alles schaffen? Als er 1949 als Antwort auf die Gründung der westdeutschen Republik gebildet wurde, verfügte er über sieben Hochöfen zur Stahlgewinnung gegenüber 120 in Westdeutschland. Die Schwächen des sozialistischen Modells blieben den Redakteuren, die in der DDR ständig unterwegs waren, nicht verborgen – eine zentralistisch gelenkte Wirtschaft von der Ostsee bis ins

Erzgebirge, deren Wesenszug über Jahrzehnte der Mangel an Waren des täglichen Bedarfs war, die Aufhebung der Gewaltenteilung in der Gesellschaft und ihr Ersatz durch die allgegenwärtige Macht einer führenden Staatpartei, ein Mediendiktat, das eine freie öffentliche Aussprache über gesellschaftliche Probleme auf dem Boden der sozialistischen Verfassung deutlich begrenzte und ein stark überhöhtes Sicherheitsdenken, verbunden mit weitgehenden Einschränkungen der Versammlungs- und Reisefreiheit.

Die Kommentare zur sozialistischen Demokratie gingen nicht auf die Wahlen mit den meist unbekannten Kandidaten einer Nationalen Front und dem Ergebnis von 99,9 Prozent Zustimmung ein. Wenn wirklich Konflikte und Widersprüche in den Programmen dargestellt wurden, sind sie als Hilfestellung für die westdeutsche Propaganda denunziert worden. Diese Situation blieb in den internen Diskussionen über Jahre einer immer währendes Thema, zumal Mitglieder des Zentralkomitees der SED nicht nur einmal gesagt haben: Unserer Propaganda darf Problemen unserer Entwicklung nicht ausweichen. Sie muss die Wirklichkeit wiedergeben, wenn sie glaubhaft sein will. Sie muss über Probleme informieren. Durchgesetzt hat sich diese Orientierung leider nicht. Wer nach dem Warum des Ausweichens fragte, dem wurde geantwortet: Wir dürfen uns vor dem Feind keine Blöße geben. Es war kein falscher Stolz, der diese Antwort diktierte. Es war die Angst, der politische Gegner könnte über eine offene Debatte der Fehler und Mängel Einfluss gewinnen – eine fatale Fehleinschätzung, weil genau das Gegenteil den Einfluss des politischen Gegners begrenzt hätte.

Die Beobachtungen summierten sich in der täglichen Beziehung zu aufgeschlossenen Mitarbeiterinnen und Mitarbeitern aus anderen Ländern, die in der DDR Anregungen für die gesellschaftliche Praxis in ihren Ländern suchten. Jeder kritische Diskurs in den öffentlichen Zusammenkünften verkleinerte das Maß der Kritik an den offensichtlichen Fehlern in der sozialistischen Gesellschaft der DDR. Afrikaner, Inder, Palästinenser und Chilenen sahen die Probleme anders. Die politischen, sozialen und die ökonomischen Belastungen waren für viele Völker wesentlich belastender und unermesslich größer als für die Deutschen in der DDR. Hier hatte jedes Kind täglich eine warme Mahlzeit, jeder Schulabgänger eine Lehrstelle und danach einen Arbeitsplatz in seinem Beruf, hier war die Frau gesellschaftlich gleichberechtigt. Hier gab es ein Wohnungsbauprogramm und keine Massenarbeitslosigkeit, keine Rassendiskriminierung. Es gab ein entwickeltes Gesundheitswesen und die Kindersterblichkeit war verschwindend gering. In Afrika, so argumentierten die Kollegen aus dem westafrikanischen Staat Niger, aus Südafrika und dem ostafrikanischen Tansania, verhungern Zehntausende von Kindern, Millionen leben in Not ohne ausreichende Nahrung, Gesundheitsfürsorge, Bildung und sauberes Wasser. Diese Diskussion beantworteten nicht die Fragen in der DDR, sie setzte sie aber in einen vernünftigen Rahmen.

Natürlich wären kritikwürdige Tatsachen und Prozesse in einem ausgewogenen Verhältnis auch in Sendungen für das Ausland zu bewerten gewesen. In der positiv-kritischen Darstellung eines realistischen, die Probleme und Schwierigkeiten nicht verwischenden Bildes liegt eine notwendige Vertrauensbasis für die Glaubwürdigkeit der Information. Das war allen journalistischen Mitarbeitern bewusst und ihre Arbeiten zeichneten sich vorwiegend durch Sachlichkeit aus, die auf Überspitzung verzichtete. Aber welcher Auslandssender gibt ein wirklich umfassendes objektives Bild seiner Gesellschaft? Was brachte und bringt die „Stimme Amerikas" über die Rassendiskriminierung in den USA, über das Lebenswerk von Paul Robeson, über die Arbeitslosigkeit, die Drogensucht und die Massenkriminalität in den amerikanischen Städten, über die Slums in New York? Es gibt keine Sendungen staatlicher Stationen, die grundsätzlich Kritik an Erscheinungen ihres Staates in eine ausländische Öffentlichkeit tragen. Das Gesamtbild aller fremdsprachigen Auslandssendungen ist dadurch gekennzeichnet, ein möglichst sympathisches Bild vom eigenen Staat zu vermitteln. Mit dem Blick auf diese Wahrheit hat Radio Berlin International negative Erscheinungen in der DDR abgeschwächt, aber niemals ein falsches Gesamtbild des Landes und seiner Menschen gegeben.

In der Zeit des demokratischen Umbruchs von Herbst 1989 bis Herbst 1990 hat auch Radio Berlin International zu seiner Selbstbestimmung gefunden. Nach der Positionsfestlegung vom 19. Februar 1990[15] spiegelt sich im Programm des Senders eine Vielfalt von Meinungen wider. Der Friedensbegriff erhält über den militärischen Aspekt hinaus neue Bezugspunkte, das innere Leben im Land wird offener gesehen, die deutsch-deutschen Beziehungen verlieren in den Nachrichten und Kommentaren ihren starren diplomatischen Charakter und die Sprache streift ihre politischen Formeln ab. Die ersten Schritte seit Oktober 1989 waren

- die Auflösung der parteibürokratischen Kommandogewalt über die Journalisten,
- die freie Berichterstattung und Kommentierung des gesellschaftlichen Lebens,
- die Vorstellung der Programme der Bürgerrechtsbewegung
- die schrittweise Umwandlung des Hörfunks, des Fernsehens und der zentralen Nachrichtenagentur von „Waffen der Partei" in Anstalten mit öffentlichem und rechtlichem Charakter,
- die Gewährleistung des Herausgeberprinzips bei allen Druckmedien, das bedeutete die Verantwortung des Herausgebers für seine Presseerzeugnisse ohne staatliche Einmischung,
- die Bildung von gesellschaftlichen Medienräten.

Niemals sollte sich wiederholen, dass eine Zentrale sich anmaßt, allein zu entscheiden, welche gesellschaftlichen Prozesse als wesentlich anzusehen seien, für welche Themen die Bürger sich zu interessieren hätten, in welchem Umfang und mit welcher Meinung sie in den Medien zu Wort kommen dürfen und was sie in den Medien lesen, hören und sehen sollen. Eine Regierungskommission

Mediengesetz, die hauptsächlich aus Vertretern gesellschaftlicher Organisationen bestand, arbeitete einen Medienbeschluss aus, der den Rechtsanspruch auf das freie Wort gesetzlich festlegte. Nach Diskussion am zentralen Runden Tisch, der de-facto neuen Regierung, die aus dem Aufbruch der Bürgerrechtsbewegung hervorgegangen war, wurde der Medienbeschluss am 5. Februar 1990 von der Volkskammer, dem Parlament der DDR, angenommen. Eine wesentliche Erkenntnis in diesem Beschluss ist die Feststellung, dass die Erneuerung der Gesellschaft nur gefestigt sein kann, wenn sich die Massenmedien durch die Existenz verschiedener gesellschaftlicher Gruppen und Interessen selbst regulieren. Die Garantien dafür liegen nach Geist und Buchstaben des Beschlusses in der rechtsstaatlichen Ordnung des politischen Systems.

Ein Medienrat („Medienkontrollrat“) aus Vertretern gesellschaftlich bedeutender Kräfte, wie den Kirchen, dem Neuen Forum, anderen Bürgerrechtsbewegungen, den politischen Parteien, Jugend- und Frauenorganisationen, wurde gebildet, der zu gewährleisten hatte, dass der Beschluss verwirklicht wird. Gleichzeitig hatte er darauf zu achten, dass die Medien nicht wieder durch irgendwelche Kräfte kontrolliert werden. Informations- und Medienfreiheit wurden jetzt als Grundgesetz des politischen und kulturellen Lebens in der DDR in die Praxis umgesetzt. RBI vermittelte ein Bild der neuen Freiheit und berichtete und kommentierte mit dem Blick auf die kapitalistischen Länder, dass die junge Freiheit in dem werdenden neuen Staat übermächtige privatwirtschaftliche Medienkonzerne ebenso ausschließt wie staatliche und parteikonforme medienpolitische Machtzusammenballungen. Das Wirken der Massenmedien sollte nicht vorrangig an Eigentumsinteressen gebunden sein, auch nicht an Interessen von Parteien und Parteikartellen. Es sollte sich nach den Vorstellungen der damaligen Gesetzgeber und der medienpolitischen Akteure auf individuelle und gemeinschaftliche Bedürfnissen und Interessen richten. Nur in diesem Verständnis von der Rolle der Massenmedien in der Gesellschaft war es nach Auffassung der Bürgerrechtsbewegung vorstellbar, dass die öffentliche Verantwortung der Medien nicht zur Rhetorik wird.

Radio Berlin International vermittelte ein Bild dieser grundlegenden Erneuerung in der DDR. Die Sendungen sind objektiv und sachlich, ohne dass der Sender nun zum Tribun der Bürgerrechtsbewegung wurde. Vor allem in den Nachrichten und den Interviews drückte sich der gesellschaftliche Wandlungsprozess aus. Der kritische Beobachter hätte sich in manchen Sendungen über die Chronistenpflicht hinaus ein stärkeres Gewicht auf den revolutionären Geist des (versuchten) sozialistischen Wandels gewünscht.

## Die Semperoper im neuen Glanz

Die Wiedereröffnung der Semper-Oper in Dresden im Jahre 1985 ist in der DDR ein bedeutendes kulturelles Ereignis, über das RBI umfassend berichtet. Die Redaktionen erhielten eine vorbereitete Sendung der Zentralredaktion und gestalteten darüber hinaus auch an den folgenden Tagen ihre Programme selbst, vornehmlich in ihren Hörerpost-Sendungen. Zunächst wird der ausländische Hörer mit den Lebens- und Schaffensdaten des deutschen Architekten Gottfried Semper (1803–1879) vertraut gemacht – seit 1834 Professor für Baukunst an der Akademie in Dresden. Sein Hauptwerk ist das Opernhaus in dieser Stadt, das nach seinem Entwurf von 1838 bis 1841 gebaut wurde. Als es 1869 abbrannte, errichtete sein Sohn Manfred die Oper neu. Unter vielen anderen Werken war Gottfried Semper an der Gründung des South Kensington Museums in London beteiligt. Er war wie Richard Wagner mit den gesellschaftlichen Problemen seiner Zeit eng verbunden und gehörte 1848/49 zu den Revolutionären, die sich gegen die reaktionäre alte Ordnung erhoben. Wegen seiner Teilnahme am Maiaufstand in Dresden musste er 1849 fliehen. Er fand in Paris Aufnahme und eine große Wertschätzung seiner Arbeit. Das Programm von RBI stellte Semper als einen großen deutschen Architekten vor, der in mehreren Städten Europas tätig war. Die Sendungen bezogen ihn in das sozialistische Geschichtsbild der DDR ein als Vorkämpfer der Befreiung von feudalen und konservativen Fesseln durch seine Teilnahme an der Revolution von 1848/49.

Einen weiteren politischen Beiklang erhielten die Programme durch die Zerstörung und die Tötung von vielen Tausenden von Menschen in der offenen, mit Flüchtlingen voll besetzten Stadt durch die britisch-amerikanische Luftwaffe am 13. und 14. Februar 1945. Diese Angriffe zerstörten auch die Semper-Oper. In einem Kommentar, der u. a. Bezug nimmt auf die ersten Atombombenangriffe gegen die japanischen Städte Hiroshima und Nagasaki im August 1945, wird gesagt:

> *„Die Bombardierung der ungeschützten Stadt Dresden am Ende des Zweiten Weltkrieges forderte ca. 35.000 festgestellte Opfer. In der Stadt waren jedoch Zehntausende von Flüchtlingen aus dem Osten Deutschlands, in dem die Sowjetarmee vordrang. Und auf den Bahnhöfen Dresdens standen die mit Flüchtlingen überfüllten Züge, die alle Opfer der Terrorangriffe geworden sind. Die vermutete Zahl von etwa 200.000 Todesopfern ist wahrscheinlich, wenn auch nicht bestätigt. Aus verständlichen Gründen wurden die Leichen und die menschlichen Überreste nach der Feuersbrunst auf Sammelplätzen sofort verbrannt, um Seuchen zu verhindern. In schrecklicher Erinnerung sind den Überlebenden die skrupellosen Tieffliegerangriffe auf die flüchtenden Frauen, Kinder und waffenlosen Männern auf den Wiesen der Elbe. Sie wurden aus niedriger Höhe von den Terrorfliegern mit ihren Maschinengewehren niedergemäht …"*

Es ist nicht zu umgehen, dass ein Sender, der über den Wiederaufbau eines bedeutenden Opernhauses und seine Wiedereröffnung berichtet, auf diese menschenverachtenden, barbarischen Angriffe eingeht. Die Zerstörung Dresdens, so hieß es in den Programmen, war ein Verbrechen gegen die Menschlichkeit von denen, die heute so viel über Menschlichkeit reden. Sendungen dieses Inhalts waren Bestandteil des Radioprogramms von Anfang an. Sie sprechen über den Wiederaufbau und vermitteln zugleich die Grundsätze einer auf den Frieden gerichteten Politik.

## Entdeckungen im Alltag

Ein brennendes Problem war noch in den achtziger Jahren der noch immer nicht ausreichende Wohnungsbau. Sieben Jahre später, 1987, zieht eine junge Familie die Jahresbilanz. Die Zentral-Redaktion stellte mit ihrer Sendereihe „Entdeckungen im Alltag" eine junge Familie vor, die eine Hinterhauswohnung im nördlichen Berliner Stadtbezirk Pankow besitzt. Heiko ist 23 Jahre alt, arbeitet in drei Schichten als Gießereifacharbeiter, die 21-jährige Brigitte ist Sekretärin. Seit zwei Jahren sind sie verheiratet, Sohn Stefan ist anderthalb Jahre alt. Wie ist für sie das Jahr 1987 verlaufen? Brigitte macht den Anfang in dem Radiogespräch am 31. Dezember 1987:

*Brigitte:* „Das Jahr war gemischt, es gab Gutes und weniger Gutes. Ich war zu Hause im Babyjahr, war also bezahlt zu Hause, weil das eine gesetzliche Festlegung ist, dass man nach dem ersten Kind ein Jahr bezahlt zu Hause bleiben kann. Für uns war es eigentlich normal, allerdings mit Aufregung zwischendurch, denn – das war das weniger Gute – der Junge war oft krank. Stefan, der Kleine, er wollte plötzlich nicht mehr so recht wachsen, nahm auch nicht zu. Er musste ins Krankenhaus, zwei Drüsenoperationen wurden erforderlich. Drei Monate lang von April bis Juni gehörten die Wochenenden und viele andere Tage den besorgten Besuchen im Krankenhaus. Später dann konnte der Junge ein bis zwei Tage zu Hause sein. Er kam gesund zu seinen Eltern zurück."
*Sprecher:* „Wir war das eigentlich mit den Operationskosten?"
*Heiko:* „Darüber brauchten wir uns keine Gedanken zu machen, weil bei uns ja alle Operationen und Krankenhausaufenthalte kostenlos sind. Keiner braucht sich da Gedanken zu machen, es ist weiter nichts zu bezahlen, als den normalen Sozialversicherungsbeitrag, aber der ist ja so gering. Also – da haben wir überhaupt keine Sorgen gehabt mit dem Geld."
*Sprecher:* „Und wie ist es dann zu dieser neuen Wohnung gekommen?"
*Brigitte:* „Na, das hat eigentlich schon mit der Zuweisung dieser ersten kleinen Wohnung hier begonnen, denn die jetzige wurde von Beginn an als eine Übergangswohnung betrachtet. Unser Wohnungsantrag lief also weiter und nun, nach zwei Jahren, wurden wir mit Wohnraum versorgt. War praktisch ein gutes Weihnachtsgeschenk!"
*Sprecher:* „Nun werden natürlich Wohnungen auch bei uns in der DDR durchaus nicht verschenkt. Sie werden vergeben nach sozialen Gesichtspunkten,

denn durch die staatlich großzügig unterstützten Mieten sind Wohnungen hierzulande keine Ware mehr, mit der spekuliert oder gehandelt werden könnte. Heiko und Brigitte verdienen monatlich zusammen etwa 2.000 Mark. Hat der neue Mietpreis in die Freude über die neue Wohnung überhaupt eine Rolle gespielt?"
*Heiko:* „Nein! Wir zahlen jetzt 36 Mark und dann für die neue Wohnung 50 Mark, also – das ist minimal, das fällt immer ab, wenn ich das mal so sagen darf. Also – da brauchen wir uns nie Sorgen zu machen, dass wir uns die neue Wohnung nicht leisten könnten."
*Sprecher:* „Dann aber braucht der kleine Stefan einen Kinderkrippenplatz, die Familie zieht in einen anderen Stadtbezirk. Wie nun weiter?"
*Brigitte:* „Also, ich hab' erst kürzlich den Antrag gestellt und sofort einen Krippenplatz bekommen. Stefan kann ab 4. Januar in die neue Krippe gehen. Wir brauchen auch dort nur das Essengeld zu bezahlen, das sind 80 Pfennig pro Tag, für den Monat also ganze 16 Mark."
*Sprecher:* „Nicht ganz so reibungslos klappte es leider mit dem Möbeltransport. Ja, wo so viel gebaut und demzufolge auch tagtäglich umgezogen wird, kommen die Speditionen nicht ganz nach. Und nur deshalb wird dieser Jahreswechsel noch in der alten Wohnung gefeiert. Worauf, so die letzte Frage an Heiko, werdet Ihr um Mitternacht anstoßen?"
*Heiko:* „Dass wir alle gesund bleiben. Ansonsten werden wir alles schon gut packen. Unsere Arbeitsplätze, die sind ja in Ordnung. Also,- wenn wir anstoßen, dann vor allem darauf dass es noch viele, viele Jahre so gut und sicher geht wie heute."

Im Gespräch mit einem Städteplaner wird das Thema erweitert – Wie sieht das Bild unserer Städte im Jahr 2000 aus. Der Gesprächspartner ist Gunter Richter, Diplomingenieur und Architekt, 51 Jahre alt, verheiratet, drei Kinder. Er gehört keiner Partei an. Seit 25 Jahren lebt und arbeitet er in Frankfurt an der Oder, einer Stadt mit rund 85.000 Einwohnern. Er leitet eine Gruppe von 14 Architekten, Technikern, Verkehrsplanern und Landschaftsgestaltern, die Gruppe ist eine von drei Abteilungen, die Verantwortung für das Wohnungsbauprogramm im Oderbezirk trägt. Kennen gelernt hatten ihn die Reporter von RBI auf einer Zusammenkunft von Bewohnern des Neubaugebietes. In seiner ruhigen, sachlichen Art hat er Fragen zur weitern Gestaltung dieses Viertels beantwortet, Notwendigkeiten und Zusammenhänge erläutert. Er sagte in dem Gespräch mit dem RBI-Reporter, das in der Sendereihe „Entdeckungen im Alltag" am 16. Juli 1987 gebracht wurde:

*G. Richter:* „Das Jahr 2000 ist insofern anvisiert, als wir uns jetzt schon Gedanken machen müssen, wie die Entwicklung unserer Städte und Gemeinden weiter gehen wird. Häuser sind sehr langlebige Güter unserer Gesellschaft. Es ist bekannt, dass in den vergangenen Jahrzehnten in erster Linie das Problem

darin bestand, die Menschen überhaupt erst einmal mit einer beliebigen Wohnung zu versorgen. Das war eine Aufgabe, die nicht von großen Träumen geprägt war."
*Sprecher:* „Ist es nicht außerordentlich schwierig, an den heutigen Zweck denken zu müssen, während man gleichzeitig eine Aufgabe für morgen beginnt?"
*G. Richter:* „Man ist gezwungen, das zu tun, weil die Wirklichkeit dazu zwingt. Beispielsweise sind wir verpflichtet, eine gewisse durchschnittliche Quadratmeterfläche unserer Wohnungen einzuhalten, selbstverständlich gibt es jährlich einen neuen Erkenntniszuwachs und machen berechtigten Zweifel an Einigem, was wir heute bauen. Aber in der täglichen Prüfung zwischen dem, was wir volkswirtschaftlich können und dem, was wir eigentlich möchten, entstehen unsere Städte und Gemeinden ..."
*Sprecher:* „Und dazu gehört ja wohl wesentlich mehr als ein Dach über dem Kopf."
*G. Richter:* „Heute verstehen wir unter diesem etwas saloppen Begriff vom ‚Dach überm Kopf', dass jede Familie – Zielstellung 1990 jeder Haushalt – eine der Größe des Haushaltes entsprechende Wohnung besitzt. Es ist eines der wesentlichsten Anliegen unseres Wohnungsbauprogramms als ein sozialpolitisches Programm, dass wir Wohnungen nicht als Ware verkaufen, die sich der eine leisten kann und der andere nicht. Jede Familie erhält nach sozialen Gesichtpunkten und zu einer erschwinglichen Miete eine Wohnung der Größe, die ihren Bedürfnissen entspricht. Das heißt, wir gehen von dem heutigen Grundsatz aus, dass jedem Familienmitglied ein Wohnraum zur Verfügung steht. In dieser Richtung verändert sich auch schon die Nutzung des bereits Gebauten. Es werde also in Zukunft immer mehr für größere Familien gebaute Wohnungen durch kleinere Familien genutzt werden."
*Sprecher:* „Was gehört außerdem zum Vorausdenken der Städteplaner?"
*G. Richter:* „Dazu gehört, dass sich der Städteplaner mit der unmittelbaren Wohnumwelt beschäftigt, d. h. mit der Landschaftsgestaltung, mit den Bauten für gesellschaftliche Zwecke und mit deren Größe. Er muss diese Faktoren optimal gestalten, so dass günstige Wege zur Bahn oder zum Bus und zum Einkaufen entstehen, und das Ganze muss natürlich auch hohen städtebaulich-ästhetischen Ansprüchen genügen. Mit anderen Worten: Wir müssen dafür Sorge tragen, dass Kindergärten und Kinderkrippen in der richtigen Größenordnung und Entfernung, ausreichend Plätze in den Schulen und natürlich Sporteinrichtungen zur Verfügung stehen. Ich denke auch an große Freiflächen zur Erholung und Entspannung, an Gaststätten, die modernen Ansprüchen genügen, aber auch an kleine gemütliche Cafes."
*Sprecher:* „Was ist für Sie das Schönste in dieser anspruchsvollen Arbeit?"
*G. Richter:* „Das Schönste ist, dass wir nach bestem Gewissen und Vermögen versuchen, unsere Städte so zu gestalten, dass unsere Nachkommen mit

ihnen weiterleben können. Es ist unser Beruf und unsere Leidenschaft, dafür zu sorgen, dass unsere Städte uns heute und in der Zukunft mit dem Wertvollsten erhalten bleiben, was sie verkörpern. Unsere gesamte Tätigkeit wäre sinnlos ohne den persönlichen Einsatz dafür, dass alles, was wir heute gemeinsam mit unseren Händen und unserer geistigen Arbeit schaffen, auch tatsächlich über das Jahr 2000 hinaus Bestand haben wird. Deshalb unterstützen wir auch vorbehaltlos alle Vorschläge, bis zum Jahre 2000 die Welt frei von Kernwaffen zu machen. Und wenn ich „wir" sage, dann meine ich natürlich besonders meine Berufskollegen, die Städtebauer und Architekten, die so anspruchsvolle Ziele über die Jahrtausendwende hinaus in ihrer täglichen Arbeit verfolgen."

*Sprecher:* „Sie bauen Wohnungen für andere. Wie wohnen Sie, der Städteplaner, selbst?"

*G. Richter:* „Ich wohne mit meiner Familie in einer Vier-Raum-Wohnung in der obersten Etage eines 11 Etagen hohen Wohnhauses. Unsere Familie ist mittlerweile etwas kleiner geworden, und es sind heute ganz andere Bedingungen als beispielsweise vor 10 Jahren, als wir mit unserer fünf Personen umfassenden Familie in einer Zweieinhalb-Zimmer-Wohnung lebten. Damals war es aber durchaus so, dass wir uns den Zeitumständen entsprechend wohlfühlten. Das illustriert eigentlich ziemlich deutlich und ganz persönlich, wie die Bedürfnisse innerhalb der Gesellschaft und auch innerhalb der Familie in verhältnismäßig kurzer Zeit gewachsen sind."

## Die Krankenschwestern von Quedlinburg

Außer dem Wohnungsbau war das Gesundheitswesen ein immer wiederkehrendes Thema in den Zuschriften der Hörer an Radio Berlin International. Eine Entdeckung besonderer Art war für die Reporter die medizinische Fachschule in Quedlinburg. Die erste deutsche Ärztin, die an einer Universität promovieren durfte, war Dorothea Christiane Erxleben. Sie erwarb den Doktorgrad der Medizin im Jahre 1754 in Halle. Nach ihr ist die Fachschule benannt. Hier werden seit 1961 Ausländer ausgebildet, hauptsächlich Krankenschwestern. Hierher nach Quedlinburg kommen aber auch alle Ausländer zum Deutschstudium, die später an einer anderen Bildungseinrichtung zu mittlerem medizinischen Personal ausgebildet werden. Hierher kommen auch alle Ärzte, die an einem Krankenhaus der DDR eine Ausbildung zum Facharzt absolvieren werden. RBI sprach mit dem Direktor der Fachschule, Friedrich Kolbe. Eine Sendung vom 4. November 1989:

*Sprecher:* „Auf welchem Wege wird man Student in Quedlinburg?"

*F. Kolbe:* „Die meisten werden delegiert auf der Grundlage von Abkommen auf dem Gebiet des Gesundheitswesens, einige durch die Gewerkschaften, andere durch das Solidaritätskomitee der DDR, hier besonders Vertreter nationaler Befreiungsorganisationen wie Farabundo Marti (San Salvador), Afrikanischer Nationalkongress (ANC), Südwestafrikanische Volksorganisation (SWAPO), Palästinensische Befreiungsorganisation (PLO). Zur Zeit haben wir starke Gruppen aus Nikaragua und El Salvador, aus Äthiopien, aus Jemen und aus von PLO. Knapp vier Jahre dauert die Ausbildung. Die ersten 10 Monate sind ausschließlich dem Studium der deutschen Sprache vorbehalten. Anschließend werden zwei Jahre jeweils vier Wochen Theorie im Wechsel mit vier Wochen Praxis im nahe gelegenen Kreiskrankenhaus vermittelt. Das vierte Ausbildungsjahr der künftigen Krankenschwestern wird ausschließlich durch die Praxis bestimmt."

*Sprecher:* „Bei einem Rundgang durch die Schule sehen die Reporter: die Klassen sind klein, höchstens 10 bis 12 Schüler und Schülerinnen, eine Klasse zählt sogar nur drei – es sind junge Vertreter der westsaharischen Befreiungsbewegung Polisario, die in ihrer Heimat nur eine geringe Schulbildung erhalten konnten. Der Lehrplan in Quedlinburg entspricht dem für Fachschulen der DDR. Einige Spezialgebiete, wie beispielsweise Tropenmedizin, kommen hinzu. Auf diese Besonderheit seiner Schule, nämlich eine zweite Ausbildungsrichtung, macht uns Direktor Friedrich Kolbe aufmerksam:"

*F. Kolbe:* „Erstes Ausbildungsziel für Krankenschwestern der DDR ist, dass sie verlässliche Partnerinnen des Arztes sind. Wenn in afrikanischen Ländern der nächste Arzt einige Hundert Kilometer entfernt oder gar kein Arzt verfügbar ist, stellt es Krankenschwestern vor Probleme, denen sie nicht gewachsen sind. Aus diesem Grund haben wir in der Ausbildung einen alten Beruf wieder eingeführt, nur für ausländische Bürger, den des Arzthelfers, ein Beruf der zwischen Krankenschwester auf der einen und Arzt auf der anderen Seite steht. Besonders im dritten Ausbildungsjahr lernen die jungen Freunde an der Seite eines Arztes die notwendigen praktischen Fähigkeiten, um selbständig viele Diagnosen zu stellen und eine Therapie vornehmen zu können."

*Sprecher:* „Einer, der diesen Weg gewählt hat, ist Faustrino. Er kommt aus Cabinda, in Nordangola."

*Faustrino:* „Das ist für unser Land eine ganz wichtige Ausbildung. Als Arzthelfer habe ich die Fähigkeit, bestimmte Arbeiten ganz allein machen zu können, also den Menschen in ganz dringenden Fällen helfen zu können. Die Schule hier tut in der Ausbildung ihr Bestes. Wir werden theoretisch und praktisch sehr gut ausgebildet, und ich glaube, dass ich von der ersten Minute an in der Lage sein werde, mich den Problemen, zu stellen, denen ich in meinem Lande begegnen werde."

*Sprecher:* „Liliam Escoto Matrena ist eine der jungen Nikaraguanerinnen, die in Quedlinburg lernen. Wie kam sie hierher?"

*Liliam:* „Ich bin aus Estali, im zentralen Teil Nikaraguas. Ich habe schon als Hilfsschwester gearbeitet, weit weg von zu Hause, im Grenzgebiet zu

Honduras. Die Gewerkschaft in dem Krankenhaus, in dem ich gearbeitet habe, hat mich ausgewählt und gefragt, ob ich in die DDR fahren würde, um hier zu lernen. Ich habe ja gesagt und dass ich mich bemühen würde, sehr gut zu lernen, damit ich danach meinem Volk helfen kann."

*Sprecher:* „War der Anfang hier sehr schwer?"

*Liliam:* „Natürlich, ja. Das war schon hart, die Trennung von der Familie, und sich hier an alles zu gewöhnen: die andere Umgebung, die Kälte, der Schnee. Auch die Speisen hier sind anders, das ist auch nicht einfach. Aber man muss natürlich an die Zukunft denken, und sich von solchen Anfangsproblemen nicht beirren lassen. Man gewöhnt sich ein, und wir haben auch in der Freizeit viel Kontakt zu Deutschen. Ich kenne auch Familien, die mich gelegentlich zu sich nach Hause oder zu einem Ausflug einladen."

*Sprecher:* „Wie ist es aber um die Kontakte im Krankenhaus bestellt? Schließlich ist es für einen Bürger der DDR nicht alltäglich, in einem Krankenhaus von einer kambodschanischen, angolanischen oder nikaraguanischen Krankenschwester betreut zu werden?"

*Liliam:* „Bis jetzt habe ich überhaupt keine Probleme gehabt. Im Gegenteil. Es gibt ja immer noch Dinge, die ich in Deutsch nicht ausdrücken kann. Dann helfen sie. Oder sie korrigieren mich: ‚Nein, so sagt man nicht, besser so'. Ich habe wirklich guten Kontakt. Die Patienten wissen ja, dass wir ausländische Studenten im Krankenhaus arbeiten, und viele freuen sich direkt, wenn ein Ausländer kommt. Sie sagen, wir seien sehr nett. Sie fragen mich auch immer, woher ich komme, was ich zu Hause gemacht habe. Daraus ergeben sich natürlich viele Gespräche."

*Sprecher:* „An diese Bemerkung von Liliam knüpft Direktor Friedrich Kolbe an. Ganz wichtig seien, so meint er, diese Kontakte auch für die Quedlinburger, für die Bürger der DDR. Ein Gespräch mit einer jungen Nikaraguanerin über die Lage in ihrer Heimat sei eben doch viel wirksamer als der beste Bericht in einer Radiosendung. Was bedeutet für ihn die Arbeit an dieser Schule, wollten wir abschließend von ihm wissen:"

*F. Kolbe:* „Es ist eine Aufgabe, die Spaß macht und von der man vor allen Dingen das Gefühl hat, dass sie den Menschen Nutzen bringt. Wenn man diese Arbeit ausübt, braucht man kein Hobby. Es gibt immer wieder Neues, es gibt keine Routinearbeit, und man hat täglich das Gefühl, dass man gebraucht wird."

Ansprechende Sendungen haben die Ätherwellen über die Ostsee nach Schweden getragen. Das Echo kam in Form Tausender Briefe nach Berlin zurück. Von Anfang an, seit dem 1. Mai 1956, war die „Briefkasten"-Sendung bis zur Funkstille Anfang Oktober 1990 die beliebteste Sendung der Redaktion. Aus Schweden kam auch das saloppe Codewort für zielgerichtete Sendungen, für die Differenzierung der Pogramme auf Zielgruppen von Hörern. Jede Sendung, hieß es, müsse die „Witwe Lindström" verstehen, und so manchem jungen Redakteur wurde gesagt, wenn er fragte, wie er ein bestimmtes Problem anpacken soll: „Machen Sie es so, dass die Witwe Lindström Sie versteht." Die Häfen und Werften der DDR, immer mit vollen Auftragsbüchern, wurden allmählich zum heimischen Umfeld für die Mitarbeiterinnen und Mitarbeiter der Schwedischen Redaktion; gerade hier ließen sich viele Sendungen aufnehmen, die das Interesse der Hörer in Schweden fanden.

Das dänische Programm zeichnete sich durch eine Besonderheit aus: Auf ihre Sendungen erhielt die Dänische Redaktion verhältnismäßig viele Briefe aus Norwegen, Island und – Grönland. Zunächst waren die Briefe aus Grönland vor allem wegen der Briefmarken interessant. Im Laufe der Jahre änderte sich das, und die Briefe aus dem hohen Norden waren nicht nur für die Dänische Redaktion anregend. Fragen bis ins Detail zur DDR, zu Beziehungen Deutschlands zu den skandinavischen Ländern, selbst spezielle Aspekte der Semantik germanischer Sprachen waren Inhalt von Fragen und Anregungen für weitere Programme.

Eine der interessantesten und im Spiegel der Hörerbriefe gern gehörten Sendung war das Programm unter dem Titel „Das Land, in dem wir leben" mit Informationen zum Gesundheits- und Sozialwesen, zum Bildungssystem und den Anforderungen, die von der Schule gestellt wurden. Zu dieser Sendung erhielten alle Redaktionen viele Briefe, in großer Zahl aus England. Einer der Hörer aus Manchester schrieb mit echt britischem Humor: „Ich habe Ihrer Sendung so interessiert zugehört, dass mir unterdessen mein Hund entlaufen ist." Ein indischer Hörer zeigte nicht weniger Ironie, als er auf die Frage einer Redaktion nach der Gestaltung und dem Inhalt des RBI-Journals antwortete: „Ihr Journal ist so interessant, dass es mir sogar schon einmal gestohlen wurde."

Ein bedeutender Teil der journalistischen Darstellung des Geschehens erfolgt durch Vermittlung von Tatsachen. Eine Hörerumfrage ergab, dass Nachrichten für die Mehrzahl unserer Hörer der am meisten gefragte Programmbestandteil ist. Doch so interessant Tatsachen sind, allein sind sie nicht immer überzeugend. Es ist notwendig, sie zu erläutern. Ein Hörer aus England schrieb nach einer Sendung über die Verfassung der DDR an die Redaktion:

> *„Die von Ihnen vermittelten Tatsachen fand ich recht interessant. Aber es fehlte mir der Bezug zu den gesellschaftlichen Verhältnissen, zu den Lebensbedingungen ihrer Hörer in dem Sendegebiet. Nehmen Sie zum Beispiel Artikel 24 Punkt 1 Ihrer Verfassung: Jeder Bürger der DDR hat das Recht auf Arbeit. Das bewegt mich sehr. Wir haben in Britannien zur Zeit (1971) mehr als 600.000 Arbeitslose. Die britische Regierung hat den Werktätigen das Recht auf Arbeit immer entzogen. Ich kann Ihnen nur sagen, dass das Schlangestehen auf dem Arbeitsamt entwürdigend und degradierend ist."*

# Ereignisse und Dokumente

## Von Marathon nach Athen

Auf der weltberühmten Straße von Marathon nach Athen sah die griechische Öffentlichkeit zum erstenmal 1963 einen Ostermarsch der werdenden Friedensbewegung. Zum erstenmal erlebten die Schweizer, dass die Jugend ihres Landes nicht im tatenlosen Neutralismus verharrt. Hunderte marschierten von Lausanne nach Genf und verlangten vor dem Palais der Nationen, dem Sitz der Abrüstungskonferenz „Seid heute aktiv – um nicht morgen radioaktiv zu sein" – „Der Krieg löst nichts!"

Die Ostermärsche gegen die Aufrüstung mit Atomwaffen, die in Aldermaston, Großbritannien, begannen, waren in jedem Jahr ein herausragendes Thema in allen Redaktionen. Zum Ostermarsch 1963 hieß es in einer zentralen Sendung:

> *„In den Ostertagen konnten die Vernünftigen Heerschau halten über eine starke Armee. Hunderttausende – Briten und Griechen, Belgier und Deutsche – zogen mit Freunden aus Frankreich und Spanien, aus Nord- und Südamerika, aus Asien und Afrika über die Straßen Westeuropas.*
> *Die Menschen, die auf die Straße gingen, waren entschlossen, ihren Mitbürgern zu zeigen, wohin der Weg des Rüstungswahns führt: zu immer neuen Kriegen. Die Bergpredigt und die päpstliche Enzyklika „pacem in terris" und die Charta der Vereinten Nationen geben ihren Märschen einen hohen moralischen Wert ..."*

Viele Minuten Sendezeit gab RBI Ostersonntag 1963 der Rede des Vaters der Geschwister Scholl, der von den Nazis ermordeten Münchner Studenten, die vor 20 Jahren Flugblätter gegen den Krieg verteilt hatten. Auch der Darmstädter Pfarrer Herbert Mochalski erhielt breiten Raum für seine Rede in Kaiserslautern, dem Zentrum der amerikanischen Waffenfestung in der Pfalz. Mochalski rief aus: „Wir sind nicht bereit, den Wettlauf zum dritten Weltkrieg mitzumachen. Das Volk will keinen Krieg, weder im Westen noch im Osten."

Wettrüsten und Hunger in der Welt sind die Gegenpole, die den organisierten Wahnsinn der Hochrüstung aufdecken, kommentierte RBI auch in den folgenden

Sendungen, die dem Thema Rüstungsbegrenzung und Abrüstung dienten und fuhr fort: Noch seien nicht alle Gefallenen der deutschen Wehrmacht im Zweiten Weltkrieg gefunden, noch ruhten nicht alle Gefallenen auf einem Soldatenfriedhof – da meldeten sich schon wieder die Kriegsbegeisterten, die nicht in den Krieg ziehen müssen, die nicht verwundet werden, die nicht fallen und nicht in Gefangenenlagern vegetieren – die Berufspolitiker, „die auf Gott schwören und ihn verraten und den Krieg noch immer als wichtigstes Mittel sehen, Konflikte zu lösen." RBI machte seine Sendungen plastisch in Worten, indem es aus den Berichten japanischer Überlebender der US-Atombombenangriffe auf Hiroshima am 6. August und Nagasaki am 9. August 1945 zitierte.

In der zu dieser Zeit brennend gestellten Frage Krieg oder Frieden, Untergang oder Weiterleben des deutschen Volkes inmitten der mit Kernwaffen hochgerüsteten Weltmächte UdSSR und USA waren die Sendungen des Auslandrundfunks ein Appell, das Gewissen der Welt aufzurütteln; RBI wollte dazu beitragen, das Verbot der Kernwaffen und aller Massenvernichtungswaffen durchzusetzen. Im Sinne dieses Appells gehörten die Sendungen von Radio Berlin International in ihrer Argumentation, in ihrer Form und in ihrer Masse zu den wertvollsten Programmen des Senders in seiner dreißigjährigen Geschichte.

Jeder nahm seine Verantwortung wahr, jeder wollte dabei sein, Argumente zu formulieren für eine atomwaffenfreie Zone in Mitteleuropa, auch wenn ihm bewusst war, dass Radiowellen des Auslandsrundfunks die Weltöffentlichkeit täglich nur begrenzt erreichen, in ihrer Wirkung auf die Regierungspolitik der Staaten aber als kleiner Stein im Mosaik einer internationalen Friedensbewegung zu sehen sind. Es waren tägliche Plädoyers für den Frieden und die Völkerverständigung in Berichten, Reportagen, Interviews, Dokumentationen und Kommentaren.

Wie ist gemeinsame Sicherheit in Europa zu erreichen, wie wird sich die Zukunft von NATO und Warschauer Vertrag gestalten, welche neuen Möglichkeiten eines Systems der Sicherheit in Europa zeichnen sich angesichts der politischen Veränderungen auf dem Kontinent ab, fragte Radio Berlin International im Frühjahr 1990. In einem Beitrag am 26. Mai ging der Sender auf die große Dynamik des deutschen Einigungsprozesses und die europäische Integration ein und sprach die Erwartung auf eine gemeinsame Sicherheit der europäischen Völker ohne einen Militärpakt aus. Die DDR, hieß es, war im Warschauer Vertrag in einem Militärbündnis, das die Souveränitätsrechte der DDR beschränkt hatte. Die Regierung der DDR sei davon überzeugt, dass dieses Militärbündnis nicht erneuerungsfähig sei in dem Tempo, wie die Erneuerung Europas vor sich ginge. In diesem Zusammenhang hätte die DDR Bedenken gegenüber einem fortexistierenden, vor allem militärisch geprägten Mechanismus. Gleichzeitig sei aber nicht zu übersehen, dass ein vereinigtes Deutschland in ein anderes Militärbündnis hinein soll, das bisher keine Zeichen gesetzt habe, die militärische Dominanz in der Sicherheit aufzugeben. Diese Meinung drückte die allgemeine Tendenz der Sendungen aus, dass nur über die Konferenz für Sicherheit und Zusammenarbeit in Europa ein Sicherheitssystem ohne Warschauer Pakt und NATO gestaltet werden könne-, die KSZE sei Ausdruck des neuen Denkens und ein Element der Gleichheit der Völker Europas.

Für 1990 standen auf der politischen Tagesordnung: die Verringerung der Streitkräfte und Rüstungen und die Halbierung der strategischen Nuklearwaffen der USA und der UdSSR – ein wichtiges Thema des Treffens der Präsidenten George Bush (Sen.) und Michail Gorbatschow. In Kommentaren äußerte RBI die Meinung, dass der politische Umbruch in Ost- und Mitteleuropa, der Auflösungsprozess des Warschauer Vertrages, das allmähliche Verschwinden eines militärischen Ost-Blockes zu einer Beschleunigung der Abrüstung beitragen möge. Die deutsche Vereinigung kam am 3. Oktober des selben Jahres, die europäische erhielt Konturen.

Die Aufrüstung blieb. Neue Waffen gab die NATO in Auftrag. Panzer des Typs „Abrams" und „Leopard", Kampflugzeuge unter dem Namen „Tornado" wurden gebaut, neue nukleare Luft-Boden-Raketen entwickelt, produziert und in den NATO-Ländern stationiert, und ab 1995 wurde begonnen, das gesamte Waffensystem, Langstreckenbomber, U-Boote usw. zu erneuern. RBI, Funkstille seit dem 2. Oktober 1990, 24.00 Uhr, hatte keine Gelegenheit mehr, den Satz von Walther Rathenau auf die Gegenwart zu übertragen, dass eine mächtige Gruppe von Personen, die sich alle untereinander kennen und im militärisch-industriellen Komplex zusammengeschmiedet sind, die Wirtschaft und die Politik beherrschen, und den Politkern und den Journalisten freie Hand lassen, ihre Ideen des Friedens und der Völkerverständigung, die ohne Konsequenzen bleiben, in der Öffentlichkeit feilzubieten.

## Nationales Geschichtsbewusstsein

Die Arbeit im Auslandsrundfunk verlangt ein geschichtsbezogenes Denken, bezogen auf die deutsche und die Geschichte des Landes, für das gesendet wird. Die Geschichtspolitik in der DDR hatte vorrangig zwei Aufgaben:

Erstens die historische Rechtmäßigkeit der Deutschen Demokratischen Republik aus den Kämpfen der deutschen Arbeiterbewegung seit der Revolution von 1848/49 und aus dem Erbe des humanistischen Bürgertums abzuleiten und zu begründen.

Zweitens ein nationales Geschichtsbewusstsein zu verankern, das sich auf die revolutionären Traditionen und das Erbe der Arbeiterbewegung und des humanistischen Bürgertums stützt.

Das Leitwort für den Auslandsrundfunk, das Albert Norden prägte, lautete: Die Deutsche Demokratische Republik ist die staatgewordene Geschichte der besten Traditionen des deutschen Volkes.

Zur deutschen Geschichte und ihre progressive Wirkung auf andere Völker brachte RBI unter dem Titel „Lebendige Geschichte“ in einer Sendereihe über Jahre informative Programme, die von den Hörern angenommen wurden. Themen waren: die Reformation in Deutschland, die 95 Thesen Martin Luthers in Wittenberg am 31. Oktober 1517 gegen die schwere Belastung des Landvolkes, die widersprüchliche Haltung Luthers gegenüber dem revolutionären Volk, die Verbreitung der Lehre Luthers, die Rolle des armen Landvolkes als Basis der Bewegung der Reformation; der Große Deutsche Bauernkrieg von 1524/25, der im Namen des christlichen Evangeliums gegen Leibeigenschaft und für die Gleichstellung aller Menschen geführt wurde, die Bedeutung von Thomas Müntzer in diesem Krieg gegen den Papst und die feudale Oberschicht, Lebensbilder anderer geistiger und militärischer Führer des Bauernaufstandes wie Ulrich von Hutten und Götz von Berlichingen.

Andere Themen waren: Der politische Machtkampf in Europa im 17. Jahrhundert, Deutschland als Hauptkriegsschauplatz vieler europäischer Staaten im Dreißigjährigen Krieg; die deutsche Aufklärung im 18. Jahrhundert und das Werk Gotthold Ephraim Lessings, sein Appell an Menschlichkeit und Vernunft; die Befreiungskriege in Europa gegen die Angriffskriege des Franzosenkaisers Napoleon und die Verwüstungen in Europa durch die französische Aggression, der Grundstein der deutsch-russischen Freundschaft in Tauroggen am 30. Dezember 1812 im gemeinsamen Kampf gegen Napoleon, die Völkerschlacht von Leipzig 1813 und die Restauration alter Mächte in Europa nach 1814 (Heilige Allianz); die europäische Revolution von 1848 und die Geburt des marxistischen Sozialismus, die Ideengeschichte des Sozialismus in Deutschland, der Aufstieg der deutschen Arbeiterbewegung und ihre Kämpfe im 19. und 20. Jahrhundert vom Manifest der Kommunistischen Partei bis zum Programm der SED.

Im Mittelpunkt standen ausgewählte Ereignisse und Dokumente der sozialdemokratischen Bewegung (das Sozialistengesetz 1878–1890), die deutsche Sozialdemokratie und der erste Weltkrieg, die Revolution von 1918/19, die kommunistische Arbeiterbewegung nach 1918 bis 1933, die Situation in der gespaltenen deutschen Arbeiterbewegung und die Niederlage beider Parteien im Kampf gegen Hitler, der Machtgewinn Hitlers durch die Allianz der NSDAP mit dem Block der Nationalkonservativen, die Überwindung der Spaltung der Arbeiterbewegung in eine kommunistische und eine Partei der Sozialdemokratie im Osten Deutschlands 1946.

Aus dem fernen Madagaskar kam der Wunsch, mehr Berichte und Dokumente zur deutschen Arbeiterbewegung und zur deutschen Geschichte zu vermitteln. Der Hörer Herr Kabilo Musama aus Mufulira in Sambia bemerkt in einer Zuschrift: „Der Zweite Weltkrieg und seine Folgen beeinflusst auch die Weltsicht unserer Generationen in Afrika. Wie sehen Sie die deutsche Verantwortung? Wir dürfen die Lehren des Krieges nicht vergessen. Wenn wir die Geschichte nicht kennen, sind wir nicht in der Lage, die heutigen Veränderungen zu verstehen, auch nicht die im fernen Deutschland, das eine besondere Last aus den Kriegen zu tragen hat, Last und Verantwortung."

In der Sendung „Lebendige Geschichte" am 8. August 1968 war Professor Joachim Streisand, Direktor des Instituts für Geschichte an der Humboldt-Universität zu Berlin, zu Gast. Im Gespräch mit RBI antwortet er auf die Frage:

*Sprecher:* „Wie erscheint dem Hörer in Sambia oder Madagaskar oder in anderen Sendegebieten von Radio Berlin International die deutsche Geschichte? Meist hört er nur, von Deutschland gingen in diesem Jahrhundert zwei Weltkriege aus. Die Deutschen, so meint man, hätten stets einen Obrigkeitsstaat gehabt und würden nur autoritär denken."

*J. Streisand:* „Gewiss, an diesem Bild ist ein richtiges Element. Aber wir müssen auch sagen: In der tausendjährigen Geschichte des deutschen Volkes gab es 12 barbarische Jahre, die zu den schlimmsten Jahren der menschlichen Barbarei gehören: Der Völkermord an den Juden und an den europäischen Ostvölkern."

*Sprecher:* „Die Deutsche Demokratische Republik hat keine Schuld auf sich zu nehmen für die Nazi-Verbrechen, sagt die Regierung der DDR. Wo liegt die Verantwortung des demokratischen Deutschlands?"

*J. Streisand:* „Die DDR hat eine große Verantwortung vor der Geschichte in der Gegenwart und der Zukunft für die Gestaltung einer humanistischen Gesellschaft. Wenn gesagt wird, von Deutschland gingen zwei verheerende Weltkriege aus, dann müssen wir umgekehrt auch sagen, die frühbürgerliche Revolution des 16. Jahrhunderts, besonders der deutsche Bauernkrieg gegen die feudale Herrschaft, gehört zur deutschen Geschichte. Die Reformation der christlichen Kirche, die von Deutschland ausging, hat die Entwicklung in Europa und in der gesamten Welt gefördert. Dagegen haben die Raubzüge und verheerenden Verwüstungen auf deutschem Boden im Dreißigjährigen Krieg von 1618 bis 1648, an denen viele europäische Staaten mit ihren Truppen beteiligt waren, Deutschland um 200 Jahre zurückgeworfen. Die Revolution der Jahre 1848/49 konzentrierte sich auf Deutschland und vor allem diese progressive Tradition setzt verstärkt mit den Begründern des wissenschaftlichen Sozialismus Karl Marx und Friedrich Engels ein, mit der Entwicklung der deutschen Arbeiterbewegung, mit dem antifaschistischen Widerstandskampf, mit den Bemühungen der deutschen Arbeiterbewegung und der fortschrittlichen Kräfte des gesamten Volkes, die deutsche Geschichte zum Guten zu wenden."

*Sprecher:* „Mit ihrer Arbeit wenden sich die Historiker an das gesamte Volk, vor allem aber an die Jugend. Wo sieht der Historiker Professor Streisand den bildungspolitischen Schwerpunkt?"

*J. Streisand:* „Ihr die progressive Seite der deutschen Vergangenheit bewusst zu machen, ihr ein positives Bild der deutschen Geschichte vor Augen zu führen, das ist unser oberstes Anliegen. In diesem Sinne versuchen wir unserer Jugend ein sozialistisches Geschichtsbewusstsein zu vermitteln. Darunter verstehen wir die Weltanschauung eines Bürgers der sozialistischen Gesellschaft, der sich darüber klar ist, dass diese Gesellschaft geschichtlich legitimiert ist, dass sie in den Kämpfen der Vergangenheit vorbereitet wurde, dass sie Tradition besitzt. Darunter verstehen wir auch, dass diese Gesellschaft sich auf die Zukunft orientiert. So müssen wir der Jugend zum Beispiel beim Besuch des Nazi-Konzentrationslagers Buchenwald, wo Zehntausende von Antifaschisten aus vielen Ländern Europas ermordet wurden, deutlich machen: Das ist der zugespitzte Ausdruck des deutschen Imperialismus und wir müssen ihr umgekehrt am Besuch Weimars, am Werk von Goethe und Schiller, deutlich machen, dass es die progressive Linie in der deutschen Geschichte gibt, dass das deutsche Volk zum kulturellem Erbe der Menschheit Wesentliches beigetragen hat und dass es damit auch in der Vergangenheit den geschichtlichen Fortschritt entscheidend fördern konnte ..."

*Sprecher:* „Es heißt, mit dem Jahr 1945, mit der Niederlage Deutschlands, sei die deutsche Nation untergegangen?"

*J. Streisand:* „Das ist keine historisch richtige Wertung des Sieges der Alliierten und der Befreiung des deutschen Volkes vom Hitlerfaschismus. 1945 ist das Reich untergegangen. Die deutsche Nation ist nicht zerstört worden. Sie lebt fort in Sprache, Geschichte und Kultur heute in zwei Staaten."

*Sprecher:* „In der westdeutschen Republik ist der Anspruch auf Alleinvertretung Deutschlands ein politisches Dogma."

*J. Streisand:* „Der Anspruch ist politisch falsch, da seit 20 Jahren zwei deutsche Staaten bestehen. Sofern sich die gesellschaftliche Schicht des Großkapitals und der Großgrundbesitzer dieses Anspruchs bedient, haben wir es mit einer reaktionären Doktrin zu tun. Die Führung der herrschenden Klasse in Deutschland, die Großbourgeoisie in der Industrie und in der Finanzwelt und die Großgrundbesitzer, haben das in Jahrhunderten gewachsene, von unseren Vorfahren ererbte Vaterland in seiner alten Größe und Schönheit zunichte gemacht, abenteuerlich verspielt. Ihr verbohrter Eroberungsdrang und ihre groteske Selbstüberschätzung in zwei nicht zwangsläufigen Kriegen dieses Jahrhunderts haben Deutschland immer kleiner gemacht. Sie haben den Anspruch auf die Führung der Nation verloren."

Aus einer aktuellen Sendung vom Februar 1969 in der Reihe „Die DDR – die staatgewordene geschichtliche Lehre der deutschen Arbeiterbewegung" heißt es unter dem Titel: Die Schulreform öffnete die Tore für alle:

*„Die Deutsche Hochschulkonferenz in Berlin hat die weiteren Aufgaben der Bildungs- und Erziehungsarbeit im sozialistischen Deutschland umrissen. In vielen Ländern gehört das Bildungswesen zu einem dringenden Problem. In*

*der DDR war es ein Teil der sozialistischen Umwälzung. Auch in den Entwicklungsländern kann der Aufbau des Bildungswesens nicht aus all den Aufgaben herausgetrennt werden, die aus der gesellschaftlichen Umwälzung in diesen Ländern erwachsen. Selbst in kapitalistischen Industriestaaten, wie beispielsweise in England und Frankreich, geht man an der großen Bedeutung der Volksbildung für die wirtschaftliche Entwicklung nicht mehr vorbei ... Wenn die Deutsche Demokratische Republik heute die Bildungsaufgaben anpackt, dann kann sie sich auf Grundlagen stützen, die vor mehr als 20 Jahren geschaffen wurden. Erinnern wir uns des Anfangs, aus dem sich das neue Bildungswesen im heutigen sozialistischen Deutschland entwickelt hat: Neue Lehrer und eine neue Jugend – das war das Gebot der Stunde nach dem Zusammenbruch des Faschismus im Mai 1945."*

Die deutschen Antifaschisten – die Kommunisten, die Sozialdemokraten, die Christen, die fortschrittlichen bürgerlichen Politiker – sie alle seien von der Erkenntnis ausgegangen, dass die Überwindung der Hitlerdiktatur durch die geistige Bewältigung der Vergangenheit erfolgen müsse, vor allem durch die Erziehung der heranwachsenden Generation im Geiste der Demokratie und des gesellschaftlichen Fortschritts. Dazu gäbe es kein Vorbild einer Bildungspolitik früherer Perioden der deutschen Geschichte, das als fertiges Modell für den Aufbau eines demokratischen Bildungssystems übernommen werden konnte. Die Schule bildete stets ein wichtiges Mittel, den Krieg gegen andere Völker geistig vorzubereiten, heißt es in dieser Sendung, Millionen junger Deutscher seien zur rassischen Überheblichkeit, zur Verherrlichung des Krieges und zur Verachtung anderer Völker erzogen worden. „Das zwang die Regierung vor allem zu einer konsequenten politischen Reinigung der Lehrerschaft," heißt es in der Sendung.

Die Fehler der deutschen Republik von 1919 bis 1932 sollten nicht wiederholt werden, die Kräfte im Staatsapparat, so auch im Schulwesen, zu belassen, die an Krieg und Verelendung mitschuldig waren. 10.000 bewährte junge Arbeiter und Angestellte, die fähig und bereit waren, die Jugend im demokratischen Geist zu bilden und zu erziehen, wurden zunächst ohne entsprechende Ausbildung oder nach kurzen Vorbereitungslehrgängen in den Schuldienst aufgenommen. Lehrend und lernend zugleich legte diese Generation neuer Lehrer den Grundstein für die Erziehung einer neuen deutschen Jugend, war eine Aussage der Sendung. Gleiches Recht auf Bildung für alle – diese Forderung demokratischer Pädagogen, die schon nach dem Ersten Weltkrieg erhoben wurde, sei in Ostdeutschland verwirklicht worden. Die Oberschule, früher ein Vorrecht für die Kinder der besitzenden Klasse, sei zur Schule für das gesamte Volk geworden.

Hörer aus Frankreich und Italien, aus Indien und einigen Staaten Afrikas und des südlichen Amerikas interessierten sich für Karl Marx und sein Lebenswerk. In einer Betrachtung zum Sonntag am 7. Mai 1978 aus Anlass seines 160. Geburtstages (5. Mai 1818) heißt es:

> *„Von Karl Marx wird erzählt, er habe den ersten Band seines Hauptwerkes, des „Kapitals", immer wieder überarbeitet. Um wissenschaftliche Genauigkeit und das Studium neuer Quellen ständig bemüht, verschob er den Termin der Fertigstellung des Manuskriptes noch in der Schlussphase der Arbeit von einem Monat auf den anderen. Sein Verleger Otto Meißner in Hamburg wurde ungeduldig und meinte, Marx sei träge. Er schrieb an Karl Marx einen Brief, in dem es heißt:*
> *„Ihr Manuskript für „Das Kapital", das für uns zu schreiben Sie sich verpflichtet haben, ist seit 18 Monaten überfällig. Falls wir das Manuskript nicht innerhalb der nächsten sechs Monate erhalten, sehen wir uns genötigt, einen anderen Autoren mit der Arbeit zu beauftragen."*
> *Über die Anekdote, die von Friedrich Engels, seinem engsten Mitarbeiter, stammt, ist seit mehr als 100 Jahren, seit der ersten Ausgabe des „Kapitals" von 1867 in Hamburg, viel gelächelt worden. Sie hebt die einzigartige Größe der wissenschaftlichen Leistung von Karl Marx hervor. Wir sprechen zu Ihnen, meine Hörer, heute über Karl Marx, weil es in der Arbeiterbewegung und in den revolutionär-demokratischen Befreiungsorganisationen zu einer guten Tradition geworden ist, hervorragende Ereignisse und Dokumente in ihrer Geschichte zu würdigen. Der 160. Geburtstag von Karl Marx am 5. Mai ist solch ein hervorragendes Ereignis. Die zu Ende gehende Woche war hier in der Deutschen Demokratischen Republik eine Karl-Marx-Woche …*
> *… Marx untersuchte in seinem Hauptwerk „Das Kapital" die gesellschaftlichen Verhältnisse im Kapitalismus. Er entdeckte das Wesen des kapitalistischen Eigentums an den Produktionsmitteln, den Gegensatz von Kapital und Arbeit. Triebkräfte der Geschichte seien die Menschen in der gesellschaftlichen Wirklichkeit und die Widersprüche der Gesellschaft, die sich aus der materiellen Produktion und dem Gegensatz zu den staatlichen, gesellschaftlichen und juristischen Organisationsformen ergeben …"*

Eine weitere große, in unserer Zeit reichende Aussage, so heißt es in einer weiteren Sendung, läge in der untrennbaren Verbundenheit des Sozialismus mit dem Frieden. Karl Marx kennzeichnet den Sozialismus als eine Gesellschaft, „deren internationales Prinzip der Friede sein wird, weil bei jeder Nation dasselbe Prinzip herrscht – die Arbeit". Marx sah eine gesellschaftliche Ordnung voraus, „in der die Ausbeutung des Menschen durch den Menschen beseitigt und alle Menschenrechte verbürgt sind." Heute wie vor 100 Jahren sei diese Wahrheit aktuell.

In einer anderen Sendung wird der Charakter des Menschen Karl Marx dargestellt. Marx sei kein Denkmal, heißt es, doch sei er ein Vorbild in seinem außerordentlichen Fleiß, seiner Gründlichkeit und seiner Zielstrebigkeit. Von der einmal als richtig erkannten Aufgabe hätte er sich auch unter den schwersten sozialen Bedingungen seines Lebens, die ihn und seine Familie mehr als zwei Jahrzehnte drückten, nicht abbringen lassen. Ihm und seiner Frau Jenny starben drei Kinder, und ohne ständige materielle Hilfe seines Freundes und Kampfgefährten Friedrich Engels, der im britischen Manchester eine Fabrik besaß, hätte Karl Marx keine Lebensgrundlage für seine wissenschaftliche Arbeit gehabt.

Es wird versucht, vor allem für Sendungen in die Länder des gesellschaftlichen Aufbruchs, den Marxismus zu erklären. Aus Mangel an Echo und auch angesichts der Schwierigkeiten, ein kompliziertes Thema in kurzen Beiträgen darzustellen, werden die Versuche bald beendet. Sendungen dieses Inhalts widersprächen dem Charakter von fremdsprachigen Auslandssendungen, war die Meinung der Redaktionen. Hingegen in den Sendungen für Afrika, Asien und Lateinamerika wird oft auf die Aussagen vom Karl Marx und Friedrich Engels zu den nationalen Befreiungsbewegungen ihrer Zeit verwiesen. Beide, vor allem aber Marx, würdigten die opferreichen Kämpfe in China, Indien und Algerien sowie das Freiheitsringen der Völker Lateinamerikas. Karl Marx verfolgte mit großem Interesse den Verlauf des amerikanischen Bürgerkrieges in der Mitte des 19. Jahrhunderts und stellt sich auf die Seite der Sklaven im Kampf um ihre Befreiung. Eine zentrale Rolle in den Arbeiten von Marx und Engels spielte der Freiheitskampf des irischen Volkes, der im Europa-Programm des Senders unter den aktuellen Aspekten der Kämpfe in Nordirland, dem letzten Kolonialgebiet in Westeuropa, kommentiert wird.

## Erbe und Tradition

Erbe und Tradition waren mit dem Geschichtsbild der DDR eng verbunden. Die DDR wurde in den Sendungen als ein Staat dargestellt, der vom ersten Tag seines Bestehens das Vermächtnis des antifaschistischen Kampfes würdigte. Der Antifaschismus in der Propaganda war nicht widerspruchsfrei, doch Radio Berlin International, einem differenzierten ausländischen Hörerkreis zugewandt, vermied es, in erster Linie den Kampf der Kommunisten hervorzuheben, ohne zu verschweigen, das sie die größten Opfer im Kampf gegen Hitler gebracht haben. RBI ehrte in vielen Sendungen die antifaschistischen Widerstandskämpfer, die Kommunisten und Sozialdemokraten, die Christen und die Männer und Frauen aus konservativen Kreisen des Großbürgertums und des Adels. Die Sendungen würdigten die Opfer ohne Rangeinteilung. Alle waren Opfer des Hitlerfaschismus. Diese Auffassung ergab sich neben der grundsätzlichen Meinung, alle Opfer gleichermaßen zu ehren, auch aus der personellen Zusammensetzung des Senders.

Die Sendungen hatten stets einen dokumentarischen und argumentativen Charakter. Sie setzten sich mit dem Wesen des so genannten Nationalsozialismus auseinander, der mit dem marxistischen und christlichen Sozialismus so wenig zu tun hatte, wie ein Landarbeiter mit einem Großgrundbesitzer. Einen Platz in den Programmen fanden aufklärende Beiträge zur politischen und wirtschaftlichen Rolle des rechtskonservativen und rechtsliberalen deutschen Bürgertums vor 1933, das den Aufstieg Hitlers förderte und ihn am 30. Januar 1933 die Macht übergab, weil er in ihrem Sinne die revolutionäre Strömung in Deutschland zerschlagen werde.

Als Synonym für diese Kreise des nationalkonservativen Bürgertums standen im Programm von RBI zwei Personen der aktuellen Politik in der westdeutschen Republik: der konservative Konrad Adenauer und der liberale Theodor Heuss. Adenauer hatte 1944 einen Vorschlag des früheren Leipziger Oberbürgermeisters Carl Goerdeler abgelehnt, sich am Sturz Adolf Hitlers zu beteiligen; er zog sich mit seiner Pension als früherer Oberbürgermeister von Köln in seinen Rosengarten bei Bonn zurück. Das sei, wie RBI sagte, seine persönliche Entscheidung, die außerhalb jeder Kritik stünde. Unverständlich blieb, warum er nach 1945 Goerdeler nicht gewürdigt hat. Goerdeler wurde im Februar 1945 als Verschwörer gegen Hitler von den Nazis hingerichtet. Theodor Heuss war am 23. März 1933 einer der ersten, der als Abgeordneter des Deutschen Reichstages seine Hand hob, um jenem verhängnisvollen Gesetz zuzustimmen, das Adolf Hitler ermächtigte, seine Politik mit Zustimmung des Reichstages durchzusetzen. Im Jahre 1933 war Hitlers politisches Programm unter dem Titel „Mein Kampf" bereits acht Jahre im Umlauf – das Programm der Auslöschung der Juden und der rücksichtslosen Germanisierung des Ostens Europas. Das hinderte einen deutschen Liberalen nicht, für Hitler zu stimmen. 1949 wurde er der erste Präsident und Adenauer der erste Bundeskanzler der westdeutschen Republik, die als Staat im Kampf gegen den Kommunismus gegründet wurde.

In der Tradition des deutschen irrationalen Antikommunismus, aus Furcht vor jeder fortschrittlichen Bewegung, schufen beide die Grundlagen der neuen Politik, hieß es in den Sendungen, die wiederholt darauf hinwiesen, dass Adenauer als Wortführer des deutschen Großkapitals 1949 Aufsichtsratmitglied und Vorstandsmitglied von 16 Konzernen und Großbanken wurde.

Beispiele großen Mutes vermittelten die Sendungen über die Widerstandskreise in Deutschland gegen Hitler, über die Gruppe unter Führung Herbert Baums in Berlin und die Gruppe der Geschwister Scholl in München. Es wurden des kommunistischen Funktionärs Ernst Schneller und seiner Genossen gedacht, die im Konzentrationslager Sachsenhausen an der Seite kriegsgefangener sowjetischer Offiziere ermordet wurden; andere Programme widmeten sich dem Kampf und dem Tod des sozialdemokratischen Politikers und Reichstagsabgeordneten Rudolf Breitscheid und des Führers der KPD, Ernst Thälmann, im Konzentrationslager Buchenwald. Für viele aufrechte Christen im Kampf gegen Hitler stehen die Namen von Dietrich Bonhoeffer und Martin Niemöller in den Programmen für alle Sendebereiche. Zum 50. Jahrestag des antijüdischen Pogroms am 9. November 1988 brachte RBI folgenden Kommentar:

*„Synagogen brannten heute auf den Tag genau vor einem halben Jahrhundert am 9. November 1938. Geschäfte wurden geplündert und zerschlagen, Juden durch die Straßen gejagt, viele von ihnen erschlagen, mehr als 25.000 Deutsche jüdischer Herkunft in die Konzentrationslager der Nazis gebracht. Für alle Schäden wurden die etwa 500.000 Juden in Deutschland selbst haftbar gemacht. Die Hitler-Regierung forderte eine Buße von einer Milliarde Mark. Deutschland unter Führung Hitlers fiel in die Barbarei zurück. Rund tausend Jahre lebten Juden im Deutschen Reich, nie zuvor gab es derartige Ausschreitungen von Deutschen gegen Deutsche. Friedlich lebten sie zusammen als Angehörige eines Volkes, bis Adolf Hitler mit seiner chauvinistischen und rassistischen Partei das Volk aufwiegelte, die Juden seien Schuld an der Krise in Deutschland, und den Pöbel losließ ..."*

An diesem Tage und bei anderen aktuellen Anlässen drückte der Sender aus, dass die DDR mit ihrer antirassistischen, von den Grundsätzen der Völkerfreundschaft bestimmten Politik unwiderruflich mit dieser unheilvollen Geschichte gebrochen hat. In der DDR lebten viele Juden in sozialer und politischer Geborgenheit. Als Verfolgte des NS-Regimes erhielten sie berechtigt gesellschaftliche Vorteile und zusätzlich zum Gehalt für ihre Berufsarbeit eine Opferrente. Zu verschiedenen Anlässen sprachen dazu jüdische Bürgerinnen und Bürger zu den Hörern, vor allem in den USA und anderen westlichen Ländern.

Es bot sich für die Sendungen an, in diesem Zusammenhang das politische System der DDR dem der Bundesrepublik am Beispiel von führenden Personen gegenüber zu stellen. Albert Norden, Sohn eines Rabbiners in Breslau, Nazi-Gegner und Flüchtling, war seit den fünfziger Jahren Mitglied des höchsten Gremiums der DDR, des Politischen Büros des Zentralkomitees der SED. Sein Leben und sein Kampf gegen die politische Reaktion in Deutschland führte ihn nach dem Zusammenbruch des faschistischen Staates in die Deutsche Demokratische Republik, die er als die staatgewordene Wirklichkeit des Humanismus der deutschen Arbeiterbewegung und des fortschrittlichen deutschen Bürgertums ansah. Ihm gegenüber, so stellte es der Sender dar, in Bonn, der Hauptstadt des westdeutschen Staates, wirkte seit 1949 ein Mann mit an der Spitze der Regierung, der zu dem antijüdischen Rassegesetz der Nazis vom 15. September 1935 den offiziellen Rechtskommentar geschrieben hat. Das Gesetz von 1935 war die scheinjuristische Vorbereitung des Weges nach Auschwitz. Hans Maria Globke entsprach mit seinem von Hitler persönlich autorisierten offiziellen Rechtskommentar zur Rassenpolitik des Dritten Reiches der Norm großdeutscher nationalistischer Herrschaftsansprüche. Deshalb brauchte er sich nach dem Zusammenbruch des Hitlerstaates für seinen Kommentar nicht zu entschuldigen und gelangte nach 1949 mit der Gründung der Bundesrepublik sofort auf die oberste Sprosse der deutschen Karriereleiter eines politischen Beamten: Er wurde Chef des Bundeskanzleramtes, der Koordinator aller Ministerien, die rechte Hand des Bundeskanzlers. Welche Art von Demokratie wurde in Westdeutschland errichtet, die Männer wie Globke in der deutschen Politik für unersetzbar hielten? fragten Kommentatoren von RBI, ohne sich in allgemeine Polemik gegen die Bundesrepublik zu verlieren. Aber sie stellten in zwei Kommentaren auch Fragen an die israelische Regierung und die jüdischen Funktionäre in den internationalen Organisationen: Wie kommen sie ihrer Verantwortung nach? Warum richtet sich ihre Kritik gegen die DDR und nicht gegen den Rassenkommentator am Bonner Kabinettstisch?

Der Antifaschismus gehörte zum Selbstverständnis der DDR. Für RBI war er ein wichtiger Teil des Auftrages. Er wurde von Generation zu Generation weitergegeben. Er hatte großen Einfluss auf das Denken und Handeln der Jugend, die Krieg und Faschismus nicht aus eigenem Erleben kennen lernen musste. Mit den Reformen in den Jahren nach 1945, der Bodenreform, der Bildungsreform, der Justizreform und der grundlegenden Reform des politischen Systems, verlor der Ungeist der Vergangenheit seinen Nährboden. Erinnert haben die Sendungen auch an die Grundsätze, die der Parteitag der Vereinigung von Kommunisten und Sozialdemokraten zur Sozialistischen Einheitspartei Deutschlands im April 1946 beschlossen hat. Mit ihnen wird in den Sendungen die friedensgewillte Zusammenarbeit mit allen Völkern begründet.

## Kommunisten, Sozialdemokraten, bürgerliche Demokraten und Generäle

Fragen zur inneren Entwicklung der DDR wurden überwiegend von Hörern in Afrika und Indien gestellt. Aus Lateinamerika, aus England, Skandinavien, Frankreich, Italien und Spanien gruppierten sich viele Fragen wiederholt auf die politischen Mandatsträger der DDR. In einer Sendung zum 20. Jahrestag der DDR am 7. Oktober 1969, die auf diese Fragen eingeht, heißt es u. a.:

*„Träger des politischen Bündnisses in der DDR sind Arbeiterführer wie Wilhelm Pieck[16], der aus der sozialdemokratischen Bewegung hervorgegangen ist und später zu den Mitbegründern der Kommunistischen Partei Deutschlands gehörte. Er stand in der Revolution von 1918/19 an der Seite von Rosa Luxemburg und Karl Liebknecht, den Mitbegründern der KPD. Träger des Bündnisses sind Sozialdemokraten wie Otto Grotewohl[17] und Friedrich Ebert[18]. Beide gehörten zu der antifaschistischen Widerstandsbewegung in Deutschland. Sie sind die Gründer der Sozialdemokratischen Partei Deutschlands in der Ostzone. Stellvertretend für viele andere seien genannt: Otto Nuschke, der christlich bürgerliche Demokrat, Stellvertreter des Vorsitzenden des Ministerrates der DDR. An seiner Seite stand Wilhelm Külz, Mitbegründer der Liberaldemokratischen Partei im Osten Deutschlands.*

*Diese Männer schufen ein politisches Bündnis im Osten des Landes. Sie hatten sich im Kampf gegen Hitler die Frage gestellt: Wir gelangen wir zu einer menschlichen Welt, in der wir lernen, nicht gegeneinander Kriege zu führen und zu töten, sondern miteinander zu arbeiten und zu leben. Diese Frage haben deutsche Kommunisten, Sozialdemokraten und bürgerliche Humanisten 1945 vom Standpunkt ihrer politischen Lebenserfahrung beantwortet, in dem sie sich nach der Gründung einer westdeutschen Republik für die Bildung einer Deutschen Demokratischen Republik mit dem offenen Ziel einer demokratischen Wiedervereinigung Deutschlands entschieden. Mit ihnen ab 1948 verbunden waren Kräfte, die vor 1945 den faschistischen Staat mitgetragen hatten, vor allem ehemalige hohe Offiziere der Wehrmacht, die aus der Erfahrung des Ersten und Zweiten Weltkrieges zu antifaschistischen und antimilitaristischen Einsichten kamen, und denen, politisch und moralisch geläutert, der Weg in den Aufbau einer demokratischen Gesellschaft geöffnet wurde; unter ihnen Generäle, die zu Gründern der National-Demokratischen Partei in der deutschen Ostzone wurden, und die mit ihrer Partei an wichtigen gesellschaftlichen Entscheidungen in der DDR beteiligt waren, wie Dr. Otto Korfes, Vincenz Müller, Arno von Lensky, Martin Lattmann, die Offiziere Heinrich Homann und Luipold Steidle, frühere Luftwaffenkommandeure wie Walter Lehweß-Litzmann und Egbert von Frankenberg und Proschlitz. Aus diesem Kreis sind die Professoren Dr. Gerhard Dengler und Dr. Gunther Kohlmey hervorgegangen, die als Wissenschaftler und Publizisten in der DDR am Aufbau und der Gestaltung eines neuen Deutschlands mitwirkten, sowie Dr. Günther Kertzscher, viele Jahre Chefredakteur der Berliner Zeitung.*
*Dieser Personenkreis war in seiner Mehrheit im Westen Deutschlands zu Hause. Sie entschieden sich für die politische Arbeit im Osten. Sie wollten in dem vom Bombenkrieg und den Bodenkämpfen schwer heimgesuchten Land zwischen Oder und Elbe zum Wiederaufbau beitragen und einen Teil dessen wenigstens symbolisch wieder gut machen, was sie mit ihren Truppen in der Sowjetunion an Verwüstungen hinterlassen haben. Zu ihnen kam Generalfeldmarschall Friedrich Paulus, der Befehlshaber der im Januar 1943 in Stalingrad untergegangenen 6. Armee, als er im Oktober 1953 nicht in seine westdeutsche Heimat zurückkehrte, sondern in der DDR sich dem Neuaufbau zur Verfügung stellte."*

Vincenz Müller gehörte zu den ersten, mit dem ein Redakteur von Radio Berlin International im Herbst 1959 sprach. Sein außergewöhnlicher Lebensweg, der in einem Radioprogramm nachgezeichnet wurde, sei kurz umrissen. Geboren in einem wohlhabenden katholischen Elternhaus am 5. November 1894 in Aichach in Bayern, besuchte er in Metten die Klosterschule und marschierte als Kriegsfreiwilliger mit den Ulmer Ulanen im August 1914 in den Weltkrieg. Gegen den Wunsch seiner Eltern war er Berufsoffizier geworden. Er glaubte, dass Deutschland seine Stellung in der Welt nur durch einen Krieg behaupten könne. Aus konservativer Erziehung und dem gesellschaftlichen Klima seiner Zeit war er den vaterländischen Reden erlegen. Als am 11. November 1914 bei Langemarck jugendliche Regimenter mit dem Gesang „Deutschland, Deutschland über alles" verbluteten, war Vincenz Müller stolz auf Heldentum und Waffentaten seines Jahrganges der zwanzigjährigen Kriegsfreiwilligen. Erst Jahre später, aus der Erfahrung menschenverachtender militärischer Operationsplanung, sah er das Sterben von Langemarck als Kindermord. Mit dieser Wertung deutete sich bereits an, dass Müller kein verbohrter Militarist war. Als Pionieroffizier im Orientfeldzug, kämpfte er in Mesopotamien, bei Gallipoli auf den Dardanellen und in Flandern. Während der Abwehrschlacht gegen englische und britische Invasionstruppen auf den Dardanellen lernte er General Mustafa Kemal kennen, dem späteren Gründer der neuen Türkei Atatürk („Vater aller Türken"). Mit ihm verband sich eine enge Freundschaft, die bis zum Tode von Atatürk im Jahre 1939 nie unterbrochen wurde.

1919 wurde Vincenz Müller in die Reichswehr übernommen. Er erhielt eine Ausbildung zum Generalstabsoffizier und gelangte als hochgestellter Mitarbeiter in das Reichswehrministerium. Hier war er eng an der Seite des späteren Reichskanzlers Kurt von Schleicher tätig, der mit dem Reichsverband der Industrie zusammenarbeitete, zeitweise war Müller Leiter des Büros von Schleicher. Ab 1935 im Generalstab des Heeres, arbeitete er in der Organisationsabteilung unter dem späteren General Adolf Heusinger. Nach dem Polenfeldzug wird Oberst Müller Erster Generalstabsoffizier einer Heeresgruppe. Im Krieg gegen Frankreich durchbricht er mit der 1. und 7. Armee die französische Ostbefestigung, die Maginotlinie. Bereits im Juli 1940 erfährt er von den Angriffsplänen gegen die Sowjetunion, die vom Leiter der Organisationsabteilung des Oberkommandos des Heeres, Heusinger, ausgearbeitet werden. Als Teilnehmer einer Stabsberatung hört er den Chef des Wehrmachtführungsstabes, Generaloberst Jodl, sagen: „Drei Wochen nach unserem Angriff wird dieser Kartoffelhaufen auseinanderfallen."

Diese Erlebnisse und seine herausgehobene militärische Stellung ermöglichen ihm einen tiefen Einblick in die Denkungsart der deutschen Führung und in die geostrategischen und ökonomischen Ziele des Angriffskrieges gegen die UdSSR, die von einer grotesken Unterschätzung des sowjetischen Gegners und einer katastrophalen Überschätzung der eigenen Leistungsfähigkeit geprägt waren. Dennoch erfüllt er als Offizier die Aufgaben, die er nach seinem soldatischen Eid als seine Pflicht ansah. Müller wird in seinem Leben bis 1944 als so genannter unpolitischer Offizier den Hörern vorgestellt, mit einer Distanz zu Hitler und dessen Partei. Diese Distanz prägte sich bei Müller nach dem 30. Juni 1934 stärker aus, als sein früherer Vorgesetzter und väterlicher Freund General Kurt von Schleicher mit seiner Frau und hohen Führern der SA von den Nazis erschossen wurde. Müller war kein politisch blinder Berufssoldat. Offizier aus Leidenschaft ja, aber auch stark der deutschen und europäischen Kunst und Literatur zugewandt. Im Verlauf seines Lebens waren es besonders die Werke des deutschen bürgerlichen Humanismus, mit denen er sich immer wieder beschäftigte. Er sprach über Friedrich Hölderlin und Gerhart Hauptmann und festigte seine Kenntnisse in mehreren Fremdsprachen. Die Dokumente des Internationalen Militärtribunals in Nürnberg enthalten keinen Hinweis, dass die 17. Armee oder ein anderer von Vincenz Müller persönlich geführter Truppenverband an Kriegsverbrechen beteiligt war.

Als letzter Befehlshaber der 4. Armee im Kessel von Minsk kapituliert Müller in militärisch aussichtsloser Lage ohne Munition, Nahrung, Wasser und ohne medizinische Versorgung und rettet 60.000 Tausend deutschen und sowjetischen Soldaten das Leben. In der Gefangenschaft schließt er sich dem Nationalkomitee Freies Deutschland an. Aus der Gefangenschaft kehrt er nicht in seine bayerische Heimat zurück. Er geht in die Ostzone, wird in der DDR stellvertretender Verteidigungsminister und Abgeordneter der Volkskammer. Mit seinen Erfahrungen im Ersten Weltkrieg, in der Weimarer Republik, im Dritten Reich Hitlers und im Zweiten Weltkrieg erkennt Vincenz Müller die Notwendigkeit der politischen Zusammenarbeit mit der Arbeiterbewegung, den Gewerkschaften und der Bauernschaft als nationale Kraft. In der Freundschaft mit Russland sah er die Bürgschaft für eine auf den Frieden gerichtete Zukunft des deutschen Volkes. Am Ende seines Lebens, Vincenz Müller starb am 12. Mai 1961, schreibt er, die Deutsche Demokratische Republik hätte seinem Leben in späten Jahren erst einen tiefen Sinn gegeben. Seine Entscheidung für die DDR fasste er in die Worte: „Ich fand das wahre Vaterland."[19]

Vincenz Müller, der bayerische General, stand in der moralischen Tradition des preußischen Generals von Schönaich, nur das Müller einen großen Schritt weiterging, als er sich für eine Deutsche Demokratische Republik entschied. Von Schönaich wandte sich aus humanitären Gründen gegen den weiteren Einsatz von Giftgas, als er die grausamen Folgen des ersten Einsatzes 1915 bei Ypern in Flandern sah. Er wird zum politischen General, nimmt 1919 seinen Abschied, bekennt sich zum Frieden und wird 1929 Präsident der deutschen Friedensgesellschaft. In den RBI-Sendungen steht er neben Martin Niemöller, der im ersten Weltkrieg als Kommandant eines U-Bootes dem Kaiser diente, und ebenfalls 1919 seinen Abschied als Kapitänleutnant nahm und Pazifist wurde. Und noch ein anderer Name wird in den Sendungen genannt, der eines der bedeutendsten bürgerlich-liberalen Publizisten Deutschlands – Theodor Wolff, der im Konzentrationslager Sachsenhausen starb.

Viele Porträts in den Sendungen von RBI bis tief in die sechziger Jahre zeichnen das Leben dieser Zeitzeugen nach. Es sind deutsche Lebensbilder des 20. Jahrhunderts. Ihre individuellen Bilder auf dem Hintergrund der kapitalistischen und sozialistischen Gesellschaft, ihre sozialistische oder nationalkonservative Erziehung und Bildung, die Art, wie sie ihre Lebensbedingungen und ihre politische oder militärische Karriere schildern, bedeutsame Situationen in ihrem Land, ihr Anteil an der Veränderung scheinbar unverrückbarer Tatsachen, vor allem ihre Motive für ihr Aufbauwerk – das alles in einem Lebensbild sollte den Hörern in einem anderen Gesellschaftssystem eine Vorstellung vom Wesen der Deutschen Demokratischen Republik vermitteln. Die Porträts hatten neben ihrer allgemeinen Funktion im Rahmen der Selbstdarstellung noch eine andere Aufgabe. Sie waren ein Element der indirekten Gegenpropaganda und sollten beweisen, dass die DDR nicht das ist, was ihr von ihren politischen Gegnern unterstellt wird, nämlich eine Diktatur. Keine Diktatur würde zugestehen, dass Verfolgte des Hitler-Regimes in einer Regierung mit früheren Mitträgern des Regimes und ehemaligen politischen Gegnern aus dem bürgerlichen Lager zusammenarbeiten.

Später verloren Sendungen dieser Art ihren informativen Wert. Der Alleinvertretungsanspruch der SED führte gegen Ende des sechsten Jahrzehnts zum autoritären politischen Diktat mit der Maskerade mehrerer Parteien, die neben der alles beherrschenden SED keinen wirklichen Einfluss auf die staatlichen Entscheidungen hatten. Die Auflösung des einst beschworenen Bündnisses der SED mit den anderen Parteien, eine ursprünglich progressive Idee für eine fruchtbare nationale Politik, fand nach außen ihren Ausdruck, als die Zeitungen der nichtkommunistischen Parteien nach und nach ihr eigenes Gesicht verloren. Die Neue Zeit für die CDU in der DDR, Der Morgen für die Liberaldemokraten und die National-Zeitung für die National-Demokratische Partei waren mit dem Machtmechanismus der SED und ihrer Agitation vernetzt. Den Chefredakteuren dieser Blätter wurde die SED-Richtlinie der Information und Argumentation von einem Presseamt beim Ministerrat aufgetragen, und nicht selten wurde ihnen von diesem Amt nur mitgeteilt, wie am nächsten Tag das Zentralorgan der SED, Neues Deutschland, aussieht. Das gewollte Ergebnis war die kommunikationspolitisch absurde Gleichartigkeit der politischen Aussage in Inhalt und Form. RBI hatte in seiner täglichen Presseschau sehr oft Schwierigkeiten, diese Blätter zu zitieren, weil sie von der Aussage des Neuen Deutschlands kaum abwischen. In Einzelfällen, in denen es geraten erschien, die CDU-Zeitung der DDR zu zitieren, wurde das ND weggelassen.

## Der 13. August 1961

Neben der außen- und innenpolitischen Thematik war das Problem der Sicherheit das zentrale Thema. Die Information verlief nicht generell parallel zu den Inlandmedien, sondern hatte in der Themenwahl eigene Akzente, die auf den ausländischen Hörerkreis, auf ihre Erwartungen gerichtet waren. Im Gegensatz zur Annahme in den Redaktionen, hat die Grenzbefestigung zwischen der DDR und der Bundesrepublik, zwischen Berlin-Ost als Hauptstadt der DDR und Berlin-West als faktisch zugehörig zur Bundesrepublik, nie eine besondere Rolle in den Zuschriften der Hörer gespielt. Drei Kommentare, die vom 13. August

1961, 1989 und 1990 zeigen indes die Argumentationslinien in drei Jahrzehnten deutscher Spaltung. In einem Kommentar am Abend des 13. August 1961 heißt es:

> *„Heute haben die DDR, die Sowjetunion und die anderen Länder der sozialistischen Gemeinschaft die Grenze der DDR zum Gebiet des Atlantikpaktes fester geschlossen. Das Ziel der stärkeren Grenzsicherung ist, die Deutsche Demokratische Republik wirtschaftlich und politisch wirksamer zu schützen und zu festigen, die weitere Abwanderung von Deutschen aus der DDR in den Westen, in die Bundesrepublik, zu beenden, aus sicherer Position mit Westdeutschland zu verhandeln, um in einem international günstigen Fall mit der Alternative DDR einen historischen Kompromiss für die Wiedervereinigung Deutschlands mit der westdeutschen Republik zu finden und Risiken für die Sicherheit in Europa auszuschließen.*
> *Sechzehn Jahre waren die Wege von Ost nach West und von West nach Ost in Deutschland offen und weitgehend unkontrolliert. An der Grenze war kein Zaun aus Stacheldraht und in Berlin keine Mauer aus Beton, die aus der Stadt einen abgeschirmten Ost- und Westteil schafft. Fast anderthalb Jahrzehnte haben über zwei Millionen Ostdeutsche die DDR verlassen, weil sie glaubten, im Westen materiell besser leben zu können. Länger als ein Jahrzehnt wurde die offene Grenze von den Feinden der DDR genutzt, die sozialistische Entwicklung zu sabotieren, Fachkräfte abzuwerben, Studenten, besonders der naturwissenschaftlichen Disziplinen, aufzufordern, nach Abschluss ihres kostenlosen Studiums in der DDR in den Westen zu kommen, um dort besser als in der DDR zu verdienen; von 1954 bis 1959 waren es mehr als eine halbe Million Fachkräfte, darunter etwa 600 Hochschullehrer und 2.500 Ärzte.*
> *Anderthalb Jahrzehnte lang wurden alle Vorschläge der Sowjetunion zum Abschluss eines Friedensvertrages mit Gesamtdeutschland von den Westmächten, den USA, England und Frankreich und der westdeutschen Regierung abgelehnt. Eine Verständigung mit den Westmächten und der westdeutschen Regierung schien für lange Zeit nicht möglich zu sein. Der Ruf der westdeutschen Regierung in Bonn nach einer „Befreiung der Ostzone", wie im Westen die Deutsche Demokratische Republik bezeichnet wurde, die Forderung nach Revision der deutschen Ostgrenze, der massenmörderische Krieg Frankreichs gegen das algerische Volk, der 1961 auf seinem Höhepunkt stand, die Landung kubanischer Konterrevolutionäre, die von den USA in Florida ausgerüstet wurden, an der Küste von Kuba, in der sogenannten Schweinebucht, im April 1961, machte auch die offene Grenze zu Westdeutschland und zu Westberlin zu einer Gefahr für den Frieden."*

So wie der Frieden universell ist, kann auch nur das Sicherheitsdenken universell sein. Das war in den Entscheidungskreisen in Ostberlin und Moskau die Gedanken zur Sicherheit an der Westgrenze des Warschauer Paktes. Für ein politisch und diplomatisch vom Westen isoliertes und bedrohtes Land wie die DDR, sind Gewalttaten in anderen Gebieten der Welt ein Signal, die eigene Sicherheitslage zu überprüfen. Mit der Grenzsicherung verband sich in erster Linie die Hoffnung der Staatsführung, dass sich der sozialistische Versuch in Deutschland nun in Bahnen vollzieht, die gegen direkte Einwirkung von außen geschützt sind. Bisher hatte es in der Geschichte kein Beispiel gegeben, dass der kleinere und schwächere Teil eines geteilten Landes eine alternative Gesellschaftsordnung verwirklichen konnte, die der größere und stärkere Teil mit seinen Möglichkeiten zu verhindern versucht.

Das war die Tendenz der Argumentation für Programme nach Afrika, Asien und Lateinamerika, in die arabischen Länder und zeitweise auch nach Westeuropa. Die offiziell vorgegebene Argumentationsrichtlinie war in einer Hinsicht untauglich, wenn es hieß, die Grenzsicherung hätte verhindert, dass die westdeutsche Armee „mit klingendem Spiel durch das Brandenburger Tor" zieht. Dieses Zitat aus einer westdeutschen Zeitung wurde vom Politbüro immer wieder aufgegriffen, aber dazu hätte die westdeutsche Armee erst von der Elbe bis zur Spree kommen müssen, und dieser Siegszug hätte vorausgesetzt, die Sowjetarmee an der Elbe zu schlagen. Außerdem hätte man den Hörern in Peru und Indien erklären müssen, wo das Brandenburger Tor liegt und welche Stadtgrenze mit ihm markiert ist. Selbst wenn die Beschreibung verständlich gelungen wäre und die Argumentation sich auf die Frage Krieg-Frieden reduziert hätte, bliebe für den aufmerksamen Hörer die berechtigte Frage offen: Lässt sich mit einer zwei Meter hohen Betonmauer und einem Stacheldrahtverhau ein Krieg zwischen Staaten verhindern, die über eine Luftwaffe, Fallschirmtruppen, Panzer und Raketenartillerie verfügen?

Radio Berlin International auf seinem grünen Ast relativer Unabhängigkeit von zentralen Instruktionen ging auf die gegebene Argumentation vordergründig nicht ein und versucht in seinen Sendungen das tatsächliche Problem eines alternativen Gesellschaftsmodells in einem gespaltenen Land bei zuvor 16 Jahren offener Grenze darzustellen. Das Problem der Mauer lag nicht in der Stärkung der Grenzbefestigungen, sondern in der Dauer des Bestehens dieses hässlichen Bauwerkes. Für viele in der DDR war die Mauer eine sachliche Notwendigkeit, die DDR vor dem Massenexodus zu schützen. Die Hoffnung war, dass sie nach etwa fünf Jahren ungestörter wirtschaftlicher Entwicklung wieder fällt.

28 Jahre später – inzwischen gab es die Anerkennung der deutschen Ostgrenze auch durch die westdeutsche Regierung, das Abkommen über Westberlin, das dem innerstädtischen Verkehr zum Vorteil gereichte, den Grundlagenvertrag zwischen der DDR und der Regierung in Bonn, der ein geregeltes Verhältnis zwischen beiden deutschen Staaten herstellte und schließlich das gute Ergebnis der Konferenz für Sicherheit und Zusammenarbeit in Europa – 28 Jahre nach der Grenzsicherung am 13. August 1989 wiederholen sich dann die abstrakten

Grundlinien der zentralen Instruktion von 1961 unter der Bedingung einer starken Zentralisierung der politischen Programme, als sei die Zeit stehen geblieben, als hätte es die friedensstiftenden vernünftigen Abkommen nie gegeben und als wären nicht bereits einige tausend junge Menschen in den vergangenen Wochen seit Juli 1989 über Ungarn und Österreich in die westdeutsche Republik abgewandert. Aus dem Kommentar vom 13. August 1989:

> *„Der Sonntag heute vor 28 Jahren war ein heißer Tag, nicht nur weil es schwülwarm war im Häusermeer der Millionenstadt Berlin. Heute vor 28 Jahren nahm die DDR in Übereinstimmung und mit Unterstützung der Staaten des Warschauer Vertrages ihre bis dahin offene Grenze zu Berlin-West unter fester Kontrolle und verstärkte die Staatsgrenze zur Bundesrepublik Deutschland. Wie war die Lage damals und warum wurde die Mauer gebaut? Auf dem Höhepunkt des kalten Krieges führten revanchistische und antisozialistische Kräfte in der BRD und in anderen NATO-Staaten einen gnadenlosen politischen und ökonomischen Kampf gegen die damals 12 Jahre bestehende Deutsche Demokratische Republik. Westberlin wurde als Zentrale des Wirtschaftskrieges gegen die DDR, als Drehscheibe der Spionage und der psychologischen Kriegsführung ausgebaut. Unter Ausnutzung der offenen Grenze – davon 45 Kilometer direkt zur DDR-Hauptstadt wurde alles versucht, die DDR mit Manipulationen der Währung der DDR in Westberlin, mit Warenschiebungen in großem Umfang und dem gezielten Abwerben von Spezialisten und Arbeitskräften auszubluten. Nach Schätzungen westdeutscher Wirtschaftsinstitute hat damit die DDR Verluste von 60 Milliarden Dollar erlitten …*
> *Der 13. August 1961 führte zu einem Prozess des Nachdenkens, auch des Umdenkens im Westen. Zwar haben bis heute manche Leute aus den Lektionen der Geschichte nichts gelernt; Tatsache aber bleibt, die DDR ist seither wirksam geschützt, die entwickelte sozialistische Gesellschaft in der DDR kann ungestört aufgebaut werden. Sie konnte ihre Sozial-, Bildungs- und Gesundheitspolitik erfolgreich gestalten. An der sensiblen Grenze, an der die beiden Weltsysteme sich mit ihren militärischen Hauptkräften gegenüberstehen, wurde die Grundlage für Sicherheit und Frieden auf diesem Kontinent gefestigt. Die Entschärfung des Krisenherdes Westberlin führte auf Initiative der UdSSR und mit Unterstützung der DDR zum vierseitigen Abkommen über West-Berlin, zum Grundlagenvertrag über die Beziehungen zwischen der DDR und der BRD, zum europäischen Vertragswerk und schließlich zur Schlussakte für europäische Sicherheit und Zusammenarbeit in Helsinki 1975. Leider können wir nach dem Bau der Mauer noch nicht davon sprechen, dass die Gründe, die sie notwendig machten, nicht mehr existieren. Sie ist sowohl Staatsgrenze wie auch Trennlinie zwischen zwei unterschiedlichen Gesellschaftssystemen. … Der 13. August 1961 hat der Sache, der Sicherheit und der Zusammenarbeit in Europa schon 28 Jahre genutzt."*

Als die Grenze vier Wochen später chaotisch geöffnet wurde, sagte der Sender nichts über den inneren Druck, nichts über die ökonomischen und politischen Bedingungen, die zur Öffnung der Grenze ohne westdeutsche Gegenleistung führten und er nannte auch nicht die Gründe, die eine Aufrechterhaltung der Mauer notwendig machten: nämlich die noch nicht erreichte Annäherung an das materielle Lebensniveau in der Bundesrepublik, ein hauptsächlicher Fluchtgrund bis zum 12. August 1961 und abgeschwächt in den Jahren danach. Er kommentiert die Öffnung der Grenze lakonisch als Beitrag der neuen Führung der DDR zur Verständigung mit der Bundesrepublik und als Ausdruck für eine Politik, die den Staat DDR von Grund auf erneuern will. Am 13. August 1990, als die Weichen zum Anschluss der Deutschen Demokratischen Republik an die Bundesrepublik schon gestellt waren, konnte keine Rede mehr davon sein, mit der Alternative DDR einen historischen Kompromiss für die Wiedervereinigung Deutschlands zu finden. Die Mauer galt als Markenzeichen der DDR und der Kommentator am 13. August 1990 stellte fest: „Inzwischen ist das Markenzeichen der DDR so gut wie verschwunden, und es zeigt sich, dass ohne die Mauer auch die Tage der DDR gezählt sind ... Die Geschichte hat gezeigt, das Experiment einer sozialistischen Gesellschaft auf deutschem Boden ist ohne Mauer nicht durchführbar, auch die Eigenstaatlichkeit der DDR bedurfte der Mauer."

Am 7. Oktober 1989 stand noch der 40. Jahrestag der DDR im Mittelpunkt aller Programme. Die Agonie der Republik wurde von der Führung nicht wahrgenommen. Es wurde ein zweifellos erfolgreicher Weg der DDR über viele Jahre gezeichnet, aber kein wirkliches Problem in der Innenpolitik und in der Wirtschaft angesprochen. Die Sowjetunion, die ein Jahr später schon keine Deutsche Demokratische Republik mehr kannte, erfuhr Lobeshymnen, ihr Präsident, Michail Gorbatschow, wird in der Sendung zitierte, dass er die „Unantastbarkeit der Souveränität der DDR bekräftigt" habe. Und ein Tageskommentar endet: „So gehen wir ins fünfte Jahrzehnt mit Tatkraft und Zuversicht."

Natürlich hatten nicht alle Hörerinnen und Hörer in ihrem Urteil über die Deutsche Demokratische Republik den gleichen Standpunkt vertreten. Zur Mauer in Berlin fragten einige Hörer aus dem Nahen Osten, ob sie mit der Mauer zwischen West- und Ost-Jerusalem, der Mauer zwischen Arabern und Juden, vergleichbar sei. Kubanische Hörer begrüßten sie aus der Sicht ihrer gerade erst gemachten Erfahrungen mit der Landung amerikanisch ausgerüsteter konterrevolutionärer Gruppen in der Schweinebucht. Kanadische Hörer sowie Hörer aus den USA, Spanien, Dänemark und Schweden bedauerten die menschliche Trennung und drückten ihre Hoffnung aus, dass es möglichst bald eine einvernehmliche Regelung aller Deutschland betreffenden Probleme gebe. Andere Hörer wiederum begrüßten sie, vor allem Hörer aus Algerien mit dem Hinweis auf die Politik Frankreichs gegenüber dem algerischen Volk. Verständlicherweise sind die Auffassungen sehr unterschiedlich und reichten bis zu der Meinung, die besonders in den NATO-Ländern verbreitet war, dass dem östlichen Teil Deutschlands nach der Befreiung Deutschlands vom Hitlerfaschismus das sozialistische Gesellschaftsmodell von der Sowjetunion aufgezwungen worden sei, dass die individuelle Freiheit der Ostdeutschen begrenzt und manches sicher nur Propaganda sei, was die Radiowellen zu den Hörern tragen.

Auch auf solche Meinungen gingen die Redaktionen ein. Die allgemeine Tendenz der Antworten in den Hörerpostsendungen war – 1945 bot sich allen Deutschen die Chance für einen Neubeginn, sie wurde im Westen und Osten Deutschlands unterschiedlich genutzt, selbstverständlich auch in großer Abhängigkeit vom Willen der Besatzungsmächte, aber nicht ausschließlich in ihrem Sinne; in beiden Teilen der sich später herausgebildeten Staaten waren die politischen Gruppierungen der gegensätzlichen Klassen – der Klasse des Großkapitals, der Bourgeoisie und der Gesellschaftsklasse der Arbeiter und Bauern – die bedeutenden Kräfte mit dem entscheidenden Einfluss auf die Inhaltsbestimmung der Gesellschaftsordnung; die persönliche Freiheit ist in dem Rahmen gesichert, der von den politischen -und wirtschaftlichen Bedingungen des Landes gesetzt ist; was die DDR betrifft, so hat jeder einen Arbeitsplatz, eine Wohnung und die Reisefreiheit in ein anderes sozialistisches Land; wenn einmal die wirtschaftlichen Entwicklung so weit ist, dass die Mark der DDR gegen andere Devisen gewechselt werden kann, werden sich die Reisemöglichkeiten in die westlichen Länder verbessern. Einige Hörer, vor allem aus England, speziell aus Liverpool, eine Stadt, die auf Grund ökonomischer Veränderungen verarmte, wiesen daraufhin, dass Reisefreiheit einen materiellen Inhalt hat; wer in den kapitalistischen Ländern keinen Arbeitsplatz hat, der kann mit dem verfassungsrechtlich verbürgten Recht auf Reisefreiheit wenig anfangen.

Von Zeit zu Zeit wurde als Antwort auf Fragen zur Reisefreiheit die Statistik der Einreise in die DDR herangezogen, in weniger großem Umfang Zahlen aus der Statistik der offiziell ermöglichten Ausreise aus der DDR. 1972 beispielsweise, so wird in einer Sendung ausgeführt, reisten mehr als drei Millionen Bürgerinnen und Bürger aus der westdeutschen Republik und 3,2 Millionen aus Berlin-West in die ostdeutsche Republik. Im Transitverkehr seien 10.250.000 Personen abgefertigt worden, über die Strassen der DDR rollten 863.000 Personenkraftwagen, 703.000 Lastkraftwagen und 40.000 Busse. Mit amtlicher Genehmigung seien 11.664 Ostdeutsche nach Westdeutschland übergesiedelt, 2.660 nach Berlin-West. Diese Zahlen wurden für ein Jahr angegeben. Von einer Einschränkung des Reiseverkehrs könne keine Rede sein, war der Kommentar von RBI, und für ein Gefängnis – eine Bezeichnung im Westen für die DDR – sei der öffentliche und private Verkehr zu stark.

In den Sendungen, die in allen Sprachen ausgestrahlt wurden, hatten solche Zahlen zeitweise eine Funktion, die DDR als Land mit durchlässigen Grenzen darzustellen, dennoch war der Sender so ehrlich, diese Zahlen nicht als Erscheinung bewegter deutsch-deutscher Reisetätigkeit den ausländischen Hörern anzubieten. Allerdings konnte mit diesen Zahlen der westlichen Propaganda entgegen gewirkt werden, die DDR sei hermetisch von der Welt abgeschirmt. Unmittelbar nach der Öffnung der Mauer und dem Fall aller Grenzsicherungsanlagen von der Ostsee bis zum Thüringer Wald sendete RBI unter dem starken Eindruck der Reformbewegung in einen Kommentar am 10. November 1989, der entscheidende Systemschwächen des Sozialismus in der DDR zum ersten Mal offen legte:

> *„Seit 40 Jahren ist das Wort ‚Demokratie', also Volksherrschaft, im Namen unseres Staates verankert. Und doch gehen heute Hunderttausende auf die Straße, rufen ‚Wir sind das Volk' und mahnen damit jene Demokratie an, von der wir geglaubt haben, es gäbe sie in unserem Land in ihrer besten Form, der sozialistischen Demokratie. War es nun Selbstsuggestion? Sind Sozialismus und Demokratie gar Gegensätze, unvereinbar miteinander? Ich glaube, nein. Sozialismus, die Gesellschaftsordnung, die sich zum Ziel gesetzt hat, ein Höchstmass an sozialer Gerechtigkeit für alle Bürger anzustreben, ist aber nur dann zu realisieren, wenn es Demokratie nicht nur in teilweise starren Strukturen des Gemeinwesens gibt, sondern wenn sie von jedem erlebbar wird, wenn wirklich jeder die Möglichkeit hat, an der Volksherrschaft teilzunehmen; als Wähler, als mündiger Staatsbürger, an seinem Arbeitsplatz, in seinem gesellschaftlichen Umfeld. Diese Erkenntnis gilt es jetzt in die Tat umzusetzen. Und das heißt, jahrzehntelange Verkrustungen aufzubrechen, nicht bewährte Strukturen im politischen und wirtschaftlichen Leben über Bord zu werfen, neue Strukturen da zu schaffen, wo alte den gesellschaftlichen Fortschritt hemmen. Und das heißt konkret ein neues Vertrauensverhältnis zwischen den Parteien des Landes zu schaffen, eine wirkliche Koalitionsregierung, hervorgegangen aus freien, allgemeinen, demokratischen und geheimen Wahlen … Die jetzt in Kraft getretenen neuen Reiseregelungen – de facto Reisefreiheit für alle DDR-Bürger – sind nicht zuletzt auch ein Ergebnis des neuen Demokratieverständnisses – und stehen durchaus nicht im Gegensatz zum Sozialismus …"*

Der Kommentar widerspiegelt ein neues Denken, das wesentlich durch die Reformkräfte innerhalb der Staatspartei und die sich schnell entwickelnde Bürgerrechtsbewegung zum Tragen gekommen ist. Er zeigt aber auch, wie stark durch die stalinistische Verkrustung der faktisch allein herrschenden staatstragenden Partei die Verformung des Sozialismus fortgeschritten war und wie wenig wandlungsfähig sich die sozialistische Gesellschaft in mehr als drei Jahrzehnten erwiesen hat. Der kluge Gedanke des Kommentators, der Sozialismus kann nur bestehen, wenn soziale Gerechtigkeit und Demokratie für das Volk erlebbar sind, stammt von dem Ministerpräsidenten der DDR, Otto Grotewohl. Er sprach ihn als Erkenntnis aus den Ereignissen des 17. und 18. Juni 1953 aus, als Tausende von Arbeitern für bessere Lebensverhältnisse auf die Straße gingen.

## Nicht genutzte Chancen

In allen diesen Jahren stand die Wandlungs- und Anpassungsfähigkeit, die Reformfähigkeit des Sozialismus und des Kapitalismus außerhalb jeder denkbaren Möglichkeit. Sie wurde erst im August 1987 in einem ersten Reformentwurf der SED und SPD real denkbar. Das Gemeinsame Dokument von SED und SPD galt bei RBI und in vielen anderen Institutionen der DDR als mögliche Perspektive einer besseren Gestaltung der internationalen Beziehungen in enger Verknüpfung mit inneren gesellschaftlichen Veränderungen. In dem Dokument sind Gedanken enthalten, die nicht einmal in den Veröffentlichungen der Reformbewegung in Polen und der ČSSR hervortreten. Gedanken zur Reformfähigkeit beider Gesellschafssysteme fanden in den Sendungen Ende August und im September 1987 gedämpft ihren Niederschlag, vor allem der Versuch, dass die beide großen Parteien in Deutschland einen Weg zur europäischen Verständigung markieren und die Kraft hätten, den Kapitalismus und den Sozialismus von alten Vorstellungen zu befreien. Mit dieser Aussage erschien es möglich zu werden, das Verhältnis beider Parteien zu einander zu entspannen und über ideologisch gesetzte Grenzen hinweg die Idee einer gemeinsamen Plattform zu prüfen, wenn nicht zu verwirklichen. Das war ein konsensfähiger Rahmen.Viel Anerkennung fand in den Sendungen der Vorsitzende der SPD, Willy Brandt, der fragte, ob sich denn die beiden linken Parteien in Deutschland auf ewig in den Schützengräben gegenüber liegen sollten, während sich der rechte Flügel der deutschen Parteien stärkt. Die französischen und italienischen Mitarbeiter sahen in dem Hinweis von Brandt und dem Gemeinsamen Dokument eine Bekräftigung der sogenannten eurokommunistischen Idee, während die Dogmatiker in den deutschen Reihen vor einer Aufweichung der Klassenpositionen des Marxismus-Leninismus warnten. Es wog jedoch die Meinung vor, dass nun starre Mauern im Denken auf beiden Seiten fallen und nach fast 40 Jahren staatlicher Spaltung und menschlicher Trennung neues Denken diesseits und jenseits der betonierten Grenze beginnt, zumal in der KPdSU neue Denkansätze in den Reden des Generalsekretärs der KPdSU Michail Gorbatschow zu hören waren. Für die SED war das von ihr mit der SPD unterschriebene Gemeinsame Dokument wohl eine Art Januskopf, halb der Zukunft, halb der Vergangenheit zugewandt. Jedenfalls durfte es ab November 1987 schon nicht mehr in den Sendungen zitiert werden. Zwei Jahre später übernahmen andere Kräfte die Führung des gesellschaftlichen Prozesses.

## Militärische Neutralität und Konföderation

Die Verkrustung im Innern der DDR fand ihr Gegenbild in der Verkrampfung der außenpolitischen dogmatischen Haltung anderer Mächte. Es hätte besser um Deutschland gestanden nach 1949, der Gründung der Bundesrepublik und der

Deutschen Demokratischen Republik, wenn sich beide deutsche Staaten zur militärischen Neutralität bekannt hätten, nachdem im 20. Jahrhundert vom deutschen Boden zwei Weltkriege ausgingen.

In den Sendungen zu Anfang der sechziger Jahre taucht die Idee der militärischen Neutralität immer wieder auf. Sie war das Kernstück der sowjetischen Note, Stalin-Note genannt, vom 10. März 1952. Die UdSSR wollte verhindern, dass Deutschland wieder hochgerüstet wird. Sie schloss die Möglichkeit eines Revanchekrieges der BRD im Bunde mit den Westmächten nicht aus, zumal die drei Westmächte USA, England und Frankreich im Jahre 1918 in Russland einfielen und die Gegenrevolution militärisch stärkten. Deutsche Truppen standen bis Ende 1918 tief in Russland, im Zweiten Weltkrieg sind sie erst 35 Kilometer vor Moskau zum Stehen gebracht worden. Leningrad hatten sie vollständig eingeschlossen und marschierten bis an die Wolga und in den Kaukasus. 20 Millionen Tote hatte die Sowjetunion in diesem Krieg zu beklagen, ein schwer messbarer materieller Schaden hatte den größten Teil des wirtschaftlich entwickelten europäischen Russlands, die Industrie und die Landwirtschaft, zerrüttet. Das waren für die Sowjetunion Gründe genug, fortan ein militärisch neutrales Deutschland zu fordern. Die Frage von RBI wurde in einem Kommentar vom deutschen Standpunkt am 10. März 1962 gestellt:

> *„Warum keine militärische Neutralität für Deutschland im Zentrum Europas? Warum eine neue Wehrmacht nach zwei entsetzlichen Weltkriegen im 20. Jahrhundert? Gegen wen und in wessen Interesse? Mit welchem Ziel? Warum sollte aus Deutschlands Mitverantwortung am Ersten Weltkrieg und seiner Verantwortung für den Zweiten Weltkrieg nicht die Lehre heißen: Keine militärische Blockbildung, kein Wettrüsten, sondern abrüsten auf das Niveau von Streitkräften für die nationale Verteidigung, militärische Neutralität und Brückenbau für partnerschaftliche politische, wirtschaftliche und kulturelle Beziehungen mit allen Staaten Europas, mit den USA und der internationalen Völkergemeinschaft?"*

Von 257 Zuschriften auf diese Fragen ergaben sich aufschlussreiche Anregungen für die folgenden Sendungen. Hörer aus neutralen Staaten, wie Schweden, begrüßten die Argumentation unter Hinweis auf die militärische Neutralität ihres Landes und sahen in dieser Lösung einen richtigen Schritt, Kriege zu verhindern; Hörer aus Staaten, die Opfer deutscher Einmärsche geworden waren, wie Dänemark, Belgien und Frankreich, unterstützten die Argumentation aus nationalen Gründen; Hörer aus Ländern, mit denen Deutschland militärisch im Zweiten Weltkrieg verbündet war, wie Italien und Finnland, fanden die Idee gut, weil sie der Entspannung in Europa diene, und Hörer aus Spanien, deren Regierung mit dem Deutschland Hitlers ideologische verbunden war, sahen in dem Vorschlag sogar einen Schritt, ein Wiederaufleben des Faschismus zu schwächen.

Auch arabische Hörerinnen und Hörer verwiesen auf die Meinung ihrer Regierungen, die eine militärische Neutralität befürworteten mit dem Argument, wenn immer mehr Staaten in der Welt militärisch neutral blieben – bei Aufrechterhaltung nationaler Verteidigungsfähigkeit – würden ein Krieg immer unwahrscheinlicher. Mit der militärischen Neutralität sollten nach dem Urteil vieler Hörerinnen und Hörer Maßnahmen einhergehen, atomwaffenfreie Zonen in Mitteleuropa, im Mittelmeer-Raum, in Afrika, im Indischen Ozean und im Japanischen Meer zu schaffen. Ein Hörers aus Uganda weist daraufhin, das etwa 10 Prozent der durch Abrüstung freiwerdenden Mittel in den USA und der Sowjetunion ausreichten, um die Hungersnot in weiten Gebieten der Welt wirksam zu bekämpfen. Ein Hörer aus Senegal, Herr Cheikh Tidiane Dione aus Sebikotane, hebt hervor: „Gemeinsam müssen wir uns alle gegen die Stationierung von Atomwaffen auf der Erde, im Weltall und auf dem Meere wenden." Aus Essex in England schreibt Herr E. Living, er sei im zweiten Weltkrieg Pionier in der britischen Armee und eine zeitlang auch im Westen Deutschlands stationiert gewesen; leider müsse er feststellen, dass nach der Niederkämpfung Hitlers die Aufrüstung nicht zu Ende war und dass immer neue Vernichtungswaffen erfunden und in die Armeen eingeführt werden. Notwendig sei auch aus seiner Lebenserfahrung, alle Atomwaffen aus den Arsenalen zu entfernen und über eine Begrenzung der Rüstungen zu einer vernünftigen Abrüstung zukommen.

Radio Berlin International nahm die Überlegungen in seine Programme auf und verankerte die Idee einer militärischen Neutralität Deutschlands länger in seinen Sendungen als die Medien des Inlands, weil die Öffentlichkeit in den Nachbarländern Deutschlands und auch in Ländern, die zum Sendegebiet gehörten, aus ihren Erfahrungen den Gedanken zustimmend aufnahm.

Der Sender kam 1962 zum 10. Jahrestag der Stalin-Note auf den Grundgedanken zurück. Die Regierung der DDR hatte damals den sowjetischen Vorschlag begrüßt. Er war für sie der gerade Weg, die deutsche Teilung aufzuheben und einen Friedensvertrag für Deutschland zu erreichen. Eine sachliche Prüfung und Annahme des Vorschlages auch durch die Regierung der BRD hätte dem deutschen Volk jahrzehntelanges Leid erspart, die Grenze mitten durch Deutschland beseitigt, die Kriegsgefangenen sofort zurückgebracht und angesichts noch nicht ausgeprägter ethnischer Verhältnisse Grenzrevisionen im Osten denkbar erscheinen lassen. So war der Grundtenor in einer Reihe von Sendungen im März 1962. Der Sender betonte bis in die frühen sechziger Jahre hinein, dass die Haltung der westdeutschen Regierung eines der schmachvollsten Kapitel antinationaler Außenpolitik sei. Für den Bonner Regierungschef Konrad Adenauer war die Sowjetnote „ein Fetzen Papier", die in Verhandlungen erst gar nicht geprüft werden müsse. Die Bonner Haltung kommentierte RBI auch noch am 10. März 1965:

*„Die Folgen aus der Note hätten die Wiederbewaffnung und die Eingliederung einer neuen Wehrmacht in die antisowjetische Militärkoalition des*

*Westens ausgeschlossen und möglicherweise die Restauration des deutschen Großkapitals in der Rüstungsindustrie erschwert. Die soziale Angst ihrer Wortführer vor einer möglichen Einschränkung ihrer Macht in einem demokratischen Deutschland war stärker als ihr nationales Verantwortungsbewusstsein. Die abenteuerliche Illusion in Bonn, in einem Militärpakt mit den Westmächten alle 1945 abgetrennten deutsche Ostgebiete wieder zu erlangen, war ausgeprägter als der pragmatische Sinn, das politisch Mögliche in Verhandlungen mit Moskau zu erreichen ... Adenauer legt die Bundesrepublik einseitig auf die NATO und die USA fest – auch zum Preis der weiteren Zementierung der Spaltung Deutschlands."*

Die Idee der militärischen Neutralität teilte das Schicksal des Vorschlages zur Konföderation der beiden deutschen Staaten. Seit 1958 war die Konföderationsidee, als sie von der Staatsführung der DDR öffentlich ins Gespräch gebracht wurde, für viele Jahre offizielles Programm der Deutschlandpolitik der DDR. Nichtöffentlich hatte der Vizekanzler und Finanzminister Fritz Schäffer, Mitte der fünfziger Jahre die Initiative ergriffen, eine Konföderation zwischen beiden deutschen Teilen zu erwägen. Ihm erschien die Konföderation als Klammer zwischen den deutschen Staaten und als Bürgschaft des Friedens, weil sie die militärische Blockbildung Deutschlands ausschloss. Am 11. Juni 1955 und am 20. Oktober 1956 traf sich Schäffer mit Vertretern der DDR in Ostberlin.[20] Es war die Zeit, als Österreich einen Staatsvertrag erhielt, der das Land wieder vereinigte und für Österreich die militärische Neutralität festlegte. Viele politische Kreise in beiden deutschen Staaten führte der Staatsvertrag für Österreich zu Überlegungen, ob und in welcher Weise er ein Vorbild für das gespaltene Deutschland sein könnte. Die vertraulichen Gespräche die von der Sowjet-Regierung gebilligt wurden, scheiterten am Widerstand jener Kräfte, die in der Bundesrepublik ein antisowjetisches Bollwerk sahen, auf eine schnelle Einbeziehung Westdeutschlands in die atlantische Militärallianz, auf die Bewaffnung Westdeutschlands und die Wiederbelebung des Antikommunismus in der westdeutschen Gesellschaft hinarbeiteten. Der Beitrag von Vincenz Müller und anderer führender Personen vor allem in der National-Demokratischen Partei der DDR war ein Versuch, einen neutralen militärischen Status für Deutschland zwischen den Weltmächten dieser Zeit, der Sowjetunion und den USA, zu finden und das souveräne Deutschland in ein europäisches Sicherheitssystem einzubinden. Die Regierung der BRD wollte jedoch um keinen Preis ihre Mitgliedschaft in der NATO aufgeben, während die DDR bereit war, ihre Zugehörigkeit zum Warschauer Militärpakt in Frage zu stellen. Die Ergebnislosigkeit der Gespräche über eine Konföderation zementierte die Spaltung Deutschland für Jahrzehnte. Diese Tatsache gehörte mit zu der Ausgangssituation, die zur Berliner Mauer am 13. August 1961 führte. Mit dem Verlust des Konföderationsgedankens ging auch die in Reformkreisen der DDR gehegte Idee einer vernünftigen Synthese der gesellschaftlichen Systeme beider deutscher Staaten verloren. Diese geschichtliche Tatsache deckt eine westdeutsche Propaganda bis in die Gegenwart zu. Es lag deshalb im Interesse der DDR, dass Radio Berlin International immer wieder auf die Gedanken der militärischen Neutralität und der Konföderation hinwies und in seinen Kommentaren und Dokumentationen das Scheitern dieser beiden Ideen als Knotenpunkte im außenpolitischen Geflecht der Bonner Spaltungspolitik hervorhob.

Noch einmal wird die Konföderationsidee Ende des Jahrs 1989 zum Leben erweckt, als Bundeskanzler Helmut Kohl ein 10-Punkte-Programm zur Entwicklung der Beziehungen zwischen beiden deutschen Staaten vorlegte. Zu diesem Programm nahm RBI in einem Kommentar am 30. November 1989 Stellung:

> *„Den Hinweis des Vorsitzenden des DDR-Ministerrates, Hans Modrow, auf eine Vertragsgemeinschaft beim Wort nehmend, zeichnet Helmut Kohl den Weg zu einer Konföderation vor. Neu ist der Gedankengang sicher nicht. Vor 32 Jahren bereits hatte die Regierung der DDR unter Ministerpräsident Otto Grotewohl den Vorschlag unterbreitet, eine Konföderation beider deutscher Staaten zu gründen ... Daraus wurde nichts, weil der damalige Bundeskanzler auf Eingliederung der DDR in die BRD bestand. Es ist schwer verständlich, warum Bundeskanzler Kohl an jene alte Position anknüpft, wenn er als Resultat seines Planes den Übergang von der Konföderation zur Föderation anregt. Sicher, man sollte der BRD-Regierung zugute halten, dass sie jetzt in der Wende zu positiven gesellschaftlichen Entwicklungen in der DDR Ansatzpunkte zu einem neuen Verhältnis zu unserem Land sucht. Der Gedanke zur inhaltlichen Ausgestaltung der Beziehungen sind überlegenswert und bieten ausreichenden Gesprächsstoff. Vor allem ergeben sich neue Gesichtspunkte für die Kooperation auf bewährten und neuen Gebieten. Fragwürdig bleibt aber, dass man das Verhältnis zu unserem im Umbruch begriffenen Lande aus einer politischen Position heraus neu ordnen will, die fast ein halbes Jahrhundert alt ist ... Zur Debatte stehen die Beziehungen zwischen zwei souveränen deutschen Staaten, die nun einmal existieren Das schließt die Ausgestaltung der Beziehungen zur BRD mit ein, denn zu den Besonderheiten der Beziehungen gehören die Verwurzelung in einer ehemals einheitlich organisierten Nation, das gemeinsame nationale Kulturerbe, viele verwandtschaftliche Beziehungen und als neues Element auch die Öffnung der Grenzen ..."*

Der Kommentar verweist auf den Grundlagenvertrag zwischen beiden Staaten und auf die Schlussakte der Konferenz für Sicherheit und Zusammenarbeit in Europa, und verharrt in dieser Argumentation auf der etwa zwanzigjährigen unverrückbaren Position von zwei souveränen, von einander unabhängigen Staaten. Die Sendungen zu den innerdeutschen Beziehungen waren von einem alten Leitsatz geprägt, der den Kommentaren dieser Zeit zu Grunde lag, dass die Deutsche Demokratische Republik das neue Deutschland vertrete und die Bundesrepublik an alten nationalkonservativen Leitbildern festhalte. Ein Kommentar vom 29. Dezember 1967 drückt das in beispielhaften Worten aus, die in den sechziger Jahren ständig bekräftigt wurden und sich über die nächsten zwei Jahrzehnte fortpflanzten, Gedanken dieses Leitsatzes:

*„Seit ihrer Gründung am 7. Oktober 1949 hat die Deutsche Demokratische Republik Möglichkeiten und Wege zu einem einheitlichen Deutschland gewiesen, in dem sich die jahrhundertealten sozialen Sehnsüchte der Deutschen erfüllen – ein Deutschland, in dem das Volk zum Eigentümer und Beherrscher in allen Bereichen des Lebens wird, ein Deutschland, in dem Imperialismus und Nazismus für immer bis zu den sozialen und geistigen Wurzeln beseitigt ist; ein Deutschland, in der die Kraft der Geschichte, die Staat und Gesellschaft verändert und verbessert, die Entwicklung bestimmt: die Partei der Arbeiterklasse. Seit 120 Jahren, seit dem Programm der Begründer des wissenschaftlichen Sozialismus Karl Marx und Friedrich Engels, ist diese einige deutsche demokratische Republik Inhalt und Ziel des Kampfes der deutschen Arbeiterbewegung und der besten Vertreter des humanistischen deutschen Bürgertums ... Die herrschende Schicht in der Bundesrepublik ist nicht Alleinvertreter des Deutschen Reiches, sondern Fortsetzer seiner unheilvollen antirussischen, antislawischen und antikommunistischen Orientierung. Im Sinne dieser alten nationalkonservativen Politik Deutschlands seit Beginn dieses Jahrhunderts geht die westdeutsche Republik, eingebunden in die NATO, den Weg neuer militärischer Allianzen, diesmal nicht im Alleingang mit schwachen Verbündeten, sondern an der Seite vermeintlich starker Mächte ...“*

Im Allgemeinen war die Deutschlandpolitik, die Radio Berlin International vermittelte, nicht darauf gerichtet, deutsche Streitereien ins Ausland zu tragen. Der Streit von damals allerdings war keine kleine Querele, sondern Teil der Auseinandersetzung zwischen zwei Systemen, die sich in ihrer sozialen Natur diametral unterschieden. Die Kritik blieb im wesentlichen beschränkt auf die Kontinuität der Nazi-Personalpolitik Bonns bis in die siebziger Jahre hinein, auf die Ablehnung der Vorschläge zur militärischen Neutralität und zum Abschluss eines Friedensvertrages mit Deutschland, auf die Weigerung Bonns, mit der DDR über eine Konföderation beider Staaten (1958) zur Wiedervereinigung zu sprechen, auf die einseitige Westbindung der Bundesrepublik, ihren Eintritt in die NATO und auf den Export von Rüstungsgütern in Spannungsgebiete (Nahost und Südafrika). Zu diesen Punkten war RBI bemüht, eine kritische Weltöffentlichkeit zu schaffen. In einem Kommentar vom 5. November 1965 heißt es:

*„Wie soll es in Deutschland weitergehen? Das ist die oft gestellte Frage in vielen Briefen der Hörer an die Redaktion, in der öffentlichen Diskussion in*

*beiden deutschen Staaten und im Ausland. Interessante Aufschlüsse über die Meinung des westlichen Auslandes und der Bonner Regierung zu den Möglichkeiten einer Wiedervereinigung erbrachte vor wenigen Tagen eine Fernsehdiskussion des Norddeutschen Rundfunks. In dieser Sendung sprachen Publizisten und Historiker aus Westdeutschland, Frankreich, Italien, England und den USA. Unabhängig von Meinungsverschiedenheiten in Einzelfragen waren im Grunde alle Teilnehmer einer Meinung: Es bestehen zwei Staaten. Ohne Verhandlungen mit der Regierung der Deutschen Demokratischen Republik wird es keine Wiedervereinigung geben. Golo Mann, der Sohn des Nobelpreisträgers für Literatur Thomas Mann, sagte, der beste Weg, voranzukommen bestünde darin, die Tatsachen anzuerkennen, so wie sie sind ... Nur Fortschritte in diese Richtung werden aus der Hochspannung heraus auf die Straße der Verständigung fuhren."*

Schwer genug erschien dieser Weg von der politischen Hochspannung zur völkerverbindenden Entspannung. Manche Zweifler, vor allem aus dem Kreis der Redakteure aus den USA und den national befreiten Staaten, warnten vor allzu großen Hoffnungen. Wie soll, fragten sie aus ihrer politischen Erfahrung, eine Verständigung zur demokratischen Wiedervereinigung über ideologische Grenzen hinweg Wirklichkeit werden? Geregeltes Miteinander ja, gute Nachbarschaft ja, aber Wiedervereinigung auf der Basis des Verbots der KPD und eines militanten Antikommunismus? In den Seminaren mit den ausländischen Mitarbeiterinnen und Mitarbeitern wurde offen über alle Probleme der Sendungen gesprochen, über die inhaltliche und sprachliche Verstehbarkeit der Aussagen, und manches wurde nach ihrem Rat abgeschwächt oder verstärkt. Als ein Beispiel sei die Bonner Haltung zur KPD angeführt, die lange Zeit in den Sendungen keine Rolle spielte. Es waren überraschender Weise ausländische Kollegen, die aufmerksam die Entwicklung in der Bundesrepublik verfolgten, die darauf hinwiesen, dass Kommunisten schon lange vor dem Verbot ihrer Partei am 17. August 1956 strafverfolgt waren. Bereits das 1. Strafrechtsänderungsgesetz von 1951 konnte zum Entzug der staatlichen Rente für Opfer der Hitlerdiktatur genutzt werden, wenn sie in der KPD wirkten. Noch stärker ausgeprägt war diese Willkürentscheidung nach der Änderung des Bundesentschädigungsgesetzes von 1956. Beide Gesetze hatte der Staatssekretär und Chef des Bundeskanzleramtes, Dr. Globke, angeregt. Die Tatsache der aktiven Mitarbeit der Kommunisten in den drei Westzonen am Wiederaufbau wurde von den herrschenden Parteien verdrängt und in ihren Medien verschwiegen. Statt dessen wurde an dem Antikommunismus der Nazis angeknüpft, der eine emotionale Grundlage gegen die Kommunisten und die Sowjetunion geschaffen hatte. Mit dem so genannten Radikalenerlass von 1972 erfolgten weitere Zwangsmaßnahmen, die sich jetzt gegen alle Personen richteten, die als „links" eingestuft wurden oder offene Sympathie für das Gesellschaftssystem der DDR äußerten.

Diese Situation für die Opposition in Westdeutschland machte die Zweifel der ausländischen Redakteure verständlich und RBI wählte die Berufsverbotspraxis, die auch in den USA üblich war, als Thema einer Reihe von Sendungen aus aktuellen Anlässen und stellte die Frage, wie die Wiedervereinigung nach westdeutschem Regierungsverständnis beschaffen sein soll, wenn bereist vor ihr die Sympathisanten der DDR dem politischen Strafrecht ausgeliefert sind.

## Episode Rapallo

Wenn der Sender auf Kurzwelle auch kaum in der Bundesrepublik gehört wurde, setzten sich seine Programme mit dem Antikommunismus in führenden Kreisen Westdeutschland kritisch auseinander. RBI stellte Etappen des außenpolitischen Pragmatismus der Reichsregierung dagegen, eine Verständigung mit Sowjetrussland zu suchen. Zwei Kommentare von RBI, von 1962 und 1967, verdeutlichen den Standpunkt der DDR in der damaligen Diskussion. Am 16. April 1962 heißt es:

> *„Die überwiegende Mehrheit der Deutschen scheint sich heute über eines klar zu sein: eine Verständigung mit dem großen Nachbarn im Osten, mit der Sowjetunion, ist der einzig mögliche Weg, den Frieden und die Sicherheit in Europa zu sichern. Diese geschichtliche Tatsache, die besonders die Deutschen erfahren mussten, zeigt auf dem Hintergrund einer Erklärung des westdeutschen Ministers Franz Josef Strauß die Aktualität aller unserer Forderungen, nach einem besseren Auskommen mit den Völkern Russland zu streben. Strauß äußerte, dass ein „Paktieren mit Sowjetrussland auf der Basis einer Partnerschaft unmöglich" sei, das „Gespenst von Rapallo" würde nicht wiederkommen."*

Heutzutage sei es von richtungsgebender Bedeutung, sich den Sinn zu vergegenwärtigen, der dem deutsch-russischen Vertrag zugrunde lag, der während der Weltwirtschaftskonferenz in Genua in dem kleinen Vorort Rapallo abgeschlossen wurde, erklärte RBI. Am 16. April 1922 unterzeichneten der deutsche Außenminister, Dr. Walther Rathenau, und der Volkskommissar der Russischen Sozialistischen Föderativen Sowjetrepublik, Tschitscherin, einen Vertrag, der nach seinem Wortlaut „die Fragen aus der Zeit des Kriegszustandes zwischen Deutschland und Russland" regelte, den gegenseitigem Verzicht auf Kriegsentschädigung festlegte, ferner die diplomatischen Beziehungen zwischen beiden Staaten wiederherstellte und beiden Partnern im Handel die Meistbegünstigung einräumte. Das war der Durchbruch durch die diplomatische Isolierung Deutschlands nach dem Schandvertrag von Versailles, den Frankreich und England dem besiegten Deutschland aufgezwungen hatten: Dieser Vertrag entriss dem Deutschen Reich wichtige Gebiete und legte ihm u.a. Reparationen bis in das Jahr 1988 auf.

Dramatische Verhandlungen gingen dem Vertragabschluss voraus zwischen Tschitscherin, dem deutschen Delegationsleiter, Reichskanzler Dr. Joseph Wirth und dem Leiter der Ostabteilung des deutschen Auswärtigen Amtes, Freiherr von Malzahn. Der Beginn der Wirtschaftsverhandlungen in Genua hatte die deutschen Vertreter davon überzeugt, dass Frankreich und England unter Wiederaufbau der zerstörten deutschen Wirtschaft vor allem die wirtschaftliche Ausplünderung Deutschlands verstanden und dabei noch versuchten, Deutschland und Russland gegeneinander auszuspielen. Die britische Regierung maßte sich gleich nach der Unterschrift unter dem deutsch-russischen Vertrag an zu fordern, dass Deutschland diesen Vertrag annulliert und Frankreich marschierte einige Monate später in das westdeutsche Industriegebiet an der Ruhr ein. RBI dazu:

> *„So wurde der Vertrag von Rapallo ein Vertrag der deutsch-russischen Verständigung, ein Vertrag des Friedens und der friedlichen Koexistenz. Reichskanzler Wirth fasste sein Programm mit den Worten zusammen: „Ziel und Richtung unserer Politik ist die Rettung der Nation." Die Hoffnungen auf eine lange oder immerwährende Beständigkeit der deutsch-russischen Zusammenarbeit haben sich durch deutsche Schuld in der weiteren Folge nicht erfüllt. Die Führung der deutschen politischen Klasse erwies sich als unfähig, Deutschland zu einem dauernden Aktivposten der friedlichen Koexistenz zwischen Staaten unterschiedlicher Gesellschaftsordnung zu machen. Rapallo blieb eine Episode. Die Führung der politischen Klasse in Westdeutschland kehrte gegen die nationalen Interessen des deutschen Volkes auf den Weg der irrationalen Feindschaft zu dem großen Nachbarn im Osten zurück.*
> *Walther Rathenau, seit Januar 1922 Reichsaußenminister, wurde am 22. Juni desselben Jahres ermordet, Reichskanzler Wirth kaltgestellt, Malzahn auf einen entfernten diplomatischen Posten abgeschoben, wo er bei einem mysteriösen Flugzeugunglück den Tod fand ..."*

Heute sollte sich niemand der Erkenntnis verschließen, meinte der Kommentator von RBI, dass die Zukunft Deutschlands von seinem Verhältnis zur Sowjetunion bestimmt wird. Reichskanzler Joseph Wirth, führendes Mitglied einer konservativen Partei, hatte diese Erkenntnis im Jahre 1922 mit den Worten ausgedruckt: „Solange Russland und Deutschland einander nicht feindlich geworden sind, ist es beiden Völkern gut gegangen."

Das deutsch-sowjetische Verhältnis war in den sechziger Jahren ein bedeutender Diskussionsstoff. Beeinflusst durch die aufklärenden Programme auch der Inlandssender der DDR, besonders des Deutschlandsenders, der in Westdeutschland weithin gut gehört wurde, stellten sich westdeutsche Politiker der öffentlichen Debatte, die 1967 zu einer Art nationaler Front gegen die Sowjetunion wurde, bedauerlich, weil die Sozialdemokraten in dem westdeutschen Parteienkartell die gleiche antisowjetische Stellung bezogen wie der CSU-Führer Franz Josef

Strauß. Der Führer der Sozialdemokraten, der damalige Außenminister Willy Brandt, erklärte Anfang Dezember 1967, Bonn werde der Sowjetunion widerstehen. RBI fragte: Warum widerstehen? Bedroht die Sowjetunion Bonn? Warum bringt sich Bonn in eine Frontstellung gegen die Sowjetunion? Brandt rief vor Mitgliedern seiner Partei aus: „Für uns, für die Bundesrepublik, gibt es kein Rapallo mehr!" RBI kam am 7. Dezember 1967 auf das Thema zurück:

> *„Einen vernünftigen, pragmatischen Standpunkt zu den deutsch-russischen Beziehungen haben stets nur deutsche Politiker eingenommen, die ideologiefern Realpolitik zu ihrer Prämisse machten, von Reichskanzler Fürst Bismarck über Außenminister Walther Rathenau bis Reichskanzler Joseph Wirth. Der Vertrag war gegen keinen anderen Staat gerichtet. Er war ein Friedensvertrag im doppelten Sinne des Wortes: Er beendete den formal noch bestehenden Kriegszustand zwischen Deutschland und Russland und eröffnete zugleich einen weiten Ausblick für ein Europa des Friedens, in denen Staaten verschiedener Gesellschaftsordnung unter normalen Verhältnissen miteinander leben können. Der Vertrag war ein ehrliches Friedenswerk. So sehr dieser Vertrag den Interessen des deutschen Volkes entsprach, so wenig wurde er von den deutschen Antikommunisten aller Schattierungen anerkannt. Er rief sie alle auf den Plan: rechtsgerichtete Sozialdemokraten, reaktionäre Soldatenbünde, die Mehrheit der Konservativen und all die Anderen, die auf dem Hintergrund eines gespannten deutsch-sowjetischen Verhältnisses ihre Rolle als antikommunistischer Stoßtrupp Europas glaubhaft machen wollten. Politische Kreise der herrschenden Klasse in Deutschland hatten sich in ihrem verhärteten, engstirnigen Antikommunismus nicht gescheut, selbst einen führenden Mann ihrer Klasse skrupellos zu beseitigen: Walther Rathenau. Er war kein Freund der Sowjetunion, aber Realpolitiker. Als Sohn des Gründers der Allgemeinen Elektrizitätsgesellschaft (AEG) und nach dem Tode seines Vaters selbst Generaldirektor dieses Weltkonzerns, als Mitglied der Aufsichtsräte von mehr als 100 deutschen und ausländischen Industriebetrieben und Banken, wusste er den Mechanismus von Ökonomie und Politik in der bürgerlich-parlamentarischen Gesellschaft einzuschätzen …*
>
> *Am Vorabend des ersten Weltkrieges im Jahre 1914 schrieb er, 300 Männer, von denen jeder jeden kennt, leiteten die wirtschaftlichen Geschicke des Kontinents. Er wollte Deutschland aus der Isolierung führen, in die das Vaterland nach dem Ende des ersten Weltkrieges geraten ist, er wollte aus der Erfahrung des Weltkrieges den Grundstein für einen dauerhaften Frieden in Europa legen, auch aus der Erkenntnis, dass jede Wiederholung des Versuches der Neuaufteilung der Welt durch Deutschland nur das gleiche, wahrscheinlich aber ein noch schlimmeres Ergebnis haben würde."*

Hätte der Vertrag von Rapallo Bestand gehabt, eine deutsch-russische Verständigung ohne ideologische Scheuklappen hätte die Zeit überdauert – ein Zweiter Weltkrieg mit seinen mehr als 55 Millionen Toten, seinem Völkermord und seinen Vertreibungen und seinen unermesslichen materiellen Schäden wäre unvorstellbar gewesen. Deutschland und Russland in einem Bündnis, das hätte den Frieden und die Sicherheit Europas verbürgt und sicher auch zu einer weltweiten Stabilität geführt. „Wie irrational ist eine Politik", fragte RBI, „die auf den Wogen des Antikommunismus und der Feindschaft zu dem großen Nachbarn im Osten schwimmt, wie wenig haben die Führer der westdeutschen herrschenden Klasse aus der Geschichte seit 1918 gelernt und wie wenig hat ihre Politik mit den Bedürfnissen des Volkes zu tun."

## Ein Blick zurück

Rückblickend betrachtet, blieb das publizistische Wirken gegen die Gefahr eines die Welt zerstörenden Krieges mit Kernwaffen das Thema der Programmarbeit des Senders in den rund drei Jahrzehnten seines Bestehens. Vor dem Hintergrund der waffentechnischen Entwicklung in den Jahren von 1960 bis 1990 trieb diese Entwicklung einer kritischen Größe zu, an die Ereignisse außer Kontrolle geraten könnten, gerade in Deutschland im Schnittpunkt der Interessen der Supermächte jener Zeit. Von diesem Standpunkt gesehen, hat Radio Berlin International einen beachtlichen publizistischen Beitrag geleistet. Die gesamte Entwicklung wies den Massenmedien auf Grund ihrer zentralen gesellschaftlichen Funktion die Aufgabe zu, dafür zu wirken, dass die internationalen Beziehungen mit einem Stopp des Wettrüstens neugestaltet werden und dass günstige Bedingungen gegen völkertrennende Feindbilder, gegen kulturelle Rückständigkeit, gegen Hunger und Armut geschaffen werden. Über den Schutz des Lebens hinaus, entsprach die publizistische Arbeit dem Staatsinteresse der DDR, über eine Entlastung bei den Rüstungskosten das sozialpolitische Programm und die freie Entwicklung des Handels voran zu bringen. Kristallisiert haben sich diese Forderungen schließlich in der Schlussakte der Konferenz für Sicherheit und Zusammenarbeit in Europa Mitte der siebziger Jahre, die von den europäischen Staaten, den USA und Kanada unterzeichnet wurde, und von RBI als der geschichtliche Wendepunkt Europas im 20. Jahrhundert mit Überschwang begrüßt wurde.

Die Kommentare, Interviews und Dokumentationen machten schon in den ersten Tagen nach der Unterzeichnung für alle, die den Text der Schlussakte gelesen hatten, klar, dass der Sender bald vor neuen Argumentationsproblemen stehen wird.

RBI stellte nach Empfehlung der Staatsmacht zwei Punkte aus der Schlussakte heraus, die den Interessen der DDR dienlich waren: Erstens den Verzicht auf Gewalt in den gegenseitigen Beziehungen, und zweitens die Erweiterung gleichberechtigter Beziehungen auf dem Gebiet des Handels, der Wirtschaft und der

Wissenschaft. Zweifellos sind das entscheidende Punkte für Sicherheit und Zusammenarbeit, aber es sind nicht alle, die in der Schlussakte verankert sind. Ausgenommen in der publizistischen Information wurde weitgehend der dritte Abschnitt: die menschlichen Kontakte und die Information, während Kultur und Bildung eine Rolle am Rande hatten. Die gegebene Richtlinie der Agitationsführung in einer mündlichen Anleitung der Chefredaktionen, die auch für den Auslandsender galt, sagte aus, „sozialistische Europapolitik ist nicht auf irgendwelche inneren gesellschaftlichen politischen Fragen anderer Länder orientiert, sondern einzig und allein auf Probleme, die mit der Sicherheit des europäischen Kontinents wesentlich zu tun haben." Die Opposition in der DDR, in der Sowjetunion und in anderen Ländern der sozialistischen Staatengemeinschaft baute sich jedoch nicht an der Truppenstärke, an der atomaren Rüstung der UdSSR auf, sondern an dem Mangel an Bewegungsfreiheit, an der Einseitigkeit der Information, an der zuweilen grotesken Medienpolitik der Parteiführungen und an sich den schier unüberwindlich erscheinenden Versorgungsengpässen der sozialistischen Planwirtschaft.

Die DDR hat 15 Jahre nach der Schlussakte der KSZE die Erfahrung gemacht, dass ein Gesellschaftssystem in seinem Fundament erschüttert wird oder zerbricht, wenn das freie Wort und die Information im Rahmen der Verfassung auf lange Zeit unterdrückt werden. Neben den wirtschaftlichen Problemen, die im europäischen Entspannungsprozess gemildert werden sollten, und der staatlich kontrollierten Wohnhaft durch weitgehend geschlossene Grenzen nach dem Westen und dem Norden, die weit eher und weit größer nach der Schlussakte hätten geöffnet werden müssen, war es die dogmatische, die sozialistische Demokratie- und Freiheitsidee auf den Kopf stellende Informations- und Medienpolitik der Staatsmacht, die den gesellschaftlichen Umbruch von 1989 auslösten. Der Vorsitzende des Staatsrates, Erich Honecker, unterschrieb in Helsinki die Schlussakte, er wagte jedoch mit dem Blick auf Moskau nicht, sie mit der notwenigen Umsicht und mit dem erforderlichen Selbstvertrauen in der DDR umzusetzen. So blieb die Abrüstung das wichtige Thema für den Auslandsrundfunk, zweifelsfrei ein bewegendes Thema in der Starrheit der Blockkonfrontation, aber ohne spürbare Wirkung auf die Lebensverhältnisse der Menschen, die mit großer Hoffnung auf die europäische Konferenz für Sicherheit geblickt hatten. Die große Demonstration von mehr als 500.000 Teilnehmern am 4. November 1989 auf dem Berliner Alexanderplatz galt nicht der Abrüstung, sondern der Freiheit der Information und Kommunikation im eigenen Land.

So bedeutend die Schlussakte von Helsinki ist, eine andere Gefahr kam drohend näher: die Stationierung amerikanischer und sowjetischer Kurz- und Mittelstreckenraketen mit atomaren Sprengköpfen auf deutschem Boden. Jede noch so überzeugend vorgetragene Argumentation zu dieser Gefahr hat eine Schwäche – der Sender durfte auf die sowjetischen Raketen in der DDR nicht hinweisen – ihm war gestattet, die amerikanische Bedrohung darzustellen. Das erste Schlagwort in den Sendungen lautete: Frieden schaffen ohne NATO-Waffen. Ein falsches Schlagwort, weil es die Überlegung einschloss, der Friede wäre gesichert mit sowjetischen Raketenwaffen im Kurz- und Mittelstreckenbereich in der DDR. Hörer der englischen und schwedischen Friedensbewegung haben als erste die Redaktion darauf aufmerksam gemacht, wie unbrauchbar dieses Schlagwort ist. Der Sender strich das Schlagwort aus den Manuskripten und schnitt es aus den Bandaufnahmen seiner Sendungen. Nach etlichen Diskussionen mit der Agitationsführung hieß die zweite Losung: Frieden schaffen ohne Waffen. Der Vorsitzende des Staatsrates, Erich Honecker, sprach fortan – ohne Bezug auf Staaten zu nehmen – vom „Teufelszeug, das vom deutschen Boden entfernt werden muss". Später wurde das Schlagwort noch realitätsbezogener: Frieden schaffen mit weniger Waffen. Eine Sendung vom 25. Februar 1989:

> *„Frieden schaffen mit weniger Waffen, diese Forderung wird auch in diesen Tagen immer lauter überall in der Welt erhoben. Dabei stehen jene Pläne der USA und der NATO zur Modernisierung ihrer Militärpotentiale, vor allem der nuklearen, vielerorts im Mittelpunkt der Diskussion, besonders natürlich hier in Europa. Eindeutig wollen die Völker die Befreiung von der Gefahr der Kernwaffen; sie wollen eine Fortsetzung der Abrüstung ohne „wenn" und „aber". Es darf keine neue Vorrüstung geben. In diesen Tagen vom „Gemeinsamen Haus Europa" zu sprechen, heißt darüber nachzudenken, wie ein Klima der guten Nachbarschaft und des gegenseitigen Vertrauens geschaffen werden kann. Mehrere unserer Gesprächspartner würdigten die in jüngster Zeit gefassten Beschlüsse der Staaten des Warschauer Vertrages über einseitige Maßnahmen zur Abrüstung, über Reduzierung von Truppen, Rüstungen und Militärausgaben ..."*

Die Verringerung der Militärkapazität im konventionellen Bereich war möglich geworden durch die erhöhte Vernichtungskraft sowjetischer Atomwaffen. Außerdem verlangte die erschöpfte Volkswirtschaft der Staaten des Warschauer Vertrages eine gewisse Entlastung bei den Rüstungsausgaben. Für die DDR waren wirkliche Abrüstungsmaßnahmen ein zwingendes Gebot für die Volkswirtschaft. Hinter der Politik der Abrüstung der DDR, das war der immer wiederkehrende Gedanke in den Sendungen, stand die gesellschaftliche Leistung, der Fleiß und die Zielstrebigkeit ihrer Menschen, die aus den Trümmern und dem Elend des Hitlerkrieges ein neues Leben geschaffen haben, das mit der Hoffnung auf ein Leben in Frieden und Sicherheit eine eigene Qualität erhalten hatte, die bewahrt werden müsse.

Besonders appellativ wurden die Sendungen, die sich gegen die Kurzstreckenwaffen mit Atomsprengköpfen richteten, Waffen mit einer Reichweite von 120 bis 35 Kilometern. Wären diese Waffen je eingesetzt worden, hätten die USA und die UdSSR in ihrem Krieg um die Vormacht Deutschland in eine von atomaren

Strahlen verseuchte Wüste verwandelt. Die Sendungen verbanden überzeugend deutsche Interessen mit den Interessen aller europäischen Völker, und sie scheuten sich nicht, selbst erklärte politische Gegner der DDR breit zu zitieren, wie den Vorsitzenden der CDU-CSU-Fraktion im Deutschen Bundestag, Dr. Alfred Dregger, der entschieden gegen die Kurzstreckenraketen auf deutschem Boden Stellung bezog. In dieser dramatischen Zeit erhielt RBI sehr viele Briefe, aus denen die Sorge um die Gefahren sprach, die aus der wahnsinnigen Hochrüstung für alle Völker erwachsen. RBI kommentierte am 7. Mai 1990:

> *„Die enormen Summen, die in die gewaltige Aufrüstung gesteckt werden, in den Bau von Langstreckenbombern, U-Booten, Raketen und Bunkern könnten in einem Jahrzehnt gemeinsamer Anstrengungen aller Industriestaaten, die an der Hochrüstung beteiligt sind, das Lebensniveau der vom Kolonialismus befreiten Völker um ein Vielfaches erhöhen. Armut, Hunger und Krankheiten könnten erfolgreich bekämpft und die Wurzeln des Hasses und der Gewalt beseitigt werden …"*

Die USA und die UdSSR unterhielten Ende der achtziger Jahre etwa 15 Millionen Mann unter Waffen. Sie verfügten über eine Macht von Atomwaffen zur vierfachen Vernichtung der Erde. Und es sah so aus, dass keine Seite die Vernunft zum ersten Schritt zur Abrüstung aufbringt, für die Radio Berlin International zusammen mit anderen Medien warb.

Europa hat das größte ökonomische, wissenschaftliche, politische, kulturelle Potenzial, warum sollte es weiter zersplittert und verbraucht werden in dogmatischen ideologischen Kämpfen, über denen das Damoklesschwert eines mit Kernwaffen geführten Krieges schwebt? Der damalige Präsident der Sowjetunion, Michail Gorbatschow, hatte den Mut, den ersten Schritt aus diesem Teufelskreis ständiger Hochrüstung zu gehen. Es war die Grundstimmung aller Hörer, dass einer den Anfang machen sollte, und alle in Europa, in Afrika, Asien und Lateinamerika brachten in ihren Zuschriften an den Sender Gorbatschow für diesen Schritt ihre Hochachtung entgegen.

## Weltprogramm in Deutsch

Es war ein großer Tag für das Deutsche Programm: der 150. Jahrestag der ersten deutschen Einwanderer in Chile am 15. November 1827. Was trieb so viele Deutsche schon in der ersten Hälfte des 19. Jahrhunderts aus ihrem Vaterland fort, warum strebten sie unter großen Entbehrungen einer neuen Heimat zu, vor allem in Nord- und Südamerika? Das war eine der Sendungen zum 15. November 1977, die Antworten suchte in der feudalen Enge, den muffigen politischen Zuständen in dem zersplitterten Deutschland, die noch größere Verarmung mit dem Aufkommen der kapitalistischen Industrie – und die Möglichkeit, in der Ferne ein freies Leben in eigener Verantwortung aufzubauen. Eine andere Sendung fragte nach den Leistungen der Deutschen in Chile. Diese Sendung hatte einen aktuellen Bezug. Sie galt einem General deutscher Herkunft, dem Chef des Generalstabes des chilenischen Heeres, René Schneider, der sich allen Versuchen chilenischer Militärs entgegenstellte, die vom Volk freigewählte Regierung des Sozialisten Dr. Salvador Allende zu stürzen: General Schneider war das erste Opfer der antidemokratischen Verschwörung – er wurde vor dem Staatsstreich am 11. September 1973 ermordet. Die Sendung zeichnete seinen Lebensweg nach, der an der Seite des Volkes verlief, es war sein aufrechter Gang auch gegen einen deutschstämmigen Klüngel in Chile, der sich reaktionären Ideen verschrieben hatte.

Von Mexiko bis Feuerland leben etwa acht Millionen Menschen deutscher Abstammung. In Südbrasilien sind es drei Millionen – Blumenau ist das bekannteste deutsche Siedlungsgebiet in Lateinamerika. Hier leben Bauern, Arbeiter, Handwerker, Ingenieure, Ärzte, Anwälte, Geschäftsleute, Unternehmer – Auswanderer und Emigranten oder deren Nachfahren, unter ihnen Antifaschisten. Viele Deutsche im Süden Amerikas haben falsche oder keine Vorstellungen über die Verhältnisse in Deutschland. An diese Millionen Hörerinnen und Hörer deutscher Abstammung wandte sich Radio Berlin International. Ihnen vorzustellen, wie der neue deutsche Staat, die Deutsche Demokratische Republik, beschaffen ist, das war die Aufgabe der „Deutschen Stunde für Lateinamerika".

Am 5. Februar 1969 beschloss das Sekretariat des Zentralkomitees der SED, das deutschsprachige Programm von RBI, das seit 1959 sendete, zu einem Weltprogramm auszubauen für Bürger der DDR im Ausland, für Schiffsbesatzungen, Diplomaten und deutsche Minderheiten in der Welt. Dieses Programm war über Lateinamerika hinaus an Bürger deutscher Herkunft in Nordamerika, Afrika, Australien und Neuseeland gerichtet. Auf Mittelwelle richtete es sich an die deutschsprachige Gemeinde in Europa, in Luxemburg, im Elsass, in den Niederlanden, in der Schweiz und Österreich; dazu kam ein weiteres Programm auf Kurzwelle für andere deutschsprachige Hörerinnen und Hörer, zum Beispiel in Dänemark, Schweden, England, Italien, der Türkei und Spanien; diese Sendungen ergänzten ein Musikprogramm von täglich einer Stunde mit Kurzinformationen. Viele Briefe sind der gute Beweis für die große Zahl der Freunde dieser Sendungen.

Im Deutschen Programm spiegelten sich allgemeine Fragen des Auslandsradios wider. Ein Beispiel ist der Einsatz von Musik auf Kurzwelle. Ihr Einsatz hängt in erster Linie von der technischen Qualität der Übertragung ab. Wenn ein Sender mit 50 Kilowatt Leistung in unmittelbarer Nähe eines Senders mit 500 kW sendet, wäre der Einsatz von Musik für den schwächeren Sender nutzlos. Grundsätzlich jedoch hat die Musik neben den Nachrichten eine tragende Funktion im Auslandsradio im gleichen Rang wie die informationsintensiven Möglichkeiten anderer Genres. Die Sprache der Musik, die Beliebtheit deutscher

Musik in der Welt, ist neben dem Rang der Musik des Empfangsgebietes der Sendungen stark zu beachten. Durch Musik ist ein bestimmter Hörerkreis zu gewinnen, nicht nur im Deutschen Programm, sondern vor allem in Afrika und Lateinamerika. In diesen Sendungen sind alle musikjournalistischen Formen einsetzbar: Ausgewählte Musik des bestimmten Landes, Komponistenporträts, Vorstellung von Solisten und Klangkörpern, Betrachtungen zu Musikfesten und Kommentare zur Musikpolitik.

Für Ausländer deutscher Herkunft hat die Musik in einem Kurzwellenprogramm eine besondere Bedeutung. Für sie kann die Musik eine starke emotionale Wirkung haben. Sie ist eine Brücke zur alten Heimat, unterstützt von textlichen Erläuterungen, kann sie einen hohen Informationswert aufweisen und in indirekter Weise Informationen über die Gesellschaft vermitteln. Frühere deutsche Kurzwellenprogramme brachten gute Musiksendungen, um Deutsche in der Fremde ideell an die Heimat zu binden, und das mit Erfolg. Diese Aufgabe können Fremdsprachenprogramme nicht erfüllen. Der Kurzwellenhörer irgendwo in der Welt sucht Informationen über ein fremdes Land und beschränkt sein Interessen oft auf wichtige, lebhaft dargestellte Informationen. Für diesen Hörerkreis hat die Musik eine Funktion als Ergänzung des Wortes und als Brücke, um Beiträge voneinander zu trennen. Diese Funktion ermöglicht es, mit Musik aller Genres zu arbeiten. Voraussetzung ist die genaue Kenntnis der Musik und des Textes. Durch falschen Musikeinsatz kann die Aussage eines Wortes in das Gegenteil verkehrt werden. Als günstig hat sich in den Programmen von RBI die textliche Überleitung von einem Beitrag zu anderen, von einer Information zur anderen mit kurzen, klaren, verständlichen Texten erwiesen. Die beste Möglichkeit des Musikeinsatzes im Auslandsradio liegt in den kulturpolitischen Programmen. Hier kommt der Musik eine führende Rolle zu, da sie leichter abbildbar, verständlicher zu machen ist als die darstellende und bildende Kunst. Für alle Sendebereiche waren die Themen Literatur und Wissenschaft unverrückbare Bestandteile. Viele Möglichkeiten und emotionale Berührungspunkte enthält der Reichtum der klassischen deutschen Literatur, die in der Literatur der Welt fest verankert ist, und die Literatur in allen Sendebereichen. Besonders trifft das für Sendebereiche zu, in denen der Anteil intellektueller Schichten, von Studenten und Lehrern unter den Hörern groß ist, wie bei RBI in den Weltregionen Afrika, Asien und Lateinamerika.

# Besonderheiten der Darstellungsweisen

## Genres

Die Darstellungsweisen (Genres) des Auslandsrundfunks haben keine herausragende Spezifik zu den allgemeinen Genres des Radiojournalismus. Wesentlich erscheint, das Auswahlprinzip zu beachten, das den Gegebenheiten im Empfangsgebiet der Information entspricht. Es gilt als eine bewiesene Situation, dass der allgemeine ausländische Adressat wenig oder nichts aus dem Leben einer anderen Gesellschaft weiß, wenn man von Touristenkenntnissen und dem Spezialwissen kleiner Gruppen absieht, die sich mit dem Volk und dem Wirkungsgebiet des Auslandssenders aus beruflichen und anderen Gründen näher befassen. Aus diesem Grunde treten die Darstellungsweisen in den Vordergrund, die in ihrer Art am besten geeignet erscheinen, glaubwürdige Informationen zu verbreiten, um Nichtwissen und Vorurteilen im politischen Denken zu begegnen.

An erster Stelle steht die dokumentarische Information. Sie gibt den Beweis, sie zitierte die Quelle unmittelbar und sie misst die Behauptungen des politischen Gegners an seinen eigenen Reden und Handlungen. Dazu gehört das Interview. Es vermittelt das Wichtigste aus der Sicht eines Zeitzeugen; es enthält wesentliche Aussagen einer Autorität zu Tatsachen, Ereignissen und Zusammenhängen. Geeignete Darstellungsweisen sind das Portrait und die Reportage sowie der Kommentar. Das erste Glied in der Kette dokumentarischer Informationen ist ohne Zweifel die Nachricht. Täglich erhält der Nachrichtenredakteur viele Informationen. Nicht jede gelangt in den täglichen Dienst. Manche Nachrichten sind für sich allein nicht von besonderem Wert. Die einzelnen Informationen zu sammeln, sie zu einem Nachrichtenmosaik zusammen zu fassen, erwies sich bei RBI als eine nützliche Methode gegenüber einer weitgehend nicht oder nur schwach unterrichteten Hörerschaft. Sie lassen sich zu einer Einheit montieren und erhalten dadurch eine neue Qualität. Ein Beispiel aus dem Jahre 1975:

**Dubai und Kuweit**. Mit Hafenkränen und Stückgut an Bord hat der Frachter „Wilhelm Florin" den Liniendienst der DDR-Seereederei zwischen Rostock und den Häfen des westasiatischen Golfs eröffnet. Der Seeweg führt im Januar nach Dubai und Kuweit. Nach Eröffnung dieser neuer Linie befahren Handelsschiffe der DDR jetzt ständig 21 Routen. Der erste Liniendienst war 1956 zwischen der DDR und Finnland eröffnet worden. Die damals erst vier Jahre junge Handelsflotte der DDR verfügte nur über drei Frachter. Heute verkehren 197 Schiffe der Deutschen Demokratischen Republik nach 300 Häfen in 70 Ländern.

**Schnelles Wachstum**. Die Erdölverarbeitung ist in der DDR von 10 Millionen Tonnen jährlich auf 18 Millionen Tonnen in diesem Jahr gestiegen. Mehr als die Hälfte der gesamten Substanz von Kohlenstoff sollen in diesem Jahr aus Erdöl gewonnen werden. Seitdem Erdöl aus der Sowjetunion durch eine Pipeline über eine Trasse auf Tausenden von Kilometern in die DDR gelangt, gewann die Petrochemie an Bedeutung.

**Malimo-Export**. In mehr als 30 Ländern produzieren etwa 700 Nähwerkmaschinen der DDR vom Typ „Malimo" Textilien für unterschiedliche Verwendungszwecke. Ihre Kapazität beträgt rund 350 Millionen Quadratmeter Stoff pro Jahr. Mehr als zwei Drittel der Maschinen arbeiten in der UdSSR, in Polen, Bulgarien, Frankreich, Großbritannien, Italien, der Bundesrepublik, Japan und in den USA. Mit der Nähwerktechnik „Malimo" hat der Textilmaschinenbau der DDR vor Jahren einem völlig neuen Verfahren zum Durchbruch verholfen und die moderne Textiltechnologie in der Welt voran gebracht.

Eine Informationsmontage, die in der Praxis mehr Nachrichten enthielt und von zwei Sprechern gesprochen wurde, gibt methodisch viele Kombinationsmöglichkeiten. Inhaltlich kann sie aussagekräftiger sein als eine Betrachtung, weil sie dem vielleicht voreingenommenen Hörer mehr Authentizität vermittelt. In der Form ist sie für den Hörer durch ihre Vielseitigkeit interessant. Aktualität wird in den Informationsmontagen als gesellschaftliche Bedeutsamkeit gesehen. Das ist nicht als Widerspruch zur Aktualität in ihrer Tagesbezogenheit zu sehen, also nicht nur vom Standpunkt der Schnelligkeit der Übermittelung der Information als wechselseitige Beziehung zwischen dem Ereignis und der Gesellschaft bzw. einer Gruppe von Menschen, für die der Sachverhalt von Interesse und Bedeutung ist. Jede Tatsache aus dem gesellschaftlichen Leben eines anderen Staates hat für den interessierten Hörer einen Neuigkeitswert, das trifft besonders auf das Leben in einer alternativen Gesellschaftsordnung zu. Die Tatsache vermittelt etwas anderes und bringt etwas bisher Unbekanntes. In dieser Situation lag der Reiz für die Hörer in Afrika, in Asien, Lateinamerika, in Australien und Europa, den Auslandssender der DDR in ihrer Sprache zu hören – zugleich aber lag in dieser Situation die Verantwortung des Journalisten, den Erwartungen der Hörer zu entsprechen. Lange zurückliegende Leistungen der DDR, wie zum Beispiel die Überwindung der Tuberkulose als Massenerkrankung, ist ein hochaktuelles Thema für ein Land, das mit der Tuberkulose als Massenerkrankung ringt. Vieles, was im eigenen Land längst den Archiven anvertraut ist, kann für den Hörer im Ausland einen bedeutenden Neuigkeitswert haben.

In allen dokumentarischen Informationen ist die Nachricht die wichtigste journalistische Kategorie. Die Nachrichtenarbeit ist die Grundlage für viele andere journalistische Arbeiten.

## Besonderheiten der Nachrichten für das Ausland

Die Schnelligkeit der Informationsgebung ist eine wichtige, aber nicht allein entscheidende Seite der Aktualität in der Nachrichtenarbeit. Sind die Nachrichten nicht im zeitlichen Sinne aktuell, wird der Schnelligkeit nicht entsprochen, bleibt diese Arbeitsweise nicht ohne Folgen: Wirksam ist immer die glaubhafte Erstinformation. Wenn beispielsweise abträgliche oder falsche Informationen im Empfangsgebiet über die DDR verbreitet wurden, und der Sender widersprach nicht sofort oder schwieg zu lange, wurde die Erstinformation als die wahre genommen, da es für den Hörer schwer ist sich vorzustellen, dass ein Sender auf abträgliche oder falsche Informationen nicht antwortet. Ein Beispiel mag für andere stehen. In der öffentlichen Diskussion um mehr Reisefreiheit im Jahre 1987 verbreiteten internationale Nachrichtenagenturen in Westeuropa die Meldung, Reisende der DDR in westliche Länder erhielten von der Regierung der DDR keine Reisezahlungsmittel in Devisen, zugleich sei es jedoch verboten, Geldmittel der DDR ins Ausland mitzunehmen. Am ersten Tag war keine Richtigstellung zu erhalten, am zweiten Tag veröffentlichte das Außenministerium am 3. Juli 1987 eine Nachricht, die folgendermaßen abgefasst war:

*Berlin (ADN). Auf Anfrage einer westlichen Nachrichtenagentur über die Ausstattung von Bürgern der DDR mit Zahlungsmitteln bei Reisen ins Ausland erklärte der Sprecher des Ministeriums für Auswärtige Angelegenheiten, es handle sich dabei ausschließlich um eine Angelegenheit der DDR. Sie regelt dies entsprechend den Erfordernissen des ständig wachsenden Reiseverkehrs, insbesondere in dringenden Angelegenheiten für Familien.*

Diese Nachricht kann als Bestätigung der Falschmeldung aufgefasst werden. Sie ist als Antwort auf eine Falschmeldung eine Nicht-Nachricht und war für RBI völlig unbrauchbar, weil niemand etwas erfährt. Das Protokoll-Deutsch hatte der Übersetzer korrigiert, aber was sollte der Nachrichtenredakteur zum Inhalt des Vorganges sagen? Eine Anfrage an das Ministerium wäre sinnlos gewesen, denn der Sprecher hat die Nicht-Nachricht nicht formuliert, sondern nur wiedergegeben, was er von der Agitationsabteilung des Zentralkomitees auf den Tisch mit dem Auftrag bekam, sie weiter zu verbreiten. Fakt war, der Privatreisende erhielt DM 15,– von der Staatsbank der DDR 1 : 1 eingetauscht, seine Fahrkarte konnte er für die Hin- und Rückfahrt in der Währung seines Landes kaufen. So lautete die Nachricht bei RBI.

Ein Sender für das Ausland muss im eigenen Land ständig auf dem neuesten Stand stehen, er muss aber auch im Sendegebiet dabei sein und das Wesentliche erfassen. Mit diesem Kreis von Aufgaben ist ein anderes Problem verbunden, das in der journalistischen Praxis von Radio Berlin International unterschiedlich gesehen und manchmal nicht mit der genügenden Aufmerksamkeit behandelt wurde: Die Vor-Informiertheit und die Nicht-Informiertheit der Hörer.

Die Nicht-Informiertheit bezieht sich allgemein auf alle Ereignisse und Prozesse im Land des Senders. Aus diesem Grunde muss der Auslandsrundfunk immer umfassend informativ arbeiten bis hin zur kurzen Beschreibung, wo die Stadt liegt, über die berichtet wird oder was sie auszeichnet, wenn es nicht gerade die Hauptstadt ist, also: Rostock, die große Hafenstadt der DDR; Dresden, die Kunststadt, Meißen, die Stadt des Porzellans im Süden der DDR. Informationen, die der Bürger im eigenen Land versteht, müssen für das Ausland im Interesse höherer Verständlichkeit ergänzt werden.

Die Vor-Informiertheit bezieht sich auf das Geschehen im Empfangsgebiet und auf internationale Ereignisse. Über beide Informationsbereiche ist der Hörer durch Presse, Radio und Fernsehen seines Landes informiert, bevor er sich der Information des Auslandsradios zuwendet. Er stellt den Sender des Auslandes ein, um Tatsachen von einer anderen Seite betrachtet zu hören, neue Einzelheiten und Zusammenhänge zu erfahren. Für das Auslandsradio wird damit einer der wesentlichen Grundsätze seiner zielgerichteten Arbeit deutlich: Seine Information muss sachlich und umfassend sein und, wenn erforderlich, eine Aussage haben, die den Standpunkt seines Landes erkennbar werden lässt. Die Vor-Informiertheit über Ereignisse im Empfangsgebiet der Sendungen und über das internationale Geschehen ist im allgemeinen als eine gegebene Tatsache zu sehen, nicht als Möglichkeit, weil der Auslandsrundfunk stets nur eine ergänzende Funktion in der Informationsauswahl des ausländischen Hörers hat. Das gilt nicht nur für die Nachrichten, sondern für jede Information in allen Genres.

## Von Berlin nach Pankow

Vor einem Fahrplan am Berliner Ostbahnhof trafen Mitte der sechziger Jahre Redakteure von RBI einen Franzosen, der aufmerksam die Abfahrtzeiten der Schnellzüge las. Er fragte, ob sie ihm helfen könnten, er müsse heute noch nach Pankow, in die Hauptstadt der Deutschen Demokratischen Republik, weiterreisen; ob sie ihm nicht sagen könnten, wann die Züge nach Pankow fahren. Der Mann, der auf dem Ostbahnhof in Berlin eine Schnellzugverbindung in die Hauptstadt der DDR suchte, war der Sekretär einer französischen Gewerkschaft. Am Ende der sechziger Jahre sprachen Redakteure mit einem irakischen General, der zu einem Besuch in der DDR weilte. Er zeigte im Gespräch Verständnis für die Haltung der DDR gegenüber Westberlin und erläuterte den Mitarbeitern von RBI, welche Gefahren aus diesem, wie er sagte, vorgeschobenen Posten der NATO militärisch für die Deutsche Demokratische Republik erwachsen könnten. Um seine Meinung besser auszudrücken, begann er, den Mitarbeitern mit ein paar Strichen auf einer Serviette deutlich zu machen, welche militärischen Möglichkeiten sich aus einem Brückenkopf ergeben. Die Zeichnung, die er vorlegte, zeigte Westberlin als Teil Westdeutschlands mit einem militärisch starken Aufmarsch im Rücken unmittelbar an der Grenze zur DDR.

Beide Tatsachen weisen darauf hin, welche Bedeutung die ständige Wiederholung von Begriffen und Bezeichnungen und eine bewusste Ausdrucksweise für die Meinungsbildung einer breiteren Öffentlichkeit hat. Die Hauptstadt der DDR wurde in den kapitalistischen Medien aller Länder nach einer einheitlichen Sprachregelung stets nach dem Stadtbezirk genannt, in dem zuerst der Staatspräsident residierte; die Bezeichnung Berlin wurde streng gemieden. „Pankow" war über mindestens zwei Jahrzehnte der in ständiger Wiederholung gebrauchte Begriff, wenn über die Regierung der DDR, über Regierungserklärungen oder andere politische Ereignisse aus der DDR berichtet wurde. Für viele Hörer stand deshalb die Bezeichnung „Pankow" stellvertretend für ostdeutsche Hauptstadt. Die ständige Wiederholung der westlichen Auslandspropaganda, Westberlin als Teil der Bundesrepublik erscheinen zu lassen, hat zwangsläufig bei vielen Menschen zu dem Eindruck geführt, Westberlin liege im Grenzbereich Westdeutschlands. Hier wurde ohne den Aufwand von Kommentaren und polemischen Darlegungen nur mit dem konsequenten Einsatz von Begriffen in den Nachrichten wirksame außenpolitische Propaganda betrieben; eindringlicher als alles andere, weil die Hörer und Leser im Ausland die propagandistische Methode und den politischen Zweck nicht erkennen. RBI hat nach diesem Erlebnis, mit weniger Erfahrung in der Propaganda als die Westdeutschen, eine erste Schlussfolgerung für die Nachrichtenarbeit gezogen:

Feste Begriffe, eine bewusste, immer wiederkehrende Ausdrucksweise methodisch richtig angewandt, sind geeignet, politische Tatsachen direkt und unaufdringlich in das öffentliche Bewusstsein zu tragen. Fortan wurden die Begriffe „Westberlin" und „inmitten des Territoriums der DDR" in dieser oder in abgewandelter Form als Einheit ständig aus aktuellem Anlass wiederholt. Auch die Begriffe „Berlin" und „Hauptstadt der DDR" wurden als Einheit gesehen. Immer war daran zu denken, dass der Hörerkreis sehr differenziert ist. Er reichte von Kommunisten bis zu Konservativen, vom Akademiker bis zum Analphabeten. Viele Hörer standen unter der Lärmglocke der Propaganda des Antikommunismus. Ein anderer großer Teil der Hörerinnen und Hörer war gegenüber dem Leben in der DDR aufgeschlossen, ihm fehlte jedoch die genaue Information.

Die geregelte Wiederholung von Grundtatsachen und -gedanken sowie von Erstsendungen und anderen hörintensiven Sendungen ist deshalb für den Auslandsrundfunk ein wichtiges Arbeitsprinzip. Die Begründung ergibt sich zusätzlich zu den angeführten Tatsachen aus der Medienspezifik des Auslandsrundfunks, vor allem aus der Tatsache, dass sie keine Sendungen sind, die nebenbei gehört werden. Wer einen Sender des Auslandes auf Kurzwelle einstellt, ist ein interessierter zielgerichteter Hörer, der einen bestimmten Grund hat, diesen und keinen anderen Sender zu hören. Er wird ihn aber nicht täglich hören können und schon gar nicht stündlich. Deshalb tragen die Wellen oft gute Sendungen am Hörer vorbei. Wiederholungen müssen einen festen Platz im Wochenrhythmus des Programms haben. Sendezeit und Sendetitel bei Wiederholungen müssen dem Hörer eine ebenso feste Orientierung geben wie bei Erstsendungen. Jede Geschichte, jede Erzählung, jede Dokumentation muss in sich abgeschlossen sein, Sendungen in Fortsetzungen gehen an der Hörsituation im Kurzwellenbereich vorbei.

Die Nachrichten bildeten den Kern des gesamten RBI-Programms und dehnten sich auch in 30-Minuten-Programmen auf 10 Minuten aus. Sie sollten dem Hörer im Ausland helfen, sich täglich ein wahrheitsgetreues Bild über Ereignisse in Deutschland und der Welt zu machen. RBI stellte an die Spitze jeder Nachrichtensendung Informationen internationalen Charakters, die eine Stellungnahme der DDR zu internationalen Ereignissen ausdrückten, danach Informationen aus dem politischen und gesellschaftlichen Leben der DDR, Nachrichten aus dem Empfangsgebiet in Europa, Asien, Afrika, Lateinamerika und Australien sowie aus den sozialistischen und kapitalistischen Ländern. Das war das Grundprinzip. Welche von diesen Nachrichtengruppen an die Spitze gestellt werden, entschied die politische Situation.

Hörer und Hörerinnen, die auf der Kurz- oder Mittelwelle nach einem Programm suchen, wollen in erster Linie über das Land informiert werden, aus dem sie die Sendung empfangen und eine, soweit gegeben, alternative Meinung zu Vorgängen im eigenen Land hören. Deshalb wird ein Auslandsradio bemüht sein, Tatsachen und Meinungen alternativ darzustellen, eine innere Verbindung des Hörers zum Gegenstand der Information zu schaffen, eine ständige Bereitschaft wach zu halten, das Programm zu hören, und dazu zweckgerichtete Programme zu senden, die das Vertrauen des Hörerkreises in den Sender festigen und sein Interesse anregen, dem Sender die Meinung zum Programm zu schreiben. Das war für RBI keine leichte Aufgabe, mit einer materiell-technischen Basis eines mittleren Standards und im Konzert der Massenmedien des Empfanggebietes sowie in der Summe vieler Umwelteinflüsse einschließlich der Wirksamkeit der politischen Gegner im Äther die subjektive Bedeutung seiner Programme den möglichen Hörern und Hörerinnen nahe zu bringen.

## Denkwürdigkeiten

Das Besondere der Nachrichtenarbeit liegt in der operativen Arbeit, die weit über den Rahmen nationaler Sender hinausgeht. Der Erfolg der Nachrichtenarbeit für das Ausland wird durch eine gut organisierte Hintergrundarbeit gesichert. Die Hintergrundinformation ist unerlässlich. Sie ist das Mehr an Qualität in der

Information. Sie erläutert einem ausländischen Zuhörerkreis einen Sachverhalt durch Einzelheiten zu einem Ereignis oder zu einem Dokument, das in der einfachen Wiedergabe einer Nachrichtenagentur dem Hörer nicht verständlich sein kann. Die Hintergrundinformation verbindet die Zeitbezogenheit der Information mit historischen oder aktuellen Zusammenhängen. Für einen Sender, der für das Ausland arbeitet, ist die ideale Nachricht selten, die sich selbst durch die Tatsache erklärt. Der Nachrichtenredakteur muss sich zusätzliches Material zur besseren Verstehbarkeit der Information erarbeiten. Von ihm werden nicht nur die klassischen sechs W (was ist geschehen, wo, wer war beteiligt und wie, wann und warum), sondern er muss die Frage des ausländischen Adressaten in Nachrichtenform beantworten: Was bedeutet das Ereignis oder das Dokument. Die manchmal notwendige Kommentierung muss äußerst kurz sein, ein bis zwei Sätze. Sie soll nicht mehr erreichen, als die Aufmerksamkeit der Hörer auf einen bestimmten Aspekt lenken. Das erfordert Übung, tägliche Konsultation in der Gruppe und auch immer währendes Studium der Bedingungen, Ereignisse und Sachverhalte im Wirkungsgebiet der Auslandsinformation. Bei RBI setzte sich nach vielen Erfahrungen mit dieser Arbeitsmethode der Gedanke fest: Ein guter Nachrichtenredakteur kann immer einen Kommentar, aber nicht jeder Kommentator kann eine gute Nachricht schreiben.

Nachrichten waren nicht nur die meistgehörten Sendungen, sie waren für die Redakteure und die Chefredakteure auch eine schräge Ebene, oft standen sie im Spannungsfeld zwischen Staatsdisziplin, fachlicher Bildung und Verantwortung gegenüber den Hörern. Im hohen Maße traf das auf die offiziellen Berichte zu. Drei Beispiele:

Im September 1985 sprachen (nach ADN) der „Ministerpräsident des Freistaates Bayern und Vorsitzender der CSU, Franz Josef Strauß, und der Generalsekretär der SED und Vorsitzende des Staatsrates der DDR, Erich Honecker", in Leipzig über einige Probleme der deutsch-deutschen Beziehungen. Die offizielle Nachricht war eine der typischen Nicht-Nachrichten. Sie lautete:

> *„Während des Gespräches wurde ein Meinungsaustausch über die weltpolitische Lage geführt, wobei Fragen der Verhinderung des Wettrüstens im Weltraum und der Reduzierung der Rüstungen in Europa im Mittelpunkt standen. Ein weiteres Thema der Unterredung waren Fragen der Entwicklung der Beziehungen zwischen der DDR und der BRD, darunter auf ökonomischem Gebiet. Erich Honecker betonte im Verlauf der Aussprache, dass alles getan werden müsse, um das Wettrüsten auf der Erde zu stoppen und eine Ausdehnung auf den Weltraum zu verhindern. Diesem Ziel sollten sich alle Staatsmänner verpflichtet fühlen. An dem Gespräch nahmen teil ..."*

Das war eine Information ohne nennenswerten Inhalt, zumal Strauß in dem Gespräch nach der ADN-Fassung überhaupt nicht zu Wort kam oder in der offiziellen Nachricht übergangen wurde. RBI hatte jedoch Grundansprüche eines fremden Hörerkreises zu beachten und musste die Nachricht, die als Pflichtnachricht in die Redaktion kam, vollständig ändern. Der Hinweis auf mehrere Funktionen der Personen wurde auf eine Funktion, auf die staatliche, gestrafft; der Titel „Ministerpräsident des Freistaates Bayern" war für die größeren Sendegebiete von RBI sinnlos, da niemand wissen konnte, was ein deutscher „Freistaat" für ein Gebilde ist, und der Titel „Ministerpräsident" erweckt in Asien, Afrika und Lateinamerika und in Westeuropa in Hörerkreisen, die mit dem deutschen Föderalismus und seinen Titeln nicht vertraut sind, den Eindruck, Bayern sei ein europäischer Staat. Franz Josef Strauß wurde in der Nachricht als Regierungschef eines westdeutschen Bundeslandes und Erich Honecker als Vorsitzender des Staatsrates der DDR bezeichnet. Der Inhalt der unbrauchbaren Protokollnachricht wurde mit Informationen aus westlichen Radioquellen mit einem vertretbaren Inhalt sachlich umgeschrieben. Das war offiziell unerwünscht, wurde aber vom Intendanten geduldet, weil die Alternative bedeutet hätte, eine unverständliche Nachricht zu bringen. Einen ausgewogenen Nachrichtendienst im Auslandsrundfunk der DDR, in dem Standpunkte beide Seiten objektiv und sachlich vermittelt wurden, hat es in der Informationspolitik der Staatsführung kaum gegeben.

Auf ähnlichem Niveau lagen andere Verlautbarungen, die als Nachrichten der Staatsführung angeboten wurden. Der Außenminister der DDR reist nach Mosambik, Madagaskar und Äthiopien. Die Bitte nach einem Interview vor seiner Abreise einschließlich der schriftlich eingereichten Fragen wird nicht beantwortet. Nach Abschluss verbreitet die amtliche Agentur ADN die Meldung, dass „alle Gespräche im Geiste der Freundschaft und mit dem Wunsch geführt wurden, die gegenseitigen Beziehungen zu vertiefen". Mit solchen Nicht-Nachrichten konnten keine Beziehungen dauerhafter Zusammenarbeit mit den Staaten Afrikas der Öffentlichkeit deutlich gemacht werden. Der Sender konnte sich nur auf seine eigenen Recherchen und Quellen stützen.

Meldungen dieser Art sind allerdings noch harmlos gemessen an den Informationen bei Besuchen von Staats- und Parteioberhäuptern der sozialistischen Staaten. Mitunter war die Agenturnachricht viele Seiten lang mit den Namen (bei den Russen immer mit zwei oder drei Vornamen) und allen Titeln der angereisten „hohen Repräsentanten" sowie allen Namen und Titeln der „bedeutenden Persönlichkeiten des öffentlichen Lebens der DDR", die auf dem Flugplatz Berlin-Schönefeld nach Rangordnung Aufstellung genommen hatten und anschließend den Berliner Verkehr lahm legten, wenn unübersehbare Autokolonnen nichtarbeitender Funktionäre in das Schloss Niederschönhausen zur Sektparty reisten. An folgenden Tagen war stets nur zu lesen, dass alle Gespräche „in Übereinstimmung mit den Beschlüssen der Bruderparteien und im Geiste unverbrüchlicher Freundschaft" stattfanden.

Eine Information mit vagen Formulierungen, stereotyp und phrasenhaft oder tendenziös geschrieben, weckt das Misstrauen der Hörerinnen und Hörer und verhallt auf den Radiowellen im Äther. Sachlichkeit und Vollständigkeit begründen den Ruf als zuverlässige Nachrichtenquelle. Für manchen deutschen Nachrichtenredakteur war der Rat britischer Mitarbeiter wertvoll, sich stärker an sachliche Gegebenheiten zu halten statt an eine vorgeformte politisch-ideologische Tendenz. Der Rat entsprach der britischen Neigung, eine Tatsache wichtiger zu nehmen als eine Philosophie.

## Nachrichtenmerkblatt an einem Silvesterabend

In der Silvesterstimmung des Jahres 1976 ließ sich bei ungarischem Rotwein gegen diese Politik der Vernichtung jeder Information gut protestieren. Als letzte DDR-Nachricht sandte die Nachrichtenabteilung folgendes Merkblatt an alle Redaktionen:

1. Nachrichten sind Agitation durch Agitation
2. Der Fakt ist der Tod der Nachricht!
3. Substantive, Substantive, Substantive
4. Verben sind wie Ostereier. Sie müssen gut versteckt sein
5. Eine Zahl sagt wenig. Viele Zahlen sagen viel!
6. Soziologisch ist erwiesen, dass 99 Prozent unser Hörer als Protokollchef dienen
7. Eine Nachricht darf nicht schon zu Ende sein, kaum, dass sie angefangen hat.
8. Richte dich danach!

Wenig später hatte ein englischer Sprecher eine lange Nachricht von 45 Zeilen zu einem dieser wenig sinnvollen Staatsbesuche spontan mit einer eigenwilligen Absage gesprochen, die korrekt hätte heißen müssen.

> Das ist das Ende der Nachrichten. Ihr Sprecher war ...
> Er aber sagte:
> „That was the end of our announcer."
> Das war das Ende Ihres Sprechers ...

Er blieb Sprecher, auch wenn der Intendant formal eine mündliche Missbilligung aussprach. Jeder aber verstand, dass es mit derartigen Nachrichtenwürmern nicht weitergehen konnte. Wenig später fand eine interne Nachrichtenkonferenz statt, die eine Länge von zwei Minuten als oberste erträgliche Grenze für eine offizielle Botschaft festlegte.

# Lesen und zuhören

## Hörerverbindungen und Wirkungsanalyse

Die Wellenzüge, die in Nauen, Königs Wusterhausen und Leipzig die Sendeantennen von Radio Berlin International verlassen, sind unsichtbar. Sichtbar sind die Verbindungen von RBI aus dem Herzen Europas zum Landarbeiter in Italien, zum Wissenschaftler in Kolumbien, zum afrikanischen Lehrer, zum Studenten am Nil, zum Beamten in Indien, zum Kaufmann in England und zum Gewerkschafter in Frankreich. Das zeigen die aufmerksam geschriebenen Briefe zu den Sendungen, das beweisen die Hörerklubs, die ihre Kenntnisse weiterverbreiten und das Gefühl stärken, an einer gemeinsamen Aufgabe tätig zu sein. Die täglich gepflegten Verbindungen zu den Hörern in allen Sendegebieten sind zu einer wirkenden Kraft geworden.

Er hatte eine weite Reise hinter sich, als er im Sommer 1963 auf dem Flughafen in Berlin Schönefeld den Boden der DDR betrat: Christophe Montcho. In seinem Gepäck waren viele Wünsche, viele Fragen der Kollegen seines Gewerkschaftsverbandes. Einen Wunsch hatte er sich bis wenige Tage vor seinem Heimflug aufgehoben – Radio Berlin International zu besuchen. Er wollte sich mit den Sprechern und Sprecherinnen und den Redakteuren treffen, deren Sendungen er seit langem im fernen Dahomey (heute Benin) hört, jener jungen Republik, die sich an der Ostgrenze von Nigeria zwischen dem mächtigen Nigerstrom und dem Südatlantik hinstreckt. Hier und in anderen Regionen des Kontinents ist die Stimme der Deutschen Demokratischen Republik täglich zu hören. Als im Programm für Afrika von RBI zum ersten mal eine Rätselsendung zu hören war, griffen viele Hörer zur Feder, die bislang noch nie geschrieben hatten. Das Echo vermittelte ein Bild der Hörbarkeit des Senders – aus 20 Ländern Afrikas kamen die Zuschriften, nicht wenige Briefe trugen die Poststempel von Algier, Bamako, Accra, Lagos, Abidjan, Johannesburg oder Kapstadt. Die Antworten auf die Sendung enthielten viele Fragen zu deutschen und europäischen Problemen. Auch Musikwünsche und Kritik fehlten nicht. Der Besucher, Gewerkschaftsfreund Christophe Montcho, nahm zwei Geschenke für Gewinner aus Dahomey mit nach Hause in die Heimat und sagte, als er sich verabschiedete: „Bisher hatte ich nur Ihre Sendungen gehört, meistens am Nachmittag. Jetzt kann ich mir ein erfreulich gutes Bild von Ihrem Land machen. Ich werde nicht nur den beiden Hörern die Geschenke überbringen, sondern auf Versammlungen meiner Gewerkschaft über meinen Besuch in Ihrem Land berichten."

Briefe kommen aus N'Ejerkou in Mali, aus Kissidougou in Guinea, aus Kumasi in Ghana. Einer der Briefe hat eine lange Reise hinter sich – er kommt aus Plymouth in Neuseeland, andere aus der unmittelbaren Nachbarschaft der DDR – aus Schweden. Seitdem Anfang der siebziger Jahre stärkere Sender mit modernen Richtstrahlantennen die Programme ausstrahlen, seitdem RBI die Programme täglich achtmal französisch und englisch nach Zentral- und Westafrika und viermal in Suaheli nach Ostafrika sendet, steigert sich die Hörerpost aus Afrika beträchtlich. Die Post ist ein Querschnitt durch große Teile der Völker Afrikas, die bereits ein Empfangsgerät besitzen. Das sind inzwischen im Vergleich zu Beginn der sechziger Jahre einige Millionen Menschen und der Aktionsradius des Senders reicht von Algier im Norden bis nach Kapstadt an der Südspitze Afrikas.

Viele Lehrer und ihre Schüler, vor allem aus Dänemark und Frankreich, schreiben und wollen einen Briefwechsel mit Jungen und Mädchen der Freien Deutschen Jugend. Sie wollen mehr über die Deutsche Demokratische Republik wissen. Ein Hörer aus Italien fragt nach berühmten Bauwerken, ein anderer aus Sansibar nach dem Sinn des Emblems, das er auf der Fahne der DDR sah. Ein Hörer aus Spanien schreibt zu bestimmten Sendungen und fragt nach dem Sport in der DDR, speziell nach dem Rang des Fußballs. Hörer aus Marokko teilen mit, dass sie auch einen Radioklub gebildet haben und nun die Sendungen von RBI gemeinsam hören werden.

Funkamateure aus England senden detaillierte technische Empfangsberichte und bitten um die begehrten QSL-Karten. Oft wird deutsche Musik gewünscht, junge Hörer fragen nach neuen Filmen. Und sehr viele Hörerinnen und Hörer bedanken sich für die herzlichen Grüße ihrer Söhne und Verwandten, die in der DDR studieren und deren Grüße der Sender über seine Radiowellen in die ferne Heimat schickte.

Hinter jedem Hörer, hinter jeder Hörerin stehen viele andere. „Ihre Programme über Chile gestern und heute sind ausgezeichnet und nützlich für uns … Es ist gut, Ihre Kommentare zu hören zu Problemen, die in den kapitalistischen Ländern nicht klar sind. Ich hoffe, dass sich die Solidarität in der gesamten Welt mit dem chilenischen Volk verstärken wird." Esko Nykänen, Laitila, Finnland. Raja Kumar aus Secundarabad, Indien, schreibt: „Indien hat offen erklärt, dass es die Schuld für die vielen tragischen Konflikte und die Kriege im Nahen Osten bei Israel sieht und es hat den Arabern Unterstützung angeboten … Es ist unsere Überzeugung, dass Indien und die DDR alles in ihren Kräften Stehende tun werden, um durch ihre aktive Mitarbeit in der UNO eine friedliche Lösung zu erreichen." Eine angesehene Persönlichkeit des öffentlichen Lebens in Brasilien weist auf den 150. Jahrestag der Einwanderung der ersten deutschen Kolonialisten in Brasilien hin (Juli 1824 in Sao Leopoldo im Staat Rio Grande do Sul). Er schreibt: „Heute sind von insgesamt sieben Millionen Einwohnern dieses Bundesstaates eine Million deutscher Abstammung." Er schlägt dem Sender RBI ein Programm vor, das sich speziell an die Brasilianer deutscher Abstammung richtet. Aus dem Bundesstaat Nebraska in den USA äußert sich ein Hörer anerkennend über einen gerade gehörten Kommentar zur Gesundheitspolitik der DDR: „Früher nahm ich an, dass mich Bemerkungen eines ausländischen Senders, besonders eines sozialistischen, sehr stören würden. Doch ich fand den Kommentar sehr gut ..."

## Mindestanforderung an ein Instrument

So wie diese Briefe zeugen viele Briefe an Radio Berlin International von der Verbundenheit mit dem Auslandsradio der Deutschen Demokratischen Republik. Kein Sender darf mit diesem Vertrauenskapital nachlässig umgehen. Deshalb war es ein ehernes Gesetz im Sender, mit der Hörerpost aufmerksam und systematisch zu arbeiten. Informationen über die Situation, über alle wichtigen Ereignisse und Gedenktage im Empfangsgebiet sowie über das soziale und geistige Profil der Hörerschaft zu sammeln, zu ordnen und zu analysieren, um Rückschlüsse auf die journalistische Programmarbeit ziehen zu können. Die Anforderungen, dafür ein handhabbares Instrument zu schaffen, sind nicht gering. Fragen, zu denen ein Instrument zu erarbeiten ist, lauten:

- Wer hört Kurzwellensendungen?
- Wie ist die soziale Schichtung unter den Hörerinnen und Hörern?
- Wer hört was? Unter welchen gesellschaftlichen Bedingungen? Aus welchen Gründen und mit welcher Absicht? Mit welchen Urteilen über die Programme von RBI und über die aktuellen politischen Probleme? Mit welcher Einstellung zu den Problemen im eigenen Land? Mit welchen Äußerungen, Vorschlägen und Fragen zum Leben in der Deutschen Demokratischen Republik? Mit welchen Wünschen an den Sender?
- Wie viele dieser Radiofreunde sind professionelle Hörer, die ein besonderes Interesse an Kurzwellensendungen des Auslandes haben?
- Wie hoch ist der Anteil von Hörern, die als Radioamateure primär technisch interessiert sind?
- Wie oft werden die Sendungen von RBI im Rhythmus des Tages, der Woche oder des Monats empfangen? Werden die Programme individuell oder in der Gruppe verfolgt?

Im Jahre 1970 erfolgte die erste Befragung der Hörer von Radio Berlin International. Die Fragen waren einheitlich und verbindlich für jede Redaktion. Die Aktion erfolgte schriftlich und anonym. Adressierte Umschläge wurden dem Fragebogen beigefügt, Porto (internationale Coupons) nicht. Die Antwort wurde nicht, wie international zuweilen üblich, mit der Teilnahme an einer Verlosung verknüpft, um das Interesse an einem Preis als hauptsächlichen Beweggrund für die Teilnahme auszuschließen. So erhielt der Sender verhältnismäßig gesicherte Angaben über seinen Hörerkreis von jeder Gruppe, die bereit war, dem Anliegen von RBI zu entsprechen. Die Antworten gaben Aufschluss über das Alter, den Beruf, die Hörgewohnheiten, den Vorrang von Hörinteressen usw. Diese Angaben vermittelten zusammengenommen einen aufschlussreichen Hinweis, wie die Programme von RBI zu differenzieren sind. Von einschneidender Bedeutung für die Differenzierung der Programme war der hohe Anteil junger Hörer, die den Krieg und die Nachkriegszeit nicht bewusst erlebt haben und deshalb keine Kenntnisse dieser Zeit aus eigenem Erleben besitzen.

Die Hörer und Hörerinnen fragen zielgerichtet, wie eine Hörerin aus Portufuori: „Nach welchen Gesichtspunkten werden in der DDR die neugebauten Wohnungen verteilt? Wer entscheidet darüber, welcher Antrag am dringlichsten ist oder werden die Wohnungen in der Reihenfolge der Antragstellung vergeben?" Die Hörer wollen solche oder ähnliche Informationen möglichst schnell erhalten, „am besten in der nächsten Sendung", da viele von ihnen die Informationen und Argumente in Gesprächen mit ihren Arbeitskollegen und Nachbarn benutzen. Teilweise andere Erfahrungen gibt es bei Stellungnahmen auf außenpolitischem Gebiet, besonders gegenüber dem Krieg im Nahen Osten. Eine Reihe Hörer aus westeuropäischen Staaten und aus den USA stellen sich in Zuschriften an den Sender auf die Seite der israelischen Aggression, ganz im Gegensatz zu allen Hörern in national befreiten Staaten aus Afrika und Asien, die den Charakter des Kampfes des arabischen Volkes von Palästina um sein Selbstbestimmungsrecht aus der Erfahrung der eigenen nationalen Befreiungsbewegung klar erkennen. Der Sender erhielt auch viele Zuschriften zum Staatstreich in Chile aus England und Schweden, aus Dänemark, Frankreich und Italien, aus der arabischen Welt und Südostasien, besonders stark war der Briefzugang aus Indien. Einige Hörer schickten immer wieder Zeitungsausschnitte aus ihrer Landespresse.

Die Korrespondenz mit den Hörern ist eine verantwortungsvolle Aufgabe. Sie ist eine sichtbare und messbare Verbindung zum Empfänger der Botschaft des Senders und eine Stimulation der Rückinformation auf das Programm. Alle Briefe müssen gelesen, ausgewertet und beantwortet werden. Die wichtigste Feststellung in allen Briefen ist immer: Es wird intensiv gehört. Es sind aufmerksame Hörer, die zielbewusst das Programm einstellen und hören. Wohl kein Radiojournalist kann sich bessere Beziehungen zu seinen Hörern wünschen, die Hunderte, Tausende oder Abertausende von Kilometern von ihm entfernt seine Arbeit kritisch werten. In diesen Beziehungen zwischen dem Sender und seinen Hörern spiegelte sich natürlich auch das wachsende Interesse im Ausland an der Entwicklung der Deutschen Demokratischen Republik wider. Die Zuschriften drückten die Autorität des Staates aus, in dessen Auftrag der Sender arbeitete. Deshalb waren für RBI alle Aufgaben der Hörerverbindung journalistische und politische Aufgaben. Viele Programme konnten mit Fragen, Problemen und Meinungen der Hörer verbunden werden und erhielten damit eine konkretere Note. Es gibt wohl keinen besseren Weg zu zielgerichteten Sendungen, als täglich mit dem Hörer zu sprechen, seine Meinung in die Planung von einzelnen Sendungen einzubeziehen, aus einer Vielzahl von Briefen mit ähnlichen Fragestellungen Programmkonzeptionen für einen längeren Zeitraum zu entwerfen und die Argumente von Hörern in Kommentaren aufzugreifen.

Der Hörer ist ein Partner, nicht das Objekt der Sendung. Deshalb muss mit ihm eine enge Zusammenarbeit stets Inhalt und Ziel jeder journalistischen Arbeit im Auslandsrundfunk sein. Der Bereich dieser Zusammenarbeit ist weit gespannt. Er reicht von der direkten Einbeziehung in das Programm, vom Dialog mit ihm in den Sendungen, über gute Ratschläge und selektive Hilfeleistungen bis zur Hörerkorrespondenz, ihrer Form und ihrem Ton. Hier sollen auch psychologische Momente nicht unberücksichtigt bleiben, wie zum Beispiel die Stärkung des Ansehens des Hörers, indem sein Name und seine Meinung, soweit er damit einverstanden ist, von einem Sender genannt wird, der Hunderte und Tausende von Kilometern von ihm entfernt ist oder wenn er von dem Sender mit einer ansprechenden Briefmarke unter den Augen der Nachbarn einen Brief oder ein kleines Päckchen mit einem Buch oder einem Werbegeschenk erhält. So ist sowohl das Verhalten der Redaktion gegenüber dem Hörer als auch das Äußere des übermittelten Materials von wesentlicher Bedeutung für den Sender. Die Beachtung dieser Faktoren, der Verbindung zu den Hörerinnen und Hörern verlangt zwingend, der Hörerkorrespondenz und allen Aufgaben der Hörerverbindung genau soviel Aufmerksamkeit zu widmen, wie den Sendungen, die über die unsichtbaren Verbindungen, über die Ätherwellen, zum Hörerkreis gelangen.

Auch die Herausgabe eines RBI-Journals ab 1967 trug dazu bei, die Verbindung zu den Hörerinnen und Hörern zu festigen – als zusätzliche Informationsquelle für die Klubs, als Forum der Diskussion der Hörer über ihre Fragen mit den Journalisten. Seit 1972 erschien es in Arabisch, Dänisch, Schwedisch, Deutsch, Englisch, Französisch, Hindi, Italienisch, Portugiesisch, Spanisch und Suaheli mit einer Auflage von 400.000 Exemplaren viermal im Jahr. Das Journal hob die Flüchtigkeit des gesprochenen Wortes im Radio auf, denn es druckte bestimmte Sendungen und wies auf kommende Sendungen hin. In den achtziger Jahren wurde es aus Papiermangel eingestellt.

Für eine Untersuchung des Hörerkreises genügen nicht Überblicksberichte, die nach vielschichtigen subjektiven Ansichten der Hörerpostkorrespondenten geschrieben werden, wie es bei RBI bis Ende der sechziger Jahre der Fall war. Eine objektive Aussage und ihre Verallgemeinerung waren unmöglich, da es keine einheitlichen und verbindlichen Maßstäbe für die Auswertung der Hörerpost in den verschiedenen Arbeitsbereichen des Senders gab. Tatsächlich wurde jede politische oder allgemeingesellschaftliche Erscheinung mit einem oder mehreren Beispielen „unserer Hörer" belegt. Mit der Einführung einer einheitlichen Syste-

*Das Journal als wichtige Verbindung zur Hörergemeinde*

matik der Informationserfassung am 1. September 1970 sind Bedingungen geschaffen worden, die Rückinformationen objektiv zu beurteilen und für zielgerichtete Aussagen des Senders zu nutzen.

## Umfang der Systematik

Die Systematik wurde in den 80er Jahren weiterentwickelt und in Computern erfasst und an einer Stelle konzentriert. Dadurch wurden Aussagekraft und Eindeutigkeit der Angaben in der Hörerpost erhöht, und die für den gesamten Sender zusammengefassten Daten wurden als eine Gesamtaussage zu einem programmdienlichen Mittel der journalistischen Leitung.

Die Rückinformation vom Hörer zum Sender ist aber nur ein Teil der Erforschung des Gebietes der Einstrahlung und des Profils des Hörerkreises. Das Feld ist größer. Es umfasst:

1. die Beratung mit befreundeten Kräften, Gespräche mit Experten und Besuchern,
2. das Studium der Dokumente der internationalen Politik, der Parteitage aller politischen Parteien, der Kongresse der Volksbewegungen in Afrika, Asien und Lateinamerika, des Materials des politischen Gegners, demoskopischer Untersuchungen im Empfangsgebiet, der marxistischen und bürgerlichen Fachliteratur, der Belletristik sowie der aktuellen Periodika,
3. die Rückinformationen auf die Sendungen aus den Hörerzuschriften, Gefallensurteile über einzelne Programmbeiträge und Sendereihen,

4. das Studium der gesellschaftlichen Gegebenheiten im Empfangsgebiet durch Auslandsaufenthalte,
5. die Analyse des Inhalts der Aussage der Massenkommunikationsmittel im Ausstrahlungsgebiet des Senders.

Unter diesen fünf Punkten zur Erforschung des Empfangsgebietes und des Hörerkreises ist die Rückinformation vom Hörer zum Journalisten ein wesentlicher Faktor, weil die Reaktion des Hörers die einzige direkte und konkrete, regelmäßige und dauerhafte Resonanz auf sein Wirken ist. Zu den Grundanforderungen der Analyse rechnet eine genügende Zahl von Hörerbriefen, vor allem aber die Einsicht, dass nicht nur die Argumentation der Hörer von Bedeutung ist, sondern alle Informationen, die für das Wissen des Hörerkreises unerlässlich sind. Nicht die Häufigkeit des Schreibens an den Sender ist der Maßstab, sondern der inhaltliche Beitrag des Hörers. Die Zahl der Hörerbriefe sagt erfahrungsgemäß wenig über den Wert einer Sendung aus, viel wichtiger erscheint die Feststellung, inwieweit der Inhalt der Briefe ein Interesse der Hörer an dem Problem erkennen lässt, dass in der Sendung behandelt wurde. Die Häufigkeit des Schreibens geht vielfach, das ergibt sich aus der Post von RBI, auf die politische Ausstrahlung des Landes zurück. Ein immer währendes Beispiel dafür war die Solidarität der DDR mit dem arabischen Volk von Palästina von der ersten Sendung am 1. April 1957 bis zum Ende des Senders am 2. Oktober 1990; sowie mit dem chilenischen Volk seit dem Sturz der freigewählten sozialistischen Regierung am 11. September 1973 bis zum Schweigen des Senders am Tag der Auflösung der Deutschen Demokratischen Republik. Das Echo der Hörer auf die Sendungen steht in einem engen Zusammenhang mit der Politik des Staates im Bewusstsein einer ständigen Hörergemeinde. Sie ist keine homogene Masse. Sie hat stets eine besondere Beziehung zu den Deutschen, zur Deutschen Demokratischen Republik, zur Bundesrepublik, zum Sozialismus und zum Kapitalismus sowie zu dem Sender, den sie hört. Sie hat ein bestimmtes Urteil, das sich ihrem Wissen, ihren Erfahrungen oder aus einem durch die nationalen und lokalen Massenmedien bewusst geschaffenen Stereotyp ausgerichteten Rufbild ergibt, zuweilen ein Vorurteil. Die Hörergemeinde hat, in jedem Fall diejenigen aus der Gemeinde, die einen Brief an den Sender schreiben, darüber hinaus eine besondere Beziehung zu einem vom Sender aufgeworfenen Problem aus der Geschichte, aus der Wirtschaft und Kultur oder dem Sport usw.

## Ein Vertrauenskapital wie selten – 54 Millionen Hörerinnen und Hörer

Eine Schätzung der durchschnittlichen Hörerzahlen auf dieser Grundlage führte RBI im Jahre 1971 zu der Annahme, dass der Sender im Jahr 10 Millionen Hörer hat. Für diese Annahme legte der Sender die Erfahrung zu Grunde, dass auf einen an RBI schreibenden Hörer etwa 300 aus unterschiedlichen Gründen nichtschreibende Hörer kommen. Bei einem Jahresdurchschnitt von rund 30.000 Zuschriften in den siebziger Jahren hat diese Annahme einen bestimmten Wahrscheinlichkeitswert – und bei einem Jahresdurchschnitt in den achtziger Jahren bis 1990 von 180.000 Briefen auf 72 Programmstunden täglicher Sendungen konnte sich Radio Berlin International auf 54 Millionen Hörer weltweit stützen. Die Feststellung, dass im Rundfunk für das Ausland auf 300 Hörer ein schreibender Hörer kommt, ist nicht direkt bewiesen. Sie stützt sich auf viele Beobachtungen, Erfahrungen und Hinweise, die als Summe ein weitestgehend überzeugendes Urteil geben. Was der Sender ausstrahlte, hatte für seine Hörerinnen und Hörer Bedeutung und war meinungsbildend.

Der Sender berücksichtigt in dieser Rechnung den Umfang des gruppenweisen Empfangs der Sendungen, die wirtschaftliche Lage in verschiedenen Empfangsgebieten (Postgebühren) und das Bildungsniveau der möglichen Hörer, ihr Verhältnis zu Deutschland, zur deutschen Geschichte, Wissenschaft und Kultur, zur DDR und zur BRD, ihre Anteilnahme an der Entwicklung des sozialistischen deutschen Staates und die in ausländischen Erhebungen geäußerten allgemeinen Interessen der Hörerinnen und Hörer am Empfang von Auslandssendungen. Auch die Mitteilungen der Auslandskorrespondenten der DDR, Feststellungen von Wissenschaftlern, Lehrern und Monteuren, die lange Zeit im Empfangsgebiet von RBI gearbeitet haben sowie eigene Erfahrungen der RBI-Mitarbeiter bei Aufenthalten im Ausland waren für die Wirksamkeitsanalyse außerordentlich wichtig. Eine starke Ausprägung erhielten unter besonderen politischen Bedingungen einzelne Elemente der Programme, die auch eine besondere Reaktion der Hörerinnen und Hörer auslösten:

- für Afrika mit dem Aufbruch der Völker des zentralen und südlichen Afrikas zu Beginn der sechziger Jahre,
- für die arabischen Länder mit der Zuspitzung des nationalen Freiheitskampfes in Algerien 1961/62 und mit dem Kampf des arabischen Volkes von Palästina für sein Recht auf Selbstbestimmung,
- für Südostasien mit dem Beginn der flächendeckenden Bombenangriffe der USA gegen dichtbesiedelte Wohngebiete der Demokratischen Republik Vietnam (aus der Sicht der US-Regierung ein „böser" Staat, weil „kommunistisch" und deshalb außerhalb des Geltungsbereichs der Menschlichkeit) ab Mitte der sechziger Jahre und
- für Lateinamerika mit dem Staatsstreich einer chilenischen Militärclique, gegen die frei gewählte Regierung des Sozialisten Salvador Allende, die sich mit ihrem Terror voll auf die US-amerikanische Regierung und das US-Kapital stützen konnte.

# Zielgerichtet senden

## Interessen ansprechen

Aus der Analyse der Hörerverbindungen stellte sich jedes Jahr neu die Frage: Wie kann das schwierige Problem besser gelöst werden, aus einem fernen Land zu senden, ohne unmittelbar im Lebenskreis der anderen Völker zu stehen? Wie kann die Programmübertragung auf Kurzwelle über Ländergrenzen und Kontinente hinweg das Gefühl eines persönlichen Kontaktes zwischen dem Redaktionsstab und den Hörern wecken? Solange es Propaganda gibt, wird nach den Wegen geforscht, andere Menschen zu überzeugen, von ihnen Zustimmung zu den Dingen zu erhalten, die ihnen vorgestellt werden, Zustimmung zu den Eigenschaften der Dinge, für die sie gewonnen werden sollen. Einer der großen französischen Denker des 17. Jahrhunderts, Blaise Pascal, gibt folgende Darstellung einer zielgerichteten Botschaft:

> *„Hieraus geht hervor, dass man, wovon man auch immer jemand überzeugen wolle, Rücksicht nehmen muss auf die Person, die man überzeugen will; man muss ihren Geist und ihr Herz kennen; man muss wissen, zu welchen Prinzipien sie sich bekennt und was sie liebt; und schließlich muss man bei der Sache, um die es sich handelt, im Auge behalten, welche Beziehung sie zu den bereits anerkannten Prinzipien oder zu den Gegenständen hat, die durch die Reize, die man ihnen zuschreibt, kostbar werden … Somit besteht die Kunst zu überzeugen ebenso sehr in der Kunst, Gefallen zu erwecken, wie Überzeugungen hervorzurufen."*[21]

Bertolt Brecht beantwortet die Frage nach dem Weg, wirksam zu werden, in seiner Schrift über die Fünf Schwierigkeiten beim Schreiben der Wahrheit.[22] Er sagt:

> *Die erste Schwierigkeit sei der Mut, die Wahrheit im Kampf gegen die Unwahrheit zu schreiben, denn die Wahrheit darf nicht etwas Allgemeines, etwas Vieldeutiges sein.*

*Die zweite Schwierigkeit sei die Klugheit, die Wahrheit zu erkennen, denn zunächst sei es schon einmal nicht leicht, ausfindig zu machen, welche Wahrheit sich zu sagen lohnt; außer der Gesinnung seien erwerbbare Kenntnisse und erlernbare Methoden nötig, wie die materialistische Dialektik, die Ökonomie und die Geschichte.*
*Als dritte Schwierigkeit betrachtet Brecht die Kunst, die Wahrheit als eine Waffe handhabbar zu machen, denn die Wahrheit müsse der Folgerungen wegen gesagt werden, die sich aus ihr für das Verhalten ergeben.*
*Die vierte Schwierigkeit bestünde darin, diejenigen auszuwählen, in deren Händen die Wahrheit wirksam wird, denn die Wahrheit könne man nicht eben schreiben; man müsse sie durchaus jemandem schreiben, der damit etwas anfangen kann, deshalb sei es für den Schreibenden auch wichtig, den Ton der Wahrheit zu treffen.*
*Die fünfte Schwierigkeit sah Brecht in der Methode, die Wahrheit unter vielen zu verbreiten, denn nur so könne sie wirksam werden.*

Es ist die Suche nach den Prinzipien und Wegen, die Meinung des Auslandsrundfunks so auszudrücken, dass entgegengesetzte Auffassungen und Neigungen der Hörerinnen und Hörer beeinflusst oder überwunden werden, dass ihre Auffassungen, Interessen und Bedürfnisse an die vermittelte Botschaft herangeführt oder in Überzeugungen verwandelt werden. Das ist für den heterogenen Hörerkreis des Auslandsrundfunks das besondere Problem, denn zwischen der Botschaft, die der Sender ausstrahlt, und seiner Anerkennung durch die Hörerinnen und Hörer, zwischen der Aussage und ihrem Verstehen liegen viele Stufen der Wirkung, die objektive und subjektive, rationale und emotionale Faktoren aufweisen. Zu beachten ist die Vielfalt und Vielschichtigkeit der gesellschaftlichen Erscheinungen und Verhältnisse, die demografische und soziale Struktur, der Bildungsstand, die Lebensbedingungen, die Freizeitverhältnisse, die Tradition, die Zusammensetzung der Hörerschaft, Hörbereitschaft mit ihren Motivationen, den Einfluss von Presse, Radio und Fernsehen, der politischen Parteien, der Gewerkschaften, der Kirchen und der gegnerischen Propaganda auf die öffentliche Meinung. Außerdem wird die Wirksamkeit des Senders dadurch mitbestimmt, dass Gemeinsamkeiten der Rasse, der Nationalität, der Religion und des Standes oftmals stärker sind als die Gemeinsamkeiten der Klasse. Sie spielen häufig eine entscheidende Rolle in der Entwicklung der gesellschaftlichen Bewegungen. Diese Erfahrungen machte RBI in den national befreiten Staaten in Afrikas und in der arabischen Welt, im Sendegebiet Südostasien, in Lateinamerika und in einer Reihe von Staaten in Westeuropa. In diesem Komplex, der in enger Beziehung steht zu den Kenntnissen des Journalisten über sein Land und dessen Politik und Geschichte, liegen die Grundlagen der Analyse der Wirksamkeit. Sie erkennen, sie täglich begreifen, ist das besondere Problem zielgerichteter Sendungen.

## Der wichtigste Grundsatz

Die Information in den Nachrichten, in den Kommentaren, in allen Sendungen muss auf eine Zielgruppe von Hörern, auf das Leben der Hörerinnen und Hörer in einem bestimmten Lebensumfeld gerichtet sein. Die Information muss für erkennbare Probleme des Hörerkreises einen produktiven Wert haben. Der Hörer muss sie als Information für sich selbst empfinden, sie muss für ihn subjektiv bedeutsam, verständlich, wissenswert und merkenswert sein. Die Information muss, soll sie wirksam sein, einen gesellschaftlichen Charakter haben. Deshalb sollten aus der schier unübersichtlichen Menge der täglichen Informationen immer die Informationen ausgewählt werden, deren Inhalt eine möglichst nahe Beziehung zu den Bedürfnissen, Interessen und Neigungen des Hörerkreises haben. Erst dadurch gewinnen sie Aufmerksamkeit, können Interesse wecken, Konzentration schaffen, Bedürfnisse erfüllen und lenken und Verhaltensweisen ändern. Je näher eine Information den Erfahrungen der Zielgruppe im Leben, seiner Denkweise und seinen Gefühlen kommt, je wirkungsvoller wird sie sein. Die Möglichkeiten der Über- und Unterforderung des Hörerkreises können leicht überschritten werden; zum Beispiel, wenn eine Sendung aus der sozialistischen Gesellschaft undifferenziert für den Raum der kapitalistischen Länder Europas und den national befreiten Staaten in Afrika ausgestrahlt wird. Das trifft auch für außenpolitische Themen von allgemeiner Bedeutung zu, wie die europäische Sicherheit. Das Thema hat für England als Teilnehmer in zwei Weltkriegen andere Aspekte als für Tansania. Günstigenfalls wird der Hörer in dem ostafrikanischen Land einigen besonderen Einzelheiten Aufmerksamkeit schenken, dem Problem in seiner Gesamtheit aber kaum folgen, wenn der Inhalt der Sendung nicht mit seinem politischen Lebenskreis verbunden wird. Der Hörer in England wird das Problem aus seiner Erfahrung und Sicht besser verstehen, aber kaum zu einer politischen Aktivität angeregt werden, wenn die Sendung nicht auf bestimmte, nur auf England zutreffende Aspekte zugeschnitten ist. Der Hörer in Tansania ist überfordert, der Hörer in England unterfordert. Diese Situation führt zu einem Abfall der Wirksamkeit des Senders.

RBI hatte in unterschiedlichen Situationen immer dann eine gute Wirksamkeit, wenn die Redaktionen ihre Programme zielgerichtet gestalten haben. Es gibt im Auslandsrundfunk nicht die allgemein gute Sendung, wie es manchmal gesagt wurde, wenn im Kollegenkreis Sendungen zum Zweck gemeinsamer Wertungen abgehört wurden. Eine Sendung, radiojournalistisch formal gut, ist erst dann gut und wirksam, wenn sie im Hinblick auf einen bestimmten Hörerkreis in einem bestimmten Land unter spezifischen gesellschaftlichen Bedingungen geschrieben und gesprochen ist.

In diesem Zusammenhang ist das Verhältnis von Differenzierung und Zentralisierung der redaktionellen Arbeit von besonderem Gewicht. Grundsätzlich ist davon auszugehen, dass alle Sendungen für das Ausland zielgerichtete Sendungen sein müssen, die keine Zentralredaktion schreiben kann. Die Zentralredaktion hat eine Bedeutung für Sendungen allgemeinen Charakters, Städteportraits, Berichte aus dem Land, bestimmte Interviews usw. und ist deshalb unverzichtbar für den Auslandsrundfunk. Auch die zentrale Nachrichtenredaktion gehört zu den Säulen eines Auslandsradios, und auch für ihre Arbeit gilt das Gebot, dass die Fremdsprachen-Redaktionen dort, wo es notwendig ist, Nachrichten dem Verständnisniveau ihrer Hörerinnen und Hörer anpassen müssen. Auch hier kommt man nicht an der Adaption vorbei.

Das Gerichtessein auf den Hörerkreis, die Zweckbestimmtheit der Information ist der Schlüssel zum Erfolg des Auslandsrundfunks, das heißt: Nicht die Menge der Information bestimmt ihre Bedeutung, sondern die Auswahl nach Kriterien ihrer gesellschaftlichen Nützlichkeit; nicht die detaillierte Vertiefung der einzelnen Tatsache bestimmt die Qualität der journalistischen Information für das Ausland, sondern die gelungene Verbindung mit dem gesellschaftlich Verständlichen für die Hörerschaft in ihrem Lebenskreis.

## Der Einsatz der Sprecher

Der Einsatz von Sprecherinnen und Sprechern ist mit einer interessanten Frage verbunden, die zum Problemkreis unbeabsichtigter Kommunikationswirkungen gehört. Sie können positiv oder negativ sein. Gemeint ist nicht die fachliche Befähigung der Radiosprecher, sondern ihre Nationalität, ihre persönliche Integrität im Denken ihrer Landsleute. Als richtiges Prinzip der Auslandssendungen der DDR hat sich nach Afrika, Asien und Lateinamerika bewährt, wie es der Verfasser für die arabischen Länder und Indien feststellen konnte, einen Wechsel von Sprechern aus diesen Regionen mit deutschen Sprechern einzusetzen, im täglichen Dienst und in Sendungen mit zwei Sprechern, zum Beispiel Nachrichten, Dokumentationen und Reportagen. Besondere Beachtung finden deutsche Sprecherinnen und Sprecher, die eine Landessprache, wie Arabisch, Hindi und Suaheli, ausgezeichnet beherrschen. Das wird als Anerkennung gewertet, die der Auslandssender diesen Völkern zollt. In den frühen sechziger Jahren, als die DDR nicht einmal ein Konsulat in Kairo hatte, der versperrte Weg zum Visum zur ägyptischen Botschaft nach Bonn wies, sind eine deutsche Mitarbeiterin und ein deutscher Mitarbeiter in Kairo ohne Visum gelandet und wurden in der ersten Sekunde abgewiesen; als sie die Beamten in Arabisch ansprachen, änderte sich die Situation sofort: Sie erhielten für drei Monate eine Genehmigung zum Aufenthalt in Ägypten.

In Ländern mit antisozialistischen Vorurteilen gegenüber der DDR hat RBI in seiner Praxis unterschiedliche Reaktionen festgestellt. Der US-Amerikaner, der über RBI polemisch gegen den Vietnamkrieg oder gegen die Rassendiskriminierung in den USA sprach, wurde zuweilen in Zuschriften an die Redaktion als Kollaborateur verunglimpft, während er von anderen Landsleuten als Helfer in ihrem Kampf begrüßt wurde. Eine ähnliche Reaktion hat der Sender erfahren, wenn ein Amerikaner über das Arbeitslosenelend in den USA aus der sozialen

Sicherheit eines sozialistischen Staates sprach. Darum war es sinnvoll, Mitarbeiter der DDR, die das amerikanische Englisch beherrschen, über wichtige Probleme der inneren Entwicklung in den USA sprechen zu lassen. Amerikanische Gäste wurden als Augenzeugen zum Beispiel in der Sendereihe „Andere über uns" im Programm vorgestellt. In einer Reihe von Fällen ist der offen erkennbare Akzent in der Fremdsprache erfolgreicher, als das Streben nach vollendeter Perfektion mit Hilfe ausländischer Sprecher.

Die Verständigung zwischen Angehörigen verschiedener Sprachgemeinschaften ist nicht nur erst dann möglich, wenn man die Sprache des anderen beherrscht; man muss auch die Bedeutung verstehen, die in der anderen Sprache den Begriffen gegeben wird. Hierin liegt für den Rundfunk im Auslandsdienst eine Quelle für Verständigungsschwierigkeiten, für Missverständnisse und Bumerangeffekte. Der sprachliche Ausdruck einer Information umfasst Aussagen und Begriffe. Sie müssen inhaltlich verstanden und wirksam werden. Die Verstehbarkeit der Aussage und der Begriffe muss dem Verständnisniveau des Hörerkreises angemessen sein. Die zielgerichtete Arbeit, die Differenzierung, muss die sprachlichen Besonderheiten beachten. Die Sprache fremder Völker beherrschen, bedeutet zunächst für den Journalisten des Auslandsrundfunks nicht, diese Völker zu kennen, sie zu verstehen und sie beurteilen zu können. Die christlichen Missionare des 19. Jahrhunderts beherrschten die Sprache, verstanden die Völker aber nur selten. Das ideale Verhältnis zwischen Verständnisniveau der Adressaten und der Verstehbarkeit der Information ist gegeben, wenn der Auslandsrundfunk die gleichen Begriffe und Wörter wie im Empfangsgebiet verwendet. Das ist nicht gegeben oder nur äußerst selten. Deshalb müssen adäquate Begriffe und Wörter gefunden werden.

## Die Funktion der Semantik

Sie sei praktisch an Beispielen kurz dargestellt: „Brigade der sozialistischen Arbeit", in der DDR als Bezeichnung für eine gute Arbeitsgruppe verwendet, kann im englischen Sprachraum falsch verstanden werden. Im Englischen ist ein Brigadier ein hoher Offizier, der die militärische Kommandogewalt über eine Brigade hat. Der englische Hörer, der die sozialistische Wirklichkeit nicht kennt, wird Brigade als Bezeichnung einer militärischen Formation auffassen. Im Unterbewusstsein die antikommunistischen Formeln der kapitalistischen Propaganda, kann sich bei diesem Hörer der Gedanke bilden, die Arbeitsverhältnisse in der DDR seien zwangsweise organisiert, Gruppen von Menschen sind in Formationen am Arbeitsplatz zusammengefasst, jede Form der Arbeit ist eine diktierte Zwangsarbeit. Hier bietet sich es an, schlicht von einer Arbeitsgruppe zu sprechen.

Ein anderes Beispiel kann zu Missverständnissen führen und die Aussage bleibt deshalb unverständlich: der Begriff „Nationalsozialismus" als Bezeichnung für die deutsche Partei des Rassismus und der Eroberung. Der Begriff hat mit dem marxistischen und christlichen Sozialismus nichts zu tun. Er tauchte Mitte der fünfziger Jahre in einer bestimmten Richtung der westdeutschen politischen Publizistik auf und wurde fortan als Kampfbegriff gegen den Sozialismus vorsätzlich verwendet (Totalitarismus-Doktrin). Im englischsprachigen politischen Buch und in den Medien Großbritanniens ist der Begriff *national socialism* schwer zu finden; kaum jemand in Frankreich spricht vom *national socialisme*. In diesen Ländern wird von Nazis gesprochen und nicht vom „Nationalsozialismus", von Nazidiktatur und nicht von „nationalsozialistischer Herrschaft". Die Selbstbezeichnung der Nazis war deshalb für RBI in Programmen für Länder, die sich für einen sozialistischen Weg entschieden haben, tabu.

Ein anderes Problem sind Metaphern aus der deutschen Sprache; das ist einer der häufigsten Fehler und eine Plage für den Übersetzer, eine Enttäuschung für den Hörer, der nichts versteht. Metaphern sollten besser aus den volkstümlichen Reden und Sagen des Empfangslandes der Information genommen werden.

Zu den objektiven sprachlichen Kommunikationsschranken, die ihre Wurzeln in den gesellschaftlichen Verhältnissen und im Kulturkreis des Empfangsgebietes haben, kommen subjektive hinzu, eine Abwehrhaltung, Gefühle gegen eine bestimmte Ausdrucksweise, die von einer bestimmten politischen Klasse in einer bestimmten Zeit geschaffen und für sie und ihre Selbstverständigung üblich wurden. Es ist das große Verdienst vor allem schwedischer und englischer Journalisten bei RBI, auf die schlimmsten Unsitten in der deutschen Sprache immer wieder hingewiesen zu haben, die in der deutschen Presse und von vielen Politikern beider Staaten angenommen worden waren. Es war vor allem die Sprache des deutschen Militarismus, die nicht in die Sprache eines sozialistischen Auslandsradios gehörte, zum Beispiel: „*Sperrfeuer* gegen Verständigung", „*Torpedo* gegen den Frieden", „*Sturmangriff* auf soziale Rechte", „*Minen* gegen Initiativen", „*Ernteschlacht*", „*Gleichschritt* der Gedanken". Monströse Sätze, besonders von Politikern gestanzt, mussten entmilitarisiert werden, wie zum Beispiel: „Worte und Bücher, die dem Frieden dienen, gehören in das *Waffenverzeichnis* unseres Landes."

Der Begriff des Nationalismus ist ebenfalls ein schillernder Begriff, der, falsch eingesetzt, einen Bumerangeffekt haben kann. Der europäische Nationalismus ist nicht identisch mit dem arabischen, asiatischen und lateinamerikanischen Nationalismus. Dieser Nationalismus ist im Kampf gegen Kolonialismus und Imperialismus entstanden. Freiheit von den Fremden, Herr im eigenen Hause, das waren die Leitworte. Dieser Nationalismus ist positiv. Der europäische Nationalismus ist wesentlich im Kampf nach außen entstanden – Machterweiterung auf Kosten anderer Völker, Überhöhung des eigenen Volkes gegenüber anderen, Rassendünkel, Krieg, das waren seine Parolen. Der europäische Nationalismus ist eine reaktionäre Ideologie zur Unterdrückung und Entmündigung des eigenen Volkes und anderer Völker. Darum hat RBI den Nationalismus der aufstrebenden Völker nicht negativ aus europäischer Sicht kommentiert. Die Übertragung von

Begriffen aus dem europäischen Denkschema undifferenziert auf andere Weltregionen ist eine Gefahr für die gegenseitige Verständigung, besonders der so genannte Eurozentrismus, der Europa als den Nabel der Welt sieht.

Der verwendete Begriff „junge Nationalstaaten", der lange Zeit in der DDR und in Westdeutschland verwendet wurde, enthält eine solche Gefahr. Ägypten hatte schon vor Jahrtausenden einen zentralisierten Staat. Obwohl Ägypten Jahrhunderte unter einer Fremdherrschaft lebte, blieb es doch territorial und im historischen Bewusstsein gefestigt. Auch Algerien ist ein Beispiel. Hinzu kommt, dass der nationale Befreiungskampf das Zusammengehörigkeitsgefühl der unterdrückten Völker gestärkt hat. Der Kampf gegen den Kolonialismus und die Fremdherrschaft erweckte wieder das Nationalbewusstsein. Angesichts dieser historischen Tatsachen war es falsch, wenn der Auslandsrundfunk diesen Völkern eine Zeit lang mit dem Begriff „junge Nationalstaaten" entgegentrat, der ihren Stolz auf die eigene Geschichte verletzte. Es sind Staaten, die an ihre durch die Fremdherrschaft unterdrückte Entwicklung anknüpfen, an ihre eigene Sprache, die in Algerien von der französischen Kolonialmacht im amtlichen Verkehr verboten war, oder es sind neu entstandene Staaten, die ihre Leitbilder in der Kultur ihres Kontinents oder ihrer Religion sehen.

Der auch in beiden deutschen Staaten, in England und Frankreich verwendet Begriff „Übersee" ist ausgesprochen reaktionär. Er entstand in Europa zu einer Zeit der kolonialen Expansion und mit ihm wurden Gebiete bezeichnet, die politisch für die Kolonialmächte keinen Namen hatten oder deren Eigenständigkeit durch den Kolonialismus beseitigt wurde. Im Zeitalter des nationalen Aufbruchs der ehemals unterdrückten Völker ist der Begriff „Übersee" diskriminierend für die national befreiten Staaten und die nationale Befreiungsbewegung. In den regelmäßigen Seminaren der Gründerzeit des Auslandsradios der DDR wurden diese Probleme eingehend diskutiert und die negativen Begriffe aus dem Vokabular der Auslandsendungen entfernt.

Das sprachliche Problem liegt in der Terminologie des Inlandes. Sendemanuskripte müssen unter drei Aspekten in eine Fremdsprache übersetzt werden: Die Verfasser müssen sie frei halten von Wörtern und Begriffen, die im eigenen Land geprägt sind und die von der Massenpresse und den Politikern verwendet werden oder sie müssen sie verständlich erklären; sie sollten somit, nach einer sprachlichen Gleichartigkeit streben, und den Begriff ohne Auflösung seiner Bedeutung einer anderen Wirklichkeit im Ausland anpassen. Sie müssen den sprachlichen Ausdruck einer anderen Kultur, einer anderen Lebensweise suchen.

## Mentalität fremder Völker

Inwieweit sind Sendungen im Auslandsrundfunk der Mentalität fremder Völker anzupassen? Die einen meinen, die Sendungen müssten der nationalen Psyche des Volkes im Empfangsgebiet der Information völlig angepasst sein. Andere vertreten den Standpunkt, ihre beste Wirkung läge darin, wenn sie unverkennbar Deutsch wären, selbst in der Form sollten die Eigenheiten der DDR ausgedrückt sein. In dieser Frage wurde viel mit Thesen und Gefühlen operiert. Was ist denn „typisch unverkennbar Deutsch" oder Französisch oder Schwedisch oder Indisch im Radioprogramm? Gibt es überhaupt einen unverkennbaren Stil, eine typische Methode in der Rundfunkarbeit nur für die DDR, nur für Frankreich, nur für Schweden, nur für Indien usw.? Die internationale Gestaltung von Rundfunkprogrammen hat sich in der Methode und im Stil angeglichen, wie der Bau von Autos. Einige Besonderheiten sind geblieben, die aber nicht den Charakter des Unverkennbaren haben. Beachtet sollte allerdings werden, dass die Art und Weise der im Empfangsgebiet der Information betriebenen Rundfunksendungen eine gewisse Mauer gegen ausländische Sender errichten. Deshalb kann die Form der Auslandssendungen positiv auf den ausländischen Hörer wirken, in dem sie die eingeschliffene Form der Radiosendungen im Lebensraum der Hörer berücksichtigt.

So wird ein erfahrener Journalist des Auslandsrundfunks Nachrichten für England und Schweden rational, nüchtern, ohne Pathos abfassen, während er in den Nachrichtendiensten für die arabische Welt und Afrika emotionale Komponenten hineinbringt. Radiosendungen aus dem Ausland werden den Hörern aus der Erfahrung von RBI im allgemeinen besser erreichen, wenn sie in einer guten Wechselbeziehung zur Gestaltungsart der örtlichen Radiosender im Empfangsgebiet stehen. Wenn der Grundsatz gilt, dass sich die Sendungen für das Ausland von den Programmen des Inlandsrundfunks im Empfangsgebiet in der Form abheben sollen oder wenn der Grundsatz angenommen wurde, dass sich die Sendungen der örtlichen Programme im Raum des Hörerkreises, ihrer eingeschliffenen Form, anpassen sollen – die eine oder andere Art, Auslandsrundfunk zu gestalten, wird erst dann wirkungsvoll sein, wenn der Interessengrundlage des Hörers nach nützlichen, interessanten Informationen entsprochen wird. Damit reduziert sich das Problem der Art und Weise der Gestaltung von Kurzwellenprogrammen für das Ausland auf die Grundforderung der Differenzierung, der zielgerichteten Arbeit, eine Aufmerksamkeit und Zuwendung findende Information zu geben. Als Freund in der Fremde muss der Sender authentisch in seiner Tradition bleiben, auch wenn er sich Hörgewohnheiten im Empfangsgebiet seiner Botschaft anpasst.

Die Wirksamkeitsanalyse und die sich aus ihr ergebenden Aufgaben zielgerichteter Sendungen waren neben grundsätzlichen politischen Belangen der Hauptinhalt immerwährender Debatten. Das machte den schöpferischen Charakter der Arbeit im Sender aus. In diesen Debatten haben die Mitarbeiterinnen und Mitarbeiter aus 29 Nationen mit ihren Erfahrungen viel vorangebracht. Meinungsunterschiede konnten immer in einem offenen kameradschaftlichen Dialog einvernehmlich geklärt werden.

# Für eine solidarische Welt

## William du Bois

Radio Berlin International pflegte über die Jahrzehnte seines Wirkens bestimmte spezielle Sendungen, die sich zu aktuellen Anlässen, zu Geburtstagen international bedeutender Persönlichkeiten, zu Gedenktagen oder die sich in einem kulturellen oder politischen Zusammenhang als notwenig ergaben. Eines dieser Programme wurde zum 95. Geburtstag von William du Bois gestaltet.

Das Werk seines Lebens ist die Encyclopaedia Africana. Er ist ein Theoretiker der afrikanischen Einheit in einer solidarischen Gemeinschaft. Er ist ein Vorkämpfer der Bürgerrechtsbewegung in den Vereinigten Staaten von Nordamerika – William Edward Burghardt du Bois. Er ging nach Ghana, um sein Lebenswerk zu vollenden. Hier feierte am 23. Februar 1963 der amerikanische Wissenschaftler afrikanischer Herkunft seinen 95. Geburtstag. Radio Berlin International widmete ihm eine Sondersendung. Sein Entschluss, der Kommunistischen Partei der USA in der Stunde ihres Verbots im hohen Alter beizutreten, trug den Namen du Bois ein weiteres Mal um die Welt. Er, der schwarze Amerikaner, hatte eine besondere Beziehung zu Berlin, das ihn vor dem ersten Weltkrieg gastfreundlich aufnahm, als er an der Berliner Universität studierte. Ende der fünfziger Jahre wurde ihm die Würde des Ehrendoktors der Berliner Humboldt-Universität verliehen. Diese Tatsache war ein guter Anlass, eine Sondersendung zu dem Lebenswerk des kämpfenden Gelehrten auszustrahlen. Die damalige Leiterin des englischsprachigen Afrikaprogramms, eine US-Amerikanerin, wir nannten sie Bea, die du Bois persönlich kannte, hatte die Sendung mit menschlicher Wärme gestaltet. In Afrika wurde das Programm gut und klar empfangen. Das Echo kam unmittelbar nach der Sendung aus vielen Teilen des Kontinents. Hier das Schreiben der Lebensgefährtin von Professor du Bois an Radio Berlin International:

*„Liebe Freunde!*
*Es war ein wundervoller 95. Geburtstag! Und Ihre bewegende und herzliche Rundfunksendung war ein reicher Beitrag zum Glück dieses Tages. Worte reichen nicht aus, Ihnen zu danken. Bitte, sagen Sie Bea, sie möchte freund-*

*licherweise dem Rektor der Berliner Universität und allen Wissenschaftlern, allen Schriftstellern und den Mitgliedern des Friedensrates der DDR unseren herzlichen Dank und unsere aufrichtige Hochachtung übermitteln.*
*Ihre Sendung wurde von Radio Ghana aufgenommen und wird hier bald noch einmal zu hören sein. Dr. du Bois' Gesundheit ist nicht mehr die beste, aber an diesem Tag gewann er neue Kraft aus der Zuneigung und Freundschaft der Genossen, die aus allen Teilen der Welt gleichsam zu ihm strömte.*
*Unseren besten Dank an alle. In aufrichtiger Freundschaft*
*Shirley Graham."*

Professor Dr. William du Bois starb im selben Jahr in Ghana. Die Welt trauerte um einen ihrer großen Pioniere der Wissenschaft, der sich im Ringen um die Gleichheit der Rassen und Völker nie geschont hat.

## Die Rosenbergs und ihre Richter

Der 19. Juni 1963 war der 10. Jahrestag der Hinrichtung des Ehepaares Ethel und Julius Rosenberg. Sie waren der Atomwaffenspionage für eine ausländische Macht beschuldigt worden. Es war kein Prozess mit Beweisen. Umstrittene Indizien führten in New York zum Todesurteil. Sie wurden auf dem elektrischen Stuhl von Sacco und Vanzetti hingerichtet, die am 23. August 1927 unschuldig, politisch motiviert, getötet wurden. RBI brachte den Rosenbergs und Sacco und Vanzetti zu Ehren ein spezielles Programm, in dem darauf hingewiesen wurde, das viele Menschen in der Welt gegen die Ungerechtigkeit der amerikanischen Justiz aufschrien.

Britische Konservative und französische Kommunisten, Papst Pius XII., die französischen und tschechoslowakischen Staatspräsidenten Auriol und Zapotocky, Gelehrte und Schriftsteller wie die Nobelpreisträger Einstein und Urey, Mauriac und Hemingway schlossen sich zusammen. In seiner Sendung dokumentierte RBI die Erklärungen der drei Bundesrichter gegen das Komplott der New Yorker Richter:

*Sprecher:* „Bundesrichter Hugo Black erklärte:"
*H. Black:* „Es scheint mir, dass dieses Gericht nicht Zeit und Gelegenheit für eine ausreichende Prüfung gehabt hat, um es ihm zu ermöglichen, in dieser wichtigen Frage eine wohlbegründete Entscheidung zu fällen, die notwendig gewesen wäre, wenn der Prozess einen normalen Verlauf genommen hätte ..."
*Sprecher:* „Bundesrichter Felix Frankfurter:"
*F. Frankfurter:* „Eine Meinung über einen Fall niederzulegen, der zwei Menschenleben bedeutet, nachdem sich über ihnen schon der Vorhang gesenkt hat, hat den Anschein pathetischer Nutzlosigkeit. Aber auch die Geschichte stellt ihre Forderungen ... Das Gericht hat die neuen Dokumente, die von der

Verteidigung zur Entlastung des Ehepaares Rosenberg dem Gericht übermittelt wurden, noch nicht geprüft ... Im Fall Rosenberg hatte kein Geschworenengericht ein Urteil gefällt ... So bleibt die Frage unbeantwortet, ob überhaupt diese Strafe hätte verhängt werden dürfen ... Ich glaube, es wäre nie zur Verurteilung gekommen, wenn das Verfahren gegen das Ehepaar Rosenberg nicht von politischen Leidenschaften und Hysterie vergiftet gewesen wäre."
*Sprecher:* „Bundesrichter William Douglas:"
*W. Douglas:* „Die Rosenbergs müssen eine Gelegenheit erhalten, sich auf gesetzlichem Weg zu verteidigen ... Die nüchterne Wahrheit ist, dass für das, was die Rosenbergs angeblich taten, nur auf Empfehlung der Geschworenenbank die Todesstrafe hätte verhängt werden dürfen ... Ihre Hinrichtung auf Grund des vom New Yorker Bezirksgericht gefällten Todesurteils ist ungesetzlich ... Es ist wichtig, dass wir, bevor wir die Auslöschung menschlichen Lebens zulassen, sicher, unumstößlich sicher sind, dass wir im Rahmen des Gesetzes handeln."
Bundesrichter William Douglas hatte dem Ehepaar noch in letzter Minute am 18. Juni unter dem Druck überzeugender Entlastungsbeweise einen Hinrichtungsaufschub gewährt. Dieser Aufschub wurde nach wenigen Stunden durch das Eingreifen des Justizministers Brownell, eines früheren Rechtsanwaltes des Rockefeller-Konzerns, vom Oberstern Richter annulliert.
*Sprecher:* „Der Präsident der USA, General Eisenhower, gab die Hinrichtung frei. Keine Rechtsgutachten, keine internationale Stimme hielten den General davon ab. Es war die Zeit des Koreakrieges, als der Prozess begann, und der antikommunistischen und nationalistischen Hysterie in den USA."

In dieser und weiteren Sendungen wurden Stimmen zitierte, die sich gegen den politischen Schauprozess und sein Urteil wandten. Eine der bedeutenden Erklärungen hatte der führende Atomphysiker Dr. Ralph Lapp abgegeben, früherer Exekutiv-Direktor der US-Atomenergiekommission. Er hatte am 4. September 1953 in einer Fernsehsendung erklärt: Es sei für die Rosenbergs unmöglich gewesen, das Geheimnis der Atombombe an die Sowjetunion zu geben. Dr. Lapp bezeichnete die Beschuldigung gegen die Rosenbergs als Propagandalüge. Der Sender befasste sich mehrmals mit den Hintergründen des Prozesses. Am 23. Mai 1963 heißt es in einer Sendung:

*„Die Hintermänner dieses Prozesses wissen, was sie mit ihm erreichen wollen. Seit April 1951 sind Ethel und Julius Rosenberg in den Todeszellen des Zuchthauses Sing-Sing. Geistig und seelisch sollen sie zermürbt, reif gemacht werden für ein „Geständnis", das ihnen, wie es Richter Saypol vom Obersten New Yorker Gericht offen gesagt hat, sofort die Freiheit geben würde: dass sie im Auftrage der Kommunistischen Partei der USA Spionage für Sowjetunion getrieben hätten ..."*

Der Schauprozess erschien dem Sender geeignet, zwei aufrechte Amerikaner zu würdigen und das politische Unrechtsregime in den USA anzugreifen. Der Sender publizierte das Telegramm der Rosenbergs, das von Rechtsanwalt Alexander Bloch, ihrem Verteidiger, veröffentlicht worden war. Sendung am 3. Juni 1963 (Wiedergabe des Telegramms vom 3. Juni 1953):

> *„Das Justizministerium der Vereinigten Staaten hat uns ein Geschäft angetragen. Man schlug uns vor, dass unser Leben gerettet werden würde, wenn wir mit der Regierung zusammenarbeiten. Die Regierung hat durch ihre Aufforderung an uns die Wahrheit – unserer Unschuld – zu leugnen, selbst ihre Zweifel an unserer Schuld zugegeben. Wir werden uns nicht dazu hergeben, die schmutzigen Akten eines betrügerischen Schuldspruches und eines grausamen Urteils zu säubern. Wir erklären jetzt und für alle Zeiten feierlich, dass wir uns nicht einmal unter dem Schmerz des Todes zwingen lassen werden, falsche Aussagen zu machen und unsere Rechte als freie Amerikaner der Tyrannei auszuliefern. Unsere Achtung vor der Wahrheit, vor dem Gewissen und der menschlichen Würde ist unverkäuflich. Sollten wir hingerichtet werden, so würde es ein Mord an unschuldigen Menschen sein, und die Schande wird eine Schande für die Regierung der Vereinigten Staaten von Amerika sein. Ob uns das Leben erhalten bleibt oder nicht, die Geschichte wird zeigen, dass wir Opfer des ungeheuerlichsten Schauprozesses in der Geschichte unseres Landes waren."*

RBI wies darauf hin, dass an dem Tag, an dem die Rosenbergs auf dem elektrischen Stuhl hingerichtet wurden, der Verteidiger, Rechtsanwalt Alexander Bloch angewiesen wurde, vor dem Untersuchungsausschuss des Senators McCarthy zu erscheinen. Dieser Senator hatte die Aufgabe, nach Ende des zweiten Weltkrieges alle Freunde des früheren Verbündeten Sowjetunion unter dem Verdacht unamerikanischer Umtriebe zu überprüfen. Bloch war kein Freund der Sowjetunion und kein Linker. Er war Strafverteidiger, jetzt wurde seine Zulassung als Rechtsanwalt überprüft, weil er angebliche Freunde der Sowjetunion verteidigt hatte. Auch Bundesrichter Douglas musste seinen Hinrichtungsaufschub vor dem Senatsausschuss rechtfertigen, und ein Mitglied des Ausschusses, der Abgeordnete Wheeler von der Republikanischen Partei, forderte, „Douglas wegen schwerer Verbrechen im Amt abzulösen". RBI stellte den Terror gegen Bloch und Douglas nicht als Einzelfall dar und verwies auf die Anwälte Crockett, Sacher, Issermann, Gladstone und McCabe, die zu mehreren Jahren Haft verurteilt worden waren, nachdem sie die elf Führer der Kommunistischen Partei vor Gericht verteidigt hatten, die angeklagt waren, den Marxismus gelehrt zu haben. Rechtsanwalt Hallinan erhielt nach Abschluss des Prozesses gegen den Gewerkschaftsführer Harry Bridges sechs Monate Gefängnis.

RBI erinnerte an das Schicksal des Berliner Rechtsanwalts Hans Litten, der in der Weimarer Republik aus seiner christlichen Weltsicht Kommunisten verteidigt hatte, nach dem Machtantritt der Nazis verhaftet und am 4. Februar 1938 im Konzentrationslager Dachau ermordet wurde. Für RBI war die Kommunistenfurcht in den USA ein Thema bis in die sechziger Jahre hinein – über Gregory Peck, Orson Welles, Charly Chaplin, Katherine Hepburn und Lion Feuchtwanger zu sprechen, die verfolgt wurden, weil sie „kommunistischen Ansichten" nahe stünden.

Das waren nicht nur Sendungen in der Nordamerika-Redaktion, sondern Programme für den gesamten Sender, zum Teil von der Zentralredaktion erarbeitet. Ein Teil des Sendematerials, das sich RBI auf dem Postweg in den USA beschafft hatte, wurde Inlandsmedien der DDR zur freien Verfügung gestellt. In allen Sendungen von Radio Berlin International nahm die Kritik an die US-Regierung und das politische System der USA den Platz ein, den der Kalte Krieg im Äther diktierte.

## Abraham Lincoln wurde zweimal erschossen

Am 4. April 1968 wird der Führer der amerikanischen Bürgerrechtsbewegung Martin Luther King, der Pfarrer, in Memphis im Bundesstaat Tennessee ermordet. Er teilte das Schicksal von Mahatma Gandhi, beide Politiker des gewaltlosen Protestes gegen die Gewalt, fallen der Gewalt von Mördern zum Opfer. Der Tod von Martin Luther King führt zu einem Sturm des Aufruhrs in Memphis, zerstörte Wohnviertel der Weißen und 50 Tote sind das tragische Ergebnis am Abend des 4. April. RBI kommentierte am 5. April 1968:

*„Es gibt keine Gerechtigkeit und keine Gleichheit in den USA, auch wenn einzelne schwarze Amerikaner politische Ämter einnehmen. Die amerikanische Verfassung ist seit mehr als 150 Jahren ein Stück Papier … Am 1. Dezember 1955 wird Frau Rosa Parks in Montgomery im Bundesstaat Alabama von der Polizei festgenommen, weil sie sich geweigert hatte, ihren Platz im Bus einem weißen Mann anzubieten … Die Amerikaner schwarzer Hautfarbe lassen sich nicht niederzwingen. 1963 treffen sich, von Martin Luther King geführt, eine halbe Million Demonstranten in Washington und hören Kings Predigt, sein Traum von der Gleichheit der Rassen und Völker … I've a dream … Einer, der den Friedensnobelpreis seit 1964 trägt, wurde heute in den USA erschossen, als er zu Tausenden von Amerikanern sprach …*
*… Mit Martin Luther King starb der bedeutendste Bürgerrechtler der Vereinigten Staaten, ein Opfer der politischen Verschwörung, deren Fäden in die Oberschicht der amerikanischen politischen Klasse reichen. Für diese Klasse war King ein Kämpfer für Gerechtigkeit und Menschenrechte mit außergewöhnlicher Massenausstrahlung und suggestiver rhetorischer Kraft. Er stellte sich*

*seinen Feinden offen entgegen, besonders den Intrigen der amerikanischen geheimen Staatspolizei, die ihn fortgesetzt zu denunzieren versuchte. Als er 1964 den Friedensnobelpreis in Schweden erhielt, war ihm zuvor ein Brief aus Schweden zugestellt worden. Dem Brief lag ein gefälschtes Tonband bei, in dem dumm behauptet wurde, Martin Luther King sei bei einer sexuellen Affäre mit einem Kind belauscht worden. Das Band würde veröffentlicht werden, wenn er den Friedensnobelpreis annähme. Mit derartigen Fälschungen, die alle auf Agenten des FBI zurückgingen, hatte Martin im Laufe seines politischen Lebens oft zu kämpfen. Sie behinderten jedoch sein Wirken nicht, bis die politische Reaktion zur Waffe griff …*
*Martin Luther King, der seinen Namen nach dem großen deutschen christlichen Reformer Martin Luther wählte, war ein patriotischer Amerikaner, der in der Deutschen Demokratischen Republik über seinen Tod hinaus eine große Würdigung findet."*

RBI stellte den Mord an Martin Luther King in eine Reihe mit der Ermordung der deutschen Arbeiterführer Rosa Luxemburg und Karl Liebknecht im Januar 1919, mit Jean Jaurés, dem französischen Patrioten und Sozialistenführer, der als Kämpfer für den Frieden am Tag vor Ausbruch des Ersten Weltkrieges von der französischen Reaktion ermordet wurde. Der Sender zog auch einen Vergleich zur Ermordung des Präsidenten John F. Kennedy und seines Bruders, des Justizministers. Der zentrale Punkt war jedoch der Vergleich mit der Erschießung des Präsidenten Abraham Lincoln. Ein Mitarbeiter fand in einem amerikanischen Geschichtsbuch den Bericht eines Chronisten, der die Feier am 4. März 1865 in Washington beschreibt, als Abraham Lincoln zum zweiten Mal in das Amt des Präsidenten eingeführt wurde. RBI sendete die Schlussworte des Präsidenten:

*„So lasst uns danach streben, das Werk zu vollenden, an dem wir schaffen, niemandem zu Leide, allen zur Freude und mit Festigkeit im Gedanken an das Recht, so wie es uns Gott offenbarte … Lasst uns alles tun, was einen gerechten und dauerhaften Frieden unter uns selbst und mit allen anderen Völkern herbeiführen und bewahren kann."*

Der Bürgerkrieg (1861–1865), so schreibt der Chronist, hat die Einheit der Nation bewahrt und die Sklaven, so wie es Gott offenbarte, aus den Fesseln der Leibeigenschaft befreit. Am Karfreitag, dem 14. April 1865, führte Lincoln seine letzte Kabinettsitzung. In der darauffolgenden Nacht wurde er niedergeschossen und am nächsten Morgen um halb acht Uhr hörte sein Herz auf zu schlagen … Der Chronist berichtet weiter:

*„Auf der großen Strasse vor dem Weißen Haus hatten sich mehrere hundert Farbige versammelt. Es waren meist Frauen und Kinder, die mit Tränen und*

*Jammern den Verlust ihres Präsidenten beklagten ... Die Leute schienen zu ahnen, was ihnen für ein Schicksal droht ...“*[23]

Das waren Ausschnitte aus Sendungen zum Leben und Werk des amerikanischen Bürgerrechtskämpfers Martin Luther King. Eine Sendung klang aus mit den Worten: „Mit Martin Luther King wurde Abraham Lincoln zum zweiten Mal erschossen.“

Es war die Zeit des Vietnamkrieges und der antikommunistischen und nationalistischen Hysterie in den USA.

In diesem Zusammenhang ging der Sender offensiv in die Argumentation und Polemik zu den Menschenrechten und beschuldigte die USA, sie stellten sich „in einer Ekstase von Scheinheiligkeit als Verteidiger von Menschenrechten dar, die sie überall, wo es ihren Interessen entspricht, zertreten“. Für RBI gehörte zeitweise das Thema Menschenrechte zur Gegenpropaganda. In den internationalen Gremien traten die USA und andere Staaten oft gegen die DDR auf und forderten von ihr, sich stärker den Menschenrechten zuzuwenden. RBI sagte, die Regierung der DDR betrachtet Menschenrechte in ihrer Einheit von sozialen und politischen Rechten. In der ideologischen Auseinandersetzung sollten Menschenrechte nicht zu Schlagworten verwildern und nicht missbraucht werden, politische Interessen zu bemänteln. Im ideologischen Kampf dieser Zeit war die Menschenrechtsdebatte in einer Sackgasse. Die Menschenrechte, die von den Vereinten Nationen als Einheit von sozialen, politischen und kulturellen Rechten definiert wurden, sind zum Zweck der Propaganda von den sich gegenüber stehenden weltanschaulichen Blöcken gespalten worden, jeder argumentierte mit seinen vermeintlichen Errungenschaften. Der Westen betonte die politischen Rechte, besonders Meinungsäußerungs- und Medienfreiheit, das Recht auf Freizügigkeit und freie Versammlung und negierte die sozialen Grundrechte, wie das Recht auf Arbeit. Der Osten hob die sozialen Rechte stark hervor und schwieg über die politischen Rechte der Meinungsäußerungsfreiheit.

## Aus dem Programm für Afrika

Andere Sendungen galten Patrice Lumumba, dem Freiheitshelden des Kongo, Amilcar Cabral, dem Schrittmacher der Befreiung von Guinea-Bissau und Kapverden, Nelson Mandela und Walter Sisulu, den Führern des Afrikanischen Nationalkongresses, Yassir Arafat, dem Anwalt des Selbstbestimmungsrechtes des arabischen Volkes von Palästina. Die Information und Argumentation gegen die Apartheid nahm einen bedeutenden Platz im Programm der Afrika-Redaktion und anderer Redaktionen ein. Seit dem Urteil vom 8. August 1962, nachdem er 1958 schon einmal verurteilt wurde, war Nelson Mandela in der Haft der weißen Herrscher des Apartheidregimes auf Robben Island. Sie wollten ihn nur freilassen, wenn er die politische Arbeit des Afrikanischen Nationskongresses

(ANC) einstellt. Mandela und Walter Sisulu, die für die Freiheit der Volksmehrheit kämpften, lehnten dieses durchsichtige Manöver ab. Dafür bleiben sie 30 Jahre in Isolationshaft auf einer Insel. Am 8. August 1982 kommentierte die Afrika-Redaktion:

> *„Das südafrikanische Regime verlangt, dass Nelson Mandela und Walter Sisulu den Terror der Rassenfanatiker anerkennen, während südafrikanische Truppen jede selbständige politische Regung des ANC zu Boden schlagen. Das gleiche Ansinnen stellt die israelische Regierung an Yassir Arafat. Das ist der Wert der Worte vom Menschenrecht, das wir von den Pharisäern hören. Patrice Lumumba, Amilcar Cabral, Salvador Allende und andere Patrioten wurden als Führer der Befreiungsbewegung von Terroristen ermordet. Seien wir wachsam! Schützen wir das Leben von Nelson Mandela und und Walter Sisulu! Fordern wir ihre sofortige Freilassung! Helfen wir dem Afrikanischen Nationalkongress!"*

Ein Lehrer aus Tansania. Herr Issa Maliwata aus Chikwikwi schreibt dem Sender nach dieser Sendung ein persönliches Erlebnis:

> *„Ich bin ein ständiger Hörer Ihres Programms. Das gehört zu meinen Bemühungen, die Freundschaft zwischen den Völkern zu festigen. Zu Ihrer Mandela-Sendung darf ich Ihnen mitteilen, das ich 1964 unter den Tansaniern war, die 15.000 unserer Brüder in Mosambik zur Flucht vor den Verfolgungen der portugiesischen Kolonialmacht verhalfen. Im gleichen Sinne habe ich gegen den Kolonialismus und Imperialismus gekämpft, als Tansania noch von den Engländern beherrscht wurde."*

Eine herausragende Aufgabe von Radio Berlin International war seit seiner Gründung, für eine solidarische Welt zu wirken. Solidarität war ein Element der Selbstdarstellung des sozialistischen Staates, für den Sender aber auch das beherrschende Thema, das dem Gefühl eines sehr großen Hörerkreises entsprach. In elf Sprachen ging das Wort Solidarität täglich rund um die Erdkugel. Der Gedanke der Solidarität galt allen Völkern ohne politische Einschränkung, er richtete sich besonders stark auf jene Staaten und Bewegungen, die sich mit der DDR verbunden fühlten. Die Solidarität erschöpfte sich nicht in den Programmen des Senders. Schon allein das Komitee für Solidarität in der DDR erbrachte materielle Leistungen für Entwicklungsländer im Umfang von jährlich mehr als 200 Millionen Mark. Vor allem waren es Spenden der Mitglieder des Freien Deutschen Gewerkschaftsbundes, die es dem Solidaritätskomitee erlaubten, notwendige Arzneimittel, Krankenhausbedarf, Transportfahrzeuge und Schulmaterial zu übergeben. Die Mitarbeiterinnen und Mitarbeiter des Senders standen nicht zurück. Viele legten ihrem Mitgliedsbeitrag für die Gewerkschaft noch 50 bis

100 Prozent des Beitrages als Spende hinzu. Bei RBI zeichneten sich die Afrika-, die Südostasien- und Dänische Redaktion besonders aus. Ein jährlicher Solidaritätsbasar auf den Gängen des Senders, von Sprechern und Journalisten aus allen Kontinenten mitgestaltet, war immer ein großer Erfolg.

Es war auch ein Preis der Solidarität, dass der Export von Waren der DDR in eine Reihe von Ländern Afrikas, Asiens und Lateinamerikas auf Kredit mit einer Laufzeit bis zu 15 Jahren erfolgte. Anfang der achtziger Jahre hatte der internationale Handel der DDR Außenstände von rund fünf Milliarden Valutamark, die für die innere Entwicklung nicht zur Verfügung standen. Diese Lage brachte Probleme für die Sendungen von RBI mit sich. Er konnte die Beziehungen im Wirtschaftsbereich zu den Entwicklungsländern in seinem Pogramm nicht ausklammern, überschwängliche Worte der Zusammenarbeit jedoch waren zu meiden.

## Wirtschafts- und Informationsordnung

Statt dessen wurde der Vorschlag einer Neuen Internationalen Wirtschaftsordnung in den Sendungen gefördert. Der Gedanke des fairen wirtschaftlichen Ausgleichs, von den Entwicklungsländern in die internationale Diskussion gebracht, wurde von der UNO und auf vielen Kongressen begründet, fand aber nur wenig Resonanz bei den westlichen Industriestaaten, die einer neuen, auf Partnerschaft beruhenden Wirtschafts- und Handelsbeziehung zurückhaltend gegenüber standen. Auch eine Neue Internationale Informationsordnung war nicht ihr Thema. Sie denunzierten diese Idee der Entwicklungsländer als ein Knebelungsdiktat gegenüber der freien Presse. In der Deklaration der UNESCO von 1978 zum Wirken der Massenmedien waren Grundrisse einer Neuen Ordnung auf den Gebieten der internationalen Information und Kommunikation gegeben, an denen die westlichen Staaten mitgearbeitet hatten. Aber einer Ordnung, die zu einem Mittel der Entwicklungsländer im Ringen um ihre informationspolitische Selbstbestimmung werden könnte, wollten die Diplomaten und Politiker der freien Welt nicht näher rücken. Auch deshalb wurden diese Themen mit Vorrang in die Radioprogramme von RBI nach Afrika, Asien und Lateinamerika aufgenommen.

Eine Neue Internationale Informationsordnung sollte die Vorherrschaft der Nachrichtenagenturen von Weltgeltung einschränken, das Ungleichgewicht der Berichterstattung über Probleme des eigenen Landes aufheben, die unzureichende materielle Basis der Entwicklungsländer im Bereich der nationalen und internationalen Information und Kommunikation beseitigen und den Aufbau eines Systems der unabhängigen Information fördern. Für RBI war das ein weites Feld der Berichterstattung und Kommentierung – und wiederum eine Möglichkeit, praktisch solidarisch etwas zu leisten, was über die Radioprogramme hinausreicht: In Mali, in Somalia, in Tansania und in einigen anderen Ländern wirkten

Redakteure von Radio Berlin International mit, einen unabhängigen Rundfunk aufzubauen und die Radiojournalisten und -sprecher vor Ort auszubilden.

Die Verbreitung des Transistor-Empfängers, der unabhängig vom Stromnetz ist, trug viel zur Verbreitung der Programme des Auslandsradios bei. Fachleute, die sich mit der Entwicklung des Weltrundfunks befassten, schätzen in der zweiten Hälfte der sechziger Jahre die Zahl der Radiohörer in Afrika auf etwa 80 Millionen, rund 20 Prozent von ihnen würden regelmäßig Auslandssendungen hören.

## Das Jahr des afrikanischen Umbruchs beginnt – RBI sendet für Afrika

Seit dem Jahre 1960 sendete RBI Informationsprogramme für Afrika. Groß war das Bedürfnis auf diesem Kontinent, die Stimme der Deutschen Demokratischen Republik zu hören. Der deutsche Name, obwohl belastet mit Kolonialverbrechen im früheren Deutsch-Südwest- und Ostafrika, war nicht so zerrüttet, wie die Namen der noch existierenden Kolonialstaaten. Als Alternative zu ihnen und zur kapitalistischen Gesellschaft sahen viele Hörer die Deutsche Demokratische Republik, und die meisten Briefe aus Afrika befassten sich mit der Praxis der ersten Jahre in Ostdeutschland nach der Katastrophe des Zweiten Weltkrieges und mit dem späteren sozialistischen Aufbau in der DDR.

Programme von 45 Minuten Länge mehrmals am Tage und in der Nacht bestimmten die Sendungen nach Angola, Mosambik und Guinea-Bissau in portugiesischer Sprache, ergänzt durch spezielle Sendungen für Südafrika, Namibia und Simbabwe in englischer Sprache. RBI sendete für Afrika täglich eine Stunde und 15 Minuten, davon (zusätzlich zu Portugiesisch) viereinhalb Stunden in Französisch für West- und Zentralafrika, Madagaskar sowie Nordafrika; in englischer Sprache drei Stunden für West-, Zentral-, Ost- und Südafrika; und zweieinhalb Stunden in Suaheli für Tansania und Kenia; in Deutsch für diesen Raum 45 Minuten. Von Bedeutung in diesem Klang vieler Wellen war der Austausch von Programmen zwischen dem Rundfunk der DDR und Radiostationen in Afrika, organisiert und koordiniert von der Abteilung Internationale Verbindungen. Besonders zu erwähnen ist der Programmaustausch mit Mosambik, Guinea-Bissau und Kapverden und Angola, mit den beiden Kongo-Republiken, der Volksdemokratischen Republik Jemen, mit Madagaskar, Nigeria, Somalia und Ghana.

Die koloniale Geschichte Afrikas endete in der Mitte des 20. Jahrhunderts. Die sechziger Jahre waren Jahre des Aufbruchs. Das Thema stand über das gesamte Jahrzehnt und in den späteren Jahren vorrangig in den RBI-Programmen mit der historisch-politischen Grundtendenz:

Aus dem Freiheitskampf der Völker gingen national befreite Staaten hervor, die ein schweres koloniales Erbe übernehmen mussten. Wirtschaftliche Rückständigkeit, kultureller Verfall und physischer Terror kennzeichneten die Kolonialherrschaft. Es gab weder ein modernes Handwerk noch Ansätze einer mittelständischen Industrie, die eine ökonomische Grundlage des Wiederaufbaues hätten bilden können. Nur wenige Verkehrswege waren ausgebaut, die dem Transport kolonialer Güter dienten. In der Mehrzahl der befreiten Länder gab es anfangs keine eigenen Radiostationen und keine nationalen Zeitungen. Die Länder waren geprägt durch eine katastrophale Situation im Sozial- und Gesundheitswesen und durch eine völlig unterentwickelte Bildung. In einigen befreiten Staaten konnten 98 Prozent des Volkes nicht lesen und nicht schreiben. Das kulturelle Niveau der afrikanischen Völker hatten die weißen Herrenmenschen mit dem Christus-Kreuz in der Hand auf den denkbar niedrigsten Stand gedrückt. Nur ein primitives heruntergestuftes Volk konnte rücksichtslos ausgeplündert werden. Die meisten unterdrückten Völker teilten das gleiche Schicksal.

Wie andere Programme von RBI, das Nord- und Lateinamerika-Programm, das Arabische und das Südostasien-Programm, gingen auch die Sendungen für Afrika auf besondere Probleme der Hörerkreise ein. Wenn auch die Themen der Selbstdarstellung der DDR und der internationalen Politik den Vorrang hatten, fanden die Sendebeiträge bei den verschiedenen Hörerkreisen einen guten Anklang, die politische, soziale und kulturelle Probleme im Empfangsgebiet der Information ansprachen, ohne Wertungen zur Politik der jeweiligen Regierungen zu geben. Meistens hatten diese Programme einen Zusammenhang mit internationalen Konferenzen und Publikationen der Vereinten Nationen und der UNESCO. Sie beschränkten sich nicht auf eine Zustandsbeschreibung, sondern vermittelten Vorschläge zu einer Problemlösung, wie sie international diskutiert wurden. Diese Themen bezogen sich auch auf Geschichtssendungen mit informativem Charakter. Die Redaktionen sahen in dieser Programmpolitik eine spezifische Bindung zu den verschiedenen Hörerkreisen und ihren Interessen.

Wichtige Themen waren u. a. die wiederholten Dürrekatastrophen, Krankheiten und Unterernährung. 1972/73 herrschte auf den Kapverdischen Inseln eine große Hungersnot, weil die portugiesische Kolonialverwaltung keine Bedingungen geschaffen hatte, dem Volk in der Trockenheit das Leben zu sichern. Als die sozialistischen Staaten, voran die Sowjetunion und die DDR, ebenso wie Schweden und Norwegen, eine große Hilfe leisteten, war das ein bedeutendes Thema der Sendungen nicht nur für Afrika. Bis zuletzt war diese Situation ein brennendes Thema der Sendungen von RBI. Aus einem Programm vom 15. September 1990:

> *„Wie lange können wir uns noch mit der Tatsache abfinden, dass jedes Jahr Millionen Kinder sterben – an Unterernährung und Krankheit? Etwa 40.000 sind es jeden Tag, vor allem in den Staaten Afrikas, Asiens und Lateinamerikas. Dabei genügte ein Bruchteil der Mittel, die in der Vergangenheit für den Wahnwitz des Wettrüstens vergeudet wurden, um diese Kinder zu retten …"*

*In einer afrikanischen Hörerfamilie im Dorf Kafiar in Guinea-Bissau*

Ein Panzerkampfwagen aus der gegenwärtigen Produktion weniger, sagte RBI, könnte eine Tagesration Reis für viele Hunderttausend Menschen bringen und mit dem Gegenwert eines Jagdbombers könnten Tausende von Apotheken in den ländlichen Gebieten Afrikas eingerichtet werden. RBI zitierte die Konvention der UNO von November 1989 zu den Rechten der Kinder. Dieses gute und wichtige Dokument erklärte, dass die Menschenrechte aller Kinder garantiert werden müssten, dass alle Kinder vor Hunger und Krankheiten zu schützen seien. Der Sender geht auf das Kinderhilfswerk der Vereinten Nationen – UNICEF – ein und gibt eine Einschätzung dieser Organisation wieder:

> *„Mit einem Aufwand von 2,5 Milliarden Dollar im Jahr könnten die medizinischen Probleme aller von Krankheit und Unterernährung betroffenen Kinder gelöst werden. Das ist viel Geld. Das ist soviel, wie die Sowjetunion für Wodka ausgibt. Das ist soviel, wie amerikanische Firmen für die Zigarettenwerbung ausgeben. Das sind rund zwei Prozent der Militärausgaben der Entwicklungsländer. Und das ist weniger, als an einem Tag in der Welt für die Rüstung ausgegeben wird."*

Am 22. September 1990 kommt der Sender auf das Thema zurück. Anlass ist eine internationale Konferenz der UNO in Paris, auf der Experten aus 130 Ländern beraten, wie das Leid der Ärmsten der armen Länder gelindert werden kann. In diesen Staaten sind 80 Prozent des Volkes Analphabeten. Mehr als 440 Millionen Menschen leben in dieser Armutswelt, die größer ist als der reiche europäische Binnenmarkt. RBI versucht einen Ausblick zu geben:

*„Die gegenseitige Verantwortung und gegenseitige Übernahme von Verpflichtungen ist ein neuer Zug. Er zeugt davon, dass die entwickelten Industriestaaten des Nordens heute stärker als früher anerkennen, dass Fortschritte in den am wenigsten entwickelten Länder auch für sie eine Bedingung sind, in dieser Welt gegenseitiger Abhängigkeiten zu bestehen. Im internationalen Handel finden sich Orientierungen, die den ärmsten Ländern den Zugang zu den Märkten erleichtern ..."*

Hier zeigen sich zarte Pflanzen einer die Militärblöcke in West und Ost überbrückenden Zusammenarbeit, heißt es bei RBI. Die beiden deutschen Staaten helfen abgestimmt aufeinander den Hungernden in verschiedenen Teilen Afrikas. Das sei noch kein tägliches Tun, ab ein gutes Zeichen gemeinsam wahrgenommener Verantwortung. In den 15 Jahren von 1975 bis 1990 waren es rund 12.000 Deutsche aus der DDR, die zum Beispiel in Mosambik am Aufbau eines neuen Lebens mitarbeiteten. Dieses afrikanische Land war in der Außenpolitik der DDR ein Schwerpunktland.

## Die Apokalypse am Kongo

Der Handel mit afrikanischen Sklaven seit dem 16. Jahrhundert war zu einem großen Geschäft des aufkommenden Kapitalismus geworden, ein Bestandteil seiner ursprünglichen Akkumulation. Dass auch afrikanische Herrscher an der Verschleppung ihrer Landsleute mitverdienten, entlastet nicht die weißen Herrenmenschen in Europa und Nordamerika. Aus einem Kommentar des Senders im August 1961:

*„In drei Jahrhunderten sind mehr als 20 Millionen Afrikaner nach Nord- und Südamerika deportiert und verkauft worden. Der Mensch in Afrika wurde zum Material und zur Ware. Um das Material und die Ware, um die Naturreichtümer dieser Völker, um die Unterwerfung dieser Völker zu Arbeitssklaven führten europäische Staaten im 19. und bis zur Hälfte des 20. Jahrhunderts völkermordende Kriege – die Engländer 1824, 1853, 1863 und 1872/74 gegen das Volk der Aschanti auf dem Gebiet des heutigen Ghanas, gegen Sudan 1885 und 1898, gegen Ägypten noch 1956, gegen die Buren in Südafrika; im Kongo schlugen die Belgier (nach Originalzeichnungen aus dem Ende des 19. Jahrhunderts) Menschen die Hände ab, wenn sie nicht die Tagesmenge an Kautschuk schafften, die ein europäischer Herrscher, der König Leopold II, verlangte. Kongo hatte so viele Menschen, dass es für die Belgier nicht darauf ankam, jene zu töten, die als unbrauchbar und überflüssig galten, den Reichtum des Königs und seiner raffgierigen Gesellschaft zu mehren. 29 Millionen Kongolesen lebten vor der Herrschaft der Belgier im Kongo. Die Belgier raubten ihnen das Ackerland, die Weiden, das Wasser*

*und die Wälder, sie schlugen Aufstände mit brutalster Gewalt nieder und ließen Seuchen freien Lauf. Von 1885 bis 1915 rotteten sie Millionen Kongolesen aus. Die Europäer und die US-Amerikaner, beherrscht von dem Gedanken der Gewalt in den internationalen Beziehungen, hatten auf der Kongo-Konferenz in Berlin am 26. Februar 1885 die belgische Kongo-Kolonie als ‚Eigentum des belgischen Königs Leopold II. anerkannt'; seit 1881 hatte er bereits das Gebiet in seinen Besitz überführt ..."*

Man muss den kongolesischen Überlebenskampf vor Augen haben, wenn man über den kongolesischen Befreiungskampf der fünfziger und sechziger Jahre des 20. Jahrhunderts arbeitet, wenn man über die demokratische Wahl von Patrice Lumumba, des Führers der Befreiungsbewegung, spricht, über sein Wirken als frei gewählter Ministerpräsident seit dem 30. Juni 1960, über die von ihm, seiner Regierung und dem Parlament beschlossene Nationalisierung der belgischen und weiterer ausländischer Konzerne, – und wenn man seine Ermordung und die seiner engsten Mitkämpfer Maurice M'Polo und Joseph Okito am 17. Januar 1961 kommentieren muss. Am 18. Januar 1961 hieß es in einer Sendung von RBI:

*„Die Herrscher Europas, die ihre Macht über Afrika ausdehnten, reden stets vom Selbstbestimmungsrecht der Völker und zerstörten es zugleich, in dem sie die Menschen erschlugen und erschossen oder in den Hunger und den Durst trieben, die das Recht auf Selbstbestimmung für sich verlangten. Gold*

*Eine der letzten Aufnahmen von Lumumba*

*und Silber, Kupfer und Wolfram, Erze und Diamanten waren die wirklichen Werte, um die es den Kolonialmächten hinter dem Schwall verlogener Worte ging ... Lumumba berief sich auf Gandhi, den Vorkämpfer der indischen Freiheit und dessen politische Philosophie der Gewaltlosigkeit. Lumumba sah in Gandhi sein Vorbild. Lumumba wollte, wie Mahatma Gandhi, durch Arbeit und Toleranz das kongolesische Volk voranbringen. Gandhi wurde 1948 ermordet und Lumumba und sein engsten Gefährten starben gestern im Ringen um die Unabhängigkeit und Freiheit ihres Volkes. Beide bleiben in der nie sterbenden Erinnerung aller Völker, die für ihr Recht auf Selbstbestimmung gegen die mörderischen Kräfte der kolonialen Verderber kämpfen."*

Die Afrika- und die Arabische Redaktion zitierten in diesen Tagen wiederholt und aus späteren gegebenen Anlässen ein Gedicht Patrice Lumumbas „Aus dem Kongo eine Nation machen":

*„... Die Ufer des großen Flusses, die so viel versprechen,*
*Sie sind von nun an dein.*
*Dies Land und alle seine Schätze,*
*Sie sind von nun an dein.*
*Und da oben die Feuersonne*
*In einem farblosen Himmel*
*Erstickt deine Schmerzen in ihrer Glut.*
*Ihre brennenden Strahlen werden für immer*
*Die Tränen auftrocknen, die deine Ahnen vergossen,*
*Als ihre tyrannischen Herrn sie quälten*
*Auf diesem Boden, der stets dir teuer sein wird.*
*Du aber wirst aus dem Kongo eine Nation machen, frei und glücklich*
*Im Herzen des riesenhaften Schwarzafrikas."*

Der belgische Völkermord im Kongo regte und regt keinen europäischen und nordamerikanischen Politiker auf. Die Toten waren Afrikaner, „schwarze Affen", wie ein Belgier sagte. Erst langsam reifte in den tonangebenden Köpfen der Kapitalherrschaft der Gedanke, dass die Dezimierung des kolonial unterdrückten Volkes nicht rentabel ist. Wirtschaft und Handel sollten vorankommen, notwendig war der Schutz des wirtschaftlichen Einflusses ohne Ströme von Blut. Weniger blutig sollte sich die Wahrung des kolonialen Besitzstandes vollziehen, in dem die Führer der Freiheitsbewegung getötet und ersetzt werden durch zahme Anwälte kapitalistischer Interessen und brutale Herrscher über das Volk, lautete die Tendenz der Sendungen. Patrice Lumumba und seine Getreuen wurden von zwei Knechten des europäisch-amerikanischen Kapitals, Mobutu und Tschombé, im Bunde mit dem belgischen und amerikanischen Geheimdienst ermordet, 12 Jahre nach ihm streckten die Kugeln eines Terrorkommandos unter dem Befehl eines portugiesischen NATO-Generals den Führer der Befreiungsfront in Guinea-Bissau, Amilcar Cabral, nieder und Nelson Mandela und Walter Sisulu waren zu 30 Jahren Haft auf eine isolierte südafrikanische Insel verbannt. Salvador Allende erlitt das Schicksal von Lumumba und Cabral, mit ihnen viele andere, die für die Rechte des Volkes stritten. In den frühen fünfziger Jahren wurde der erste frei gewählte iranische Ministerpräsident Mossadegh in einem vom Ausland inszenierten Staatsstreich gestürzt, als er begann, die Erdölindustrie zu verstaatlichen. Gegen das ägyptische Volk brachen England, Frankreich und Israel 1956 einen Krieg vom Zaun, bombardierten Port Said und Suez, nachdem Präsident Gamal Abdel Nasser die britisch-französische Suezkanalgesellschaft verstaatlicht hatte, und die angebotene finanzielle Entschädigung den Aktionären nicht akzeptabel erschien. Das war die Tendenz und der Ton in den Sendungen, in denen Radio Berlin International seine Verbundenheit mit den nationalen und sozialen Freiheitskampf ausdrückte.

Nach dem Systemwechsel in Osteuropa 1990/91 war eine Wende in der Politik der früheren Kolonialstaaten noch nicht abzusehen. In Nigeria starb 1995 Ken Saro-Wiwa am Galgen, den der Diktator Abacha im Einvernehmen mit dem Ölkonzern Shell errichten ließ. Er war als Dichter und Schriftsteller ein Kämpfer für die Menschlichkeit und nahm Partei für das arbeitende Volk. Seine Worte erreichten die Arbeiter auf den Ölfeldern von Ibene und schienen die Alleinherrschaft des Shell Konzern zu bedrohen. In Westeuropa löste seine Ermordung die gewohnte Betroffenheit aus, einige Tage wurden die Tankstellen des Shell Konzerns aus Protest gemieden. Dann ging die freie zivilisierte Welt zur Tagesordnung über. Shell erhöhte die Preise, um den Verlust auszugleichen. Präsidenten sprachen wieder über Menschenrechte, Kanzler über Demokratie und Minister über Freiheit. Dann war Totenstille.

Der nigerianische Literatur-Nobelpreisträger Wole Soyinka stiftete einen Preis für Ken Saro-Wiwa. Der Preis wird einmal im Jahr an Jugendliche verliehen, die besondere Verdienste erworben haben, ethnische und religiöse Konflikte in Nigeria friedlich zu lösen.

Selbst wenn Worte in den Weiten des Äthers verhallen, Radio Berlin International sah in den Kämpfern für die nationale Freiheit der Völker die Vorbilder einer künftigen freien Gesellschaft. Der Leitgedanke vieler Sendungen des Afrika-Programms und anderer Programme war:

Lumumba, der Dichter und Freiheitskämpfer, hätte in Afrika den Humanismus begründen können. Seine Menschlichkeit war afrikanisch verwurzelt, und mit Amilcar Cabral wäre das theoretische Fundament aller national befreiten Staaten Afrikas geschaffen worden. Sie und Nelson Mandela, Walter Sisulu und andere Nationalhelden des afrikanischen Freiheitskampfes haben auf den weißen Rassismus nie mit einem schwarzen geantwortet.

## Ein literarisches Zeugnis

Ein literarisches Zeugnis aus dem Leben eines Afrikaners, der Diener zu sein hatte einer fremden Macht, die ihn nutzte, aber vernichtete, wenn sie seiner nicht mehr bedarf, vermittelt uns einer der großen Dichter Afrikas, der nach der Befreiung seines Landes von französischer Kolonialherrschaft Innenminister der Republik Guinea wurde – Keita Fodeba.

Sein ergreifender lyrischen Text war die Grundlage eines kommentierten Berichtes für eine mehrteilige Sendung nach Afrika, in die arabischen Länder und nach Südostasien; ein Bericht nur, weil kein Redakteur in der Hast des Tages auch noch eine autorisierte Übersetzung übernehmen wollte. Der Held der Geschichte war als Angehöriger der französischen Armee in deutscher Gefangenschaft und nach seiner Entlassung Soldat in den französischen Besatzungstruppen in Westdeutschland. Alle Afrikaner, alle Araber, alle Inder, alle Vietnamesen, die für England und Frankreich in zwei Weltkriegen gekämpft haben, konnten sich mit dem Schicksal des Helden in der Geschichte von Keita Fodeba verbunden fühlen. Ein Sprecher erzählte die Geschichte von Keita Fodeba:

*„Es ist die Geschichte des Bauern Naman, die Geschichte eines durch schwere Landarbeit und karge Ernte gebückten Mannes des Mandingo-Volkes am Niger. Ein Kind lief zu ihm aufs Feld und rief, er solle zum Dorfältesten kommen. Am Platz des Ältesten saß ein Gendarm und die anderen Alten des Dorfes, wie es Sitte war, wenn es um eine bedeutende Entscheidung geht. Der Älteste sagt, „die Weißen haben einen Gendarmen geschickt, um einen Mann des Dorfes zu holen, der in ihrem Land in den Krieg ziehen soll". Trotz der Klagen und der Tränen seiner Frau Kadia, die ihren ersten Mann in einem anderen Krieg verloren hatte, musste Naman mit dem Gendarmen zu der französischen Bereitstellungskaserne in einer weit entfernten Stadt. Lange hörte seine Frau und das Dorf nichts von Naman. Dann meldete er sich aus Nordafrika, später aus Italien, hier hatte er im Sommer 1944 bei Monte Cassino, das Kloster war am 15. Februar 1944 von den Amerikanern zerstört worden, mit vielen anderen Landsleuten unter hohen Verlusten in den eigenen Reihen gekämpft. Nach weiteren Monaten erhielt Kadia von einem Freund ihres Mannes die Nachricht, Naman sei in deutscher Kriegsgefangenschaft, zuvor hätte er für seine Tapferkeit einen Orden erhalten. Es vergingen zwei Jahre, der Krieg war längst zu Ende, da meldete sich Naman aus Deutschland. Er sei jetzt französischer Soldat in der Besatzungsarmee und werde bald nach Hause kommen. Einen Monat später schrieb ein Freund, der Gefreite Moussa, einen tragischen Brief. „Es war in der Morgendämmerung. Wir waren in Tiaroye-sur-Mer. Im Verlauf eines großen Streites, den wir mit den weißen Führern hatten, wurde Naman erschossen."*

Soweit ein Ausschnitt aus dieser Sendung. Naman hatte für die Freiheit Frankreichs in dem Glauben gekämpft, das die Franzosen seinem Volke die Freiheit geben würden, hieß es in dem folgenden Kommentar. Die Erzählung löste in Algerien, Tunesien und Marokko, in Zentral- und in Südafrika ein großes Echo in Zuschriften an den Sender aus. Der Bericht traf die Erlebniswelt der Hörerinnen und Hörer in ihrem Alltag in der Zeit des Kolonialismus, ihre Gefühle, von einer fremden Macht in allen ihren Lebensbereichen beherrscht zu sein.

Der Bezug der Programme auf die Vergangenheit öffnete die Herzen der Hörerinnen und Hörer für die Sendungen der Gegenwart.

## Das Geheimnis am Waterberg

Es durfte und konnte nicht der Sinn der Solidaritätsprogramme sein, die einstigen Kolonialmächte anzugreifen und die deutsche Kolonialgeschichte auszunehmen. Die kritische Haltung zur deutschen Kolonialgeschichte stärkte bei den Hörern das Vertrauen in die Arbeit von RBI.

Tief vergraben in den Annalen der deutschen Generalstabes liegt der Augenzeugenbericht eines Oberstleutnants der deutschen Truppen in Deutsch-Südwestafrika, heute Namibia. Er enthält erschütternde Tatsachen des mörderischen Feldzuges gegen das Volk der Hereros. Die Hereros wurden 1904 von dem General von Trotha mit überlegenen Kräften am Waterberg geschlagen. RBI in einer Sendung zum 60. Jahrestag des Herero-Aufstandes:

> *„Trotha trieb etwa 100.000 Hereros, Männer, Frauen und Kinder, Alte und Kranke, mit ihrem Vieh in die Omaheke-Wüste, in das Sandfeld ohne Wasser. Herr von Trotha, ein deutscher Christ nach seinem Selbstzeugnis, triumphiert: ‚Diese halb verhungerten und verdursteten Banden ... sind die letzten Trümmer einer Nation, die aufgehört hat, auf eine Rettung oder Wiederherstellung zu hoffen', wie das Kriegstagebuch der Obersten Heeresleitung meldet. Von Trotha hatte zuvor 1896 bis 1897 in Deutsch-Ostafrika, heute Tansania, einen brutalen Ausrottungsfeldzug kommandiert, 1900 bis 1901 war er als Brigadegeneral an der Niederschlagung der chinesischen Volkserhebung neben Engländern und Franzosen führend beteiligt. Selbst seine unmittelbaren Vertrauten bezeichneten ihn ‚unedel, selbstsüchtig und kaltherzig'. Der deutsche Gouverneur in Ostafrika, von Wissmann, fand zu Trotha folgende Charakteristik: ‚... ein schlechter Führer, ein schlechter Afrikaner und ein schlechter Kamerad'."*

RBI gibt eine Zusammenfassung der deutschen Kolonialpolitik seit dem letzten Drittel des 19. Jahrhunderts bis 1918, dem erzwungenen Austritt der Deutschen aus der Kolonialperiode nach dem verlorenen Ersten Weltkrieg. Ein Auszug einer Sendung von Oktober 1964, sechs Jahrzehnte nach der Schlacht am Waterberg:

*„Und ein Oberstleutnant Graf Schweinitz schreibt: ‚Von Ondowu ab bezeichnete ein in Omuramba ausgetretener Fußpfad, neben welchen Menschenschädel und Gerippe und Tausende Stück gefallenen Viehs, besonders Großviehs, lagen, den Weg, den anscheinend die nach Nordosten entwichenen Hereros genommen haben ... Alles lässt darauf schließen, dass der Rückzug ein Zug des Todes war ... Das Drama spielte sich auf der dunklen Bühne des Sandfeldes ab. Aber als die Regenzeit kam, als sich die Bühne allmählich erhellte und unsere Patrouillen bis zur Grenze des Betschuanalandes vorstießen, da enthüllte sich ihrem Auge das grausame Bild verdursteter Hererozüge. Das Röcheln der Sterbenden und das Wutgeschrei des Wahnsinns ... sie verhallten in der erhabenen Stille der Unendlichkeit'.[24]*
*Für die Kolonialvölker galten keine christlichen Gebote der Nächstenliebe und keine politischen Schwüre der europäischen und nordamerikanischen Aufklärung. Sie hatten keine Freiheit, keine Gleichheit, und Brüderlichkeit gab es nicht einmal unter den Eroberern. Der letzte Holocaust des 19. Jahrhunderts und der erste des 20. Jahrhunderts war der kongolesische, ihm folgte der armenische im Osmanischen Reich und der jüdische unter der Naziherrschaft. Die drei Völkermorde sind ein weiteres Kapitel in der Geschichte der menschlichen Barbarei."*

Für nicht jeden Redakteur, der bei RBI seine Arbeit aufnahm, waren das bereits bekannte Tatsachen der Kolonialgeschichte. Die Sendungen, vornehmlich in den Programmen für Afrika, Südostasien, Lateinamerika und für die arabische Welt, wurden zu spannenden Lektionen, die das koloniale Denken der alten herrschenden Klasse in Deutschland bis zu den Feldzügen gegen China zu Beginn des 20. Jahrhunderts im Bunde mit anderen Großmächten und im Orientkrieg von 1914 bis 1918 nicht ausschlossen. Die Hörer, die sich in vielen Zuschriften äußerten, empfanden die Sendungen, wie sie gedacht waren: als Parteinahme für ihre Interessen und als Ausdruck der Solidarität mit ihrem Kampf. „Die Völker," so heißt es in einer Sendung im Juli 1962 nach der Erklärung der Unabhängigkeit Algeriens, „sind wiederauferstanden und mit ihnen Staaten, die beginnen, die Geschichte Afrikas neu zu schreiben. Unsere Sendungen sind aus dem Geist des antikolonialen Auftretens der deutschen Arbeiterbewegung geboren, sie nehmen Partei wie Karl Marx und Friedrich Engels vor hundert Jahren in der Internationalen Arbeiterassoziation und wie August Bebel, der Führer der deutschen Arbeiterbewegung, in seinen Reden gegen die Kolonialpolitik des Deutschen Reiches; deren Erbe tritt heute in der antikolonialen Politik der Deutschen Demokratischen Republik wieder hervor."

## Ein Vorhängeschloss als symbolisches Geschenk

Am 23. Januar 1963 griffen Freiheitskämpfer die portugiesische Kaserne und das Gefängnis in Tite in Guinea-Bissau an. Sie überwältigten die portugiesische Besatzung und befreiten die Gefangenen. Dieser Tag gilt als Beginn des nationalen Befreiungskampfes in diesem afrikanischen Land. Die Kämpfer gaben dem Mann, dessen Name untrennbar mit der Befreiung des Landes von portugiesischer Fremdherrschaft verbunden ist – Amilcar Cabral – ein besonderes Geschenk: Sie überbrachten ihm das Vorhängeschloss des Gefängnistores. Das „Vorhängeschloss" war der Titel einer Sendung, die dem Ringen um die Freiheit in Westafrika gewidmet war. Die Portugiesen bombardierten die Dörfer der Armen, verbrannten die Hütten, wie einst die US-Amerikaner die Dörfer und Hütten der Indianer zerstörten, um mit Terror das Volk zu lähmen und aus den Gebieten zu vertreiben, in denen Weiße siedeln sollten.

Cabral hörte die Sendungen in Guinea-Bissau und in Conakry, der früheren französischen Kolonie Guinea, und schrieb der Redaktion zustimmende Zeilen nach Berlin. Hier war er im Sommer 1962 Gast von Radio Berlin International und die Mitarbeiter der Afrika-Redaktion hatten zu ihm ein besonders herzliches Verhältnis. In langen aufschlussreichen Gesprächen hat er der Redaktion eine Grundorientierung der Programme für den Freiheitskampf in Afrika entwickelt.

Es war der junge Amilcar Cabral, der erkannte, dass bei legalen Kämpfen die Waffen nur auf einer Seite sind, nämlich auf der Seite der Macht und der Polizei. Das war die Erfahrung aus dem 3. August 1959, als während einer Kundgebung der Hafenarbeiter für höhere Löhne die portugiesische Armee in die friedliche Volksmenge schoss – und 51 Arbeiter sofort tötete. Von diesem Tag an bekam die Befreiungsbewegung einen anderen Charakter; bisher streng auf Legalität bedacht, war ihr nach dem Blutbad klar geworden, dass eine auf Ruhe und Legalität ausgerichtete Unabhängigkeitsbewegung wirkungslos bleibt. Guinea hat seine Kräfte mobilisiert in einem Land ohne Rüstungsindustrie gegen einen Feind, der moderne Waffen aus den Rüstungsschmieden der kapitalistischen Hauptländer erhielt, aus den USA, Frankreich, England und Westdeutschland. RBI verteidigte das Recht Guineas auf Selbstverteidigung, ohne zur Gewalt aufzurufen und unterstützte die Bestrebungen des Neuaufbaues der Bewegung. Immer wieder breit wiedergegeben in den Sendungen wurde ein Ausspruch von Cabral auf der ersten Solidaritätskonferenz der Völker Afrikas, Asiens und Lateinamerikas in Havanna vom 3. bis zum 12. Januar 1966: Imperialismus, der sich im Kolonialismus ausdrückt, sei die von den Ozeanen auf das Land verpflanzte Piraterie, eine reorganisierte Piraterie, die dem Ziel der Ausbeutung der materiellen und menschlichen Grundlagen der kolonial unterdrückten Völker angepasst sei.

RBI war einer der ersten Sender, der im Februar 1964 die befreiten Zonen im Lande meldete. Großen Raum nahm die Rede Amilcar Cabrals vor der Vollversammlung der Vereinten Nationen am 6. November 1972 ein. Seine heim-

*Amilcar Cabral bei RBI in Berlin 1962*

tückische Ermordung zehn Wochen nach seiner Rede in New York, am 20. Januar 1973, lähmte nicht den Freiheitskampf, sondern verstärkte ihn in einem Maße, dass ein Jahr später die portugiesische Terrorherrschaft ein Ende fand. Für Cabral wurden Sonderprogramme gestaltet und am Tag der Unabhängigkeit gingen seine Worte über die Ätherwellen von Radio Berlin International in die Hütten Afrikas zu den Armen, die an seiner Seite standen, zu den Hafenarbeitern, zu den Soldaten und zu den Lehrern und Studenten, die mit ihm kämpften. Soweto und Sharpville, die Stätten furchtbaren weißen rassistischen Terrors gegen Schwarze in Südafrika, haben das Gewissen der Redaktion wachgehalten, wie die Freiheitskämpfe überall in Afrika in den sechziger und siebziger Jahren, in Mosambik, in Angola, Tansania, in Äthiopien und anderen Ländern.

Zu unterschiedlichen Zeiten, aber auffallend in den achtziger Jahren, waren neue Züge in einigen national befreiten Staaten zu erkennen wie in Uganda mit Idi Amin, in Nigeria mit General Apache und in Ghana mit General Acheampong, der das Erbe von Kwame Nkruma in den Staub trat, der das Volk Ghanas in den sechziger Jahren in die Freiheit führte. Kongo war in der Hand des Diktators Mobuto, der daran beteiligt war, Patrice Lumumba und seine Kampfgefährten zu beseitigen. Diese neuen Machthaber, meistens ehemalige Offiziere der nationalen Freiheitsarmee, setzten sich an die Stelle der verjagten Kolonialherren. Sie verschleierten ihre Macht mit reaktionären nationalistischen Parolen. Zurückgefallen in die Zeit der Kolonialmacht, streng auf westlich antikommunistischen Kurs, Helden der freien Welt in Afrika, ausgerüstet mit modernen Waffen der USA, Westdeutschlands und früherer Kolonialstaaten, von ihnen wirtschaftlich unterstützt, politisch und diplomatisch geschützt, errichteten sie Mordregime, die den vorangegangenen der Kolonialzeit nur im Ausmaß der Verbrechen nachstanden.

Zeitweise zeigten Herrschaftsformen sogar in fortschrittlichen Ländern, wie Äthiopien, und in Organisationen, wie den ANC, kriminelle Erscheinungen. Während sie der ANC nach der Entlassung Nelson Mandelas und Walter Sisulus und ihrer realen Einflussnahme auf die Organisation, schnell überwand, behielt Äthiopien ein negatives Bild. Im sozialistischen Äthiopien wurde die weibliche Genitalverstümmelung als die barbarischste Form der Gewalt gegen Frauen im Namen einer mittelalterlichen Tradition weiter praktiziert sowie Verhaftungen ohne Rechtsgrundlage und Erschießungen vorgenommen.

Diese neue Entwicklung mussten die Programme von RBI beachten. Jetzt ging es nicht um die nationale Befreiung, sondern um den Schutz der Menschenrechte und den Fortschritt zur sozialen Gerechtigkeit. Diese auslandsjournalistische Aufgabe erwies sich in der Praxis weitaus schwieriger als die frontale Auseinandersetzung mit dem Kolonialismus.

Die Haltung des Senders, dem jede Beliebigkeit fremd war, hat ihm sehr viele Freunde gebracht. Die Kraft und die Lebendigkeit des afrikanischen Aufbruchs wiederum hatte alle Mitarbeiterinnen und Mitarbeiter des Afrika-Programms und des Senders begeistert. Jeder sah in der täglichen Arbeit die Schwere des gesellschaftlichen Umbruchs, die Opfer und das Leid. Doch jeder in der Redaktion wusste, ob es nun um Afrika, die arabischen Länder, Südostasien oder Lateinamerika ging: Es war ein Ringen um ein neues Leben, um ein Leben in Freiheit in der Gemeinschaft mit vielen Menschen, die nach einer neuen Gesellschaft streben und von einem sozialistischen Auslandssender Antworten auf ihre Probleme erwarteten. Der Hörerkreis erweiterte sich. Der Staat hoch im Norden war ihnen moralisch verbunden, oft auch materiell mit der Ausbildung ihrer Kader an den Fach- und Hochschulen der DDR, mit dem Bau von Krankenhäusern, Schulen, Druckereien, Hafenanlagen und Straßen in ihren Ländern. Die Anerkennung ihres Selbstbestimmungsrechtes in den Sendungen stärkte den Stolz der Hörer auf die errungene Freiheit. Jeder Tag war ein wichtiger Sendetag, jede Sendung hatte zusätzlich zum aktuellen Material mindestens einen Beitrag, der Gegenwart und Vergangenheit zu einem Gedanken für die Zukunft Afrikas verband.

# Trikolore über Algier

## RBI und der Krieg in Algerien

Vier Heimkehrer aus algerischer Gefangenschaft baten Radio Berlin International über den Rückführungsdienst für Fremdenlegionäre der Algerischen Befreiungsarmee (ALN) in Tetouan in Marokko, Grüße an ihre Eltern zu übermitteln (siehe Anhang). RBI bot den Angehörigen an, über RBI Grüße an ihre Söhne in Marokko zu senden, sich an sie direkt in der Legion zu wenden, und der Sender übermittelte Grüße an Legionäre, die noch im französischen Kriegsdienst standen, von ihren geflüchteten Kameraden. Der Sender nahm sich der deutschen Fremdenlegionäre in der französischen Kolonialarmee an. RBI sendete ein Programm von 30 Minuten in deutscher Sprache auf Kurzwelle, das direkt an die Legion gerichtet war. Das Ziel der Sendungen war, möglichst viele Deutsche aus der Legion zum Überlaufen und zur Rückkehr in die Heimat zu bewegen und die Fremdenlegion zu einer unzuverlässigen Truppe zu machen. Es waren kurze Sendungen, denen der Söldner schnell folgen konnte; Heimatmelodien und Kurzreportagen sowie Tatsachenberichte von bereits Übergelaufenen sowie die Appelle von Müttern und Vätern waren der wesentliche Inhalt. Einer der Legionäre, der die Legion im Einzelnen kannte, half der Redaktion, seine früheren Kameraden direkter anzusprechen. Die Sendungen konnten technisch gut empfangen werden, sogar in Kofferradios. Der Prozentsatz junger Deutscher in der Legion lag zwischen 70 und 80 Prozent. Es waren Jugendliche aus der DDR, die glaubten, durch ihren Weggang von ihren Familien und Arbeitsplätzen die große Freiheit zu finden. Manche gingen freiwillig mit falschen Versprechungen in die Legion. Eine der Fallen für ihre Rekrutierung war das Aufnahmelager für Flüchtlinge aus der DDR in West-Berlin-Marienfelde, andere im Quartier Napoleon der französischen Besatzungstruppen in West Berlin-Reinickendorf. Einige wurden getäuscht. Ihnen wurde nicht selten eine Essensquittung in französischer Sprache vorgelegt, die sie vor ihrer Entlassung noch zu unterschreiben hätten, tatsächlich war es eine Verpflichtungserklärung für die Fremdenlegion. Andere kamen aus Westberlin und Westdeutschland, Arbeitslose, vom Elternhaus verstoßene und enttäuschte junge Menschen oder einfach nur jugendliche Abenteurer. In der

Legion wurden sie abgerichtet in härtester Art, abgerichtet für den Mord an einem fremden Volk. Wie hoch stand doch das humanistische Denken in der Algerischen Nationalen Volksarmee, als ein Offizier einem Berichterstatter von RBI bei der Übergabe weiterer übergelaufener Legionäre sagte:

> *„Es ist für uns fast sinnlos, auf Menschen zu schießen, die teilweise unter Gewaltanwendung, auf jeden Fall durch falsche Versprechungen in die französische Armee gelockt wurden und die zum großen Teil in der algerischen Wirklichkeit ihren Irrtum einsehen und glauben, gezwungen zu sein, den einmal eingeschlagenen Weg fortsetzen zu müssen, weil sie keinen Ausweg mehr sehen. Diesen Menschen wollen wir eine echte Chance bieten, sich von einer verbrecherischen Armee loszutrennen und unter Sicherung ihres persönlichen Lebens, ihrer Freiheit, möglichst bald in ihre Heimat wieder zurückzukehren. Das war das wesentlichste Motiv zur Gründung unseres Rückführungsdienstes."*[25]

## Rückführung deutscher Fremdenlegionäre

In den sechs Jahren seiner Arbeit führt der Rückführungsdienst nach seiner letzten Information 4.111 Legionäre in ihre Heimat zurück, darunter 2.783 nach Deutschland. Das war ein kampfstarkes Regiment, das die französische Armee durch Radiosendungen, Flugblätter und Mund-zu-Mund-Propaganda verlor. Die Rückführung und die Sendungen waren ein menschliches Werk in einem unmenschlichen Krieg voller Brutalität und Grausamkeit, der von der französischen Regierung geführt wurde, ihren kolonialen Reichtum zu erhalten. Eine außergewöhnliche Hilfe für die Sendungen von Radio Berlin International leisteten zwei Deutsche auf der richtigen Seite in Algerien: Si Mustafa (Si Achmed), Leiter des Rückführungsdienstes und Mourad Kusserow. Sie sandten die Namen der Übergelaufenen nach Berlin, die Grüße und Wünsche, Appelle der FLN und Tatsachenberichte aus dem Krieg. Beide sprachen arabisch. Der richtige Name des einen ist Winfried Müller, während des Zweiten Weltkrieges arbeitete er im Nationalkomitee Freies Deutschland und rief deutsche Soldaten auf, den Krieg zu beenden. Ihm zugeordnet war ein weiterer Deutscher, der seine Kindheit in Sachsen verbracht hat und der als junger Bürger der DDR im Jahre 1954 das Deutschlandtreffen der Freien Deutschen Jugend nutzte, um im Alter von 15 Jahren nach Westberlin zu gehen, um dort die Freiheit zu finden, die er in der DDR vermisste. Er stellte sich auf die richtige Seite und arbeitete in der Algerischen Nationalen Befreiungsbewegung (FLN) mit. Als einziger Deutscher hat er eine militärische Grundausbildung in der ALN absolviert. Nur im algerischen Hauptquartier in Oujda an der algerisch-marokkanischen Grenze wusste man, dass er ein Deutscher ist. Alle anderen hielten ihn für den Sohn eines nach Deutschland emigrierten Algeriers: Ulrich Kusserow, der später in der ALN Mourad genannt wurde.[26] Er spricht fließend Maghrebinisch (algerisches Arabisch) und tritt zum muslimischen Glauben über. Die westdeutschen diplomatischen Vertreter in Tanger hielten ihn für einen besonders gut Deutsch sprechenden Algerier. Er leistete eine beispielhafte Arbeit, schrieb Rundbriefe an Politiker, an die Medien, an Parteien und Gewerkschaften und beschrieb das Netzwerk des Terrors.

Es ist eine Ironie der Geschichte, dass etwa zu der Zeit, in der Ulrich Kusserow die DDR verließ, ein anderer Deutscher vom Westen in den Osten wechselte, um hier seine Freiheit zu suchen, die er im Westen nicht fand. Die Ideale, die beide hatten, führten sie Anfang der sechziger Jahre zusammen, ohne dass sie sich kannten und miteinander je gesprochen hatten. Der eine in Tetouan wurde Partner in einer gemeinsamen Sache – der Rückführung der Fremdenlegionäre der französischen Kolonialarmee in ein ziviles Leben. Der andere war Leiter des Arabischen Programms des Auslandsrundfunks der DDR, Radio Berlin International, und hatte im Frühjahr 1961 ein Sonderprogramm für Algerien aufgebaut.

Das Sonderprogramm für Algerien war eine große Bewährungsprobe der Arabischen Redaktion, die seit 1960 fünf Stunden täglich sendete. Das Algerienprogramm wurde auf Empfehlung des Exekutivsekretariats der FLN in Arabisch-Maghrebinisch und Französisch seit März 1961 gesendet. Die algerische Seite vermittelte RBI algerische Redakteure, die sich wie Frontsoldaten mit großem Einsatz und sehr diszipliniert in die Arbeit stürzten. Es wurden für Algerien drei Programme auf Kurzwellen täglich im Umfang von je 30 Minuten gestaltet – in Arabisch-Maghrebinisch, gerichtet an die ALN mit dem Ziel, die Gewissheit in den Sieg über die Kolonialmacht zu stärken, in Französisch an die Kolonialtruppen mit dem Ziel, ihnen mit Tatsachen immer wieder den verbrecherischen Charakter des Krieges in ihr Bewusstsein zu rufen, in Deutsch, um die Legionäre abzuwerben. Der Sender hat sich mit den algerischen Kämpfern solidarisch erklärt und jene Franzosen gewürdigt, die sich dem französischen Völkermord in Algerien entgegenstellten. Er hat in seinen Programmen in drei Sprachen zum Schutz der Kriegsgefangenen beider Seiten aufgerufen.

RBI erhielt die Hymne des algerischen Widerstandes. Sie wurde zur Einleitungsmusik des Programms. Ihr Text lautet:

> *„Algerien, Heimat unserer Väter, wir haben die Waffen ergriffen, die Fesseln des Kolonialismus zu zerbrechen. Algerien, unsere Heimat, für deine Freiheit und deinen Ruhm kämpfen und arbeiten wir!"*

Dieses Lied war der Kampfruf des algerischen Volkes und seiner Befreiungsarmee. Nichts war für die Sendung geeigneter als dieses Lied. Es wurde auch in Kairo am Sitz des Außenministeriums der provisorischen algerischen Regierung gehört und auf Wunsch des Ministeriums fertigte RBI vier Bandaufnahmen an, die das Außenministerium Algeriens verbreitete und die der algerische Befreiungssender ebenfalls vor jeder Sendung spielte.

*Soldaten der Algerischen Nationalen Befreiungsarmee*

Das Algerien-Programm der Arabischen Redaktion von RBI meldete sich mit der Ansage: „Hier ist Berlin, die Stimme des demokratischen Deutschlands". Aus den Gesprächen mit den algerischen Mitarbeitern von RBI wurde der Gedanke aufgenommen, kurze historische Beiträge zur Geschichte der deutsch-arabischen Beziehungen, zur Geschichte Algeriens und des französischen Kolonialismus zu bringen, die auf dem Höhepunkt des Krieges auch teilweise von anderen Redaktionen übernommen wurden. In einer der ersten Sendungen im April 1961 wird gesagt:

> *„Am 19. Juni 1830 landetet ein französisches Korps bei Sidi Faradsch an der algerischen Küste. Die Truppen hatten die Losungsworte der französische Revolution an ihre Fahnen geheftet: Freiheit, Gleichheit, Brüderlichkeit. Am 5. Juli wurde Algier eingenommen und die französische Trikolore über die algerische Hauptstadt gehisst. Die Urkunde der Kapitulation versprach den Bewohnern das Recht auf die weitere Ausübung ihrer Religion, die Achtung ihres Eigentums und ihrer Gewerbe. In Wirklichkeit wurde den Einwohnern alles genommen. Die schweren Plünderungen der französischen Truppen verhärteten den Widerstand des gesamten algerischen Volkes. Der Vormarsch der Franzosen auf Blida endete am 23. Juli 1830 mit der zügellosen Flucht der Kolonialtruppen. Die von den Generalen Clauzél und Berthézene bis nach Medea geführte Invasion brach im Abwehrkampf der Algerier zusammen. Die Volksstämme großer Gebiete wurden sich ihrer Kraft bewusst und erhoben sich und die Franzosen mussten die gerade besetzte Küstenstadt Bône fluchtartig räumen ..."*

## Ein Fliegenwedel als Kriegsgrund

Der Vorwand, der diesem Eroberungskrieg zu seiner Rechtfertigung gegeben wurde, war genau so willkürlich, wie die Rechtfertigungen kolonialer und expansiver Aktionen anderer Staaten. Am 27. April 1827 hatte der französische Konsul Deval den Herrscher von Algier aufgesucht. Der empfing ihn in seiner Residenz und legte ihm die Rechnung für die von Frankreich nicht bezahlten algerischen Weizenlieferungen vor. Algerien hatte von 1789 bis 1800 dem hungernden Frankreich Getreide auf Kredit geliefert. Der Weizen war drei Jahrzehnte nach der Lieferung noch immer nicht bezahlt. Der Konsul war nicht bereit, endlich eine französische Garantie für die Bezahlung der beträchtlichen Getreidelieferungen abzugeben. Statt dessen stellte er, wie die Chroniken dieser Zeit berichten, in ausfallender Weise zweifelhafte Gegenforderungen. Der algerische Herrscher griff kurzerhand zum Fliegenwedel und schlug auf den Konsul ein. Diesen Vorfall nahm die französische Regierung drei Jahre später als Vorwand, den Krieg zu begründen.

In mehreren Sendungen wurde diese Szene im Zusammenhang mit aktuellen Ereignissen verwendet. In Wahrheit hatte die französische herrschende Klasse, obwohl in der industriellen Entwicklung mit England vergleichbar, nicht so reiche Kolonialschätze wie England in Indien. Algerien sollte deshalb das ‚französische Indien' werden. Die fruchtbaren Weizenfelder und die Bodenschätze des Landes versprachen großen Reichtum für die herrschende Klasse in Frankreich. Innenpolitisch hoffte sie, dass ein neues Kolonialreich viele Möglichkeiten bietet, soziale Probleme im Lande zu entschärfen und Arbeiter und Bauern aus der revolutionären Bewegung herauszulösen. RBI sagte unter Berufung auf französische Quellen dazu im Algerien-Programm:

> *„Man gibt nicht einige hundert Millionen Francs aus und schickt ein großes Heer über das Mittelmeer, um einen Schlag mit einem Fliegenwedel zu rächen. Im engsten Kreis der französischen politischen Klasse verzichtete man darauf, mit derartigen Propagandaversuchen die koloniale Unterwerfung eines anderen Landes zu rechtfertigen. Dort zweifelte niemand daran, dass die koloniale Eroberung vier wichtigen Imperativen folgte: die Macht im Innern gegen die revolutionäre Volksbewegung aufrecht zu erhalten, die Erschließung neuer Rohstoffquellen, die Schaffung eines weiten Raumes für den Bevölkerungsüberschuss und für den Absatz von Produkten der Manufakturen …"*

Die Theoretiker des Kolonialismus und Ideologen des Nationalismus versuchen über den etwas lächerlichen Vorwand mit dem Fliegenwedel hinaus seit je, ihre Gewalttaten mit einer Rassentheorie zu bemänteln. Sie sagen, die Algerier seien ein Volk ohne Geschichte und primitiv; sie könnten sich nur unter Führung eines europäischen Herren zivilisieren. Das sei heute auch das Gerede der Belgier über den Kongo und der Portugiesen, wenn sie über Angola, Mosambik oder Guinea-Bissau sprechen sagte RBI. Auch der Nationalismus der Zionisten begründe seine expansive Siedlungspolitik in Palästina mit derartigen Behauptungen über die angebliche Leere des Landes.

Partei ergreifend für das algerische Volk kommentierte RBI am 18. Juli 1961:

*„Algerien wurde 132 Jahre von Frankreich ausgebeutet. Vor dem französischen Überfall hatte das Land einen wirtschaftlichen und kulturellen Standard, der einen Vergleich mit den meisten europäischen Ländern dieser Zeit standhält. In diesem Land gab es weniger Analphabeten als in der Grande Nation. Es gab einen blühenden Handel und eine entwickelte Landwirtschaft, die sogar Frankreich mitversorgen konnte. Städte wie Algier, Medea und Tillmcen, Béchar waren reich an Kulturschätzen. Mit einer Vielzahl von Staaten hatte Algerien diplomatische und wirtschaftliche Beziehungen. Nach 132 Jahren französischer Ausbeutung hatte Algerien, als es seine Freiheit kämpfend wieder erlangte, eine Erblast zu tragen, die den Neuanfang wirtschaftlich, kulturell und politisch schwer belastete."*

## Die Erben des Abdel-Kader

Der Hinweis auf die Tradition und Geschichte Algeriens war über die aktuellen Ereignisse hinaus ein wichtiger Inhalt vieler Sendungen. Eine zentrale Rolle hatte der Emir Abdel-Kader (1808–1883) ein junger Dichter, ein hochgebildeter islamischer Theologe. Er war im 19. Jahrhundert der bedeutendste Führer des algerischen Widerstandes. Am 24. November 1832 hatten ihn drei mächtige Stämme zum Sultan erklärt. Er brachte Dynamik in den Freiheitskampf, sorgte für den Aufbau geheimer Manufakturen für die Herstellung von Waffen, organisierte die Versorgung des Volkes, ließ befestigte Plätze bauen und regelte die algerische Verwaltung. Abdel-Kader begann Ideen zu verwirklichen, die der französischen Revolution von 1789 zuzuordnen sind. Er ersetzte die politische Autorität der erbrechtlichen Feudalherren durch Staatsfunktionäre, die von ihm ernannt wurden. Er führte einen energischen Kampf gegen die Feinde der algerischen Nation – die französischen Eroberer und die mit ihnen zusammenwirkenden algerischen Feudalherren. In den beiden Schlachten bei Mahares und Mina 1834 vernichtete er ihre Koalition, ohne einen endgültigen Sieg zu erringen.

Das Algerien-Programm stellte im einzelnen das Werk vor, das mit dem Namen Abdel-Kaders verbunden ist. In einem Beitrag am 20. Juli 1961 heißt es:

*„Die französische Regierung beschloss, den Widerstand Abdel-Kaders mit einem totalen Krieg zu beantworten. Das Drama dieses Krieges gehört zu den dunkelsten Kapiteln der französischen Geschichte. Nahezu einhunderttausend Mann, ein Drittel des gesamten französischen Heeres begann alles in Algerien*

*zu vernichten, was an der Macht Abdel-Kaders beständigen Charakter hatte – die Städte mit ihren Schulen und ihren öffentlichen Bädern, die Wasserleitungen, die befestigten Plätze. Es war die systematische Zerstörung aller Quellen des algerischen Lebens. Moscheen wurden entweiht, Algerier, selbst mit Geleitbriefen, erschossen und ganze Volksgruppen auf einen Verdacht hin getötet ... Die algerischen so genannten Barbaren, die Frankreich zivilisieren wollte, wurden mit französischer Barbarei überschwemmt ..."*

Der Widerstand erlahmte nicht. Er zeigte sich in den Kämpfen, die sich bis 1884 hinzogen. Er verlor erst seine Kraft für Jahrzehnte durch die ungeheure Ausblutung des algerischen Volkes. Von ganz besonderer Tragik war die barbarische, blutige Aktion des französischen Kolonialregimes vom 8. Mai bis 29. Mai 1945. Radio Berlin International gab dazu folgende Schilderung am 10. Mai 1962:

*„... Das algerische Volk freute sich des Sieges über den Hitlerfaschismus und demonstrierte in friedlichen Umzügen für ein unabhängiges, freies Algerien. Unter den Demonstranten waren auch entlassene algerische Soldaten jener französischen Division, die im Sommer 1944 hohe Verluste in den Kämpfen am Monte Cassino in Italien hatte und Veteranen aus dem Ersten Weltkrieg, deren Regimenter in den Materialschlachten bei Amiens und an der Somme ein großes Blutopfer für Frankreich brachten. Sie verlangten jetzt die Befreiung von der französischen Kolonialherrschaft. Am 8. Mai 1945 starben in Algerien in den Zentren Annaba in Ostalgerien am Mittelmeer und Setif östlich von Algier 45.000 algerische unbewaffnete Männer und Frauen. Sie wurden mit Maschinegewehren und Maschinenpistolen von französischen Truppen niedergeschossen oder verbrannten in den Feuerstößen der Flammenwerfer. Bis zum 29. Mai zog sich das Massaker unter der algerischen Zivilbevölkerung hin, dann war jeder Wunsch nach Freiheit im Blute der Demonstranten erstickt. Einige Wochen später zogen Franzosen in die Westsektoren Berlins ein, als Sieger über die Hitlerbarbarei, wie es hieß. Die französische Regierung, in der 1945 auch fünf kommunistische Minister amtierten, legte einen Schleier des Schweigens über dieses Verbrechen gegen die Menschlichkeit. Sie stellte alle Kriegesverbrechen und alle Verbrechen gegen die Menschlichkeit französischer Truppen in den Kolonien 1962 unter Amnestie."*

Annaba und Setif erinnern an das Schicksal des Bauern Naman in der Erzählung von Keita Fodeba. Naman wurde erschossen, als er seine Heimat frei sehen wollte, nachdem er der Kolonialherrschaft Macht und Dauer gesichert hat. In Algerien sind Zehntausende von Schicksalen, die dem von Naman ähneln; sie haben überall in der Geschichte des Kolonialismus das gleiche Bild, wie die Erschießung der anderthalbtausend Inder zeigte, die am 13. April 1919 auf einer Kundgebung für die Unabhängigkeit ihres Volkes von den Briten erschossen wurden, Schicksale wie in Nairobi, Soweto, Lagos und in anderen Orten. In Algerien hat sich die Tragödie von Annaba und Setif in weiteren Städten und Dörfern wiederholt. Die bürgerlichen Medien in Westeuropa und den USA meldeten die Massenmorde am Rande, auf den Seiten 17 oder 87, wenn sie überhaupt von den Verbrechen ihres Verbündeten Notiz nahmen. Es war kein Thema, das die zivilisierte Welt interessierte. Wenn der Terror zu abscheulich wurde, schritten in Einzelfällen französische Staatsanwälte in Algerien ein. Frantz Fanon[27] der als Arzt in Algerien vor vielen dramatischen Tatsachen des Terrors stand, und dessen Werk in RBI-Sendungen für Algerien gewürdigt wurde, schrieb, dieser tägliche Terror der französischen Macht ist „das Werk von Menschen an verdammten Menschen".

Noch waren die Qualen und Opfer des Volkes nicht vorüber. Noch einmal schlugen die Flammen des Kolonialterrors hoch, als am 1. November 1954 der bewaffnete Aufstand gegen das Kolonialregime begann, der nach fast acht Jahren härtester Kämpfe mit dem Sieg für die Unabhängigkeit und nationale Einheit endete. In diesen Jahren trat als schlimmste Terrororganisation eine Geheimgruppe der französischen Armee, die OAS, hervor, die entsetzliche Gräueltaten verübte.

Selbst Kinder wurden nach dokumentarischen Berichten mit Stromschlägen gefoltert, um von ihnen Aussagen zu erpressen. Den Mördern in der OAS und auch vielen Franzosen in der regulären Armee erschien es als ein christliches Gebot, algerische Bauern als wilde Tiere zu betrachten, unbewaffnete Landarbeiter vor ihren Hütten zu erschießen, weil sie verdächtigt wurden, die Algerische Befreiungsarmee mit Lebensmitteln versorgt zu haben. Die Mörder, nach 40 Jahren im Fernsehen befragt, sagten: „Algerien war Frankreich. Wir haben Frankreich verteidigt."

Die Redaktion ging auf die Besonderheit des Kolonialismus in Algerien ein, eine Besonderheit, die ihn von anderen kolonialen Herrschaftsformen unterschied, zum Beispiel vom britischen Kolonialismus in Indien. War der britische das Ergebnis einer Eroberung mit dem Ziel, die Naturschätze des unterworfenen Volkes auszubeuten, um den Reichtum Englands zu mehren, aus dem fremden Volk Söldner für Kriege zu rekrutieren, so richtete sich der französische Kolonialismus darauf, die algerische Nation und Gesellschaft zu zerstören und das algerische Volk mit französischen Siedlern zu durchsetzen. Algerische Bauern wurden massenhaft enteignet, systematisch zurückgedrängt in nicht kultivierte Regionen, die arabische Sprache verboten, die algerische Kultur zersetzt und der nationale Besitz des Landes kolonialen Interessen eingeordnet. Frankreich ging 132 Jahre in Algerien den Weg, den die europäischen Siedler und die Regierung der USA beschritten: auf den Trümmern der indianischen Gesellschaft die amerikanische Zivilisation zu errichten – mit einer weiteren Besonderheit, wie der Sender sagte: mit der katastrophalen französischen Niederlage unter den Bedingungen eines anderen internationalen und nationalen Kräfteverhältnisses.

In einem Beitrag vom 20. Mai 1962 heißt es:

*„Das hat der Kolonialismus den Algeriern gebracht: Mehr als eine Million Algerier wurden im Befreiungskampf von 1954 bis 1962 getötet. Die ALN hatte 160.000 Gefallene zu beklagen. Die Zahlen der Algerier, die nach 1830 der kolonialen Gewalt zum Opfer fielen, sind nicht zuverlässig bekannt, ebenso wie die Zahl der Franzosen, die ihr Leben verloren. Weitere zwei Millionen wurden in den siebeneinhalb Jahren des Freiheitskampfes vom Besatzungsregime deportiert und in Konzentrationslager gefangen gehalten. Zu Tausenden strömten sie ab Mitte des Jahres 1962 in die niedergebrannten Dörfer und halbverfallenen kleinen Städte. Hunderttausende von Waisen, Zehntausende von verkrüppelten Menschen, Tausende von Familien, in denen nur die ihrem Schicksal überlassenen Frauen und Kinder übrig blieben, waren die Hinterlassenschaft des Kolonialismus ... In all den Jahren haben die französische Arbeiterbewegung und ihre Parteien, die Kommunistische und die Sozialistische, sowie die Gewerkschaften und die gesamte Linke, von wenigen Ausnahmen abgesehen, sich gegenüber der Unerbittlichkeit der französischen Kriegsführung ohnmächtig gezeigt. Für das ehrenvolle Frankreich im Kompf um die Freiheit Indochinas und Algeriens steht der Name eines französischen Mädchens, das sich auf die Gleise warf und einen Militärzug stoppte – Raymonde Dien. RBI würdigte in seinen Sendungen ihren Opfermut. Doch die traditionsreiche französische Arbeiterbewegung brachte keinen Generalstreik gegen die Völkermord in Algerien zu Stande.*
*Ein wesentlicher Grund für ihr Versagen lag im Geist des Nationalismus, der auch die Linke sehschwach für das Leid des algerischen Volkes machte, er lag in dem alten französischen Mythos, aus dem arabischen Algerien ein französisches Algerien zu formen."*

## Wie Terror gesehen wurde

Terror war das tägliche Zeichen des Kampfes. Jede Seite beschuldigte die andere des Terrors. Die Arabische Redaktion erhielt tragische Nachrichten, dass flüchtige Fremdenlegionäre, die aufgegriffen wurden, von ihren eigenen Kameraden auf Befehl französischer Offiziere erschossen wurden. Andere Informationen wiesen in erschreckender Weise auf wahnwitziges Blutvergießen unter den Algeriern hin, auf Terror der ALN gegen eigene Landsleute, auf Mord an Kameraden in den Führungsgremien der ALN/FLN. In den Sendungen für Algerien konnten solche Nachrichten nicht gebracht werden. Die Mitarbeiter des Algerien-Programms hatten nicht geringe Schwierigkeiten, sich mit dem Terror auseinander zu setzen. In aller denkbaren Schärfe wurde der französische Terror gegeißelt, vor allem seine abscheulichste Form – die Folter. Französische Gendarmerie, Fallschirmjäger und Fremdenlegionäre standen täglich im Kreuzfeuer der Kritik von RBI.

Wenn aber eine Nachrichtenagentur meldete, Angehörige der ALN hätten eine Bombe in ein französisches Restaurant in Algier geworfen und viele Zivilisten getötet, die in keiner Beziehung zum Kolonialregime standen, darunter auch Algerier, wurde in der Redaktion unter deutschen und algerischen Mitarbeitern lange debattiert, bis eine hinlängliche Vereinbarkeit der Standpunkte festgestellt werden konnte, die sich dann in den Sendungen widerspiegelte. Für die algerischen Mitarbeiter waren derartige Anschläge eine Vergeltungsmaßnahme gegen den französischen Terror, für die Franzosen war ihr Terror bis hin zur Folter die Vergeltung für den algerischen Widerstand. Aus dem Teufelskreis gegenseitiger blutiger Anschläge führten nur zwei Wege der journalistischen Kommentierung heraus: erstens die Einsicht, dass die ALN keine Panzer, keine Luftwaffe und keine schweren Waffen hatte und sich in vielen Kämpfen, besonders in den Städten, nicht anders zu wehren wusste als durch Bombenanschläge und zweitens der Appell in den Sendungen in Arabisch-Maghrebinisch, in Französisch und Deutsch keinen Terror gegen unbescholtene Zivilisten und Kriegsgefangene zu richten. Ein Kommentar vom 27. Januar 1962 liest sich 40 Jahre später in der Terrorismusdebatte wie ein Kommentar von heute:

> *„Ein französischer Kampfflieger, der ein algerisches Dorf dem Erdboden gleichgemacht, Frauen, Kinder und unbewaffnete Männer getötet hat, ist ein Terrorist, der risikolos aus 2.000 Meter Höhe seine Bomben wirft. Ein algerischer Freiheitskämpfer, der seine Bombe in ein französisches Café schleudert und möglicherweise ebenso am Krieg schuldlose Menschen tötet, wird auch als Terrorist bezeichnet, vergleichbar den französischen Widerstandskämpfern, die während der deutschen Besatzung Bomben in Café-Häuser warfen, in denen deutsche Offiziere saßen. Eine Debatte über den Terrorismus, die nicht nach den Ursachen fragt, bringt keine klare Sicht auf die Verhältnisse, die den Terror hervorbringen. Wir müssen uns den Ursachen zuwenden und fragen, wer für welche Ziele in wessen Interesse diese terroristischen Taten ausführt. Der französische Kampfflieger hält den Kolonialismus am Leben und tötet die Unterdrückten, die sich der Fremdherrschaft entgegenstellen. Der algerische Kämpfer führt Krieg gegen seine Feinde für ein freies Leben seines Volkes …"*

Oft sind es vorwiegend Bilder des Krieges, über die in den Sendungen zu sprechen war. Über den Aufbau des Landes gab es in dieser Zeit wenig zu sagen, wenn auch vermerkt wurde, das in den befreitren Gebieten des Südens schon bessere algerische Schulen gab als im Norden unter den Augen der Kolonialmacht und das ein Hospital errichtet wurde. Die schon in den fünfziger Jahren befreiten Gebiete im Süden des Landes, im Gebiet der Sahara, kamen unter großen Schwierigkeiten recht und schlecht voran. Die Franzosen hatten sie von ihren Handelsbeziehungen im Norden abgeschnitten, auch im Süden waren ihre Wege von französischen Truppen blockiert. Auf geheimen Pfaden durch die Berge gelangte Frischgemüse vom Norden in den Süden und Fleisch aus dem Süden in den Norden. Für die Bauern in den befreiten Gebieten war diese Situation auch ein Bewusstseinsprozess zu einer tieferen Erkenntnis über den kolonialen Charakter. Früher, vor dem Befreiungskrieg, gab es in bestimmten Gegenden Algeriens kein Obst, Tausende von Tonnen jedoch gingen jährlich in den Export nach Frankreich. Hier wurden algerische Apfelsinen auf jedem Markt angeboten, algerische Weintrauben wurden zu französischem Wein verarbeitet und teilweise auch nach Deutschland exportiert. Mit hohem Gewinn. In den befreiten Zonen merkten die Bauern bald, was ihr eigen ist, und was zum Charakter des Kolonialismus gehört. RBI berichtet mit knappen Informationen über die Lage in den befreiten Zonen. Das Algerien-Programm verbreitet die Erfahrungen in den befreiten Gebieten nach Abstimmung mit der FLN. Die RBI-Reporter gingen zu den Bauern in der DDR, die nach 1945 eigenes Land aus der Bodenreform erhalten hatten. Sie berichteten über den Aufbau einer Genossenschaft in der DDR. Was mit den Informationen über den Süden noch zu sagen war, ging als Thema im allgemeinen arabischen Programm im Zusammenhang mit Berichten und Reportagen aus der dem Leben der DDR ein. Die journalistische Zusammenarbeit mit der FLN zeigte den deutschen Mitarbeitern am Beispiel Algeriens, das der nationale Befreiungskampf ein Kampf um Selbstbestimmung, Schulen und Krankenhäuser war.

Am 17. und 18. Oktober 1961 versammelten sich etwa 10.000 in Frankreich lebende Algerier in Paris unbewaffnet zu einer Kundgebung für das Recht auf Selbstbestimmung des algerischen Volkes. Es heißt in dem Kommentar am 19. Oktober:

> *„Mehr als 10.000 Polizisten bot die französische Regierung auf, die Demonstration niederzuschlagen. Die Polizei machte skrupellos von der Schusswaffe Gebrauch und erschoss nach eigenen offiziellen Angaben 246 Menschen. Ja, 246! Die algerischen Angaben liegen höher. Der Polizeipräsident, der im Auftrage seiner Regierung den Schießbefehl gab, heißt – Papon. Das ist jener Papon, der von1941 bis zum 1944 mit der SS in Frankreich zusammengearbeitet und die französischen Juden zur Deportation zusammentreiben ließ und sie in die Todeswaggons nach Auschwitz schickte … Was für ein Zerrbild der Zeit. Von der Deutschen Demokratischen Republik fordern sie die Achtung der Menschenrechte, und sie schießen in Algerien und Paris alle zusammen, die nichts anderes als Menschenrechte verlangen … Die Franzosen auf der Westseite der Berliner Mauer sollten nicht versuchen, hier zu wiederholen, was sie sich am 17. und 18. Oktober dieses Jahres in Paris an Menschenverachtung leisteten."*

Es lag im Charakter des Programms, die Tatsachen zu betonen, die das Kolonialregime anklagen und die moralische Verbundenheit der Deutschen im Osten mit dem Kampf der Algerier ausdrücken. Eine weitere Angriffsfläche bot die im Jahre 1955 erlassene Verfügung der französischen Regierung, alle französischen Zivilisten in Algerien, Siedler, Beamte und Kaufleute, zu bewaffnen. Die Regierung ermächtigte ihre Landsleute in Algerien, auf jeden Algerier zu schießen, der ihnen verdächtig erschien. Die Franzosen organisierten sich in Milizen und begannen eine Jagd auf Algerier, bis die Gejagten zurückschlugen. Das Algerien-Programm von RBI hob hervor, dass die Linken und ein Teil der Pariser Presse die Regierungsverordnung faschistisch nannten, Zivilisten zu bewaffnen und sie zur Jagd auf Algerier aufzurufen. Die Linken erinnerten an die Judenverfolgung in Deutschland ab April 1933, besonders an die Pogromnacht am 9. November 1938.

Im Einzelnen ging vor allem das Programm in französischer Sprache auf die Folter in Algerien ein und nannte immer wieder die Strafen, die auf Folter stehen. Es nannte Beispiele und Orte, wo algerische Gefangene an den Knöcheln stundenlang aufgehängt, wo Elektroschocks angewandt, wo schwer geschlagen und Zigaretten auf der Brust Wehrloser ausgedrückt wurden. Für alle Folteropfer steht der Name eines algerischen Mädchens, dessen Qualen die Welt erfuhr – Djamila Bouhired. RBI nannte ihren Namen in allen Sprachen seiner Programme. Kein französischer Gendarm, kein Soldat und kein Fremdenlegionär sollte glauben, das er ungeschoren davon kommt, hieß es in den Sendungen. RBI zitierte Ärzte, die von algerischen Freiheitskämpfern berichteten, die hauptsächlich mit Elektrizität gefoltert wurden. Während früher Strom nur ein Teil eines Komplexes von Foltermethoden war, wurden in Algerien von französischen Verbänden der Armee und der Polizei ab 1956 bestimmte Verhöre ausschließlich mit Strom durchgeführt. Es gab Berichte über Massenerschießungen in Dörfern weitab von den Städten, die von französischen Offizieren befehligt wurden.

Die Arabische Redaktion erhielt für das Algerienprogramm zuweilen auch undifferenzierte Anweisungen von untergeordneten Stellen, die nicht dem Programmauftrag entsprachen. Die Redaktion musste überflüssige Debatten führen und sich in der gesamten Redaktion auf eine gemeinsame Haltung verständigen. Eine besonders absurde zentrale Argumentation erging für das Programm, als 1961 der frühere Befehlshaber der SS-Panzerdivision „Das Reich", General Lammerding, irgendwo in Düsseldorf entdeckt wurde. Lammerding soll nach Weisung den Befehl zur Exekution der Einwohner der französischen Ortschaft Oradour gegeben haben. Gefordert wurde, auch im Algerien-Programm eine „Kampagne gegen den deutschen Militarismus" zu führen. In der Redaktion entwickelte sich eine Grundsatzdebatte mit der Hauptfrage: Welchen politischen Wert für das Algerien-Programm hat eine Kampagne gegen einen deutschen General im Zweiten Weltkrieg, der in Frankreich 642 Franzosen erschießen ließ, während die Franzosen in Algerien Zehntausende von Algeriern in ihrem Blut ersticken? Beide Gewaltakte verstießen gegen das Kriegsvölkerrecht, und eine Polemik hätte beide Seiten erfassen müssen. Die Redaktion entschied sich, die Kampagne gegen Lammerding nicht mitzutragen und Algerier in ihrem Kampf gegen den französischen Militarismus journalistisch zu unterstützen. Es galt die Seelenhaltung des gepeinigten Volkes in Nordafrika zu fühlen und zu kennen, eine positive Feststellung der eigenen Überzeugung zu geben, kurze klare Aussagen zu treffen, Beschimpfungen des politischen Gegners zu unterlassen und Zusammenfassungen von Sachverhalten des algerischen nationalen Freiheitskampfes zu vermitteln.

## Der Friedensschluss von Evian

Am 18. März 1962 wurde mit dem Vertrag von Evian der Krieg beendet. Dem französischen Ausrottungskrieg ist ein Ende gesetzt. RBI begrüßte den Sieg des algerischen Volkes, der mit 160.000 Gefallenen auf algerischer Seite und mehr als einer Million Opfer unter der Zivilbevölkerung Algeriens zu einem hohen Preis errungen wurde. In dem Kommentar am 19. März 1962 wird gesagt:

> *„Die algerische Nation hat an die Tradition ihrer Vorkämpfer angeknüpft und den Kampf siegreich beendet. Die Deutsche Demokratische Republik hat in den Jahren der schweren Prüfungen dem algerischen Volk zur Seite gestanden und wird das auch in Zukunft tun ... Mit Gewalt hat die koloniale Ausbeutung begonnen. Mit Gewalt wurde sie beendet. Zwischen dem Beginn und dem Ende der Fremdherrschaft in Algerien liegen 132 Jahre, in denen die Gesetze des Terrors und der Ausplünderung der Bodenschätze regierten. Mit der Befreiung ist das algerische Volk wie zuvor das syrische, das ägyptische und irakische Volk und andere Völker zu ihrer Geschichte und zu den Quellen ihrer Kultur zurückgekehrt. Algerien gehört jetzt wieder den Algeriern. Der französische Traum von einem französischen Algerien ist ausgeträumt. Von nun wird das algerische Volk einen anderen Kampf führen müssen, den Kampf um einen demokratischen und sozialen Staat ..."*

Die FLN hat als staatstragende Partei in ihrem Programm von Tripolis (Libyen) im Mai/Juni 1962 den Weg in eine sozialistische Gesellschaft gewiesen. RBI sah es als seine Aufgabe, im Algerien-Programm und in anderen Sendungen der Arabischen Redaktion dieses Programm den Hörerinnen und Hörer bekannt zu machen. In dem Programm wurde der algerische Sozialismus nicht als marxistisch und nicht als sowjetorientiert, sondern als islamisch verstanden, mit dem Arabertum verknüpft. Der Idealist Ben Bella, gerade aus mehrjähriger französischer Haft zurück, wurde erster Präsident des Landes, der das revolutionäre Experiment in Angriff nehmen musste. Er begann mit der Nationalisierung ausländischer Besitzungen. Er scheiterte nicht am Programm der Nationalisierung, sondern an den inneren Widersprüchen in der FLN. Nach einem unblutigen Staatsstreich übernahm 1965 Oberst Hoauri Boumedienne die Macht, und Ben

Bella verschwand für Jahre erneut hinter Kerkermauern. Unter dem militärisch ausgerichteten Regime des Oberst Boumedienne, ohne Parlament und Verfassung, schritt die zentral gelenkte Industrialisierung von Stahlwerken, Chemieanlagen und der Erdölindustrie voran, auch die Nationalisierung der Banken und der großen Ländereien. Der Aufbau einer nationalen Industrie brachte erste bescheidene Erfolge. Die Agrarreform stagnierte trotz der Verteilung des Bodens an Landlose. Die Reform sollte den Bauern und ihren Familien ein Leben auf eigenem Boden bringen. Der Wohnungsbau machte Fortschritte, allen Kindern steht formal ein freier Zugang zu den Bildungsstätten offen, ein wirksames Gesundheitssystem zeichnete erste Umrisse. Soweit die Reformen des FLN-Programms im Jahr 1962 Konturen zeigten, spiegelte das Algerien-Programm sie in täglichen Nachrichten und Berichten wider. Die weitere Berichterstattung floss in das arabische Programm ein.

Das Algerien-Programm hatte seine Aufgaben erfüllt und beendete Ende Oktober 1962 seine Sendungen. Das Thema Algerien blieb ein Thema des allgemeinen arabischen Programms, besonders dann, wenn es notwendig erschien, einen Dienst für die deutschen noch aktiven Angehörigen der Fremdenlegion und deren Flüchtlinge zu leisten. Die algerischen Freunde kehrten im Oktober des Jahres in ihre Heimat zurück. Am Ende des Jahres 1962, als der Wiederaufbau in Algerien begonnen hatte, erhielt die Arabische Redaktion noch ein besonderes Echo auf die Sendungen des Algerien-Programms – von Oberst Boumedienne, dem späteren Staatspräsidenten. Während des Krieges war ein Befehlshaber der Truppen an der Westfront, an der algerisch-marokkanischen Grenze. Boumedienne schrieb, dass er die Sendungen von Radio Berlin International als eine moralische Stärkung seiner Soldaten empfunden hat.

Es gehört zu den großen Tragödien der Menschheitsgeschichte, dass der Sieg im opferreichen Ringen gegen die Kolonialdiktatur auch in Algerien, wie in anderen Ländern in eine andere Diktatur mit furchtbaren Folgen hineinglitt. In Algerien hatten sich schon während des Kampfes für die nationale Unabhängigkeit disparate Gruppen innerhalb der nationalen Befreiungsfront gebildet, die sich jeder Kontrolle entzogen und deren Wirken bis in die Gegenwart hineinreicht. Es sind die beiden gegensätzlichen Hauptgruppen – führende Militärs, die für ein weltliches, westlich geprägtes Algerien eintreten und die Islamische Heilsfront (FIS), die den Islam im Volk wieder stärker verankern will. Der Idealismus des Befreiungskampfes zerbrach in den Gruppenkämpfen um die Macht im neuen Staat. Der für die Gesellschaft verhängnisvolle Bürgerkrieg hat in den Jahrzehnten nach der nationalen Befreiung immer mehr an Schärfe und Irrationalität zugenommen. Die Zahl der Toten in den Gruppenkämpfen wird bisher auf etwa einhunderttausend geschätzt, darunter namhafte Führer der Befreiungsbewegung, unter ihnen Staatspräsident Boudiaf.

# Das Damaszener Schwert

## Sendungen für die Arabische Welt des Nahen Ostens

Das Schwert aus Damaszener Stahl vereint Glanz und Schärfe. Es wird in der arabischen Literatur und in den Berichten europäischer Forschungsreisender als ein Schwert beschrieben, das unversehrt bleibt, welcher Art der Gegenstand auch immer sei, der von ihm getroffen wird. Das könnte ein Gleichnis sein für die Sprache und den Stil der arabischen Journalisten in der Redaktion von Radio Berlin International. Sie waren ein Glücksfall für das Programm. Als Emigranten und Gäste aus Algerien, Tunesien, Ägypten, dem Sudan, Jordanien, Palästina, Libanon, Syrien und dem Irak bildeten sie mit 18 Mitarbeiterinnen und Mitarbeitern und sieben Deutschen, darunter fünf Arabisten, die größte Redaktion des Senders mit dem umfangreichsten Programm von fünf Stunden im Jahre 1960 und sieben Stunden Programm ab der zweiten Hälfte 1967.

Hervorgegangen aus dem fremdsprachigen Auslandsdienst von Radio DDR, der im April 1955 seine Sendetätigkeit aufnahm, sendete die Arabische Reaktion seit April 1957 zunächst täglich 30 Minuten für die arabischen Länder. Der Inhalt des Programms ergab sich aus dem Verfassungsauftrag des Staates, den Frieden zu stärken und die Verständigung zwischen den Völkern zu fördern. Zur Vorgeschichte:

Am 26. Juli 1956 hatte der ägyptische Staatspräsident Gamal Abdel Nasser nach einem Beschluss des Parlaments die Suez-Kanal-Gesellschaft verstaatlicht und das englisch-französische Gremium aus seinen Aufgaben entlassen. Der Kanal unterstand formal seit dem Tag seiner Eröffnung am 16. November 1869 der Souveränität Ägyptens; in Wirklichkeit aber einem englisch-französischen Aufsichtsrat, der die Hauptgewinne aus den Frachtgebühren, dem Zoll für den Wassertransit und den Schlepperkosten für sich und die Aktionäre einstrich. Das waren etwa 90 Prozent. Die übriggebliebenen 10 Prozent teilten sich der Sultan des Osmanischen Reiches, der Ägypten zu seiner Provinz erklärt hatte, und der Khedif in Kairo. Im November 1875 kaufte England mit dem Geld des Bankiers Rothschild die Mehrheit der Aktien und legte seine Hand auf die kürzeste Verbindung zu seinen Kolonien in Asien. Frankreich kaufte ebenfalls einen großen

Anteil der Aktien, so dass der Kanal schnell in englische und französische Hände geriet. Im Jahre 1882 besetzte England die Suez-Kanalzone, die 13 Jahre zuvor im Frieden und Krieg für neutral erklärt worden war. 1914 errichtete England sein Protektorat über Ägypten, das zu einem kolonial unterworfenen Land wurde.

Die Situation änderte sich mit der Revolution von 1952. Das Land brauchte große Mittel für die volkswirtschaftliche Entwicklung, besonders für den Bau eines großen Staudamms bei Assuan. Die kapitalistischen Hauptstaaten waren nicht bereit, Kredite ohne politische Bedingungen zu geben. Darum nationalisierte Ägypten den Kanal, schlug den Aktionären eine Entschädigung vor und zog den Gewinn aus der Kanalverwaltung für seinen nationalen Aufbau ein. War der historische Hintergrund bisher ein Thema in Sachbüchern, änderte sich die

*Port Said nach den britischen Bombardements Anfang November 1956*

Situation, als am 29. Oktober 1956 England, Frankreich und Israel den Krieg im Interesse der Aktionäre der Suez-Kanalgesellschaft gegen Ägypten vom Zaune brachen.

Es lag im Selbstverständnis der Deutschen Demokratischen Republik, Sendungen in arabischer Sprache aufzubauen, um den Ägyptern in ihrem Kampf um Selbstbebstimmung beizustehen. Die Sendungen des Auslandsdienstes trugen ihren Teil dazu bei, das Ansehen der DDR in der Arabischen Welt von Marokko bis zum Irak zu begründen. Als die Engländer Anfang November Port Said bombardierten und ganze Straßenzüge und die Einfahrt zum Kanal vernichteten, leistete die DDR auch materielle Hilfe. Mehr als 10.000 Ägypter wurden Opfer des teuflischen Angriffs auf zivile Objekte; Verletzte fanden in Krankenhäusern der DDR medizinische Versorgung. Diese Ereignisse bestimmten die Bildung einer arabischen Redaktion und die Thematik der Sendungen, die weit über das Ende des Krieges noch Gegenstand mancher interessanter historischer Betrachtung war.

## Probleme der täglichen Arbeit

In der Arabischen Redaktion wurde vielleicht mehr diskutiert als in anderen Bereichen, obwohl die Italiener, die Franzosen und die Chilenen auch zu den immer bereiten Kolleginnen und Kollegen gehörten, die in lange Debatten eintraten. Vor der Arabischen Redaktion standen mehrere politisch und publizistisch schwer zu bewältigende Probleme. Ohne eine Klärung des Standpunktes der Außenpolitik der DDR hätte es keine moralische Festigkeit in der Redaktion gegeben. Hauptprobleme waren:

- Die weiterführende Auseinandersetzung mit der Aggression Englands, Frankreichs und Israels gegen Ägypten und die Rolle der USA, die das Erbe der früheren Kolonialmächte England und Frankreich anzutreten begannen
- Die Unterstützung der Freiheitsrechte des algerischen Volkes gegen den französischen Kolonialismus und die Probleme der Darstellung der DDR gegenüber dem Aufbauwerk in Algerien
- Das Selbstbestimmungsrecht des arabischen Volkes von Palästina und die Begründung der Haltung der antifaschistischen DDR gegenüber dem nationalistischen Flügel des Zionismus und der israelischer Regierungspolitik.

Dazu kamen Probleme, die es in der täglichen aktuellen Arbeit mitunter kompliziert machten, ihnen den richtigen Platz im Programm zuzuweisen. Übersehen werden durfte kein Problem, das in den arabischen Ländern bekannt war. Außenpolitische Opportunität verlangte zuweilen, das eine oder andere, von der Redaktion als wichtig angesehene Thema ins Archiv zu geben. Einige Male ist diese Situation durch die Vorrangstellung der Forderung nach diplomatischer

Anerkennung der DDR deutlich geworden. In Ägypten wurden linke politische Kräfte unterdrückt, ihre Anhänger verfolgt und zeitweise sogar ins Gefängnis geworfen. Im Irak wurden die Führungen der Kommunistischen Partei und des Gewerkschaftsbundes und viele ihrer Anhänger im Jahre 1963 ermordet. In anderen arabischen Ländern sah die arabische politische Klasse eine Zeit lang im Kampf gegen links ihre politische Hauptaufgabe. Ohne direkt auf diese Bedingungen in einzelnen Ländern einzugehen, konnte RBI nicht darauf verzichten, in einigen Sendungen die Frage zu stellen: Wohin führt der Antikommunismus? Wenn namhafte arabische Gäste, die dem Nationalismus näher standen als dem Gedanken sozialer Gerechtigkeit, RBI besuchten, wie zum Beispiel Oberst Wasfi Taher, Chef der Leibgarde des irakischen Präsidenten Kerim Kassem, der begonnen hatte, einen Feldzug gegen die Kurden im Norden zu führen, lud die Redaktion zu einer Fahrt nach Sachsenhausen oder Buchenwald ein und zeigte den Gästen, wohin in Deutschland der Antikommunismus und Nationalismus geführt hat.

Das Ringen der Kurden um kulturelle Freiheit war für das Radioprogramm ähnlich gelagert. An diesem Problem vorbeigehen, war für die Redaktion kein positiver Weg. So orientierte sich die Redaktion auf eine objektive Darstellung der Geschichte – auf die Wurzeln der kurdischen Bewegung im Osmanischen Reich und im Iran in der Mitte des 19. Jahrhunderts, auf die Beseitigung der Unabhängigkeit des kurdischen Emirats, auf den nachfolgenden Widerstand der Kurden. Die neutrale Form erlaubte es, wenn es für das Programm geboten erschien, auch dieses heiße Eisen anzufassen, ohne die diplomatischen Interessen der DDR in arabischen Ländern zu verletzten.

Auch gegen den rassistischen Antisemitismus[28], von dem jeder Araber und jeder Deutsche in der Redaktion frei war, der aber in einigen Hörerbriefen aus dem Nahen Osten sichtbar wurde, nahm das Arabische Programm von RBI klar Stellung. Auf einen zugespitzten polemischen Nenner gebracht, lautete die Aussage: Niemals ist ein Jude der Feind, sondern die nationalistische, rassistische Ideologie des Zionismus und die Gewaltpolitik der israelischen Regierung, die den Palästinensern den Krieg erklärt hat.

Ein weiteres Problem, das in der täglichen Programmarbeit an einigen Tagen und in manchen Wochen, Schwierigkeiten der Darstellung brachten, war die Forderung vieler Politiker in arabischen Ländern nach der Einheit aller ihrer Staaten. Ägypten und Syrien hatten diese Einheit zu schmieden versucht und sind an den unterschiedlichen regionalen Interessen der herrschenden Klassen gescheitert. Die Einheit, sagte RBI hauptsächlich in den Sendungen, die Hörerbriefe beantworteten, ist ein wichtiges innenpolitisches Problem. Es sei das natürliche Recht jedes Volkes, in einem einheitlichen Staat in sozialer Gerechtigkeit und in guter Nachbarschaft zu anderen Ländern zu leben. „Wichtig erscheint aus unserer Sicht", so hieß in einer Reihe von Sendungen wiederholt, „einen einheitlichen Willen gegenüber imperialistischen Ansprüchen zu zeigen." Wenn innenpolitische Fragen der arabischen Welt auch nicht die wesentliche Rolle im Programm spielten, mussten sie doch zumindest angesprochen werden, weil viele Hörer dazu eine Antwort des Senders wünschten. Es ist sicherlich ein Grund der hohen Resonanz des Arabischen Programms, dass nie eine Frage der Hörerinnen und Hörer unbeantwortet blieb. Manche Fragen waren schwierig zu beantworten, wie zum Beispiel die Frage nach der arabischen Einheit, weil auch hier die außenpolitische Opportunität hineingriff und überhaupt das einzig Einheitliche der arabischen Welt ihre Uneinigkeit ist. Wirkliche Geschlossenheit gab es im Wesentlichen nur, wenn es darum ging, einen Anschlag gegnerischer Kräfte polemisch anzugreifen. Solche Beispiele gab es in Afrika, Asien und Lateinamerika reichlich, doch die Entführung und Ermordung des marokkanischen Oppositionsführers Ben Barka im Jahre 1965 durch den französischen und marokkanischen Geheimdienst bot ein besonderes Kapital, heimtückische politische Machenschaften im Bunde mit Komplizen in anderen Ländern aufzudecken.

## Starke Resonanz

Wer die Arbeitsräume der Redaktion aufsuchte, war überrascht über die rege und vielfältige Korrespondenz mit den Hörern. Hunderte von Ansichtskarten aus allen arabischen Ländern, und das ist nur ein Bruchteil des Posteingangs, schmückten wie ein buntes Mosaik die Wände und Schreibtische der Mitarbeiter. Hinter Schrankfenstern stehen Zigarettenetuis aus geschmiedeten Stahl, kunstvoll verziert, Schwämme aus dem Mittelmeer und Brieföffner in Form eines Beduinendolches. Der Postbote brachte auch Pakete mit Datteln aus Tunesien und Kardamom aus dem Libanon. Die Statistik vermerkt für 1964 die Zahl von 853 Zuschriften, das sind etwa 400 mehr als 1958, ein Jahr nach Sendebeginn; und ca. 35.000 waren es in den achtziger Jahren bis zur Funkstille am 2. Oktober 1990.

Grüße und Wünsche Vorschläge und Hinweise – sie alle werden beachtet. Oft ist ein Foto dem Brief beigefügt, ein Bild der Familie, der Kinder oder des Schreibers, ein Ausdruck des Vertrauens zum Sender. Da ist Fatima Djinna, eine junge Frau aus Beirut, seit Jahren ist sie aufmerksame Hörerin der Sendereihen „Deutsche Dichtung" und „Forum der Frau". Ein anderes Foto zeigt Schüler aus Tunis, fleißige Teilnehmer an den Lektionen Deutsch im Funk für Araber. Sie schreiben ihren Eindruck über das Algerien-Programm, das sie begrüßten. In zahlreichen Sendereihen wird in erster Linie ein umfassendes und sachliches Bild der Deutschen Demokratischen Republik gegeben. Neben den aktuellen Sendungen wie Nachrichten, Kommentare und Presseschau sind es die wöchentliche „Außenpolitische Umschau", die „Arabische Welt in dieser Woche", Beiträge zur arabischen und deutschen Dichtung, Frauensendungen, Hörerpostprogramme, Musiksendungen, vorrangig mit arabischen Titeln und ein Sportprogramm sowie die Deutsch-Lektionen.

*Der letzte Schmied eines Damaszener Schwertes, 1966, Damaskus*

In Dialogform, mit einfachen Sätzen der Umgangssprache beginnend, wird der auf das Notwendige begrenzte syntaktische und grammatikalische Stoff vermittelt. Die Sendung war ein guter Erfolg. Fast jeder Dritte bezog sich auf dieses Programm, das 1961 nach Hinweisen von irakischen Hörern aufgenommen wurde. Die Lektionen wurden den Hörern auf Wunsch in gedruckter Schriftform zugeschickt. Es war ein zusätzlicher Teil der kulturellen Arbeit des Auslandsrundfunks. Die Lektionen waren ein Kommunikationsmittel. Darum war auch die Auswahl des Stoffes davon bestimmt, dass der Inhalt der Lektionen zielgerichtet sein muss. Für den Hörerkreis von RBI im arabischen Raum wäre es nicht angemessen, Sachverhalte der wissenschaftlich-technischen Revolution oder allgemeine Probleme der industriellen Großproduktion in den Lektionen darzustellen. Deshalb überwog ein Bild des Alltages in der DDR. Am 26. Januar 1964 wurde RBI vom Generalkonsulat der DDR in Bagdad benachrichtigt:

> „Zu Ihrer Information möchten wir Ihnen mitteilen, dass Ihr Heft „Deutsch im Funk", Teil I, Lektionen 1–25 von den hiesigen Behörden genehmigt wurde. Wir bitten um Mitteilung, in welcher Weise Sie sich die Vertreibung des Materials dachten. Eine kostenlose Verteilung von unserer Seite würde keinerlei Schwierigkeiten bereiten und wir wären sofort dazu bereit …"

Die Redaktion, die ihre Werbemittel für den Druck der Lektionen in Gräfenhainichen verwendet hatte, gab das Heft kostenlos ab.

Sprachkurse im Programm des Radios ersetzen nicht das systematische Studium und Selbststudium mit entsprechender Literatur und regelmäßigen fachlichen Konsultationen. Sprachkurse im Auslandsradio können eine wertvolle Ergänzung des Sprachstudiums an den inländischen allgemeinbildenden Schulen, an den Universitäten und den Instituten der auswärtigen Kulturpolitik des eigenen Landes sein. RBI regte viele Hörerinnen und Hörer an, sich mit der deutschen Sprachen zu beschäftigen und bereitete dadurch die weiterbildende Arbeit des Herder-Instituts der DDR vor. Ihrem Inhalt nach können Sprachkurse im Auslandsrundfunk der Verständigung zwischen den Völkern dienen. Darüber hinaus haben Sprachkurse eine werbende Funktion für das ständige Hören des Senders.

Die verhältnismäßig hohe Zahl arabischer Studenten in den sechziger Jahren in der DDR erlaubte es RBI, ein Bezirkskorrespondentennetz aufzubauen. Für die freie journalistische Arbeit geeignete Studenten berichteten einmal wöchentlich aus Leipzig, Halle, Magdeburg, Rostock und Berlin in einer Konferenzschaltung über das Geschehen in den Bezirken. Der Titel einer weiteren beliebten Sendung war einer berühmten arabischen Märchengestalt entnommen: „Sindbads Seereisen", auch mitunter „Sindbads Abenteuer" genannt. In dieser wöchentlichen Sendereihe wurden in satirischer Form kleinere Begebenheiten am Rande behandelt. So erzählte der arabische Journalist, der die Sendung schrieb und mit einer Kollegin sprach, die Geschichte eines deutschen Seeoffiziers, der in der Wüste Sinai scheiterte:

*„An einem Vormittag zu Anfang Oktober 1914 erhält Kapitänleutnant Hilgendorf, Führer der Artillerie auf dem deutschen Panzerkreuzer „Goeben", vom*

*Umschlag des Buches „Deutsch im Funk für Araber"*

*Chef der deutschen Mittelmeer-Division, Admiral Souchon, den Befehl, an Land eine Freiwilligengruppe aus Türken und Arabern zu bilden und mit ihr den Suez-Kanal zu sperren. Zu diesem Zweck soll er vom Ostufer des Kanals an einer schmalen Stelle den Lotsen eines großen Dampfers abschießen, das Schiff damit zum Auflaufen bringen und so den Kanal für die Schifffahrt unpassierbar machen. Hilgendorf bekommt Geld und Gold und bricht mit einer Schar von 20 verwegenen Burschen, geschmückt als Reisegruppe unter einem bunten Baldachin, in Jerusalem auf. An der Grenze zur autonomen ägyptischen Provinz des Osmanischen Reiches wird die muntere Schar von drei türkischen Gendarmen angehalten, vielleicht wollten sie die Gruppe kontrollieren, vielleicht nur mit ihr auf einem langweiligen Wüstenposten sprechen, vielleicht auch nur ein Bakschisch einstecken – der deutsche Seeoffizier, unerfahren im Umgang mit Orientalen, eröffnet sofort das Feuer. Es kommt zu einem kurzen Gefecht, dem zum Glück keiner zum Opfer fällt. Mit dem Abenteuer Suez-Kanal ist es nun aus. Der Deutsche zahlt seine Mannschaft aus, mit vier unserer arabischen Gesellen bildet er eine Räuberbande, die arabische Dörfer und britische Militärposten überfällt. Eine Reiterabteilung der Beduinen macht dem Spuk in Sinai ein Ende. Die Araber werden auf der Stelle erschossen, Hilgendorf nach Konstantinopel vor ein Kriegsgericht gestellt. Der Verhandlung entzieht er sich, in dem er sich erschießt ..."*

Die Geschichte hat eine gewisse Beziehung zum gesamten deutsch-türkischen Orientfeldzug im Ersten Weltkrieg, dem abenteuerliche Merkmale nicht abzusprechen sind. Der deutsche General der Flieger, Felmy, Kampfflieger im Ersten Weltkrieg am Suez-Kanal, versuchte im Zweiten Weltkrieg, wie „Sindbad" sein Abenteuer erzählte, aus einem Hotelzimmer in Aleppo im April und Mai 1941 den Aufstand der Iraker gegen die britische Besatzungsmacht zu lenken. Er erwies sich als ein schlechter Nachahmer des britischen Obristen Lawrence, der 1916 arabische Stämme einigte und geschlossen gegen Türken und Deutsche bis nach Damaskus führte. „Sindbad" berichtet auch von einem deutschen Panzerkommandanten in Rommels Afrikakorps; der führte falsche Karten mit sich, die englische Agenten in das deutsche Korps geschmuggelt hatten. In dem Gefühl, sich in der Wüste zu verfahren, stieg er tief im südlichen Libyen aus dem Turm seines Panzers und fragte einen Bauern nach dem Weg zum Suez-Kanal.

Solche Geschichten hatten in der Reihe „Sindbads Seereisen" oder „Sindbads Abenteuer" einen Wert als Funkerzählungen. Sie fesselten die Hörer und Hörerinnen, weil sie eine besondere Anekdote vermittelten. Sie hatten aber auch einen hintergründigen indirekten politischen Sinn: das Bild des legendären Soldaten Rommel, das sich unter den Arabern als Sinnbild besonderer Tapferkeit und militärischer Klugheit stark hielt, etwas aus er Sicht deutscher neuer Beziehungen zwischen den Völkern zu verwischen.

Aktualität ist neben Glaubwürdigkeit der Aussage die sicherste Bürgschaft jeder Wirksamkeit. Für einen Auslandsrundfunk genügen nicht tägliche Agenturmeldungen, wenn er Zielgruppen von Hörern erreichen will. Er braucht aktuelle Nachrichten aus dem Land des Hörerkreises, die nicht jeden Tag von den Agenturen gegeben werden; er braucht auch den Blick in die Presse des Empfangslandes seiner Botschaft, die verwertbare Mitteilungen zur Situation im Land enthält. Die Arabische Redaktion schaffte sich deshalb für den Raum der arabischen Welt ein leistungsstarkes Empfangsgerät mit Hochantenne für das Abhören arabischer Radiostationen an. Zwei arabische Mitarbeiter saßen im Wechsel tagsüber und oft bis in die Nacht und empfingen arabische Nachrichten, Kommentare und Presseberichte. Sie hielten diese Sendungen auf Tonband fest. Um eine denkbare subjektive Auswahl der Nachrichten einzuschränken, nahm immer ein Redakteur des Monitordienstes an der täglichen Redaktionsbesprechung teil. Dieser Dienst war eine nicht hoch genug einzuschätzende Arbeit. Von hier erhielt die Redaktion das Neue vom Tage aus der arabischen Welt. Damit wurde die Arabische Redaktion von RBI zu einer Sendestation, die am schnellsten Nachrichten aus Mitteleuropa in die arabische Welt, zum Teil kurz kommentiert, übermittelte. Die Sendung „Die arabische Welt heute" war vor allem in den sechziger Jahren eine Sendung, die ein starkes Hörerinteresse fand. Sie gab Meldungen aus Ägypten an den Hörer im Irak und Marokko weiter, übermittelte Informationen aus einem arabischen Land, die Hörern in einem anderen Land aus unterschiedlichen Gründen nicht zugänglich waren. Stets waren die Redakteure darauf bedacht, bei Gegensätzen zwischen arabischen Ländern kein Öl ins Feuer zu gießen. Strikte Neutralität, Sachlichkeit und Objektivität waren die unumstößlichen Gebote.

Dort, wo eines der klassischen sieben Weltwunder entstand – die hängenden Gärten von Semiramis – ist Herr Hassan Al-Baghdadi zu Hause. Aus Babil, das nahe der Ausgrabungsstätte des historischen Babylons liegt, schreibt er der Arabischen Redaktion:

> „Ich habe Ihre Sendung über Erfurt als Stadt der Blumen und des Gartenbaus gehört. Senden Sie mir bitte das schriftliche Material Ihres Erfurter Städtebildes."

Herr Abu Bakr Muhamed Al-Kaylani aus Libyen teilt mit, dass ihm die Reportage über den Rostocker Hafen gut gefallen hätte. Viele Hörer und Hörerinnen bitten um Rat und Hilfe, selbst in beruflichen Fragen. Sie unterbreiten Vorschläge zur Gestaltung der Sendungen, die in der Redaktion aufmerksam beachtet werden. Die Redaktion wertet die interessantesten Briefe, die auch einen Informationswert für andere Hörer in anderen arabischen Ländern haben, in der wöchentlichen Hörerpostsendung aus. Aus vielen Briefen spricht das Bewusstsein, in der DDR einen zuverlässigen Verbündeten zu haben. In etlichen Briefen aus dem Nahen

Osten und Nordafrika heißt es: „Radio Berlin International verdient, Stimme des deutschen Volkes genannt zu werden."

## Aus dem Gästebuch

Stellvertretend für die mehr als 50 Eintragungen arabischer Politiker, Dichter und Schriftsteller seien hier zwei Eintragungen wiedergegeben. Der Dichter Mohammad Machdi al-Djawahiri aus dem Irak schreibt:

> „Zum zweiten Mal ist mir das glückliche Los vergönnt, einen heißen Gruß an das demokratische Deutschland allgemein und insbesondere an seinen starken gastfreundlichen Rundfunk und seine Mitarbeiter in diesem feierlichen Buche einzutragen. Zu beiden Malen, voriges Mal und heute, festigte sich immer mehr meine starke Hoffnung auf die neue, demokratische, sozialistische und humanistische Auferstehung eines vereinten deutschen Volkes. Ich fühle nicht nur die Pulsschläge des Lebens voller Leidenschaft in einer jeden Seele und in den nutzbringenden Dingen des Lebens, vielmehr bin ich zuversichtlich, dass es der starken deutschen Nation gelingt, die wie keine andere Nation teilhat an der Kultur der Welt, der Zivilisation und der Kunst und die ihre Genies, ihre Künste und ihre Philosophie Jahrhunderte hindurch aussandte, möglich ist und immer möglich sein wird, ihre alte Kultur, vollständiger entwickelt und in Übereinstimmung mit dem Gedankengut der Welt, wieder auferstehen zu lassen.
> Mit aller Liebe begrüße ich das demokratische Deutschland, und jene Atmosphäre des Geistes, die Gelehrte, Schriftsteller, Dichter, Journalisten und die geehrte Führung des großen deutschen Volkes auszeichnet.
> Und mit aller Hochachtung trage ich auch meine tiefe Verehrung für den Bund der Brüderlichkeit und der Freundschaft zwischen dem deutschen Volk und den arabischen Ländern allgemein und insbesondere dem teuren Irak ein, diese Brüderlichkeit, die sich in allen Formen und unter allen Bedingungen offenbart.
> Meine heißen freundschaftlichen und brüderlichen Gefühle gelten auch den Mitarbeiterinnen und Mitarbeitern von Radio Berlin International und der arabischen Jugend, die hier tätig ist, die mich alle so gastfreundlich aufnahmen, dass ich es nie vergessen werde. Und nun ein glückliches Wiedersehen bei einem dritten Besuch inmitten eines starken, verwurzelten und geeinten Volkes.
> Salam, Salam!"

Ähnlich wie 1956 der Suez-Krieg der Anlass war, ein arabisches Programm aufzubauen, führte der Höhepunkt des Algerienkrieges dazu, die Sendungen für die arabische Welt auf fünf Stunden täglich zu erweitern, so war auch die

*Eintrag von Mohamad al-Djawahiri in das Gästebuch*

israelische Aggression von 1967 das Motiv, die Sendezeit auf täglich sieben Stunden zu verlängern. Die Hörer reagierten sofort und begrüßten diese Erweiterung. Während seines Aufenthaltes in Berlin am 8. Juni 1978 sprach die Redaktion mit Yassir Arafat, dem Vorsitzenden der Palästinensischen Befreiungsorganisation (PLO). Er trug sich anschließend in das Gästebuch der Redaktion mit den Worten ein:

> „Euch, liebe Freunde, die Ihr in dieser Redaktion arbeitet, die besten Grüße des palästinensischen Volkes, der palästinensischen Revolution und der arabischen Nation!"

## Palästina – Sehnsucht nach der eigenen Erde

Wenn die Heimat unerreichbar ist, fühlen wir uns ihr mehr verbunden, sagte der arabische Dichter Ismail Schammut während seines Besuches in der Arabischen Redaktion. Sein Besuch war die Begegnung mit einem großen Dichter, der mit den jungen deutschen Redakteuren und den erfahrenen arabischen Journalisten über Palästina sprach. Vor dem Mikrofon fand er diese Worte:

*„Heimat bedeutet uns alles und wir nehmen sie überall wahr – in einem Gedicht, in einem Gemälde, in einer Volkstracht aus Ramallah, in einer Strohschale aus Dschenin – wir sehen Jerusalem mit seiner majestätischen Pracht, das sich wie eine Taube an einen Gipfel schmiegt, dessen Mauern Tausende von Heldensagen erzählen, dessen Gassen und Winkel Geschichten von Liebe und Leid, von Tapferkeit und Verrat, von Blut und Oliven berichten. Wir sehen Nablus sanft umschlungen von Jirzim und Ibal, beschattet von Bäumen und Obstgärten umgeben – und Gaza, unerschütterlich durch seine langjährige Geschichte der Bedrohung und des standhaften Widerstandes ..."*

Ismail Schammut ist eine bedeutende Stimme unter den Kämpfenden für das Recht des palästinensischen Volkes, auf eigener Erde zu leben. Der Palästinakrieg in den arabischen Sendungen von RBI war kein Sonderprogramm vergleichbar dem Algerien-Programm. Es war nach Diskussionen, die das gesamte Spektrum der arabischen Politik gegenüber Israel umfasste, ein Schwerpunkt der arabischen Sendungen. Einer der vielen Anlässe in der DDR, über das Leben der Palästinenser und die Verbundenheit der DDR mit der Verteidigung ihrer Erde zu berichten, war die Leipziger Dokumentar- und Kurzfilmwoche. Jedes Jahr schickte RBI einen Berichterstatter zur Filmwoche. Im Kulturprogramm der arabischen Redaktion wird am 8. Dezember 1976 über den palästinensischen Film „Der Schlüssel" gesprochen:

*„Der Film erzählt die Geschichte des Kampfes und der Hoffnungen der Palästinenser, dargestellt am Leben eines Bauern, der den Schlüssel zu seinem Haus in der Heimat, aus der er vor 28 Jahren vertrieben wurde, über die entbehrungs- und opferreichen Fluchtjahre hinweg sorgsam aufbewahrt hat – als Symbol dafür, dass sich für das arabische Volk von Palästina das Tor zur Heimat wieder öffnen wird ... Die Vollversammlung der Vereinten Nationen hat vor wenigen Tagen das Recht der Vertriebenen auf ihre Rückkehr hervorgehoben. Die DDR hat durch ihren ständigen Vertreter bei der UNO erklärt, dass ein gerechter Friede nicht ohne die Lösung des Palästinaproblems möglich sei. Sie stimmte der Resolution der Vollversammlung zu, einen palästinensischen Staat, in dem von Israel besetzten Westjordanland und im Gaza-Streifen am Mittelmeer zu gründen."*

Dem Filmbericht folgte die Geschichte von Ghassan Kanafani.[29] Für ihn war literarisches Schaffen und politische Arbeit eine im Ringen um die Lebensrechte seines palästinensischen Volkes gereifte Einheit. Er stand mit seinem Wort ganz vorne in der Reihe der Kämpfenden. Am 8. Juni 1972 zerriss ihn eine in seinem

Auto deponierte Bombe. Die Arabische Redaktion brachte am 5. Jahrestag seiner Ermordung seine Erzählung „Über die Grenzen hinaus". Kanafani stellt einen palästinensischen Jungen vor, der nach seiner Festnahme von einem israelischen Beamten verhört wird. Die Mutter des Jungen starb unter den Trümmern des Hauses, das von Raketen in einen Steinhaufen verwandelt wurde. Der Sendebeitrag:

> *„Der Junge sagt zu dem Beamten: Ihr habt versucht, mich auszulöschen. Unermüdlich, unverdrossen habt ihr euch darum bemüht. Täusche ich mich, wenn ich sage, dass ihr dabei nicht gerade viel Glück hattet. Ganz sicher nicht. Aber dafür ist euch etwas anderes in fantastischer Weise gelungen, oder habt ihr noch nicht bemerkt, dass ihr mich mit aller Macht dahingebracht habt, dass ich aus einem Menschen zu einem fortdauernden Zustand geworden bin? Ja, ich bin ein Zustand, nie war ich mehr, und nie werde ich weniger sein ... wir sind ein Zustand ... Es geht dem Menschen doch oft so, dass er, wenn er sich in die Enge gedrängt fühlt, zu fragen beginnt, wie nun weiter? Entdeckt er dann, dass er gar kein Recht auf die Frage nach dem „Weiter" hat, geschieht manchmal etwas sehr Hässliches – so etwas wie Wahnsinn befällt ihn. Da sagt er sich dann ganz leise, was ist das für ein Leben. Lieber den Tod. Nach wenigen Tagen fängt er an zu schreien: Was ist das für ein Leben! Der Tod ist besser!"*

In einem Kommentar heißt es:

> *„Während des ersten Krieges von 1948/49 wurden etwa 750.000 Palästinenser aus ihrer Heimat vertrieben. Bis zu Beginn der fünfziger Jahre waren es mehr als 900.000. Während des zweiten Krieges von 1956 flüchteten abermals Zehntausende. Nach dem dritten Krieg von 1967, der zur bisher größten Eroberung palästinensischer Gebiete führte, wurden nochmals mehr als vierhunderttausend Araber von ihrer Heimat vertrieben. Zehntausende folgten nach dem vierten Krieg von 1982 gegen den Libanon als Folge der Massaker in den Flüchtlingslagern von Sabra und Schatila. Einst ein Volk von bodenständigen Bauern ist das heute etwa vier Millionen Menschen zählende Volk zerstreut, in Jordanien, in Syrien, in den palästinensischen Gebieten westlich des Jordans, im Gaza-Streifen, in Israel, in Ägypten und Kuwait und in weiteren Ländern. Kein Streben nach Freiheit und Menschenrechte wurde so schamlos betrogen, wie der Kampf der Palästinenser. Erst von den Türken ihrer kulturellen Identität beraubt, dann von den Engländern beherrscht, schließlich von den Israelis militärisch geschlagen – stehen sie der israelisch-amerikanischen Allianz gegenüber, lediglich bewaffnet mit einem Bündel papierner Resolutionen höchster Gremien der Welt, die ihnen die Verwirklichung des Selbstbestimmungsrechtes versprechen."*

Eine Reihe von Sendungen des arabischen Programms wie auch Sendungen anderer Redaktionen heben hervor, dass die Palästinenser in Jahrhunderten keinen Konflikt mit der jüdischen Minderheit in ihrem Land hatten. Wenn es Konflikte gab, dann mit der osmanisch-türkischen Fremdherrschaft in der Zeit von 1517 bis 1918. Immer seien die Palästinenser der Kultur und der Zivilisation anderer Völker mit Achtung begegnet. Nie war ihnen Rassismus und Völkerhass eigen. Sie wehrten sich anfangs nicht einmal gegen die ersten jüdischen Einwanderungswellen am Ende des 19. Jahrhunderts, als in Russland, Polen und Frankreich der rassistische Antisemitismus tobte, wird in einer Sendung gesagt. Erst als die zionistischen Organisationen nach dem ihrem ersten Kongress im August 1897 im großen Umfang begannen, Juden in Palästina anzusiedeln und zu verkünden, Palästina sei ihr Land, das ihnen von Gott verheißen wurde, regte sich der palästinensische Widerstand. Die zwanziger und dreißiger Jahre waren von erbitterten Verteidigungskämpfen gegen die einwandernden Juden und gegen die arabischen Feudalherren gekennzeichnet, die Ländereien an zionistische Organisationen verkauften, um ihr Luxusleben in Genf und Rom zu erhalten. In der Tendenz dieser RBI-Sendungen spiegelte sich die Solidarität mit den schwachen und hilflosen arabischen Palästinensern wider und das Verständnis für die Juden, die den Verfolgungen in Europa entkommen wollten, aber auch die Totalität des unannehmbaren Anspruches der Zionisten auf ganz Palästina.

Das arabische Programm nahm sich des Themas Heimat in der palästinensischen Literatur und in deutschen Filmen an und brachte über Jahre Texte, Gespräche, Kommentare und Betrachtungen, die das Leben der Palästinenser hinter den Schlagzeilen aktueller Berichte aufspürten. Akram Scharim[30] beschreibt die Vertreibung und Zerstörung seiner Geburtsstadt Qalqiliya durch die Israelis in seiner Erzählung „Die Erde". Im März 1980 sendete die Redaktion einen Auszug:

*„Die Erde lässt man nicht im Stich. Das weiß ich jedenfalls. Nimm die Einwohner von Qalqiliya. Als sie uns befohlen haben, uns bei der Moschee zu versammeln, haben wir begriffen, dass Widerstand zwecklos ist. Die Leute kamen langsam aus ihren Häusern, ratlos. Die Männer zögerten, ihren Frauen zu folgen, sie fassten sich an den Hals, als ob ihre letzte Stunde nahe wäre. Die Kinder klammerten sich an die Kleiderzipfel der Erwachsenen ... Unsere Blicke, wachsam seit Tagen, wanderten über die bewaffneten Zionisten, die unaufhörlich Befehle erteilten.*
*... Große Busse sind angekommen, Lastwagen, die sich auf dem Platz von Qalqiliya reihten, in Kolonnen, deren Ende wir nicht absehen konnten. Die Soldaten haben uns befohlen, aufzusteigen ... Die Fahrzeuge brachten uns aus der Stadt hinaus. Wir standen dicht zusammengepfercht. Es gab nicht einmal genug Sitze für die wenigen Frauen ... Was werden sie mit uns machen, flüsterten wir einander zu. Wohin bringen sie uns? Die Stadt haben sie besetzt – und was haben sie mit uns vor? ... Nach wenigen Minuten hörten*

*wir Pfiffe. Die Soldaten näherten sich, die Maschinenpistolen auf uns gerichtet, und befahlen uns aufzustehen ... Plötzlich schrieen sie – Los! Bewegt euch! Haut ab! Macht, dass ihr wegkommt! Geht, wohin ihr wollt ...! Sie stießen uns wenige Meter in Richtung zum Ostufer ... (des Jordans) zurück. Da, wo wie waren, gab es nichts ... wir würden vor Hunger und Durst hier zu Grunde gehen. Das Weinen der Kinder, die Wehklagen der Frauen hörten nicht mehr auf. Unsere Gesichter waren bleich vor Entsetzen ... Ich sage die Wahrheit: Da nahm ich die Frau bei der Hand, und wir haben die Kinder von dort bis zum Ostufer geschleppt. Da wir einen Verwandten außerhalb des Landes hatten ... würden wir zu ihm gehen ... und Gott würde uns nicht vergessen. Ich weiß nicht, was die anderen gemacht haben, wohin die Familien gegangen sind, wer Angehörige gefunden hat und wer nicht ..."*

Zu dieser Geschichte gehört eine Agenturnachricht, die am 20. Juni 1967 weltweit verbreitet wurde:

„Die israelische Armee hat die an der Westgrenze Jordaniens gelegene Stadt Qalqiliya zerstört und gewaltsam ihre arabischen Einwohner evakuiert. Die arabischen Länder haben den Sicherheitsrat der UNO ersucht, die Angelegenheit zu untersuchen und Israel zur Einstellung dieser Handlungen aufzufordern. Die arabischen Länder haben dem Sicherheitsrat mitgeteilt, dass gegenwärtig fast zwanzigtausend Einwohner von Qalqiliya ohne Unterkunft sind und sich verstreut in den Bergen und Feldern aufhalten."

## Ein geschichtlicher Hintergrund mit Lord Balfour

Die geschichtlichen Zusammenhänge des palästinensischen Freiheitskampfes und der verstärkten jüdischen Einwanderung galten mehrere Sendungen – die antijüdischen Pogrome in Europa, vor allem in Russland, Polen und Frankreich sowie im Osmanischen Reich im 19. und zu Beginn des 20. Jahrhunderts, die nicht gehaltenen Versprechungen der englischen und französischen Diplomatie, die den Arabern ab 1916 zu ihrer Unabhängigkeit gegeben wurden, wenn sie einen Beitrag zum Sieg gegen die Türken und Deutschen im Vorderen Orient leisten, die jüdische Einwanderung nach dem ersten Weltkrieg, die bewaffneten Konflikte zwischen Arabern und Juden in den zwanziger Jahren, der Volksaufstand der Palästinenser von 1936 bis 1939 gegen die Engländer als Besatzungsmacht, gegen die zionistischen Organisationen, gegen die arabischen Feudalherren, die ihr Land an jüdische Siedler verkauften und die arabischen armen Pächter vertrieben. Sendungen galten dem Nazi-Rassenwahn und dem Völkermord an den europäischen Juden, der Entscheidung der Vereinten Nationen vom 29. November 1947 zur Bildung von zwei Staaten auf dem Boden Palästinas, eines arabischen und eines jüdischen, die Bedingungen der israelischen Staatsgründung am 14. Mai 1948 und die Hintergründe der Blockade des arabischen Staates. Das war ein Programm über Jahre, keine in sich einheitliche Fortsetzungsreihe. Am 2. November 1977, zum 60. Jahrestag der Grundsatzerklärung des britischen Außenministers Balfour, sendete RBI eine Betrachtung zur Geschichte des Problems in arabischer und in anderen Sprachen, in der u. a. die Deklaration des britischen Außenministers wiedergegeben wird.

*„Die Wurzeln des Problems reichen auf das Jahr 1917 zurück. Am 2. November 1917 richtete der britische Außenminister Lord Balfour einen vom Kabinett gebilligten Brief an Lord Rothschild, dem Förderer der jüdischen Besiedlung Palästinas, in dem es heißt: ‚Die Regierung Seiner Majestät wird die Schaffung einer nationalen Heimstätte für das jüdische Volk in Palästina anstreben und alle ihre Kräfte zur Verwirklichung dieses Zieles einsetzen, vorausgesetzt, dass die bürgerlichen und religiösen Rechte der nichtjüdischen Gemeinschaften in Palästina, wie auch die Rechte und der politische Status, welche die Juden in anderen Ländern genießen, nicht beeinträchtigt werden.'"*

Mit dieser Erklärung wären grundsätzlich auch die arabischen Bewohner Palästinas, zu dieser Zeit die überwiegende Mehrheit des Volkes, gesichert gewesen. 1918 lebten in Palästina 56.000 Juden und 650.000 Araber. Die Balfour-Deklaration folgte 20 Jahre nach dem ersten internationalen Zionistenkongress vom August 1897 in Basel. Dieses Programm verlangte in seinem Kern, wie es in der Sendung hieß: „Auf dem Boden Palästinas wird ein jüdischer Staat errichtet und eine unbeschränkte Auswanderung der europäischen Juden nach Palästina unterstützt; die damaligen Kolonialmächte werden aufgefordert, den militärischen Schutz der Expansion zu übernehmen, die zwangsläufig mit der Vertreibung der palästinensischen Araber verbunden sein musste." RBI brachte zu diesem historischen Komplex einige Beiträge, die auch für Hörerkreise in anderen arabischen Ländern von Interesse waren, die teilweise der Zentralredaktion zur Verfügung gestellt wurden. Hintergründe waren zu vermitteln, die nicht als bekannt vorausgesetzt werden konnten, wie:

England erhielt 1920 vom „Obersten Rat der Alliierten" in San Remo das Palästina-Mandat, das heißt die Verwaltung Palästinas übertragen mit dem Auftrag, die Balfour-Deklaration zu verwirklichen. Die Sendungen waren keine langen Vorträge, sondern Dokumentationen mit zwei bis drei Sprechern oder Interviews mit Regionalwissenschaftlern. Stärker für die Kommentierung aktueller Ereignisse und Dokumente war der Hinweis, dass die Erklärung der britischen Regierung nicht zu einem Staat mit zwei Völkern geführt hat, sondern zur Expansion zionistischer Siedlungspolitik, die seit Ende der fünfziger Jahre die Unterstützung der USA fand. Das militärische und politische Interesse der USA wuchs mit dem Blick auf das arabische Erdöl und mit der strategischen antisowjetischen Konzeption im Nahen Osten.

Um viele Initiativen zur Verständigung und zum Frieden rankten sich die Sendungen, weil diese Initiativen die Möglichkeiten, Gerechtigkeit in diesem Raum zu schaffen, wie kaum andere aufzeigten.

## Eine Antwort von Yassir Arafat

Im September 1946, zwei Jahre vor der Gründung des Staates Israel, ergriffen die Araber die Initiative zu einer friedlichen politischen Regelung. Sie schlugen vor, dass jüdische wie arabische Bürger gleichberechtigt mit vollen bürgerlichen Rechten in Palästina mit einer einheitlichen palästinensischen Staatsangehörigkeit zusammenleben sollten, in gutem Einvernehmen wie Jahrhunderte zuvor. Das entsprach im Grundsatz der Erklärung von Balfour. Die nationalistischen Kreise des Zionismus gingen auf diese Initiative nicht ein.

Einen ähnlichen Vorschlag äußerte der Vorsitzende der Palästinensischen Befreiungsorganisation, Yassir Arafat, im November 1974 in seiner Erklärung vor der Vollversammlung der Vereinten Nationen, die das arabische Programm im Wortlaut brachte. Darin heißt es:

*„Wäre die jüdische Einwanderung nach Palästina mit dem Ziel erfolgt, mit uns als Bürger gleicher Rechte und Pflichten zu leben, hätten wir für sie Raum geschaffen im Rahmen der Möglichkeiten unserer Heimat … Wenn aber das Ziel ihrer Einwanderung nichts anderes ist als die gewaltsame Annexion unseres Landes, unsere Vertreibung … So kann uns unmöglich jemand raten, dies hinzunehmen oder sich ihm zu beugen … Unsere Revolution ist nicht gegen den jüdischen Menschen gerichtet, sondern sie richtet sich gegen den rassistischen Zionismus und gegen die Aggression."*

Warum blieben diese Angebote zu einem gerechten Ausgleich ungehört? wurde in den Sendungen gefragt:

*„Die Antwort kann nur lauten: Es geht dem militanten Zionismus um das ganze Palästina. Dieser Standpunkt unseres Landes findet seine Bestätigung in den Erklärungen führender israelischer Politiker. Menachim Begin, in den siebziger Jahren israelischer Ministerpräsident, in den vierziger Jahren ein von den Briten gesuchter Terrorist, dessen Terrororganisation für einen jüdischen Staat kämpfte, erklärte einige Male kategorisch: Für ihn seien die 1967 besetzten Gebiete altes jüdisches Land; es sei „wiedergewonnenes Erbland", das bereits zwischen dem Jahr 1000 und 800 vor Christi ein Königreich Israel war. Begin erkennt den Teilungsbeschluss der Vereinten Nationen von 1947 nicht an. In seinem Buch ‚The Revolt', das 1951 in New York herauskam, hatte er bereits geschrieben: ‚Die Teilung des Heimatlandes ist illegal. Sie wird niemals anerkannt werden. Die Unterschriften auf dem Teilungsbeschluss*

*sind ungültig. Sie haben für das jüdische Volk keine bindende Kraft. Jerusalem war und wird immer unserer Hauptstadt sein. Eretz Israel (das Land Israel) wird dem jüdischen Volk zurückerstattet werden. Alles. Und für immer!'"*

Die Arabische Redaktion setzte sich wiederholt mit dieser nationalistischen Argumentation, die einer biblischen Legende folgt, auseinander und sagte am 8. Juni 1978:

*„Wie Begin argumentierte vor einigen Tagen der israelische Kriegsminister Mosche Dayan. Er erklärte: Israel wird nicht auf die Grenzen vom 5. Juni 1967 zurückgehen. Israel erkennt die PLO nicht an und lehnt auch weiterhin die Bildung eines palästinensischen Staates ab. Dayan will wie Begin keinen Frieden und keine Gerechtigkeit. Die Auffassung, nach 3.000 Jahren ein Land zu besetzen und seine Bewohner zu unterwerfen und zu vertreiben, hat keinen Rechtscharakter. Welche Grenzen müsste der militärisch Stärkere heute überall in der Welt verändern?"*

RBI legte beide Erklärungen Yassir Arafat vor, der zu dieser Zeit in Berlin weilte, und bat um eine Stellungsnahme für das Arabische Programm von Radio Berlin International. Der PLO-Vorsitzende äußerte:

*Palästinensisches und jüdisches Kind im Spiel*

„Dayan erinnert mich an eine Kundgebung in New York, als ich 1974 vor der UNO sprach. Dayan war damals in der Nähe des UNO-Gebäudes an der Spitze einiger Demonstranten. Sie riefen ‚Arafat, geh nach Hause!' Meine Antwort war ‚Ja'! Ich bin zur UNO gekommen, weil ich nach Hause zurückkehren möchte."

Die Programmpläne wurden offen diskutiert und im Kreis deutscher und ausländischer Kolleginnen und Kollegen die Frage gestellt, ob ein deutsches Auslandsradio nach Auschwitz israelische Regierungspolitik kritisieren sollte und dürfe. Der Kern der RBI-Argumentation nicht erst nach dem Juni-Krieg 1967 war eindeutig: Kritik an der israelischen Regierung ist rechtmäßige Kritik wie die Kritik an jeder beliebigen Regierung. Die Kritik am nationalistischen Zionismus ist rechtmäßige Kritik wie die Kritik an jeder anderen Ideologie.

In den Sendungen von RBI äußerten sich keine grundsätzlichen Vorbehalte gegenüber einen Staat Israel. Der Sender und die Arabische Redaktion in ihrer Gesamtheit sahen in ihm die Möglichkeit eines historischen Kompromisses zwischen dem arabischen und dem jüdischen Volk in Palästina. Unter dem Eindruck des Verbrechens, das mit dem Namen Auschwitz verbunden ist, war sich auch die Redaktion grundsätzlich darüber bewusst, dass die Juden einen eigenen Staat brauchten, um in der Zukunft von antijüdischen Exzessen, wie sie im Abendland seit Jahrhunderten vorkamen, weitgehend befreit zu werden. Der Staat Israel in den Grenzen vor dem 5. Juni 1967 könnte für alle Israels den Frieden bringen und für alle Juden in der Welt wäre dieser Staat ein Wächter ihrer Lebensinteressen, so wie die Anerkennung des Selbstbestimmungsrechts für das arabische Volk von Palästina in einem lebensfähigen Staat die Grundvoraussetzung des Friedens und der Gerechtigkeit ist. In einem der letzten Kommentare des Arabischen Programms heißt es:

*„Die großen Namen der arabischen Literatur standen in den Sendungen als Zeichen der engen Verbindung des Senders zu seinen Hörerinnen und Hörer. Die arabischen Mathematiker, die arabischen Mediziner, die arabischen Dichter sind die Zeugen einer bedeutenden arabischen Geschichte, die Einfluss auf die gesamte Welt gefunden hat, und aus der Kraft und Zuversicht für das palästinensische Volk erwächst, auf eigener Erde zu leben."*

# Weihnachtsbäume über Hanoi

## Die Signallichter der Pfadfinder

Als die New Yorker Familien am Weihnachtsabend des Jahres 1972 die Kerzen an ihren Weihnachtsbäumen anzündeten, standen über Hanoi, der Hauptstadt der Demokratischen Republik Vietnam, die Signallichter der Pfadfinder, die sogenannten Weihnachtsbäume, die den nachfolgenden Bomberverbänden der amerikanischen Luftwaffe die Ziele für den Abwurf ihrer mörderischen Last markieren. Das dichtbesiedelte Hanoier Wohngebiet Kham Thien brannte völlig nieder. In den Flammen starben Tausende von Menschen, Frauen mit ihren Kindern und unbewaffnete Männer, die in der Familie zum Weihnachtsfest vereint zusammen gesessen hatten, sofern sie Christen wie die Mörderpiloten am Himmel waren. Zuvor hatten die Terrorflieger die Hafenstadt Haiphong und die drittgrößte Stadt des Landes, Vinh, in die Steinzeit zurückgebombt. Die Amerikaner führten seit sieben Jahren einen schmutzigen Krieg für ihre strategischen Interessen in Südostasien. Wer kann Ohnmacht stärker empfinden, als ein Vietnamese, der dem Terror aus der Luft Tag und Nacht ausgesetzt ist? fragte RBI in einem Kommentar vom 28. Dezember 1972 und stellte eine Frage zur Diskussion, die bisher kein Völkerrechtler beantwortet hat:

> *„Warum werden Angehörige der Luftwaffe, die sich als Mörderpiloten von Zivilpersonen erwiesen haben, nicht mit dem gleichen Maß gemessen, wie Angehörige des Heeres und der Marine des besiegten Landes? Wenn ein Heeresangehöriger willkürlich Zivilisten aufgreift und sie erschießt, wird er im Fall seiner späteren Gefangennahme vor ein Kriegsgericht gestellt, zum Tode verurteilt und erschossen. Das gleiche Schicksal erfährt ein Angehöriger der Marine, der hilflos im Wasser treibende Seeleute eines gerade versenkten Schiffes tötet. Wenn ein Angehöriger der Luftwaffe seine Bomben über dichtbesiedelte Wohnstätten ausklinkt, und Hunderte, Tausende von Zivilpersonen tötet, wenn er im Tiefflug mit seinem Maschinengewehr Frauen und Kinder und waffenlose Männer erschießt, kommt er bei einer Gefangennahme in ein Lager für Kriegsgefangene und seine mörderische Tat bleibt ungesühnt. Wie*

*erklärt sich das unterschiedliche Maß der Rechtsprechung? Es gibt keine moralische und völkerrechtliche Begründung für die Tötung unschuldiger Zivilisten, nur die Feststellung aus der Erfahrung mit den kriegführenden Mächten, die sich gegenseitig terroristische Angriffe gegen die Zivilbevölkerung offen halten wollen, um einen Sieg an der Front durch Zermürbung und Dezimierung des Volkes im Hinterland zu erreichen. Es gilt dieser menschenfeindlichen Praxis von Politikern und Militärs energisch entgegen zu treten und den Bombenkrieg gegen die Zivilbevölkerung als vorsätzlichen Mord an Unschuldigen und Wehrlosen im Sinne des Kriegsvölkerrechts zu ächten."*

Von Bedeutung und interessant wäre ein Rundtischgespräch mit Völkerrechtlern gewesen, aber Radiosendungen dieser Art auf Kurzwelle verlieren einen Teil ihrer denkbaren Wirkung, wenn auch nur wenige Sätze durch atmosphärische Störungen verloren gingen. Auch bei guter technischer Hörbarkeit haben sich Rundtischgespräche im Kurzwellenrundfunk nach der Erfahrung von RBI nicht bewährt. Die Betrachtung von Professor Joachim Streisand in der Sendereihe „Lebendige Geschichte" war an der Grenze dessen, was sich ein Kurzwellensender leisten kann, und zwar vom inhaltlichen Anspruch und von der formalen Länge des Beitrages. Außerdem sprach noch ein anderer Grund gegen die Form des Rundtischgespräches – eine Debatte unter Fachleuten entfernt sich zu oft vom Verständnisniveau der Hörerinnen und Hörer und der Moderator der Sendung kann nicht ständig theoretische Gedanken seiner Partner vor dem Mikrofon für den Hörerkreis verstehbar übersetzen; außerdem braucht man drei Experten eines Fachgebietes, die auch die Sprache des Empfangsgebietes perfekt beherrschen.

## Der tägliche Vietnambericht

Fast zehn Jahre hindurch, seit dem Überfall der USA Mitte der sechziger Jahre gehörte der „Vietnam-Report", später erweitert auf einen Bericht über Vietnam, Laos und Kampuchea (Kambodscha) zum täglichen Programm der Südostasien-Redaktion, deren Kommentare und Berichte auch von anderen Redaktionen übernommen wurden. Kommentare zur Situation im Norden und Süden Vietnams, zu Laos und Kampuchea, Interviews mit den Botschaftern der Demokratischen Republik Vietnams und der Befreiungsfront Südvietnams, Dokumentationen und Porträts waren Bestandteile dieser Tagesberichte von 10 bis 15 Minuten in einem Gesamtprogramm für Südostasien von 45 Minuten.[31] Der „Indochina-Report" strahlte Augenzeugenberichte aus dem berüchtigten so genannten Tigerkäfigen der KZ-Insel Con Son aus. Reporter von RBI sprachen mit Überlebenden der Bombenangriffe und mit Opfern der chemischen Kriegführung in Südvietnam, der Pflanzengiftaktion aus der Luft, mit der die vietnamesischen Wälder durch die US-Luftwaffe vernichtet wurden. RBI erinnerte an den Abwurf der Atombomben auf Hiroshima und Nagasaki und die amerikanisch-englischen Serienangriffe auf Hamburg vom 24. bis 30. Juli 1943, an den Abwurf von Phosphor-Luftminen und -Kanistern, die Straßen und Brücken schmelzen ließen. Während der Angriffe entstand ein Feuersturm, der mit seiner Sogkraft flüchtende Menschen zurückriss. In dem Hamburger Flammenmeer verbrannten rund 30.000 Menschen, darunter etwa 5.500 Kinder. Die Angriffe aus der Luft töteten Menschen, die am Krieg und der Politik nicht beteiligt waren, sie mordeten unterschiedslos Feinde und Freunde der USA. In einem Beitrag vom 16. November 1971 wird gesagt:

> *„Die Luftwaffe wirft Bomben auf das neutrale Laos und tötet Menschen, die mit dem Krieg der Vietnamesen und der Amerikaner nichts zu tun haben. Die Truppen der USA und Südvietnams fallen in Kampuchea ein und setzen auch dieses Land in Flammen. Sie schaffen in Südvietnam eine Todeszone, von ihnen „Feuer frei Zone" genannt, in denen alles, was sich bewegt, niedergemacht wird. Sie wenden in Massen Gift an, um die Wälder zu entlauben, die der vietnamesischen Armee Schutz böten, wie sie sagen, und zerstören die Umwelt und die Dörfer und lassen Menschen einen qualvollen Tod sterben. Das sind die Botschaften jener, die nicht müde werden zu erklären, sie schützten die Rechte der Menschen und ihre Würde ... Wir dürfen uns mit diesem Krieg nicht abfinden, weil er sich irgendwo in der Ferne abspielt."*

RBI half in Sendungen weit über Südostasien hinaus, Verbrechen der amerikanischen Wehrmacht bekannt zu machen. Eines der erschütternsten, über das RBI im einzelnen wiederholt berichtete, war das Massaker von Son My (auch unter dem Namen My Lai bekannt). Im März 1968 drang eine Einsatzgruppe der US-Marine-Infanterie in das Dorf Son My ein und erschoss die 587 Einwohner; alle wurden getötet, Kinder und Greise, Frauen und Männer. RBI verglich dieses Kriegsverbrechen mit einem deutschen in Oradour in Frankreich im Juni 1944. Hier wurden 642 Einwohner, Männer, Frauen und Kinder getötet. In diesem Ort war am 10. Juni eine deutsche Aufklärungsgruppe auf die Überreste einer deutschen unbewaffneten Sanitätsstaffel gestoßen. Französische Partisanen hatten die Sanitätsfahrzeuge mit allen Verwundeten, Fahrer und Beifahrer an den Lenkrädern gefesselt, mit Benzin übergossen und lebendig verbrannt. Das ergaben eine deutsche kriegsgerichtliche Untersuchung und Aussagen von Franzosen und Deutschen vor den französischen Ständigen Höheren Militärgericht in Bordeaux im Oradour-Prozess vom 13. Januar bis 12. März 1953. Die volle Wahrheit über den Tod der Einwohner von Oradour und die Zerstörung der Ortschaft wird lange geheim bleiben. Die Akten des Prozesses sind für 100 Jahre, bis zum Jahr 2053, gesperrt. Der Massenmord war ein Kriegsverbrechen. Es ist immer ein Verbrechen, unbewaffnete Zivilpersonen im Krieg und Sanitätswagen, die unter dem Schutz des Internationalen Roten Kreuzes stehen, zu überfallen und

Verwundete zu töten, unabhängig von der Nation, der die militärische Formation angehört.

Wer Oradour mit Son My vergleicht, heißt es in einer Sendung, muss sich fragen, welches Motiv und welchen Sinn das Verbrechen von Son My erkennen lässt. Ein amerikanischer Offizier, von Journalisten später gefragt, wie es zu dem Verbrechen von Son My kam, antwortete, die Marine-Infanterie hätte den Verdacht gehabt, dass in der Ortschaft vietnamesische Partisanen gewesen seien. „Ein Verdacht genügte hier," so wird in der Sendung gesagt, „587 Menschen zu töten. Der Offizier, die der Befehl zum Massenmord gab, blieb straffrei."

Der Krieg zeigt uns weitere Bilder von dem Leid des vietnamesischen Volkes, sagt RBI und berichtet:

> *„In Dong Hoi wurde ein Krankenhaus von amerikanischen Raketen zerstört. 50 blindlings abgeworfene Bomben machten ein Viertel der Stadt dem Erdboden gleich und töteten Frauen, Männer und Kinder. Wir sehen das Bild der zerstörten katholischen Kirche von Quynh Tam, zerstört durch die Luftwelle von Bomben, die auf dieses ärmliche, weitab von irgendeinem militärischen Objekt gelegenen Dörfchen abgeworfen wurden. Amerikanische Terrorflieger vernichten auf den Straßen nach Nam Dan zwei Pagoden; bei der einen stürzten die Mauern ein, doch die vergoldeten Statuen des buddhistischen Altars blieben an ihrem Platz, gleichsam als Zeugen gegen dieses Kriegsverbrechen. Uns eingeprägt hat sich das Bild der Straße von Vinh Linh bis Tanh Hoa zusammen mit der Vision vom Schreck entstellter Gesichter der Frauen und Männer, der Überlebenden eines Tieffliegerangriffes amerikanischer Piloten, die mit Feuerstößen aus ihren Maschinengewehren einen Flüchtlingstreck überfielen und Hunderte von Menschen ermordeten. Jeder Tag bringt ähnliche Bilder von blinder Zerstörungswut, brutaler Gewalttätigkeit und gezieltem Terrorismus. Die Bilder vom Krieg in Vietnam mahnen, dass dieser Krieg uns alle angeht."*

Auch in den Sendungen für Westeuropa und den USA und Kanada, für Afrika, die arabischen Länder und Lateinamerika nahm RBI Stellung zu den Ereignissen und Verbrechen des amerikanischen Krieges in Vietnam, Laos und Kampuchea. In einem zentralen Beitrag des Korrespondenten vom 14. März 1966 wird berichtet:

> *„Die amerikanische Nachrichtenagentur United Press International veröffentlichte in diesen Tagen ein Bild über Vietnam. Es zeigt drei Söldner, die einen verwundeten südvietnamesischen Freiheitskämpfer umringen. Während zwei von ihnen ihre Maschinenpistolen auf den Kopf des Wehrlosen richten, tritt der andere mit seinen Stiefeln in die blutenden Wunden des gefesselt am Boden liegenden Gefangenen. Die Agentur versah dieses Bild mit den Worten: ‚Ein Vietcong wird verhört.'"*

Der Sender zitierte einen Satz von Albert Einstein, der in das Goldene Friedensbuch der Welt-Friedensliga in Genf eingetragen ist:

> *„Kein Mensch hat das Recht, sich Christ oder Jude zu nennen, wenn er bereit ist, auf Befehl der Obrigkeit planmäßig zu morden."*

Verbrechen gegen die Menschlichkeit müssen bestraft werden, unabhängig von der Nationalität der Täter. Das war eines der Leitworte in den Sendungen von Radio Berlin International. Wenn die amerikanische Kriegführung an dem Richterspruch des Internationalen Militärtribunals in Nürnberg gemessen würde, erklärte der Sender, käme kein US-Präsident und kein Befehlshaber, kein General und kein Kompanieführer, der an Kriegsverbrechen beteiligt war, an einer Verurteilung vorbei.

Großen Raum widmete Radio Berlin International der Antikriegsbewegung in den USA. Die berühmteste Wortführerin für den Frieden der Völker Vietnams, Laos und Kampucheas war in den Sendungen von RBI die amerikanische Schauspielerin Jane Fonda. Jedes Interview, das sie gab, jede ihrer Erklärungen und Reden fanden ihren Widerhall rund um den Erdball auf den Wellen von Radio Berlin International.

Mit dem Pariser Abkommen vom 27. Januar 1973 beendete die Regierung der USA für sich das Kriegsabenteuer. Der Krieg indes ging weiter, noch zwei Jahre und drei Monate. RBI machte es sich zur Aufgabe, auf die immensen amerikanischen Waffenlieferungen an das südvietnamesische Regime hinzuweisen.

## Solidarisch mit den Opfern

In der Deutschen Demokratischen Republik und in anderen Ländern der Erde begannen Wochen der Solidarität mit dem vietnamesischen Volk. In der DDR wurden innerhalb von zwei Tagen eine Million Mark durch Spenden aufgebracht, davon 600.000 Mark von dem medizinischen Personal der Krankenhäuser und Gesundheitseinrichtungen, Spenden von Ärzten und Krankenschwestern des demokratischen Deutschlands für die Opfer der Aggression. Der Aktion gingen Blutspenden, Medikamente und Sachwertspenden größeren Umfangs voraus. In der DDR hatten 60.000 Jugendliche freiwillig Blut gespendet; in einem Monat des Jahres 1968 sind 30 Millionen Mark gesammelt worden, davon 20 Millionen für den Wideraufbau der Schulen. Die Reporter von RBI waren dabei, als eine Sendung per Bahn mit 15.000 Fahrrädern nach Vietnam rollte. Die Mitarbeiter und Mitarbeiterinnen, die Redakteure, die Technikerinnen und Sekretärinnen des Senders spendeten mehr als 40.000 Mark.

Viele verwundete Vietnamesen fanden in der Deutschen Demokratischen Republik Heilung, viele Arbeiter und Studenten Ausbildung und Studium. RBI berichtet darüber. Als humanitäre und moralische Hilfe war auch diese Solidaritätsaktion ein Beitrag, den Mut und die Siegeszuversicht des vietnamesischen Volkes mit den Sendungen zu stärken, das einen ungleichen Kampf gegen einen materiell überlegenen Feind zu bestehen hat, der einen Krieg führt, in dem sich der Feldzug gegen die nationale Freiheitsbewegung mit dem Terror gegen den Einzelnen zu einer rücksichtslosen Kriegsführung verbindet, von denen uns die dokumentarischen Bilder Zeugnis geben. Zwei Länder, die DDR und Vietnam, 10.000 Kilometer voneinander entfernt, waren vereint im Gefühl dieser Solidarität, die in tausend Klängen den weltumspannenden Gedanken der Freundschaft mit einem um seine Existenz kämpfenden Volk in Südostasien bezeugten.

Als die Stunde des Sieges endlich kam, ging RBI auf das Jahr 1945 zurück, auf den Sieg über den japanischen Eroberer. Damals hatte eine große Chance zum Frieden bestanden, Frankreich jedoch griff auf seine frühere Kolonie zurück und ging mit brutaler Härte gegen die im Freiheitskampf gegen Japan gewachsene vietnamesische Befreiungsbewegung vor. Neun Jahre dauerte dieser Krieg noch einmal, bis die Franzosen am 7. Mai 1954 nach der Entscheidungsschlacht in Dien Bien Phu ihre bedingungslose Kapitulation erklären mussten. Den Sieg von 1975 über die USA und ihre Satelliten bewertete RBI mit dieser Aussage am 30. April 1975:

> *„Nach einem dreißigjährigen Krieg für das nationale Selbstbestimmungsrecht hat das Volk von Vietnam endlich den entscheidenden Sieg errungen: Heute Mittag 12.00 Uhr Ortszeit tritt die bedingungslose Kapitulation der Feinde des vietnamesischen Volkes in Kraft. Das Volk erkämpfte den größten und ruhmreichsten Sieg in seinem langen Kampf für die Rettung der Heimat … – zuerst im Kampf gegen Japan, dann gegen Frankreichs Kolonialtruppen, schließlich gegen die übermächtigen Vereinigten Staaten. Aus Dien Bien Phu hatten weder die Marionetten in Saigon noch die USA ihre Lehren gezogen. Länger als 10 Jahre führten sie einen Vernichtungskrieg gegen das vietnamesische Volk. Mit der heutigen Kapitulation der Angreifer erfochten die Befreiungskräfte einen Sieg gegen einen erbarmungslosen Feind, der eine große Blutschuld auf sich geladen hat, der bis zuletzt mit Vernichtungswaffen ungeheuerlicher Art den Freiheitswillen des Volkes zu ersticken trachtete. Zwei Millionen Vietnamesen wurden Opfer der Aggression, jede Familie beklagt Angehörige, dazu eine zerstörte Industrie und Landwirtschaft, entlaubte Wälder, vergiftete Seen und Flüsse – das lässt der Imperialismus zurück, mit den Gräbern der Vietnamesen auch mehr als 58.000 gefallene US-Soldaten. Mehr als hundert Milliarden Dollar kostete dieser schmutzige Krieg den USA, der nun heute mit einer totalen Niederlage endete …"*

In weiteren Programmen ehrte RBI den Präsidenten der Demokratischen Republik Vietnam Ho Chi Minh, der 1969 gestorben war, als Wegbereiter der Freiheit des vereinten vietnamesischen Volkes. RBI würdigte seinen Lebensweg vom Studenten in Paris bis an die Spitze der vietnamesischen Befreiungsbewegung. Ausführlich befassten sich alle Redaktionen mit dem Friedensvertrag, der u. a. die Verpflichtung der amerikanischen Regierung vorsieht, Reparationen für die enormen Zerstörungen in Vietnam zu leisten. RBI meinte, für den Wiederaufbau Vietnams habe die DDR mehr geleistet als die um ein Vielfaches wirtschaftlich stärkeren Vereinigten Staaten, die auch Jahre nach dem Friedensschluss keinen Cent bezahlt hatten.

# Die deutsche Stimme in Chile

## Die Gefangenen von Coronel – Radiohören am Heizungsrohr

Er war Gefangener der Strafanstalt „Coronel" in der Bergbauregion Chiles. Nach seiner Freilassung Ende der siebziger Jahre berichtete er RBI, es sei ihm gelungen, ein Radio in die Anstalt einzuschmuggeln; er versah das Gerät mit einigen Drähten, die er als Antenne an den Rauchabzug der Heizung anschloss. So empfing er und seine Kameraden „Valdiviana", das war in der verschlüsselten Sprache der Gefangenen Radio Berlin International. Er sagte: „Der Empfang war so klar, als würde von der anderen Seite des Rohres gesendet." Unter der Pinochet-Diktatur war es ein großes Wagnis, Kurzwellenprogramme des Auslandes zu hören. Dennoch fanden viele Chilenen Mittel und Wege, sich Nachrichten zum aktuellen Geschehen in ihrem Land aus den Radiosendungen des Auslandes zu verschaffen.

Eine Gruppe von Offizieren, die sich dem Putsch gegen die rechtmäßige Regierung widersetzt hatte, hörte in ihrer Zelle heimlich Radio Berlin International mit einem Horchposten an der Zellentür. Sie berichtete, wie sie sich Batterien besorgte und eine Verbindung zur Antenne herstellte, die zum Offizierskasino der Kaserne im selben Gebäude führte. Sie dankte für die Solidarität, die ihr Mut gegeben hätte, sich selbst treu zu bleiben. Einer der Gruppe sagte zu RBI später nach der geglückten Flucht in Brüssel:

> „Sie waren für uns die deutsche Stimme, die in dunkler Nacht zu uns in die Zelle drang."

Ein anderer Tarn-Name von RBI war „La Osorviana", bezeichnet nach Osorno, einer mittleren Stadt in Chile mit einem deutschstämmigen Bevölkerungsanteil. Gesendet wurde, nach einigen Prüfungen der günstigsten Sendezeit, täglich sechsmal eine halbe Stunde zu versetzten Zeiten: Früh zwischen 06.00 und 07.00 Uhr Ortszeit Chile, nachmittags zwischen 15.00 und 16.00 Uhr, abends zwischen 22.00 und 23.00 Uhr; im Laufe der Zeit und nach Analyse von Hörerauskünften wurden die Sendezeiten teilweise variabel gestaltet. RBI erreichte die

Information vom Terroranschlag auf die Moneda, dem Amtssitz des Präsidenten, am 11. September 1973 mittags. Sofort waren sich alle Mitarbeiterinnen und Mitarbeiter in jeder Reaktion einig, dass der Sender in der Verantwortung steht, ein Programm der Solidarität mit den Verfolgten zu senden. Albert Norden, Sekretär des Zentralkomitees, schuf umgehend die notwendigen zentralen Voraussetzungen für das Chile-Programm. Die Vorbereitungen im Sender und mit der Technik für die Ausrichtung der Antennen waren schnell getroffen. Schon in der Nacht vom 11. zum 12. September meldete sich das Chile-Programm mit der Ansage der Lateinamerika-Redaktion: Aqui Radio Berlin Internacional, la voz de la Republica Democratica Alemana. – Hier ist Radio Berlin International, die Stimme der Deutschen Demokratischen Republik.

Es waren in diesen Tagen und noch 10 Wochen danach lateinamerikanische Journalisten, die bereits in der Redaktion arbeiteten, und deutsche Mitarbeiterinnen und Mitarbeiter mit exzellentem Spanisch, die Programme schrieben und vor das Mikrofon traten. Die ersten Sendungen waren zu lang, viel zu lang für Hörerinnen und Hörer, die sich unter den Verhältnissen einer Militärdiktatur Sendungen des Auslandsrundfunks zuwenden. Es wurde einfach alles gesendet, was die internationalen Nachrichtenagenturen meldeten, vor allem das Echo in der Welt auf den Staatsstreich gegen ein frei gewählte Regierung. Anfangs existierte keine der Illegalität angepasste Sendelänge und keine angemessene Struktur des Programms. Das konnte nicht anders sein, weil für RBI der Sturm auf die Moneda, der Anschlag reaktionärer Militärs, völlig überraschend kam. Der Sender nutzte die Erfahrungen des Algerien-Programms von 1961/62 und nach einigen Tagen hatte das Chile-Programm ein Profil: Nachrichten, Tageskommentar, Berichte, Kurzkommentare, Interviews, eine deutsche und eine internationale Presseschau sowie kurze Dokumentationen. Aus verständlichen Gründen erhielt RBI anfangs kein bemerkenswertes Echo aus Chile auf seine Sendungen. Eine erste Reaktion, die über eine längere Zeit die einzige blieb, traf in Berlin Ende November 1973 aus Punta Arenas von der Südspitze Chiles ein. Das war ein Zeichen, dass die Sendungen in Chile zu empfangen waren. Von jetzt an wussten die Mitarbeiterinnen und Mitarbeiter, die von einer politischen Welt in eine andere, von einer Weltregion in eine andere sendeten – Wir werden gehört!

Später kamen Programme mit der Hörerpost hinzu – „Briefe aus und über Chile", zweimal in der Woche. Es waren Antworten auf Briefe, ohne Angabe von Namen und Orten, die auf Umwegen nach Berlin gelangten. Als Erkennungsmusik, als Vorspann vor der Stationsansage, erklangen Liederausschnitte von Victor Jara, dem Gott des Liedes Lateinamerikas, der nach dem Staatsstreich im September ermordet worden war. Die Söldner Pinochets zerschlugen erst seine Gitarre, dann erschossen sie ihn.

Der Generalsekretär der Internationalen Kommission zur Untersuchung der Verbrechen der Militärdiktatur, der Schwede Hans Göran Frank, erhielt folgende

Information: Die Sendungen von Radio Berlin International werden in kleinen Räumen, die sich Privatagenturen nennen, mitgeschnitten und dann vervielfältigt. Er habe in einem Gespräch von Eduardo Frei, dem Führer der chilenischen Christdemokraten, erfahren, dass dieser das Bulletin regelmäßig beziehe. Alle diese Nachrichten erhielt die Redaktion erst ab 1974, als die Internationale Kommission zur Untersuchung der Verbrechen in Chile im Februar 1974 ihre erste Anhörung von Flüchtlingen in Helsinki durchführte. Die Nachrichten waren eine großartige Bestätigung, dass RBI eine nützliche Arbeit leistet.

## Chilenen in der Redaktion in Berlin

Im November kamen die ersten Chilenen, denen die Flucht gelungen war, auch mit Hilfe niederländischer und österreichischer Diplomaten. Es waren bewährte Journalisten, in Chile hoch angesehen. Mit den noch frischen Erlebnissen der Gewaltakte wollten einige von ihnen ein Chile-Programm mit einem ständigen Aufruf gegen den Faschismus. Eine nochmalige Debatte war nötig über Sinn und Inhalt eines Radioprogramms von einer Hemisphäre in eine andere in einer besonderen politischen Situation, die in Chile durch die Gewalt der Militärdiktatur, durch Terror und Zwang, durch Ausschaltung jeder Gerichtsbarkeit und jeder freien Meinungsäußerung gekennzeichnet war. Der Schwerpunkt wurde schließlich auf die Information gelegt, auf die authentische Nachricht. Es ging in erster Linie darum, die Chilenen zu informieren, was in ihrem Land geschieht, wie sich die Welt zum Regime der faschistoiden Militärdiktatur verhält, wie stark die Solidarität mit den Verfolgten und den Kämpfenden in der Illegalität ist. Das mussten die Chilenen erfahren, denen im Lande keine objektive Informationsquelle zur Verfügung stand. Information und Anklage mit Tatsachen in einem ausgewogenen Verhältnis – das war die nach langen freundschaftlichen und aufgeschlossenen Diskussionen von allen angenommene Grundrichtung des Programms, das über die gesamte Zeit der Sendejahre das unverwechselbare Gesicht deutsch-chilenischer Verbundenheit zeigte.

Die Sorge um das Schicksal der Verhafteten und Verfolgten sollte RBI nicht zum Schweigen veranlassen, sondern aufrütteln zu einer klaren Sprache gegen die Militärdiktatur. Die Idee des Sozialisten Salvador Allende und seiner Genossen wurde in den Sendungen von RBI wach gehalten, von allen Sozialisten in der Welt, von allen Menschen, die für das Recht und die Freiheit des Volkes einstehen. Chile war niemals freier als mit der Regierung der Unidad Popular, der Regierung der Volkseinheit. Die Lieder von Victor Jara erklangen im Programm mit neuer Kraft. Niemand gab sich geschlagen. Zu kämpfen für Chile hieß zu kämpfen für die Menschenrechte. Ein Teil des Programms kam wiederholt auf die freien Wahlen von 1970 zurück, aus denen die Unidad Popular des Arztes Dr. Salvador Allende mit großer Mehrheit hervorging. Der Weg der Regierung zu grundlegenden Reformen, der Prozess der Reformen im Rahmen der bürgerlichen

Demokratie wurde in Sendungen nachgezeichnet. Hingewiesen wurde auf die Verstaatlichung der Kupferbergwerke, die vorwiegend im Besitz amerikanischer Konzerne waren. Einige Dokumentationen machten deutlich, dass die Unidad Popular (UP) die Macht der Stimmen aus den Parlamentswahlen hatte, aber das war eben nur ein Teil der Macht. Ein großer Teil der Medien war pro-amerikanisch, die Justiz und die Armee lagen fest in der Hand bürgerlicher Kreise, die den Volkswillen, der sich in den freien Wahlen ausdrückte, nicht anerkannten. Die UP hatte sich gegen diese Macht zu behaupten, die in enger Verbindung zu den USA stand, gegen die Macht der Großgrundbesitzer, des Großkapitals und der ausländischen Monopole.

## Ziel der Sendungen

Die Sendungen sollten dazu beitragen, eine breite patriotische Front herauszubilden. Die Informationspolitik nutzte alle Möglichkeiten, die sich aus den Widersprüchen innerhalb der Armee, aus dem Gegensatz zwischen der Militärdiktatur und ihrem Führer, General Augusto Pinochet, und Kräften der Kirche und der Christlich-Demokratischen Partei zeigten. Auch kleinste Ansätze eines Widerspruchs wurden hervorgehoben und in Beziehung gesetzt zu sozialen Veränderungen unter dem Militärregime – Arbeitslosigkeit, Inflation, geistiger Niedergang, Verödung des kulturellen Lebens. Diese Informationspolitik verfolgte das Ziel, bei Regimeanhängern Zweifel und Unsicherheit über den Bestand der eigenen, mit Gewalt eroberten Herrschaft auszulösen; bei jenen Vertretern, die dem Regime distanziert gegenüberstehen, Skepsis und Misstrauen gegenüber den Praktiken des Regimes und seinen offiziellen Informationsquellen zu vertiefen; sowie Vertrauen in die Sendungen von Radio Berlin International zu wecken und zu festigen und bei Regimegegnern die Gewissheit in den Erfolg des Kampfes zu stärken.

RBI berichtete über das Verteidigungskomitee für Chile unter Vorsitz des französischen Philosophen Jean-Paul Sartre; über die Abende mit Lesungen der Gedichte von Pablo Neruda, die der Schauspieler Dustin Hoffmann in New York aus Verbundenheit mit dem chilenischen Volk veranstaltete; von den Solidaritäts-Kundgebungen in Rom, auf der Mastroiani sprach, und in London mit Lawrence Olivier. Der Sender gab einen breiten Raum allen Bekundungen der Solidarität in der DDR und in der Bundesrepublik Deutschland, in Österreich, in Schweden, in der Sowjetunion, in Indien und Japan und anderen Ländern. Die Chilenen erhielten über die Wellen von Radio Berlin International die Gewissheit, dass ein großer politisch wacher Teil der Welt hinter ihnen steht.

In Zusammenarbeit mit Radio Havanna Kuba und Radio Moskau wurden Informationen und besondere Sendungen ausgetauscht. Die sozialistische Selbstdarstellung, die in den Sendungen für ganz Lateinamerika ihren Platz hatte, erfolgte am Beispiel Kubas und der DDR; sie war nicht direkt im Chile-Programm verankert. Eine Alternative wurde umrissen – in der Volksbildung, in der Sicherung des Arbeitsplatzes, in der Selbstverwaltung der Betriebe. Besondere Programme zeichneten ein Bild des antifaschistischen Widerstandskampfes in Deutschland gegen die Hitlerdiktatur – mit Bedacht, denn es konnte nicht darum gehen, das Bild mutiger, opferbereiter Kämpfer darzustellen für Hörer, die unter Bedingungen einer faschistoiden Militärdiktatur leben, und schon gar nicht von einer Radiostation, die 10.000 Kilometer vom Ort des Geschehens entfernt ist. Der antifaschistische Kampf in Chile hatte kein Hinterland, um Chile ist Wasser, und seine Nachbarn waren Unterdrückerstaaten. Es konnte auch nicht der Sinn der Programme sein, nur die Gewalt einer Diktatur zu zeigen und dadurch in Chile die Furcht vor deren Willkür zu erhalten. Wesentlich war, stets die Zuversicht des chilenischen Volkes in eine demokratische Zukunft zu stärken.

Diesem Ziel diente die Einführung einer Presseschau „Die Welt über Chile" mit Nachrichten über die Solidarität in vielen Ländern der Welt. Wichtige Interviews sowie Erklärungen von Regierungen und einzelnen Politikern zu Chile wurden am Wochenende wiederholt. Jeden Sonnabend sprach über Jahre der frühere Finanzminister in der Regierung Allende, Orlando Millas, seinen Kommentar. Der Sonnabend war nach Auskünften chilenischer Besucher der hörintensivste Tag. Auch andere Vertreter des chilenischen Volkes kamen im Programm von RBI regelmäßig zu Wort.

Informationsquellen des Programms waren die spanische Agentur EFE, besonders für Nachrichten aus Chile, chilenische Zeitungen, die internationale Presse, Informationen der Kommunistischen und Sozialistische Partei Chiles und des Exekutivsekretariats der Unidad Popular in der Emigration sowie der Auslandszentrale der CUT (Gewerkschaftsbund), Informationen durch bestimmte Zentren der Emigration, wie zum Beispiel „Chile Democratico" in Rom und die Vereinigung der verfassungstreuen chilenischen Offiziere in Brüssel, weiterhin Informationen aus den Materialien der Vereinten Nationen und der Internationalen Kommission zur Untersuchung der Verbrechen in Chile sowie Auskünfte von der Vereinigung katholischer Anwälte und Vertretern der Sozialistischen Internationale, Besuchern in der Redaktion und Informationen in den Briefen. Mit ersten Verfallserscheinungen der Militärdiktatur in späteren Jahren meldeten sich Kräfte der bürgerlichen Opposition zu Wort, vor allem aus Kreisen der katholischen Kirche. RBI setzte die kritischen Stimmen in sein Programm ein, vorrangig jene Artikel der Zeitschrift des Vikariats der Solidarität „Mensaje", die aus authentischen Quellen die Verbrechen, Folter, Mord und Verschleppung angriff.

## Namen der Verschollenen

Gestützt auf diese Quellen stellte RBI aktuelle politische Forderungen nach Aufklärung des Schicksals von mehr als 2.500 Entführten, nannte dramatische Einzelschicksale, wie das eines 16jährigen Jungen, der entführt und gefoltert wurde, sprach über das Leben der Kinder von Arbeiter- und Bauernfamilien in Chile im

Vergleich zu den sozialpolitischen Maßnahmen der Regierung von Salvador Allende, die unter anderem jedem Kind täglich kostenfrei einen halben Liter Milch gab, um die Kindersterblichkeit zu senken. Die Forderung nach Aufklärung des Schicksals von mehr als 2.500 Verschwundenen wurde auch in den Nachrichten differenziert geführt. Bei Vorlage einer Information wurde ein Name aus dem Kreis jener Patrioten heraus gegriffen und der Information zugefügt, zum Beispiel: Zu ihnen gehört:

- Victor Diaz Lopez, stellvertretender Generalsekretär der KP Chiles, Bergarbeiter, 56 Jahre, verheiratet, drei Kinder, verschleppt am 12. Mai 1976
- Reinalda del Carmen Pereira, Sekretärin der Berufsvereinigung der technischen Angestellten im Gesundheitswesen, med.-techn. Assistentin, 29 Jahre, im fünften Monat schwanger als sie am 15. 12. 1976 verschleppt wurde
- Exequil Ponce Vicencio, Miglied der Politischen Kommission des ZK der Sozialistischen Partei Chiles, Hafenarbeiter, 43 Jahre, verheiratet, eine Tochter, verschleppt am 25. 06. 1975
- Fernando Ortiz Letelier, Mitglied des Obersten Rates der Universität Chiles, Professor für Geschichte, 54 Jahre, verheiratet, drei Kinder, verschleppt am 15. 12. 1975
- David Silbermann, Direktor der Kupfermine Chuquicamata während der UP-Regierung, verheiratet, im September 1973 zu 13 Jahren Haft verurteilt, verschleppt am 9. 10. 1974

Viele Namen von Verschollenen hatte die Redaktion aus den ihr vorliegenden Informationen in einer Liste zusammengefasst und zentral für alle Redaktionen zur Verfügung gestellt. Ende Oktober 1978 hatte Pinochet in einer Woche sieben Generäle und Admiräle entlassen, weil sie sich der Militärdiktatur verweigerten. RBI äußerte ernste Besorgnis über die Gesundheit und das Leben von General Victor Licandro, der nach seiner Entlassung aus dem Militärdienst inhaftiert wurde. Alle Redaktionen des Senders machten aus jedem Fall einen besonderen im Anschluss an jeden täglichen Nachrichtendienst. Diese Methode, die Namen von Verhafteten und Verschleppten bekannt zu geben, diente ihrem Schutz. So war das Programm nicht nur informativ, sondern wurde zum Motor verstärkter Solidarität, die im Besonderen auch dem Vorsitzenden der Kommunistischen Partei Luis Corvalan und anderen inhaftierten Führern der Unitad Popular galt.

RBI gedachte des Generals René Schneider, des Chefs des Generalstabes des Heeres, Opfer der politischen Reaktion und des Generals Carlo Prats sowie des Außenministers Letelier, Opfer des chilenischen und amerikanischen Geheimdienstes. Erschütternd die Worte der Frau des ermordeten Ministers, Isabel Margarita de Letelier, im Interview mit RBI. Furchtbares hatte sie durchgemacht. Vor sich ihren dem Tode nahen Mann wird sie seine letzten Worte niemals vergessen:

„Nun haben sie es endlich getan, Isabel."

Er suchte in den USA Zuflucht und Sicherheit und wurde in Washington auf offener Straße umgebracht. Der Sender widmete dem Dichter Pablo Neruda jedes Jahr ein spezielles Programm, der am 23. September 1973 unter den seelischen Qualen des Staatsstreiches und der Ermordung seines Freundes Salvador Allende und vieler seiner Mitkämpfer starb. Der 30. September war der Tag Victor Jaras, er wurde an diesem Tag im Jahre 1973 ermordet, es war der Tag seiner Lieder im Programm. In einem Tageskommentar am 12. Mai 1974 sagt RBI:

> *„Wir wissen aus eigener Erfahrung mit der Hitlerdiktatur, dass der Friede unteilbar ist. Frieden ist nicht mit einer fehlenden Kriegserklärung gleichzusetzen. Friede bedeutet auch Gerechtigkeit und die Wahrung der Menschenrechte. In Chile hat die Diktatur des Generals Pinochet allen Chilenen, die sich seiner Macht nicht beugen, den Krieg erklärt. In den Konzentrationslagern und Haftanstalten liegen die Führer der Unidad Popular in Fesseln, verfassungstreue Militärs und Minister sind ermordet oder inhaftiert, aufgelöst sind das Parlament und die politischen Parteien sowie die Gewerkschaften, aufgehoben sind Presse-, Rede- und Versammlungsfreiheit, Bücher der politischen Aufklärung und des humanistischen Erbes der Völker sind verbrannt, in den Universitäten wurden unwissende Lakaien des Generals Pinochet zu Rektoren, erkämpfte soziale Rechte sind beseitigt. Dem Volk abgesprochen ist das Recht auf Selbstbestimmung. Die Pflicht zur Solidarität dringt in das Bewusstsein einer täglich wachsenden Zahl von Menschen ein, auch wenn viele Regierungen und Medien schweigen, die gegenüber anderen zu Wortführern freier Wahlen und des Rechts auf Selbstbestimmung werden …"*

Die Deutsche Demokratische Republik hat von der ersten Stunde des Komplotts vom 11. September ihre moralische Verbundenheit bewiesen. Es ist die gleiche aktive Solidarität, mit der die DDR das Programm der gesellschaftlichen Erneuerung Chiles drei Jahre hindurch moralisch und materiell unterstützt hat.

## Wenn Berlin das erklärt …

Ein chilenischer Besucher, der nur einige Stunden in Berlin weilte, ließ es sich nicht nehmen, nach Oberschöneweide in den Sender zu kommen. Er berichtete, dass Radio Berlin International in Chile in guter technischer Güte gehört wird, dass die Programme die Gefühle und Gedanken vieler Menschen ansprechen. Man schätze vor allem die Glaubwürdigkeit und die Leute sagen: „Wenn Berlin das erklärt, dann ist es die Wahrheit." Besonderes Interesse finden die Nachrichten über die Verschollenen und die internationale Solidarität. Die Kommentare werden gut bewertet. Mit dem Vorspann des Ausschnitts eines Liedes von Victor Jara wird „Berlin" – RBI – erkannt.

Die in der Illegalität arbeitende Inlandsleitung der Sozialistischen Partei Chiles berichtet über eine nicht öffentliche Verbindung in die DDR, dass RBI eine große Hörerschaft gewonnen hat. Der Hörerkreis reiche bis in militärische Kreise hinein. In einer Begegnung in Berlin am 11. Juli 1974 sagte die Frau des ermordeten Präsidenten, Hortensia Bussi de Allende:

> „Wir vergessen nicht die Schiffe der DDR, die uns unentbehrliche Hilfsgüter brachten, als wir bereits die Auswirkungen der Wirtschaftsblockade der USA spürten; es waren die Schiffe, die mit Maschinen, Ersatzteilen, Medikamenten und Lehrmaterialien für unsere Schulen beladen waren. Die Karl-Marx-Universität Leipzig hat gestern 50 Chilenen ihre Pforten geöffnet. Wir können nicht vergessen, dass sich nach dem Militärputsch die Tore Ihres Landes großzügig öffneten, um mehr als Tausend Chilenen aufzunehmen, die hier ein neues Zuhause und Arbeit gefunden haben. Und eine schöne Straße in Berlin trägt den Namen Allende. Wir danken Radio Berlin International für seine Sendungen, die von Tausenden Chilenen gehört werden und ihnen Zuversicht in einer schweren Zeit geben."

Die Vorsitzende des kommunistischen Jugendverbandes, Gladys Marin, sagte in einem Grußwort an RBI vom 19. Juli 1974:

> „Während meines Asyls in der niederländischen Botschaft in Santiago hatte ich keine andere Möglichkeit, als mich durch Radio Berlin International über all das informieren zu lassen, was in meinem Land geschah, obwohl ich noch in Chile war. Ich möchte Euch sagen, dass Ihr ein Programm bringt, das abwechslungsreich, sehr informativ und in einer Sprache abgefasst ist, mit der Ihr die Herzen und Hirne meiner Landsleute in Chile erreicht."

Die Regierung der DDR hatte eine Kommission unter Leitung des Ministerpräsidenten Horst Sindermann gebildet, die damit beauftragt war, Solidaritätsleistungen verschiedener Art anzuregen und zu koordinieren. In diesem Rahmen gründeten chilenische Emigranten in Berlin das Büro „Chile Antifascista", das die Chilenen in der DDR vertrat, und mit der Regierung, den Parteien und anderen gesellschaftlichen Organisationen und Radio Berlin International zusammenarbeitete. Leiter des Büros war ein Mann, der die Schrecknisse der Gewaltherrschaft in einem Konzentrationslager erfahren musste und dank der internationalen Solidarität zusammen mit anderen Kameraden befreit werden konnte: Oswaldo Puccio, der langjährige Privatsekretär des chilenischen Präsidenten. Im November 1976 sagte er in einem Gespräch mit RBI:

*„Die Stimme von Radio Berlin International drang in unsere Zellen. ‚Chile, du bist nicht allein!' hörten wir, und das gab uns die Gewissheit, in Berlin und überall in der Welt setzen sich die Menschen für unsere Sache ein."*

Im Gästebuch des Senders ist zu lesen:

„Mit ganzem Herzen für Radio Berlin International, dieses außerordentliche Sprachrohr der Demokratie in der ganzen Welt."
Anselm Sule, Vorsitzender der Radikalen Partei Chiles, Berlin 11. August 1981

„Mit diesen Zeilen möchte ich die solidarische Haltung hervorheben, die Radio Berlin International zur Unterstützung des chilenischen Widerstandes stets eingenommen hat. Ich bin zum wiederholten Male in seine Studios gekommen, um auf diesem Wege die Stimme der Sozialistischen Partei im Exil

A través de estas letras quiero dejar testimonio de la solidaria disposición que en todo momento ha tenido Radio Berlin Internacional para ayudar a la resistencia chilena.– En las ya múltiples ocasiones en que he concurrido a sus estudios para hacer llegar por mi intermedio la voz del Partido Socialista en el exilio a nuestros compañeros y al pueblo, en el interior, he podido constatar a través de los responsables y funcionarios de la emisora, esa fraternal actitud solidaria que compromete la gratitud y el reconocimiento de los chilenos residentes en este país –

Clodomiro Almeyda
Sec. Gral. del P. Socialista de Chile – Berlín. 27 VIII. 82

*Eintrag von Clodomiro Almeyda im Gästebuch*

zu unseren Genossen in Chile und zum chilenischen Volk dringen zu lassen. Im Kontakt mit verantwortlichen Mitarbeitern des Senders habe ich immer diese brüderliche solidarische Haltung gespürt, welche die Chilenen, die in diesem Land leben, zu Dank und Anerkennung verpflichtet."
Clodomiro Almeyda, Generalsekretär der Sozialistischen Partei Chiles, Berlin, 27. VIII. 1982

„In solidarischer Verbundenheit allen Kollegen von Radio Berlin International! Dank für die Unterstützung, die sie dem chilenischen Volk gewähren. Wir werden siegen!"
Hector Hugo Cuevas, Gewerkschaftsführer, 9. August 1984

## Henry Kissinger und das Urteil von Nürnberg

Seit dem Wahlsieg der Volksfront in Chile im September 1970 wurde der Sturz des Präsidenten Allende und die Vernichtung seiner Sammlungsbewegung in Washington geplant. Das Ergebnis der freien Wahlen entsprach nicht dem Willen der USA, die nach Kuba kein weiteres sozialistisch regiertes Land in Lateinamerika zulassen wollten, denn zu nahe erschienen soziale Reaktionen in anderen lateinamerikanischen Ländern. Das Stichwort des Umsturzes gab der damalige Berater der Regierung für Sicherheit und spätere Außenminister Henry Kissinger, als er das Ergebnis der Wahlen mit den Worten kommentierte: „Wir müssen nicht anerkennen, dass ein Land wegen der Unverantwortlichkeit seiner Bevölkerung marxistisch wird."[32]

Kissinger hat die Fäden des Umsturzes von Anfang gezogen. Er spielte in seiner Funktion eine bedeutende Rolle in dem Sonderausschuss der US-Regierung, dem alle führenden Vertreter der Politik, der Streitkräfte, des Geheimdienstes und der Wirtschaft angehörten, der so genannte Vierziger-Ausschuss. Von diesem Ausschuss ging der Sturz Allendes aus, als er die ersten Reformen zugunsten des Volkes einleitete. Der Terror nach dem 11. September 1973 zur Niederhaltung der vereinigten progressiven Kräfte Chiles ging auf Kissingers Weisung zurück, der in General Augusto Pinochet und anderen rechtsextremen Generälen willige Helfer seiner Politik fand. Als Kissinger am 7. Juni 1976 in Bogota Vorschläge unterbreitete, wie die Rechte der Menschen auf beiden amerikanischen Kontinenten durchgesetzt werden könnten, ging RBI auf die Ergebnisse der Untersuchungskommission des Senats der USA von 1975 zurück, und erklärte:

*„Die Kommission hat den Beweis erbringen können, dass die Regierung der USA am Sturz der frei gewählten Regierung in Chile beteiligt war. Damit ist für die Welt selbst aus einer amtlichen amerikanischen Quelle klar: Henry Kissinger ist der Mann, der in Washington den Terror lenkt, ein Mörder am Schreibtisch, der in der Welt über Menschenrechte redet und sie dort im Blut*

*General Pinochet im Gespräch mit Henry Kissinger*

*ertränkt, wo sie den Interessen seiner Regierung entgegenstehen. Dieser Mann ist das Ebenbild eines verkappten Schurken im Diplomatenfrack, für den die albtraumartigen Szenen in Chile weit weg sind, ein zynischer Machtpolitiker, der es nicht wert ist, dass man ihm die Hand gibt, ein politischer Worteschmied, der von freien Wahlen spricht und sie beseitigt, wenn sie nicht der amerikanischen Macht dienen, ein Amerikaner, der die Interessen einer machtbesessenen und habgierigen kapitalistischen Oberschicht vertritt und alle Gesetze zu einem Fetzen Papier zerreißt, wenn sie ihr nicht nutzen ... Wir erinnern an den Geist des anderen Amerikas, der sich in der Erklärung eines hohen Richters ausdrückt: Robert H. Jackson in Nürnberg, das die deutschen Kriegsverbrecher verurteilte. Er traf eine Aussage, die in großen Lettern geschrieben auf den Schreibtisch des Henry Kissinger gehört:*
*‚Wir dürfen niemals vergessen, dass nach dem gleichen Maß, mit dem wir die Angeklagten messen, auch wir morgen vor der Geschichte gemessen werden.'"*

Der polemische Stil ist nicht kennzeichnend für die vorwiegend auf Information gerichteten Programme. Doch der krasse Gegensatz zur amerikanischen idealistischen Verkündung und der tatsächlichen brutalen Machtpolitik, die abgrundtiefe Heuchelei, für Menschenrechte einzustehen und die Wirklichkeit der Lüge, des Betruges und der Morde verlangten nach einer polemischen Sprache des Senders. Die Polemik machte den Gegensatz, wie im Fall Kissinger, an Beispielen, die der Hörerkreis kennt, kontrastreich sichtbar. Mit der Methode der Polemik nutzte RBI die unmittelbare Wirkung der Stimme, die Abstufung des Tons von rational bestimmter Tatsachenmitteilung über die emotionale persönliche Aussage bis zur nüchternen Mahnung, sich der Verbrechen in Chile immer bewusst zu sein. Die Hörer und die Hörerinnen wurden mit der Polemik und der Art des Vortrages, wenn diese Methode nicht überzogen wird, an das Programm des Senders gebunden, angeregt, stärker mit- und nachzudenken.

Das Chile-Programm, 30 Minuten täglich als Erstprogramm mit nachfolgenden Wiederholungen und aktuellen Ergänzungen im Rahmen des Lateinamerika-Programms von 90 Minuten täglich und zusätzlichen Wiederholungen analog den Sendungen nach Chile, wurde vom 11./12. September 1973 bis zum Frühjahr 1990 gesendet. Der Inhalt des Programms änderte sich mit dem Machtverfall der Militärdiktatur und dem politischen Wandel in Chile. Der Analyse der politischen und sozialen Bedingungen im Lande wurde größerer Raum gegeben, der Umfang der Sendungen blieb gleich.

Die chilenischen Freunde, die am Radioprogramm mit großem persönlichen Einsatz mitgearbeitet haben und in der Deutschen Demokratischen Republik eine zweite Heimat gefunden hatten, sind wieder zu Hause. Sie haben das Erlebnis einer großen moralischen Verbundenheit des Staates und seiner Bürger mit ihrem Kampf und die politische Erfahrung mit einem misslungenen sozialistischen System in Ostdeutschland aufgenommen und arbeiten heute an der demokratischen Neugestaltung ihres Landes mit. Einem ihrer deutschen Mitarbeiter schenkten sie zum Abschied das Werk von Miguel de Cervantes Saavedra „Leben und Taten des scharfsinnigen Edlen Don Quixote von la Mancha" und sie alle schrieben die Worte des Abschieds hinein: „Dieser ‚Quixote' – eine Schlüsselfigur der spanischen Literatur – möge Dich an Deine chilenischen und uruguayischen Freunde bei RBI erinnern. Mit „eingelegter Lanze" hast Du Deine ganze revolutionäre Leidenschaft eingesetzt, um unsere gemeinsamen Sendungen zum Erfolg zu führen."

Zu einer Zeit, da die demokratischen und antifaschistischen Kräfte in vielen Ländern Lateinamerikas politische Breite und gemeinsames Handeln im Ringen gegen die politische Reaktion und die faschistoiden Regime anstrebten, musste RBI die allen gemeinsamen Aufgaben des demokratischen und antifaschistischen Kampfes hervorheben. Als notwendig geboten erschien, die Solidarität mit allen unterdrückten Völkern Lateinamerikas zu verstärken und die Rettung und Befreiung aller politischen Häftlinge in Chile, Uruguay, Paraguay, Argentinien und anderen Ländern als einen Bestandteil des allgemeinen Kampfes für den Frieden anzusehen.

Am 20. April 1977 begann RBI zunächst 10 Minuten täglich, kurze Zeit später auf Dauer 15 Minuten direkt Hörerkreise in Uruguay anzusprechen mit Nachrichten, Kommentaren und Interviews. In diesem Land, das einst wie Chile eine Perle der Demokratie in Lateinamerika war, hatte sich eine faschistoide Macht mit Gewalt über das Volk gesetzt. Die Gewalt mit ihrem Terror vor allem gegen die Linken durch Aufklärung zu bekämpfen, die Verletzung aller Grundrechte anzuklagen und zu einer noch breiteren Vereinigung aller nichtfaschistischen Kräfte beizutragen, ist der Programmauftrag des Senders. Im Vordergrund steht die Forderung nach Freilassung der politischen Gefangenen in Zusammenarbeit mit der Menschenrechtskommission der Vereinten Nationen in Genf.

## Liste von Verschollenen in Uruguay

Mit authentischem Material werden persönliche Schicksale von Inhaftierten und Verschollenen genannt, ähnlich dem Chile-Programm. Beispiele kurzgefasst sind:

- Liber Seregni, General, Präsident der Frente Amplio, einer demokratischen Bewegung vieler gesellschaftliche Kräfte, die viele Stimmen gewonnen hatte. Um der Bewegung den Kopf zu nehmen, wurde General Seregni im April 1978 zu 14 Jahren Haft verurteilt
- Jaime Perez, Sekretär des ZK der Kommunistischen Partei, Abgeordneter der Frente Amplio,
- Rita Ibarburu, Chefredakteurin der Zeitschrift „Estudios"
- Jorge Mazzarovich, Vorsitzender des Kommunistischen Jugendverbandes
- Jose Luis Massera, Professor für Mathematik an der Universität von Montevideo

In den Vordergrund werden die Schicksale des Präsidenten Liber Seregni und des international bekannten Mathematikers Professor Massera gestellt. Die Inhaftierung des Sekretärs des ZK der KP wird als Beispiel der Verfolgung aller Kommunisten und Sozialisten in nahezu allen Ländern Lateinamerikas hervorgehoben, ohne dass irgendein Vorkämpfer der Menschenrechte in den Regierungen der USA und Europas ein Wort zur Verteidigung dieser Menschen einlegte. Der Terror des Polizei- und Militärapparates richtet sich besonders gegen die Linken. 1978 sind 4.500 Mitglieder der Kommunistischen Partei in Haft. Andere Personen, die sich distanziert zum Regime zeigten, wie Ärzte, Anwälte und Lehrer, werden nach dem Muster der westdeutschen Bundesrepublik mit Berufsverboten sozial isoliert. Jede Autonomie der Gerichtsbarkeit ist beseitigt.

Der besondere Wert eines Auslandssenders in politischen Situationen dieser Art zeigt eine Mitteilung des Präsidenten der Frente Amplio. Über nichtoffizielle Quellen, die mit ihm die Verbindung aufrechterhalten, erfuhr RBI, dass er über das Sonderprogramm des Senders Kenntnis vom Inhalt des Dokuments erhielt, das die Frente Amplio im Ausland als grundsätzliche Orientierung für den Kampf gegen die Diktatur beschlossen hat. Seregni stimmt dem Dokument zu, das RBI im Wortlaut in Spanisch verbreitete, und so erhielt die Organisation Frente Amplio im Ausland über die dieselbe Quelle Kenntnis von der Zustimmung des Präsidenten zu diesem Dokument.

Ein anderes Beispiel, das die Solidaritätsleistung des Senders ebenso wie die wertvolle Rolle des Auslandsrundfunks in besonderen Situationen hervorhebt, geht aus einem Brief eines Hörers hervor, der uruguayischer Staatsbürger ist. Er arbeitet auf einem Schiff, das in der Nähe Surinams, an der Nordküste Südamerikas unterwegs ist. Er schreibt an RBI:

„Liebe Freunde! In der Nähe dieser jungen Republik empfing ich Ihren Sender und zwar genau um 21.25 Ortszeit (01.05 GMT) am 12. August (1977). Dabei fiel mir das Interview mit dem Genossen Reinaldo Gargano (Sozialistische Partei Uruguays) auf, der sich laut RBI in Spanien befindet. Könnten Sie ihm die beiliegende Karte zusenden, um uns miteinander in Verbindung zu bringen? Ich hielt ihn für vermisst! Vielen Dank für das, was sie tun und tun können, damit wir weiterhin in Kontakt bleiben. Ich bewundere und begrüße Ihre Aufgabe. Herzliche Grüße."

Der Text der Karte lautete: An Senior Reinaldo Gargano Spanien

„Lieber Genosse!
Mit großer Freude hörte ich das Interview, das RBI mit Dir machte, und das in der Nacht vom 11. zum 12. August gesendet wurde. Ich hoffe und wünsche den so dringend notwendigen Kontakt aufrecht zu erhalten über die Adresse meiner Familie in Cartagena. Ich bin vor ungefähr fünf Jahren zu meiner Tätigkeit zurückgekehrt und arbeite jetzt als Chefingenieur bei der Handelsflotte. Bei nächster Gelegenheit kann ich alles ausführlicher erzählen. Ich grüße Dich herzlich!"

Radio Berlin International wurde in der zweiten Hälfte der siebziger Jahre überall in seinem Empfangsgebiet klar und stark empfangen. Dafür sorgten die drei Sender mit einer Kapazität von je 500 Kilowatt und guten Richtstrahlantennen, die dem Sender zu einem Faktor des international wirkenden Rundfunks machten. Aus Durazno in Uruguay erhält RBI folgenden Brief:

„Die Gefangenen leben unter unmenschlichen Bedingungen, ohne Heizung, ausreichende Nahrung und Medikamente. Wir bitten euch, da Ihr gut zu hören seid, das Ihr das in alle Welt sendet. Hier ist es ebenso wie in Chile. In der Haft der Marine kommen die Gefangenen schon seit längerer Zeit nicht an die frische Luft, höchstens durch kleine Luken ... Vorgestern Nacht haben wir Eure Sendung gehört. Man hört euch wunderbar. Welch eine Freude. Eure Sendungen bringen uns alle näher ..."

Aus Montevideo kommt diese Nachricht:

„Wir hören Euch um 08.30 Uhr abends. Wenn Ihr Papa sehen könntet, wie er bis um 12.00 Uhr nachts immer wieder Radio Berlin hört. Euer Programm gibt uns Kraft und wir verlieren die Hoffnung nicht ..."

Die Sendungen sind für viele bedrohte und isolierte Menschen in Lateinamerika, speziell in Chile und Uruguay, eine wichtige Verbindung zur Außenwelt. Einschätzungen dieser Art erreichten den Sender aus Argentinien, Bolivien, Paraguay und Brasilien. Aus den Niederlanden erhielt RBI den Brief des namhaften uruguayischen Gewerkschaftsführers Ricardo Villaro:

> „Ich war bis zum 29. Mai 1978 politischer Gefangener in Uruguay und wurde durch die internationale Solidarität aus dem Gefängnis befreit. Ich möchte Ihnen im Namen meiner Familie, meiner Freunde und den noch eingekerkerten Kameraden für alle Sendungen danken, die es mit ermöglichten, dass ich heute frei bin. Die Informationen, die Sie ausstrahlen, waren sehr wesentlich, denn die uruguayische Diktatur fürchtet um ihr Ansehen. Setzen Sie ihre Solidarität fort ..."

## Der Pazifik – ein unerschlossenes Massengrab

Untrennbar verbunden mit diesen Sendungen sind alle Tatsachen und Zusammenhänge der sozialen Prozesse in Lateinamerika; wie zum Beispiel die Bestrebungen der progressiven Regierung der Militärs in Peru zu dieser Zeit, die darauf abzielen, die Vorherrschaft der Großgrundbesitzer und der Großbourgeoisie zu beseitigen und den US-amerikanischen wirtschaftlichen und politischen Einfluss zurückzudrängen; die Beispielwirkung Kubas als des ersten sozialistischen Landes in Amerika und die von Fidel Castro vertretene Politik, die von den USA gesteuerten gegenrevolutionären Operationen in Verbindung mit der Wirtschaftsblockade abzuwehren. Auf der anderen Seite: die reaktionäre Militärdiktatur in Brasilien, die sich besonders in der ersten Hälfte der siebziger Jahre als Modell für Lateinamerika verstand; die relative Festigung der Diktaturen in Bolivien, Guatemala und Paraguay sowie die Versuche der argentinischen politischen Redaktion, jede sozialkritische Bewegung im Lande zu unterdrücken.

Ein hervorgehobener Bestandteil des RBI-Programm war die zentrale Rolle der USA. Überall in Lateinamerika stünden die Vereinigten Staaten im Bunde mit den reaktionären Regimes der Großgrundbesitzer und des Großbürgertums, die sich der ihnen nahe stehenden Militärs bedienen, jede fortschrittliche Regung niederzuwalzen, war ein Leitgedanke in den Sendungen. Dort, wo die USA in dieser Weltregion Macht ausübten, gäbe es nur Rechte für die mit ihnen verbündeten Reichen, aber keine Rechte für die Armen. In der ersten Hälfte des 19. Jahrhunderts befreiten sich die lateinamerikanischen Völker von der spanischen Herrschaft. Formal frei, waren sie nie wirklich unabhängig. Früh nistete sich der wachsende amerikanische Imperialismus mit seinen Interessen ein. Er modellierte die Regierungen, schuf die Polizei und die Armee in den meisten der lateinamerikanischen Länder. Er beherrschte den Außenhandel. Er nannte Lateinamerika seinen Vorhof. US-Präsident James Monroe gab am 2. Dezember

1823 vor dem Senat die einseitige Erklärung ab, dass die USA die Länder des Kontinents vor „der drohenden Intervention der europäischen Heiligen Allianz schützen werden". Tatsächlich war die Monroe-Doktrin zu dieser Zeit gegen den starken britischen Einfluss gerichtet, in der Folgezeit entwickelte sich daraus die uneingeschränkte Hegemonie der Vereinigten Staaten von Nordamerika über beide Kontinente.[33] Radio Berlin International nahm am 2. Dezember 1973 den 150. Jahrestag der Monroe-Doktrin zum Anlass, sich mit der Geschichtslegende auseinander zu setzen, die Vereinigten Staaten seien nie eine Kolonialmacht gewesen. In dem Beitrag heißt es:

> *„Der Weg der USA zur Vorherrschaft in Lateinamerika ist markiert von militärischer Gewalt und politischem Druck. Bereits wenige Monate nach Verkündung der Doktrin landeten Truppen der USA auf der Inselrepublik Puerto Rico in der Karibik. 1898 annektierten die Vereinigten Staaten dieses Land und bildeten ein Protektorat, das von einem US-Gouverneur verwaltet wurde. 1952 legalisierte der Kongress in Washington die Annexion und assoziierte Puerto Rico mit den USA. 1845 löste die Annexion von Texas durch die Vereinigten Staaten den mexikanischen Krieg aus. Der für die USA siegreiche Krieg endete 1848 mit dem erzwungenen Verzicht Mexikos auf Texas. Mit einem Doppelspiel von Gewalt und Kauf verlor Mexiko ein Gebiet, das zusätzlich zu Texas die USA-Bundesstaaten Neu-Mexiko, Arizona und Kalifornien umfasst. Von Kolumbien trennten die USA das Gebiet von Panama ab und legten ihre raffgierigen Hände später auf die Panama-Kanalzone. Nikaragua war im 19. und 20. Jahrhundert militärischen Angriffen sowie der politischen und wirtschaftlichen Unterwerfung durch die USA ausgesetzt. Das gleiche Schicksal teilten Haiti, Honduras, die Dominikanische Republik, Venezuela und andere Staaten. Die Geschichte der amerikanischen Kolonialpolitik seit der ersten Hälfte des 19. Jahrhunderts reicht bis in die heutige Zeit hinein."*

In die politischen Rhetorik der USA kam der religiöse Begriff der „offensichtlichen Bestimmung", der den imperialistischen Charakter der Kolonialpolitik in der südlichen Hemisphäre Amerikas mit dem Schleier einer historischen Mission überziehen sollte. Die Ideologie der „offensichtlichen Bestimmung" hatte schon im Krieg gegen Mexiko dazu gedient, die Eroberung und den Raub fremder Gebiete zu rechtfertigen. Nun hieß es, vom Rio Grande bis zum Arktischen Meer sollte nur eine Flagge wehen – die der Vereinigten Staaten von Amerika. Das fördere die Verbreitung der „Zivilisation und der Rasse". Der Chauvinismus drang tief in die amerikanische Gesellschaft ein. RBI zitierte im Zusammenhang mit der Auseinandersetzung zur Kolonialpolitik mit Vorliebe den Satz des Staatsekretärs für Auswärtige Angelegenheiten, Olny, vom 20. Juli 1895, der wie kein anderer die Idee der herrschenden politischen Klasse ausdrückt:

„Heute sind die Vereinigten Staaten auf diesem Kontinent so gut wie souverän, und ihr Befehl ist für die Völker, auf die es seine Intervention beschränkt, Gesetz."[34]

Besonders aufmerksam verfolgte RBI die Entwicklung der Republik Kuba, mit der die DDR politisch und wirtschaftlich eng verbunden war. Ein Kommentar vom 18. Mai 1961, wenige Wochen nach der Zerschlagung der amerikanischen Invasion gegen Kuba, sagte der Sender:

*„Die Konterrevolutionäre kubanischer Herkunft kamen aus Florida, einem südöstlichen Bundesstatt der USA, Kuba gegenüber gelegen. Die Landungsschiffe der Invasoren, die im April in die für sie tödliche Schweinbucht gelangten, gehörten zur amerikanischen Kriegsmarine. Die Waffen, welche die Angreifer mit sich führten, stammten aus den Beständen der US-Army. Es ist das Spiel, das in Washington mit dem Blut anderer gespielt wird, mit Waffengewalt die soziale und nationale Revolution auf Kuba zwei Jahre nach dem Sieg über eine terroristische Diktatur zu vernichten. Schon immer strebte der große Bruder im Norden danach, Kuba zu unterwerfen. Als 1895 das kubanische Volk sich zum zweitenmal im 19. Jahrhundert gegen die spanische Herrschaft erhob, förderten die USA zeitweise den bewaffneten revolutionären Aufstand unter Führung des Dichters José Martí, der im Mai 1895 in der Schlacht von Dos Rios fiel. Die Hilfe der USA endete, als die spanische Herrschaft so geschwächt war, das sie leicht von einer amerikanischen Übermacht zerschlagen werden konnte. Es kam zum amerikanisch-spanischen Krieg von 1898, zum kurzen Vollzug des spanischen Zusammenbruchs.*
*Ausgelöst wurde der Krieg, als im Hafen von Havanna das US-Schlachtschiff „Maine" explodierte. Das war in der Nacht zum 15. Februar 1898. Am 17. Februar bereits wusste die gesamte US-Presse, zentral vollgestopft mit Nachrichten der system- und regierungstreuen Agentur Associated Press, dass es spanische Terroristen gewesen seien und die Verantwortlichen in Madrid säßen. Eine später eingesetzte Kommission äußerte die Vermutung, eine Mine sei von außen an die Bordwand geheftet worden. Was war das für eine Mine, die eine schwimmende Festung in die Luft jagt? Was waren das für Kampfschwimmer am Ende des 19. Jahrhunderts, die eine schwere, hochexplosive Mine an die Bordwand eines Schlachtschiffes befestigten? Bis heute, meine Hörerinnen und Hörer, hält sich in der seriösen amerikanischen Publizistik der Verdacht, dass ein US-Spezialkommando im Auftrag der Regierung in Washington bereits im nordamerikanischen Heimathafen dieses Schiff betrat, im Munitionsraum eine Sprengladung anbrachte und den Tod von 260 US-Seeleuten in Kauf nahm, um mit der Explosion im spanisch besetzten Havanna einen Kriegsgrund gegen Spanien zu schaffen. US-amerikanische Historiker kommentieren die These von der an der Bordwand angeblich angebrachten Mine mit Zurückhaltung. Der Krieg war kurz und er hat das*

*erstrebte Ziel erreicht: Die USA entrissen den Spaniern Kuba, in weiterer Folge ein Weltreich, vertrieben die Spanier aus dem karibischen Raum und erzwangen ihre Vormacht."*[35]

Drei Jahre später zwangen die USA dem besetzten Inselstaat eine Verfassung auf, die ihnen ein Vetorecht in allen wichtigen außenpolitischen, sicherheitspolitischen und wirtschaftlichen Angelegenheiten sowie exterritoriale Rechte in einem Teil Kubas einräumte. So entstand ihr Stützpunkt Guantanamo. In den Jahren 1906 und 1912 fielen die Marines unter Berufung auf das amerikanische Vetorecht wieder über die Insel her. 1917 errichteten die USA auf Kuba eine Militärverwaltung, die bis 1934 dauerte. Dann hatten sie endlich ihren Mann in Havanna – Fulgencio Batista, eine Gestalt aus dem Milieu der Großgrundbesitzer. Ein Vierteljahrhundert herrschte er mit brutaler Gewalt über das Volk. 1959 wurde er von der kubanischen Freiheitsarmee unter Führung Fidel Castros und Che Guevara gestürzt. Für die USA war der Zusammenbruch ihrer Willkürherrschaft auf Kuba noch immer kein Zeichen, sich den sozialen und politischen Aufgaben einer demokratischen Gesellschaft in Lateinamerika zuzuwenden. kommentierte RBI mit der gleichen Aussage in vielen Programmen. Zusammenfassend heißt es in einem der Kommentare: „Der missglückte Versuch, die revolutionäre demokratische Macht des Volkes auf Kuba zu zerschlagen, zeigt die Kontinuität amerikanischer Kolonialpolitik in Lateinamerika seit anderthalb Jahrhunderten."

In Kuba brach in revolutionärer Ungeduld der argentinische Arzt und Politiker Che Guevara auf. Er wollte in einem anderen lateinamerikanischen Land das Feuer der sozialen Revolution entzünden. Bolivien war sein Ziel. Hier sucht er die Bauern im Kampf für eine gerechte Gesellschaft zu gewinnen. Im Herbst 1967 wurde er nach seiner Gefangennahme und nach einem Verhör durch einen amerikanischen Offizier von einer bolivianischen Regierungstruppe erschossen und unauffindbar im Urwald verscharrt. Sein Schicksal ähnelt dem von Patrice Lumumba. In Kuba hatte Che Guevara seit 1956 gegen die erbarmungslose Diktatur Batistas gekämpft und nach dem Sieg im Jahre 1959 wichtige Staatsämter inne. In dieser Zeit waren für die Sendungen von RBI die Reden von „Che" immer ein Sendebeitrag, die Solidarität, die er stets für die um ihre Unabhängigkeit ringenden Völker forderte, sein Eintreten für eine friedliche und sozial gerechte Welt. Sein Wirken als Industrieminister und Präsident der Zentralbank war kein Sendethema. Oft zitiert in den Sendungen wurde Che Guevara, als er sein planloses, unvorbereitetes, sich auf keine bolivianische Organisation stützendes Spiel im Urwald von Bolivien verlor, als kein Bauer vom Acker ins Feldlager Che Guevaras kam. Als er, der Bürgerliche, zum Idol der Jugend im Kampf gegen eine alte verkrustete bürgerliche Herrschaft wurde, da bezog Radio Berlin International den Mythos Che Guevaras für seine vielen jugendlichen Hörerinnen und Hörer wieder stärker in seine Programme ein.

RBI stellte viele historische Tatsachen in den Mittelpunkt seiner Sendungen und verband sie mit aktuellen Ereignissen und Entwicklungen.

Als nachgewiesen auf Grund ernst zu nehmender amerikanischer Presseberichte konnte die Operation „Condor" betrachtet werden. Hier handelt es sich um eine Abstimmung zwischen der US-Regierung mit südamerikanischen Herrschern, in getrennten oder gemeinsamen Operationen linke Kräfte bis hin zu bürgerlichen Gegnern und Offizieren in den Armeen zu beseitigen.

In Guatemala wurde nach dem Sturz der Regierung Guzmán Arbenz 1954 ein Terrorregime nach dem anderen von den USA und dem United-Fruit-Monopol in den Sattel gehoben. Arbenz, Präsident Guatemalas von 1950 bis 1954, hatte die bürgerlich-demokratische Revolution vollendet und eine umfassende Bodenreform durchgeführt. Guatemala wurde zum ersten Land Lateinamerikas in den fünfziger Jahren mit einer freien Presse und uneingeschränkter Meinungsäußerungsfreiheit. Nach dem gewaltsamen Sturz der Regierung Arbenz war Guatemala über Jahrzehnte der Inbegriff blindwütigen Terrors – Dörfer sind niedergebrannt und Einwohner erschossen worden. In Guatemala, in Argentinien und Brasilien bildete die politische Reaktion Spezialkommandos, so genannte Todesschwadronen, die das Aufbegehren gegen das soziale Elend mit barbarischem Terror unterdrückten – Kinder, die auf den Straßen bettelten, wurden gefangen und getötet, als „Wegwerfmüll", wie es zynisch heißt. Nach Angaben von mehreren Menschenrechts-Organisationen sind bis in die achtziger Jahre allein in Guatemala mehr als zweihunderttausend Menschen umgebracht worden. In Peru bot sich nach dem Sturz der progressiven Militärregierung das gleiche Bild. Menschenrechtsgruppen geben die Zahl der Ermordeten zwischen 40.000 bis 50.000 an. Der Menschenrechtsausschuss in Peru sprach 1985 von 4.000 bis 5.000 Verschwundenen. In vielen Fällen berichteten Zeugen, deren Berichte RBI in allen Sprachen sendete, von Gräueltaten entmenschter Militärs, die ihre Gefangenen über dem Pazifik aus dem Flugzeug warfen. Ein Zeuge sprach von dem Pazifik als ein unerforschtes Massengrab. In Brasilien ist es das schwer zu beschreibende Elend des Landvolkes, das unter dem Druck raffgieriger Großgrundbesitzer vegetiert. Es gibt wohl kaum eine unfähigere herrschende politische Klasse in der Welt als die südamerikanische, die in der Mehrzahl der Länder als Antwort auf soziale Probleme nur die militärische Gewalt und den Terror kennt.

In den Sendungen von RBI drang nicht nur das menschliche Mitgefühl durch, sondern die scharfe Anklage gegen die Regime der Unmenschlichkeit.

## Strategie des Umsturzes

Ein Kommentar im April 1971 befasst sich mit der Strategie der amerikanischen Regierungen, ihre Machtpositionen auszubauen. Es war der 10. Jahrestag der US-amerikanischen Intervention in der Schweinebucht, der gegenrevolutionäre militärische Angriff gegen die sozialistische Regierung in Kuba. Es heißt darin:

*„Im Innern des Landes wird mit geheimdienstlichen Mitteln eine Art Opposition aufgebaut, je nach der gesellschaftlichen Struktur des Landes politisch oder religiös. Diese so genannte Opposition erhält vom amerikanischen Geheimdienst Geld, alle notwendigen Waffen und Ausrüstungsgegenstände; notfalls greift der US-Geheimdienst selbst ein, um standhafte Politiker zu beseitigen.*
*Die vorherrschende Partei wird mit Hilfe höriger Medien national und international diskreditiert, vor allem mit ausgewählten, emotional wirkenden Falschnachrichten, die vom Geheimdienst geliefert werden. Zur gleichen Zeit wird unter Berufung auf hehre Menschheitsideale mit einer militärischen Intervention gedroht und als Vorbereitung zuerst eine Wirtschaftsblockade über das Land verhängt. Das Ziel ist, die Wirtschaft des ungeliebten Landes zu schädigen, materielle Engpässe von außen zu organisieren, die soziale Lebenslage des Volkes zu verschlechtern und der Opposition dadurch Nahrung gegen die Regierung zu geben, die an der Misere schuld sei.*
*In Kuba ist der Aufbau dieser inneren Opposition im Dienste der Amerikaner nicht gelungen, auch zwei Mordanschläge gegen Präsident Fidel Castro schlugen fehl. Deshalb wurden die kubanischen Exilgruppen in Florida konzentriert, um von hier, vom US-amerikanischen Boden aus, mit einem eigenen, von der Regierung bereitgestellten Radiosender eine ungehemmte Anti-Castro-Agitation zu entfalten …"*

Gegenüber Kuba ist die amerikanische Wirtschaftsblockade ziemlich vollständig verwirklicht. Die militärische Intervention brach schmählich zusammen. Die Medien, die den Kriegspropheten in Washington verbunden sind, halten den feindlichen Yankee-Ton gegen das sozialistische Kuba am Leben als geistige Vorbereitung für den Tag, an dem erneut die amerikanisch gesteuerte Gegenrevolution aus Florida zuschlägt.

Die Hauptmethode von Radio Berlin International war auch hier, wie in den vorangegangenen Programmen, die journalistische Arbeit mit Tatsachen in einem umfassenden Informationsprogramm, das sich an breite Zielgruppen in Lateinamerika wandte. Es sind sichere, verbürgte Informationen aus zuverlässigen und überprüften Quellen gesendet worden. Progressive Kreise durften nicht gefährdet werden. Es musste streng darauf geachtet werden, dass in Chile, in Uruguay und in anderen diktatorisch regierten Ländern illegal wirkende Kräfte nicht durch eine sensationelle und darum falsche Informationspolitik identifiziert werden können. Das verlangte täglich äußerste Sorgfalt. Lateinamerikanische Musik war ein fester Bestandteil des Programms, um die Sendungen zusätzlich für lateinamerikanische Hörer attraktiv zu machen. Das politische Lied der DDR und Kampflieder der internationalen Arbeiterbewegung fanden mit textlichen Erläuterungen ebenfalls ihren Platz. Der chilenische Journalist Sergio Villegas, als einer der ersten am 11. September 1973 von der Junta verhaftet und im Fußballstadion von Santiago gefangen, geflüchtet und auf abenteuerlichen Wegen in die Deutsche

Demokratische Republik gelangt, trifft in einer Betrachtung der vielen Jahre seines Wirkens im Chile-Programm eine Aussage, die für das gesamte Lateinamerika-Programm von Radio Berlin International gilt:

> „Die Jahre sind wie eine tiefe Finsternis, in der nach und nach kleine Lichtpunkte wachsen und mehr und mehr werden. Unsere wichtigste Aufgabe bestand vielleicht darin, dieser Lichtspur zu folgen."[36]

# Die letzte Meldung

Bonn. 25. September 1990.

Der Innenminister der Bundesrepublik Deutschland, Dr. Wolfgang Schäuble, erklärte, der Auslandsrundfunk der DDR, Radio Berlin International, wird nicht weitergeführt und mit Ablauf des 2. Oktober 1990 aufgelöst. Er sagte: „Die bisher von Radio Berlin International benutzten Frequenzen werden der Deutschen Welle im Kurzwellenbereich und dem Deutschlandfunk im Mittelwellenbereich zur Verfügung gestellt." Mit dieser Entscheidung fallen dem Auslandssender der Bundesrepublik zusätzlich drei leistungsstarke 500-Kilowatt-Sender mit einem modernen Antennensystem und dem Deutschlandfunk weitere Ausbreitungsräume zu.

# Der letzte Kommentar

Radio Berlin International war ein Mitstreiter in einem nichtmilitärischen Ringen, das von gegensätzlichen Ideologien und unterschiedlich gewerteten geschichtlichen Erfahrungen geprägt war. Der Sender diente einem Staat, der auf seinem Boden die gesellschaftlichen Kräfte überwunden hatte, die zur alles bedrohenden Invasionsmacht geworden waren, den deutschen Humanismus für 12 Jahre auslöschten, Länder überfielen und Völker auszurotten drohten und nach zwei katastrophalen Niederlagen Deutschland immer kleiner machten. Der Auslandsrundfunk der DDR hat 35 Jahre einem neuen deutschen Geist das Wort geredet. Jede Sendung gab ein Argument, das die Freundschaft der Völker und den Frieden begründete. Es waren Jahre erfüllter journalistischer Arbeit, erfüllt von der Überzeugung aus dem deutschen Kreislauf des 20. Jahrhunderts – Krieg-Nachkrieg-Wiederaufbau-Krieg herauszukommen.

In jeder Botschaft über Ätherwellen war der Klang von Stimmen der Solidarität für Menschen, die auf ihrem Weg den Zuspruch für Gerechtigkeit und Freiheit brauchten. Auf Papier gebracht ist das Wort Solidarität mit 11 Buchstaben gesagt. Die Bedeutung des Wortes liegt dem näher, der für den algerischen Befreiungskampf, für die Freiheit Chiles, für die Verteidigung Kubas und Nikaraguas, für das Recht auf Selbstbestimmung des arabischen Volkes von Palästina, für den Sieg des Afrikanischen Nationalkongresses und die Befreiung Nelson Mandelas und Walter Sisulus täglich sein Wort einlegte und das Werden und Wachsen der afrikanischen Nationalstaaten in den sechziger Jahren des 20. Jahrhunderts sowie den Kampf der internationalen Bewegung für den Frieden in dieser Zeit publizistisch begleitet hat.

Die Mitarbeiterinnen und Mitarbeiter stellten die Werte der Gesellschaft vor, in deren Rahmen sie arbeiteten, in gutem Glauben an eine werdende Freiheit, die einen sozialen Inhalt hat und an eine Gesellschaftsidee, deren Prinzip Arbeit auch Frieden nach außen bedeutet. Der Sender bewahrte sich bei aller Gegensätzlichkeit zu widerstrebenden Auffassungen stets die Fähigkeit, mit gesellschaftlichen Kräften einer anderen Überzeugung zusammen zu gehen, die das gemeinsame Anliegen vereint, ein Ende des Wettrüstens, eine Begrenzung der Rüstungen und die allgemeine Abrüstung zu erreichen sowie ein Haus Europa zu schaffen, das keinen Staat ausschließt. RBI warb besonders für die Zusammenarbeit mit den Völkern, deren Boden zweimal im 20. Jahrhundert zum Schlachtfeld wurde – Frankreich und Russland.

Die 35 Jahre des Auslandsrundfunks der DDR waren immer begleitet von der Hinwendung zum progressiven Erbe der deutschen und europäischen Geschichte. In den Sendungen wurde die Tradition der deutschen Arbeiterbewegung und des deutschen bürgerlichen Humanismus des 19. und des 20. Jahrhunderts bewahrt, die Erinnerung an den Holocaust wachgehalten und der deutsche Widerstand gegen die Herrschaft von Gewalt und Krieg gewürdigt.

Es waren gute Gedanken und hinter diesen Gedanken war ein starker Wille mit einem Arbeitselan, der oft über die Pflichterfüllung der Mitarbeiterinnen und Mitarbeiter hinausging. Ihre Informationen und Argumente fanden das Interesse, die Aufmerksamkeit und die Zuwendung von Millionen Hörerinnen und Hörern auf fünf Kontinenten. 35 Jahre Auslandsrundfunk sind mit der Lebensarbeitsleistung von 250 Mitarbeiterinnen und Mitarbeitern verbunden. Es sind 35 Jahre publizistische Arbeit mit guten Erfolgen in anderen Ländern und herben Rückschlägen im eigenen Land, mit Hoffnungen und Enttäuschungen auf eine sozial gerechtere, menschlichere Gesellschaft.

Die Funkstille konnte der Sender mit dem Verfall seines Staates nicht vermeiden. Er hatte keine Stimme nach innen, hätte er sie gehabt, wäre sie bald in den stereotypen Argumentationen und Tabus der allmächtigen staatstragenden Partei verstummt. Dem Gesellschaftsverfall lagen systemtheoretische und deshalb systemimmanente Fehler zu Grunde, die in allen Ländern der sozialistischen Staatengemeinschaft die gleichen Erscheinungsformen hatten. Wenn der Sozialismus sich in seiner bürokratischen Erstarrung, die von den Machthabern geprägt wurde, weder in der DDR noch in der Sowjetunion (und in keinem anderen Land) als lebensfähige und lebensfrohe Gesellschaftsordnung erwiesen hat, so waren die Mühen um seine Gestaltung nicht vergebens. Diese Zeit hat der Theorie des Sozialismus und dem Werk der Philosophen und Ökonomen Karl Marx und Friedrich Engels, der Staatswissenschaft und der Praxis neue geschichtliche Erfahrungen und Kenntnisse gegeben. Diese Zeit ist nicht verloren, weil in diesen Jahrzehnten Werte von großer Dauer für die Zukunft vermittelt wurden. Ein Sozialismus, der von der Mehrheit des Volkes getragen wird, seine unverfälschte Theorie in ihrer Einheit von direkter Demokratie, Freiheit und Gemeinnutz bleibt mit einer der Kritik offenen Politik die Alternative zur heutigen Gesellschaft, die auf Eigennutz und der Allmacht des Kapitals beruht und die in ihrer Geschichte sich nicht als fähig erwiesen hat, Gemeinschaftssinn und soziale Gerechtigkeit als gesellschaftliche Norm zu entwickeln und gewaltfrei einen gesellschaftlichen Systemwandel zu erreichen. Darum sei in abgewandelter Form auf das Wort eines leidenschaftlichen Gegners des Krieges verwiesen, der unmittelbar vor Entfesselung des Ersten Weltkrieges, am 31. Juli 1914, in Paris ermordet wurde, des französischen Sozialisten Jean Jaurés: Es kommt darauf an, die Glut einer großen Idee zu erhalten und nicht die Asche.

Es wuchs ein neues Bewusstsein heran, das zum erstenmal in der deutschen Geschichte zu einer gewaltlosen Umwälzung für die Erneuerung der Gesellschaft fähig war. Der Aufbruch und der Umbruch von Herbst 1989 bis zum Systemwandel im Herbst 1990 bezeichnet auch für Radio Berlin International eine Phase der Kommunikationsfreiheit und basisgerichteter Demokratie mit öffentlichen Debatten um die Probleme der Gesellschaft, die es in Deutschland vielleicht nur einmal zuvor mit dieser Begeisterung, dieser Öffentlichkeit, den Widersprüchen und dem Versagen der Gesellschaft zu einer grundlegenden Erneuerung gegeben hat – 1848/49 in dem Aufbruch der Arbeiter, Bauern und Handwerker, der intellektuellen demokratischen Linken und bürgerlicher Demokraten zu einer vereinten demokratischen Deutschen Republik.

# Quellen und Anmerkungen

1 Radio Berlin International sah in den Radioklubs Hörergemeinschaften, die auf gesellschaftlichem Gebiet zielgerichtet mit dem Sender zusammen arbeiten, die durch ein geregeltes System innerer Beziehungen gekennzeichnet sind, das ihren Zusammenhalt sichert, und auf diese Weise verbürgen, dass sie zu einer bestimmten Wirksamkeit im Interesse beiderseitiger Ziele werden. Drei Minister und fünf Staatssekretäre im Senderaum Indien, arabische Länder und Afrika waren in ihrer Jugend Mitglieder in Hörerklubs von Radio Berlin International, ihnen verdankt der Sender auch später noch wertvolle Programmhinweise.
2 Samuel Finley Breese-Morse, 1791–1872, US-amerikanischer Landschaftsmaler der Romantik und Erfinder.
3 Nach Hertz wurde die Einheit der Frequenz benannt, Kilohertz kHz, das Tausendfache der Einheit Hertz.
4 Kurzwellen sind Raumwellen. Sie breiten sich von der Antenne in einem bestimmten Neigungswinkel geradlinig aus und werden in der Ionosphäre reflektiert und zur Erde zurückgestrahlt und von hier in großen Abständen wiederholt in die Ionosphäre abgegeben. Dieser Vorgang wiederholt sich bis zur Erschöpfung der Energie. Auf diese Weise erfolgt die Kurzwellen-Ausbreitung über sehr große Entfernungen, häufig ist es ein mehrmaliger Umlauf um die Erdkugel. Kurzwellen sind deshalb für internationale Reichweiten geeignet. Die Wellenbereiche der Kurzwelle sind 11 m/13 m/16 m/19 m/25 m/31 m/41 m/49 m.
5 Die E-Schicht (auch Kennelly-Heaviside-Schicht nach ihren amerikanischen und englischen Entdeckern genannt) ist die elektrisch leitende Schicht der Ionosphäre, ihre Höhe beträgt 100 bis 200 km. Höhe und Wirksamkeit der E-Schicht werden von der sich über einen Zeitraum von 11 Jahren erstreckenden Sonnen-Tätigkeitsperiode sowie von den Jahres-, Tages- und Nacht-Zeiten beeinflusst. Das hat Rückwirkungen auf die Empfangsverhältnisse der Kurzwellen. Ein KW-Sender wird deshalb nach Möglichkeit immer mehrere Frequenzbereiche zwischen dem 11-m-Band und dem 49-m-Band wählen, damit seine Sendungen störungsfrei empfangen werden können.
6 Franz Amrehn, Bürgermeister in Berlin/West, in: Rundfunkspiegel des deutschen Industrieinstituts, Nr. 111, 20. Mai 1959, Tag der Gründung von RBI.
7 Mittelwellen sind Bodenwellen. Sie folgen der Krümmung des Erdballes. Sie bleiben am Boden, während die Kurzwellen in den Äther vordringen, bevor sie zur Erde reflektiert werden. Auch die anderen Wellen entsprechen diesem physikalischen Gesetz. Zeitweise kann im Mittelwellenbereich auch Raumwellen-Ausbreitung auftreten. So war

der Mittelwellensender Dresden zu bestimmten Zeiten im Nahen Osten und in Teilen Afrikas zu hören. Der Satellit wurde in den achtziger Jahren zur weltumspannenden Brücke der Information und Kommunikation. Er gibt dem Auslandsrundfunk von heute eine Renaissance und neue globale Wirkungsmöglichkeiten.

8 Hallstein, Walter, 1901–1982, seit 1951 Staatssekretär im Auswärtigen Amt der westdeutschen Republik mit dem Regierungssitz Bonn. 1955 veröffentlichte er den außenpolitischen Grundsatz der Bonner Regierung, nach dem sie den Alleinvertretungsanspruch für das gesamte Deutschland besäße, dementsprechend werde sie die Beziehungen zu anderen Staaten abbrechen, die mit der ostdeutschen Regierung, der DDR, diplomatische Beziehungen aufnehmen. Die Doktrin wurde mehrfach durchbrochen, das erste Mal bereits im Jahr der Verkündung – 1955 mit der Aufnahme der diplomatischen Beziehungen Bonns mit Moskau. 1963 mit Kuba. 1969 wurde die Doktrin fallengelassen, weil sie ein Störfaktor in den internationalen Beziehungen war.

9 Programm- und Frequenzstunden = die Summe aller gesendeten Programme, Erstsendungen und Wiederholungen.

10 Die Angabe beruht auf Mitteilung von Leitern des Auslandsrundfunks der Länder der Warschauer Paktorganisation gegenüber dem Verfasser.

11 Davidson, W.Ph.: International Political Communications, New York-Washington-London 1965, Daugherty, W./Janowitz, M. (ed): A Psychological Warfare Casebook, Baltimore 1958, Delmer, Sefton: Die Deutschen und ich, Hamburg 1961.

12 Ashire, David M.: International Broadcasting. A New Dimension of Western Diplomacy, Washington Papers, Vol. IV., Nr. 35, Beverly-Hills-London 1976, Bredow, Hans: Im Banne der Ätherwellen, Stuttgart 1954, Köhler, Bernd F.: Auslandsrundfunk und Politik, Die politische Dimension eines internationalen Mediums, Berlin 1988, UNESCO-Declaration of Fundamental Principles concerning the contribution of the Mass Media to Strengthening Peace and International Understanding, countering Racialism, Apartheid and Incitement To War, Paris (UNESCO) 1979.

13 Arbatow, G. A.: Der ideologische Kampf in den gegenwärtigen internationalen Beziehungen, Doktrin, Methoden, Organisation der außenpolitischen Propaganda des Imperialismus, Moskau 1970, Panfilow, A.: Der USA-Rundfunk im psychologischen Krieg, Schriftenreihe der Deutschen Akademie für Staats- und Rechtswissenschaft, Potsdam-Babelsberg, 1969.

14 Die verwendeten Sendemanuskripte sind aus der persönlichen Sammlung des Verfassers oder gehören zum Bestand des Deutschen Rundfunkarchivs, Potsdam.

15 Radio im Umbruch, Okt. '89 bis Okt. '90, Funkhaus Berlin, Lektorat Rundfunkgeschichte, Berlin 1990, S. 364 f., Standort Deutsches Rundfunkarchiv, Potsdam.

16 Wilhelm Pieck, Funktionär der sozialdemokratischen Arbeiterbewegung, nach dem ersten Weltkrieg Mitbegründer der KPD, in der Weimarer Republik Vorsitzender der Roten Hilfe, antifaschistischer Widerstandskämpfer, 1945 Vorsitzender der KPD, 1946 Vorsitzender der SED zusammen mit Otto Grotewohl (zuvor SPD).

17 Otto Grotewohl, in der Weimarer Republik Minister und Vorsitzender der SPD des Landes Braunschweig, antifaschistischer Widerstandskämpfer, 1945 Vorsitzender des Zentralausschusses der SPD, 1946 Vorsitzender der SED zusammen mit Wilhelm Pieck (zuvor KPD).

18 Friedrich Ebert, Sohn des gleichnamigen Reichspräsidenten, führender sozialdemokratischer Journalist in der Weimarer Republik.

19 Vincenz Müller, „Ich fand das wahre Vaterland", herausgegeben von Klaus Mammach, Berlin 1963
20 Erst Jahrzehnte später wurden der wesentliche Inhalt der Geheimgespräche und die Besonderheiten der Zusammenkunft bekannt. Siehe: Markus Wolf, Spionagechef im geheimen Krieg, München 1997
21 Blaise Pascal, Geist und Herz, Berlin 1964, S. 95.
22 Bertold Brecht, Mutter Courage und ihre Kinder, Frankfurt am Main, Suhrkamp 1949.
23 Samuel Eliot Morison und Henry Steele Commager, Das Werden der Amerikanischen Republik, DVA Stuttgart 1950, Bd. I, S. 832; Bd. II, S. 36
24 Die Kämpfe der deutschen Truppen in Südwestafrika, bearbeitet von der kriegsgeschichtlichen Abteilung I des Großen Generalstabes, Band 1: Der Feldzug gegen die Hereros, Berlin 1906, S. 3. Zitiert nach: Burchard Brentjes, Uraltes Junges Afrika, Berlin, o. J., S. 318 ff.
25 Protokoll eines Programms des Deutschlandsenders von Werner Händler.
26 Mourad Kusserow, Flaneur zwischen Orient und Okzident, Mainz 2002
27 Frantz Fanon, Les damnes de la terre, Die Verdammten dieser Erde, bei Francois Maspero Editeur, Paris 1961.
28 Der Begriff Antisemitismus ist ein politischer Begriff, der aus religiösen oder rassistischen Gründen eine feindselige Haltung gegenüber den Juden ausdrückt. Auf dem Nährboden des Nationalismus und des von ihm erzeugten Rassenhasses sind im Abendland antijüdische Einstellungen politisch gewollt für Herrschaftsinteressen genutzt worden. Der völkerkundliche Begriff Semiten schließt eine verwandtschaftliche Gruppe von Völkern ein, die vornehmlich im Nahen Osten und Nordafrika leben. Araber, Juden und Äthiopier sind Semiten.
29 Ghassan Kanafani, 1936 in Akka, Palästina geboren, war Prosaschriftsteller, Dramatiker und Journalist. 1948 flohen seine Eltern mit ihm in den Libanon, dann nach Syrien. 1956 ging Kanafani nach Kuweit, hier studierte er vier Jahre. Danach kehrte er in den Libanon zurück, um die Redaktion der Zeitung Al-Muharri (Der Befreier) und später die Beilage Al Anwar (Lichter) zu leiten. Er übernahm auch die Redaktion der Zeitung Al Hadaf (Das Ziel). Kanafani veröffentlichte viele Novellen und Romane. Posthum wurde ihm der Internationale Literaturpreis „Lotus" verliehen.
30 Akram Scharim „Die Erde", Geschichten und Erzählungen aus Palästina In: „Erkundungen 16 palästinensische Autoren" Verlag Volk und Welt Berlin 1983. Scharim wurde 1943 in der Stadt Qalqiliya in Palästina geboren. Früh trat er als Prosa-Autor hervor, als er 1966 Kurzgeschichten aus dem Elendsleben der Palästinenser unter dem Titel veröffentlichte „Wir sind noch nicht tot".
31 Der Vietnam-Bericht war, im Gegensatz zu den speziellen Programmen für Afrika, Algerien, Palästina und Chile, nicht direkt auf Vietnam gerichtet. Die Südostasien-Redaktion sendete nicht in vietnamesischer Sprache, auch nicht in Französisch. Programm-Sprache war Englisch. Auch die Antennen waren nicht auf Vietnam gerichtet. Das erklärt, warum kaum vietnamesische Reaktionen von Hörern vor Ort auf das tägliche Programm erfolgten.
32 Zitiert nach: Eduardo Galeano, Die offenen Adern Lateinamerikas, Montevideo 1971.
33 Samuel Eliot Morison und Henry Steele Commager: Das Werden der Amerikanischen Republik, Geschichte der Vereinigten Staaten von den Anfängen bis zur Gegenwart, DVA Stuttgart 1950, Bd. II.

34 Samuel E. Morison und Henry St. Commager, a. a. O., S. 357

35 Derselbe, a. a. O., S. 366 f.

36 Sergio Villegas, chilenischer Journalist und Schriftsteller, Kommentator bei RBI nach der gelungenen Flucht aus Chile. In der DDR schrieb er sein Buch „Das Stadion", Berlin 1974, das auch in Belgien, den Niederlanden und einigen anderen Ländern erschienen ist. Villegas beschreibt in diesem Buch das erste Konzentrationslager der Militärdiktatur nach ihrem Staatsstreich – das Fußballstadion in Santiago. Seine Erlebnisse im Chile-Programm von RBI sind festgehalten in: „Verstreute Erinnerungen an nächtliche Mühen", Beiträge zur Geschichte des Rundfunks, Heft 3/1988, Hrsg. Staatliches Komitee für Rundfunk der DDR.

# Anhang

## Chronologie des Auslandsrundfunks der DDR

| | | |
|---|---|---|
| 1955 | 15. April | Bildung des Auslandsdienstes bei Radio DDR mit einer zunächst 10-Minuten-Sendung täglich in französischer Sprache. |
| 1955 | 16. Mai | Aufbau der Englischen Redaktion mit vorerst ebenfalls einer Sendung von täglich 10 Minuten. |
| 1956 | 01. Mai | Aufnahme von Sendungen in schwedischer Sprache. |
| 1956 | 01. Dezember | Beginn der Sendungen in dänischer Sprache. |
| 1957 | 01. April | Start der Sendungen in arabischer Sprache. |
| 1957 | 19. September | Nachrichtengruppe beginnt ihre Arbeit. |
| 1959 | 20. Mai | Gründungsdatum: „Radio Berlin International, die Stimme der Deutschen Demokratischen Republik" als selbständiger Sender im Rahmen des Staatlichen Komitees für Rundfunk, hervor gegangen aus dem Auslandsdienst von Radio DDR. |
| | | Einrichtung einer zentralen Redaktion für Nachrichten und andere Sendebeiträge und Bildung einer Deutschen Redaktion. |
| 1959 | 15. Oktober | Inbetriebnahme eine 50-Kilowatt-Kurzwellensenders in Nauen und Beginn des Aufbaus eines neuen Kurzwellen-Zentrums für RBI. |
| 1960 | 02. Mai | Bildung der Afrika-Redaktion mit den Sprachen Englisch und Französisch. |
| 1961 | März | Aufnahme des Sonder-Programms für Algerien im Rahmen der Arabischen Redaktion. |
| 1961 | 07. Oktober | Gründung der Italienischen Redaktion. |
| 1961 | 24. Oktober | Entstehung der Nordamerika-Redaktion. |
| 1961 | 18. Dezember | Bildung der Lateinamerika-Redaktion mit den Sprachen Spanisch, Portugiesisch/Brasilianisch und Deutsch. |

| | | |
|---|---|---|
| 1962 | 01. April | Arabische Redaktion strahlt täglich fünf, ab 1967 sieben Stunden Programm. |
| 1962 | 14. Mai | Errichtung der Südostasien-Redaktion mit einer englischen Sprachgruppe. |
| 1962 | Oktober | Ende des algerischen Programms. |
| 1964 | 02. Juli | Aufnahme von Sendungen in Suaheli im Rahmen der Afrika-Redaktion. |
| 1965 | 17. August | Sendungen in Indonesisch beginnen, Aufrechterhaltung des Programms bis 16. September 1971. |
| 1967 | 01. Januar | RBI gründet einen DX-Klub für Funkamateure. |
| 1967 | 01. Mai | Erweiterung der Redaktion für zentrale Sendungen und der zentralen Nachrichten-Redaktion. |
| 1967 | 06. Mai | Aufbau einer Arbeitsgruppe für Sendungen in Hindi. |
| 1969 | 01. März | Für Hörer in Europa sendet RBI ein Nachtprogramm in Deutsch. |
| 1971 | 01. Mai | Bildung einer französischen Gruppe für zentrale Beiträge und Nachrichten, Bildung einer englischen Gruppe mit den selben Aufgaben. |
| 1972 | 01. Januar | Das RBI-Journal erscheint in acht Sprachen. |
| 1972 | 01. August | RBI arbeitet mit 371 Hörerklubs in vielen Ländern der Erde zusammen. |
| 1972 | Oktober | Große RBI-Ausstellung im Pavillon der „Berliner Zeitung" in der Berliner Friedrichstraße. |
| 1973 | 11. September | Aufnahme eines Sonderprogramms für Chile nach dem Staatsstreich gegen die frei gewählte Regierung und der Ermordung des Staatspräsidenten Dr. Salvador Allende. |
| 1973 | ab November | Verstärkung des Chile-Programms mit chilenischen Emigranten. |
| 1974 | 01. Januar | RBI arbeitet mit 700 Hörerklubs in den Empfangsgebieten der Information zusammen. |
| 1974 | 07. Oktober | RBI-Preisausschreiben zum 25. Jahrestag der DDR – 1.026 Einsendungen aus 71 Ländern. |
| 1975 | 01. Juli | Gründung der Portugal-Redaktion. |
| 1975 | 01. Oktober | Bildung der Griechischen Redaktion. |
| 1981 | 02. November | Inbetriebnahme neuer Senderleistungen mit Richtstrahlantennen im Kurzwellen-Zentrum Nauen. |
| 1988 | 20. Mai | Neue Programmstruktur der deutschsprachigen Sendungen, täglich werden 12 Mal 30 Minuten gesendet. |

| | | |
|---|---|---|
| 1988 | 01. November | Letzter Bauabschnitt einer von Rundfunktechnischen Zentralamt der Deutschen Post entwickelten automatischen Anlage zur Abwicklung des Programms für RBI zur Betriebserprobung übergeben. |
| 1989 | 07. Dezember | Positionspapier von RBI zur Neubestimmung von Inhalten des Programms nach dem demokratischen Aufbruch. |
| 1989 | 19. Dezember | Wahl eines RBI-Redakteur-Rates. |
| 1990 | 19. Februar | Belegschaftsversammlung bei RBI verabschiedet die Neufassung eines Positionspapiers, das im Hinblick auf ein mögliches Zusammenwachsen beider deutscher Staaten auf eine weitere Eigenständigkeit des Senders gerichtet ist. |
| 1990 | 25. Februar | Erste Kooperationsabsprachen der Intendanten von RBI und der Deutschen Welle in Köln bis 27. Februar. |
| 1990 | 23. Mai | Vereinbarung über die Bildung einer gemeinsamen Expertengruppe zwischen RBI und der Deutschen Welle zur Vorbereitung eines gemeinsamen Auslandsrundfunks. |
| 1990 | 27. August | Veröffentlichung des Einigungsvertrages, Anhang 1 sieht die Auflösung des Auslandssenders der DDR und die Übergabe der Technik von RBI an die Deutsche Welle und den Deutschlandfunk vor. |
| 1990 | 02. Oktober | Der Auslandsrundfunk der DDR hatte um 24.00 Uhr seine Sendungen abzuschalten. Funkstille legte sich über die Empfangsräume in Europa, Afrika, Asien und in Süd-, Mittel- und Nordamerika. Wellen mit Tausend Klängen gingen 31 Jahre, vier Monate und 17 Tage um die Erde, zuvor vier Jahre und 35 Tage als Auslandsdienst von Radio DDR, begleitet von dem Interesse und der kritischen Aufmerksamkeit und der Zuwendung seiner Hörerinnen und Hörer. |

## Grundaufbau des Senders

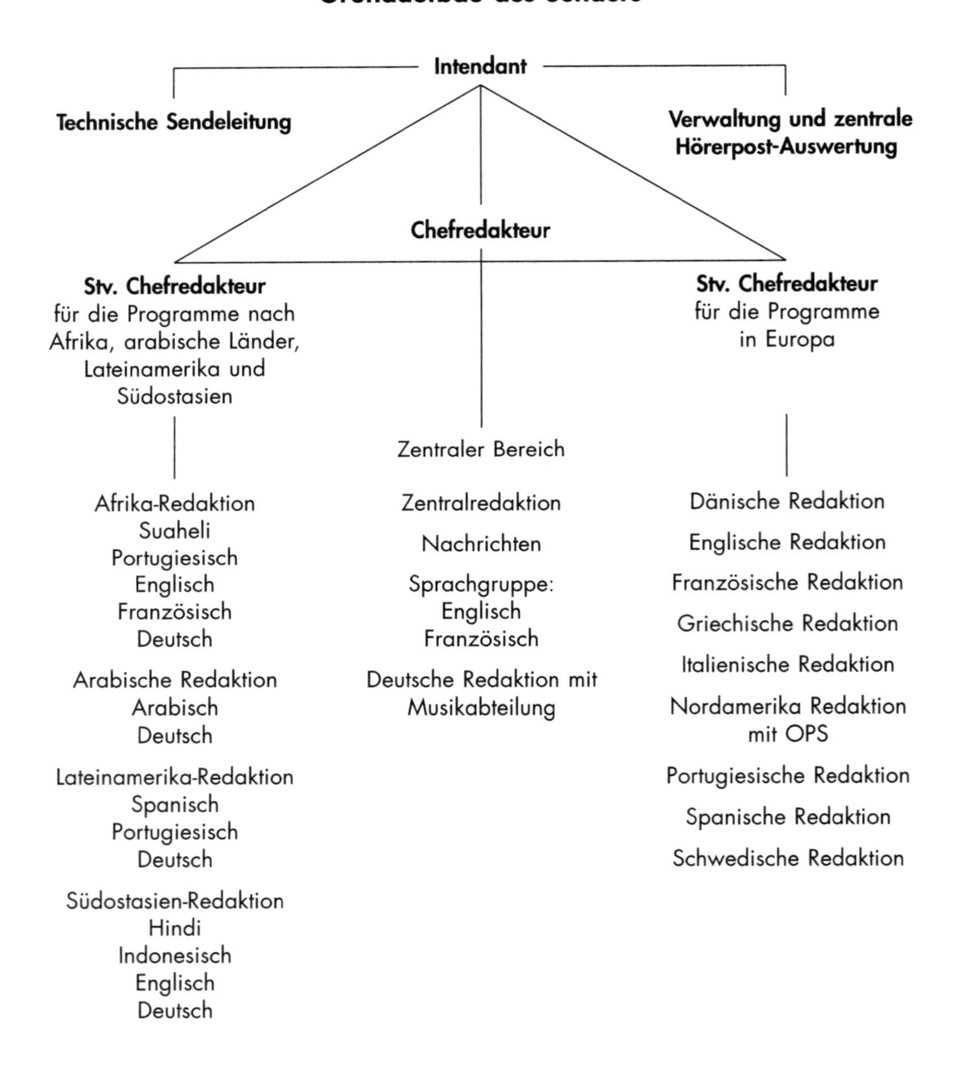


Die deutschsprachigen Programme wurden von der Deutschen Redaktion erarbeitet und als Weltprogramm ausgestrahlt. Die Programme nach Indonesien und Griechenland sowie die Programme in Portugiesisch für die ehemaligen Kolonien Portugals waren in ihrer Existenz zeitlich begrenzt; ebenso die OPS-Programme im Rahmen der Nordamerika-Redaktion. Grundsätzliche Probleme des Senders wurden einmal wöchentlich in einer erweiterten Leitung, dem Kollegium, unter Vorsitz des Intendanten beraten.

## RBI-Schema differenzierter Sendungen

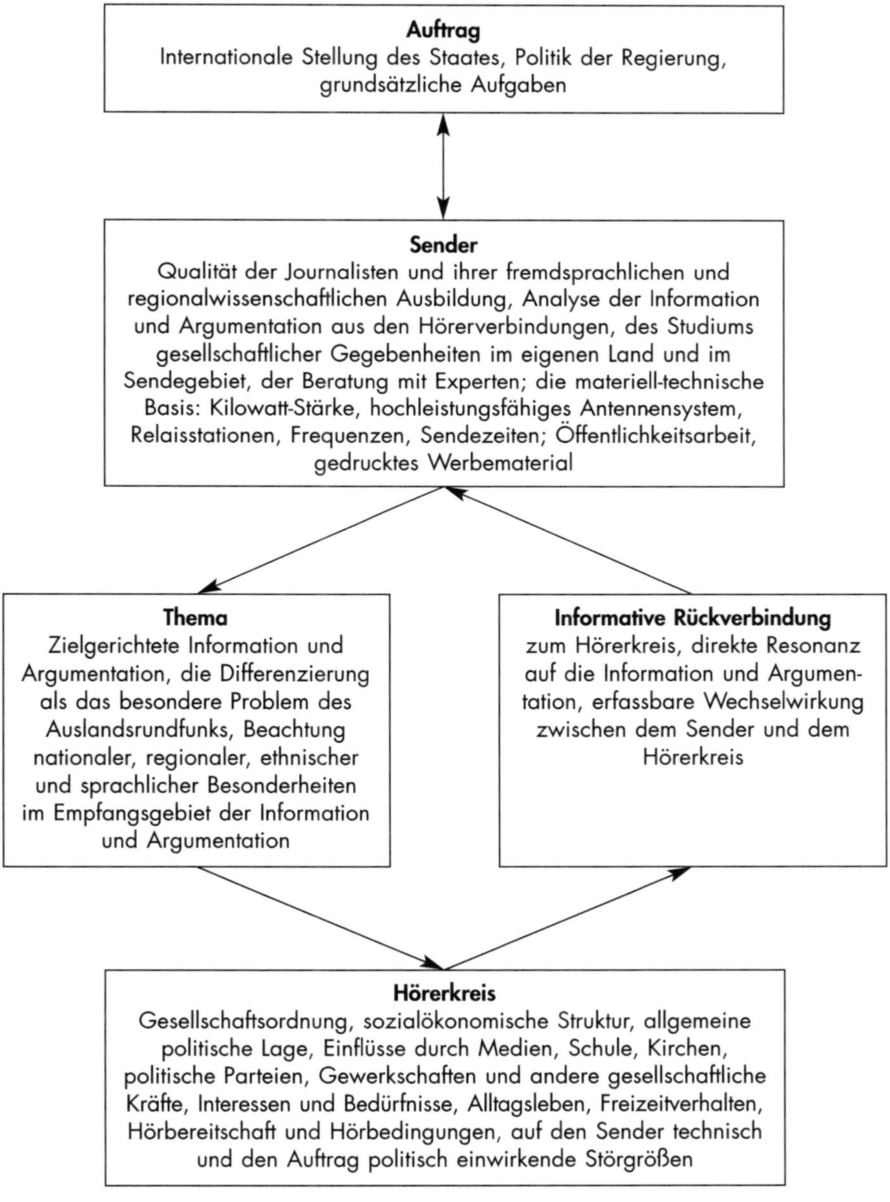

**Auftrag**
Internationale Stellung des Staates, Politik der Regierung, grundsätzliche Aufgaben

**Sender**
Qualität der Journalisten und ihrer fremdsprachlichen und regionalwissenschaftlichen Ausbildung, Analyse der Information und Argumentation aus den Hörerverbindungen, des Studiums gesellschaftlicher Gegebenheiten im eigenen Land und im Sendegebiet, der Beratung mit Experten; die materiell-technische Basis: Kilowatt-Stärke, hochleistungsfähiges Antennensystem, Relaisstationen, Frequenzen, Sendezeiten; Öffentlichkeitsarbeit, gedrucktes Werbematerial

**Thema**
Zielgerichtete Information und Argumentation, die Differenzierung als das besondere Problem des Auslandsrundfunks, Beachtung nationaler, regionaler, ethnischer und sprachlicher Besonderheiten im Empfangsgebiet der Information und Argumentation

**Informative Rückverbindung**
zum Hörerkreis, direkte Resonanz auf die Information und Argumentation, erfassbare Wechselwirkung zwischen dem Sender und dem Hörerkreis

**Hörerkreis**
Gesellschaftsordnung, sozialökonomische Struktur, allgemeine politische Lage, Einflüsse durch Medien, Schule, Kirchen, politische Parteien, Gewerkschaften und andere gesellschaftliche Kräfte, Interessen und Bedürfnisse, Alltagsleben, Freizeitverhalten, Hörbereitschaft und Hörbedingungen, auf den Sender technisch und den Auftrag politisch einwirkende Störgrößen

# RBI-Frequenzplan

(Eine Sendeperiode)

| Kurzwelle (KW) Zeit GMT | kHz | m | Mittelwelle (MW) kHz | m |
|---|---|---|---|---|
| **EUROPA** | | | | |
| *Englisch* | | | | |
| 18.30 | | | 1511 | 198,5 |
| 19.30 | 6080 | 49,34 | | |
| | 6115 | 49,06 | | |
| | 7185 | 41,75 | | |
| | 7300 | 41,10 | | |
| | 9730 | 30,83 | | |
| 22.15 | 7260 | 41,32 | 1511 | 198,5 |
| *Französisch* | | | | |
| 17.15 | 6080 | 49,34 | | |
| | 6115 | 49,06 | | |
| | 7185 | 41,75 | | |
| | 7260 | 41,32 | | |
| | 9730 | 30,83 | | |
| 19.15 | 9665 | 31,04 | 1511 | 198,5 |
| 21.00 | 6080 | 49,34 | | |
| | 6115 | 49,06 | | |
| | 7185 | 41,75 | | |
| | 7300 | 41,10 | | |
| | 9730 | 30,83 | | |
| 23.15 | 6080 | 49,34 | | |
| | 6115 | 49,06 | | |
| | 7185 | 41,75 | | |
| | 9730 | 30,83 | | |
| *Portugiesisch* | | | | |
| 00.15 | 6010 | 49,92 | | |
| | 6040 | 49,67 | | |
| | 6070 | 49,42 | | |
| | 9500 | 31,58 | | |
| | 9600 | 31,25 | | |
| | 11920 | 25,17 | | |
| 04.00 | 6040 | 49,67 | | |
| 06.15 | 7260 | 41,32 | | |
| 18.00 | 7260 | 41,32 | | |
| 21.30 | 7260 | 41,32 | | |
| 23.15 | 5955 | 50,39 | 1511 | 198,5 |

| Kurzwelle (KW) Zeit GMT | kHz | m |
|---|---|---|
| **AFRIKA** | | |
| *Suaheli* | | |
| 03.15 | 6195 | 48,43 |
| | 11875 | 25,26 |
| 12.15 | 6195 | 48,43 |
| | 11875 | 25,26 |
| 12.45 | 11875 | 25,26 |
| 15.45 | 11875 | 25,26 |
| | 15145 | 19,81 |
| | 15170 | 19,78 |
| *Portugiesisch* | | |
| 04.00 | 6195/Ostafrika | 48,43 |
| | 11875/Westafrika | 25,26 |
| *Englisch* | | |
| 04.45 | 11875/Westafrika | 25,26 |
| | 6195/Ostafrika | 48,43 |
| 13.15 | 17755 Zentralafrika | 16,90 |
| 18.00 | 15145/Ostafrika | 19,81 |
| | 15170/Ostafrika | 19,78 |
| | 11875/Westafrika | 25,26 |
| 20.00 | 11975/Westafrika | 25,05 |
| | 9665/Zentralafrika | 31,04 |
| *Französisch* | | |
| 06.15 | 11875/Westafrika | 25,26 |
| 14.00 | 17755/Zentralafrika | 16,90 |
| 15.00 | 15145/Ostafrika | 19,81 |
| | 15170/Ostafrika | 19,78 |
| | 11875/Westafrika | 25,26 |
| 17.15 | 15145/Ostafrika | 19,81 |
| | 15170/Ostafrika | 19,78 |
| | 11875/Westafrika | 25,26 |
| 19.15 | 11975/Westafrika | 25,05 |
| | 9663/Zentralafrika | 31,04 |
| 20.45 | 11975/Westafrika | 25,05 |
| | 9665/Zentralafrika | 31,04 |
| | 5955/Nordwestafrika | 50,39 |

| Kurzwelle (KW) Zeit GMT | kHz | m | Mittelwelle (MW) kHz | m |
|---|---|---|---|---|
| *Spanisch* | | | | |
| 01.00 | 6010 | 49,92 | | |
| | 6040 | 49,67 | | |
| | 6070 | 49,42 | | |
| | 9500 | 31,58 | | |
| | 9600 | 31,25 | | |
| | 11920 | 25,17 | | |
| 04.45 | 6040 | 49,67 | | |
| *Italienisch* | | | | |
| 20.00 | 7260 | 41,32 | 1511 | 198,5 |
| 21.45 | 6080 | 49,34 | | |
| | 6115 | 49,06 | | |
| | 7185 | 41,75 | | |
| | 7300 | 41,10 | | |
| | 9730 | 30,83 | | |
| *Dänisch* | | | | |
| 18.45 | 6080 | 49,34 | | |
| | 6115 | 49,06 | | |
| | 7185 | 41,75 | | |
| | 7300 | 41,10 | | |
| | 9730 | 30,83 | | |
| 20.45 | 7260 | 41,32 | 1511 | 198,5 |
| *Schwedisch* | | | | |
| 18.00 | 6080 | 49,34 | | |
| | 6115 | 49,06 | | |
| | 7185 | 41,75 | | |
| | 7300 | 41,10 | | |
| | 9730 | 30,83 | | |
| 20.15 | 6080 | 49,34 | | |
| | 6115 | 49,06 | | |
| | 7185 | 41,75 | | |
| | 7300 | 41,10 | | |
| | 9730 | 30,83 | | |
| 21.30 | | | 1511 | 198,5 |
| 22.30 | 6080 | 49,34 | | |
| | 6115 | 49,06 | | |
| | 7185 | 41,75 | | |
| | 7300 | 41,10 | | |
| | 9730 | 30,83 | | |
| *Griechisch* | | | | |
| 19.15 | 9755 | 30,76 | | |
| 20.15 | 9755 | 30,76 | | |

| Kurzwelle (KW) Zeit GMT | kHz | m |
|---|---|---|
| *Deutsch* | | |
| 05.30 | 11875/Westafrika | 25,26 |
| | 6195/Nordwestafrika | 48,43 |
| | 6195/Ostafrika | 48,43 |
| *Arabisch* | *MAGHREB* | |
| 11.00 | 9665 | 31,04 |
| | 15100 | 19,87 |
| 13.00 | 15130 | 19,83 |
| 19.00 | 5955 | 50,39 |
| *Arabisch* | *NAHOST, SÜDARABIEN, EUROPA* | |
| 11.00 | 9730 | 30,83 |
| | *Europa* | |
| | 11700 | 25,64 |
| | 15240 | 19,69 |
| | 15340 | 19,56 |
| 13.00 | 9730 | 30,83 |
| | *Europa* | |
| | 11700 | 25,64 |
| | 15240 | 19,69 |
| | 15340 | 19,56 |
| 19.00 | 11975 | 25,05 |
| *Deutsch* | | |
| 05.30 | 9730 | 30,85 |
| | 11850 | 25,32 |
| | 15240 | 19,69 |
| 12.45 | 9730 | 30,83 |
| | *Europa* | |
| | 11700 | 25,64 |
| | 15240 | 19,65 |
| | 15340 | 19,56 |
| 17.00 | 11975 | 25,05 |
| **LATEINAMERIKA** | | |
| *Spanisch* | | |
| 00.00 | 6010 | 49,92 |
| | 6040 | 49,67 |
| | 6070 | 49,42 |
| | 9500 | 31,58 |
| | 9600 | 31,25 |
| | 11920 | 25,17 |

| Kurzwelle (KW) Zeit GMT | kHz | m | Mittelwelle (MW) kHz | m |
|---|---|---|---|---|
| 21.30 | 9755 | 30,76 | | |
| 22.30 | 9755 | 30,76 | | |
| 23.00 | 9755 | 30,76 | | |
| 24.00 | 9755 | 30,76 | | |
| **SÜDOSTASIEN** | | | | |
| *Englisch* | | | | |
| 06.45 | 17700 | 16,95 | | |
| | 17740 | 16,91 | | |
| 12.00 | 15115 | 19,85 | | |
| | 17880 | 16,78 | | |
| | 21540 | 13,93 | | |
| 14.00 | 17880 | 16,78 | | |
| | 21540 | 13,93 | | |
| 15.30 | 11975 | 25,05 | | |
| *Hindi* | | | | |
| 07.30 | 17700 | 16,95 | | |
| | 17740 | 16,91 | | |
| 11.30 | 15115 | 19,85 | | |
| | 17880 | 16,78 | | |
| | 21540 | 13,93 | | |
| 13.30 | 17880 | 16,78 | | |
| | 21540 | 13,93 | | |
| 15.00 | 11975 | 25,05 | | |
| *Deutsch* | | | | |
| 12.45 | 17880 | 16,78 | | |
| | 21540 | 13,93 | | |
| **USA/KANADA** | | | | |
| *Englisch/Ostküste* | | | | |
| 01.00 | 9730 | 30,83 | | |
| 02.30 | 9730 | | | |
| *Deutsch* | | | | |
| 01.45 | 9730 | 30,83 | | |
| *Englisch/Westküste* | | | | |
| 03.30 | 5955 | 50,39 | | |
| | 6080 | 49,34 | | |
| | 11890 | 25,23 | | |
| *Deutsch* | | | | |
| 04.15 | 5955 | 50,39 | | |
| | 6080 | 49,34 | | |
| | 11890 | 25,23 | | |

| Kurzwelle (KW) Zeit GMT | kHz | m |
|---|---|---|
| 03.45 | 6040 | 49,67 |
| *Portugiesisch* | | |
| 23.15 | 6010 | 49,92 |
| | 6040 | 49,67 |
| | 6070 | 49,42 |
| | 9500 | 31,58 |
| | 9600 | 31,25 |
| | 11920 | 25,17 |
| 03.00 | 6040 | 49,67 |
| *Deutsch* | | |
| 22.30 | 6010 | 49,92 |
| | 6070 | 49,42 |
| | 9500 | 31,58 |
| | 9600 | 31,25 |
| | 11920 | 25,17 |

## Schreiben der Algerischen Befreiungsarmee

ALGERISCHE NATIONALE BEFREIUNGSARMEE
========================
Rückführungsdienst fuer
Fremdenlegionäre
- O -
Tetouan - Apartado 399
Tel. 1779

---

FUER LEGIONÄRSSENDUNG RBI
==================================================

In der Anlage die Personalien vier weiterer deutscher Legionaersflüchtlinge.
Die vier Heimkehrer bitten Sie, ueber RBI folgende Gruesse zu uebermitteln:

DREWS: An seine Eltern Paul und Anni Drews, wohnhaft in Eberswalde, Schneiderstrasse 16 sowie an seine Kameraden vom 2. R.E.I., 1. Kompanie auf dem Fort Ain Douis
HUPPKE: An seine Eltern Hildegard und Wilhelm Huppke in Schwerin, Muess H 38
NEUPERT: An seine Eltern in Pirmasenz/Pfalz, Alleestrasse 30
WALDHUBEL: An seine Eltern Herbert und Herta Waldhubel in Berlin-Charlottenburg, Kaiser-Friedrich-Strasse 6

Diese drei Kameraden senden ebenfalls Gruesse an ihre Kameraden, die noch im 5. R.E.I., besonders an die Angehoerigen der 3. Kompanie, verblieben sind.

Es wird vorgeschlagen, eventuell auch die Angehoerigen der beiden DDR-Bürger im Radio sprechen zu lassen.

16. Februar 1962

R.E.I. = Regiment Étrangère Infanterie (Infanterie-Regiment der Fremdenlegion)

# Personen- und Sachwortregister

## Personenregister

### E



### F



### G



### H



### J



### K



### L



### M

## Sachwortregister

# Der Autor

Heinz Odermann, Jg. 1929, Werkzeugmacher, Dr. rer. pol., Professor mit Lehrstuhl. Emeritiert 1994. – Studium der Geschichtswissenschaft an der Humboldt-Universität zu Berlin, Nachrichtenredakteur im Berliner Rundfunk, Redakteur für Außenpolitik in der Berliner Zeitung. Ab 1959 beteiligt am Aufbau des Auslandsrundfunks der DDR, Mitglied des Kollegiums und der Chefredaktion, verantwortlich in Folge für die Nachrichten- und Zentralredaktion, die Arabische Redaktion, für Hörerverbindungen und die Programme nach Nord-, Mittel- und Südamerika, Afrika, in die arabischen Länder und Südostasien. Mitarbeit in der interministeriellen Arbeitsgruppe Deutsch als Fremdsprache, Mitglied der Regierungskommission für die Aufnahme chilenischer Flüchtlinge. Seit 1978 Hochschuldozent, Akademie für Staats- und Rechtswissenschaft, Institut für Internationale Beziehungen, Potsdam-Babelsberg. Mitarbeit im Rahmen der UNESCO-Kommission der DDR am UNESCO-Hauptprogramm „Kommunikation und Frieden". Seit Bildung im Dezember 1989 Mitglied der Regierungskommission, die das erste Mediengesetz ausarbeitete, 1990 mit dem Mandat der Bürgerrechtsbewegung Neues Forum zum stv. Vorsitzenden des Medienrates der DDR gewählt und Vorsitzender (Ost) der Ost-West-Sachverständigengruppe für eine Rundfunkordnung in Berlin und Brandenburg.

*Veröffentlichungen u. a.: Radio und Tagespresse: Zeithistorische Artikel zum Aufbruch der nationalen Befreiungsbewegungen in Afrika und Asien, zu den politisch-sozialen Kämpfen in Lateinamerika; zur Deutschland-Politik in beiden deutschen Staaten; zur Abrüstung; zum Ersten Weltkrieg im Orient, zur Verfolgung der Armenier im Osmanischen Reich; zum Zweiten Weltkrieg in Nordafrika; Information und Kommunikation in den internationalen Beziehungen als moralisch-psychologische Sicherheitsgarantien. Zeitschriften: Die vertraulichen Presse-Anweisungen aus den Konferenzen des NS-Propagandaministeriums, in: Zeitschrift für Geschichtswissenschaft, 1965, Heft 8; Berlin; Der neue Rundfunk und seine Gesetze in der DDR 1989/1990. in: Kirche und Rundfunk, Nr. 98 (1990), Nr. 96 (1991), Frankfurt am Main; Umbruch und Mediengesetzgebung in der DDR, in: Rundfunk und Fernsehen, Hans-Bredow-Institut, Nr. 3/1990, Hamburg;*

*Das Recht auf ein freies Wort, zur Strafbarkeit des Tucholsky-Zitats („Soldaten sind Mörder") nach den Soldaten-Urteilen des Bundesverfassungsgerichts, in: Die Polizei, Nr. 8/1997, Carl Heymanns Verlag, Köln. Erzählungen: Anthologie palästinensischer Autoren, Erkundungen, Verlag Volk und Welt, Berlin 1983. Sachbücher: Mitautor, Jenseits der Legenden – Araber, Juden, Deutsche, Dietz Verlag Berlin 1994; 125 Jahre Sueskanal, Verlag Georg Olms, Hildesheim, Zürich, New York 1998; Rundfunkwende, Der Umbruch des deutschen Rundfunksystems nach 1989 aus der Sicht der Akteure, VISTAS Verlag, Berlin 2000; Des Kaisers Reise in den Orient 1898, trafo Verlag, Berlin 2002.*

VISTAS
Der Medienverlag